厦门大学广告系列教材

# 新闻传播统计学基础

［第二版］

曾秀芹　张楠　著

厦门大学出版社
XIAMEN UNIVERSITY PRESS
国家一级出版社
全国百佳图书出版单位

**图书在版编目(CIP)数据**

新闻传播统计学基础 / 曾秀芹,张楠著. -- 2 版. --
厦门 :厦门大学出版社,2019.6(2024.7 重印)
(厦门大学广告系列教材)
ISBN 978-7-5615-5546-0

Ⅰ. ①新… Ⅱ. ①曾… Ⅲ. ①新闻学－传播学－统计学－高等学校－教材 Ⅳ. ①G210－32

中国版本图书馆CIP数据核字(2015)第093744号

本书案例资料可上网易邮箱下载,
账号 zxqshujuziliao@126.com,
密码 shujuziliao。

出 版 人 郑文礼
责任编辑 刘 璐
美术编辑 张雨秋
技术编辑 朱 楷

出版发行 厦门大学出版社
社 址 厦门市软件园二期望海路 39 号
邮政编码 361008
总 机 0592-2181111 0592-2181406(传真)
营销中心 0592-2184458 0592-2181365
网 址 http://www.xmupress.com
邮 箱 xmup@xmupress.com
印 刷 三明市华光印务有限公司

开本 720 mm×1 000 mm 1/16
印张 23.5
字数 437 千字
版次 2015 年 5 月第 1 版 2019 年 6 月第 2 版
印次 2024 年 7 月第 4 次印刷
定价 59.00 元

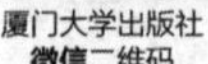
厦门大学出版社
微信二维码

厦门大学出版社
微博二维码

# 作者简介

**曾秀芹**，厦门大学新闻传播学院教授，博士生导师。毕业于北京师范大学心理学院，硕士和博士分别师从著名心理测量和统计专家孟庆茂教授和车宏生教授。2008 年进入厦门大学新闻传播学院工作，一直从事广告学、传播学和研究方法等方面的教学和科研工作。多年来一直为文科“出生”的本科生和研究生教授“应用统计学”“SPSS 的操作与使用”“问卷调查”等研究方法类课程，熟悉文科生的认知特点和新闻传播学科特色，因而能够很好地结合本学科研究的问题和读者的特点进行教材写作。

**张楠**，香港城市大学博士候选人、高级研究助理。研究兴趣集中于新媒体研究和政治传播，擅长量化统计。其成果见于 International Journal of Communication、现代广告、ICA（国际传播学会年度会议）、NCA（美国传播学会年度会议）等国内外核心期刊及国际会议，并多次担任 ICA 的特约评审人。博士在读期间曾获得香港城市大学杰出学术表现奖（Outstanding Academic Performance Award）。

# “厦门大学广告系列教材”序

1993 年，我国高校第一套广告学系列教材——“21 世纪广告”丛书由厦门大学出版社开始出版，这是厦大自 1983 年首创广告学专业以来，历经 10 年探索奉献出的不够成熟却具有开创性意义的教材，极大地满足了 1993 年以后中国高校广告教育大发展的需要，由此奠定了厦大广告教育的学科地位。

近 30 年后，我们要出版转型期的第二套教材——“厦门大学广告系列教材”，这对我们来说压力不小。面对新旧媒体的博弈、技术的进步与消费心理的变化，广告理论一定是在变与不变的融合中进行的。基本的广告原理虽然不变，但内涵与手段还是在不断的变化中。因此我们的新教材要在转型与提升中找到自己的位置。

在中国的广告学界和营销学界中，几乎所有的理论都是外来的，我们几乎没有自己的原创性理论。因为中国历来不是一个以理论思维见长的国家，我们的民族传统决定了我们的特点在于强调实用性，务实不务虚，这就使我们在理论方面往往缺乏原创性。1987 年，我的第一本广告学著作《广告原理与方法》出版，这也是国内第一本借鉴国外传播学理论论述广告的著作。但即使是外来理论在中国的传播，事实证明也不能照搬、照用，而要经过一个“普遍原理”和“具体实践”相结合的“本土化”过程，才能发挥广告理论的应有功效。

要出版转型期的第二套教材，我们首先来看看市场发生了什么变化？

30 年来，中国经济快速发展进入提质增效、转型升级阶段，消费市场升级加快，移动互联及新兴技术带来的创新累积效应正在广告业中显现。以数字技术为基础的互联网推动行业变革加剧，催生出广告新生态下的场景媒体和营销策略。在供给侧改革背景下，国务院发布国家品牌计划，宣传展示知名自主品牌，讲好中国品牌故事。广告业呈积极应对态势，努力在日新月异的媒体环境中寻找最优组合,以移动互联为主导打造精众营销,发力社交媒体粉丝营销,在直播短视频等内容营销蓝海中掘金,跟上虚拟现实等技术新风口。当前进入品牌整合营销新时代,“大而全”或“小而美”的广告机构或公司更受市场追捧,传统媒体在愈加沉重的压力下需寻找破局之道。在大浪淘沙的行业变局中,行业服务的主体、流程、边界都在发生深刻变化,整个行业也透过迷雾构建新的竞争盈利能力,再谱高歌。

其次,中国广告理论研究的路径也发生了巨大的变化。

在我们的第一套广告学系列教材中,中国的广告学研究处于初期探索阶段,而今的情况已大不相同,广告学遭遇了数字传播的解构性冲击。以数字技术为基础的互联网发展不仅改变着社会传播的方式,也影响并推进了人类对传播行为的认知。原创中国广告学应该遵循其内在的学科逻辑,在推动中国广告产业从粗放型增长到集约化发展、从传统广告向数字广告的双重转型过程中,建构起具有中国特色的完形的广告学知识体系。为此,明确广告学研究的文本研究、运动研究、产业研究、广告与关联方的关系研究这四大研究范畴,聚合产学两界、广告与关联专业学者在内的学术共同体,从单一研究范式往多向度研究范式转变进而形成广告学特有的研究范式,并且从案例与比较研究切入等,这些都是未来可行的研究路径。

在中国广告进入第二个 40 年之际,技术与品牌对广告的影响力显得越来越重要。当前我们极为关注全媒体时代广告行业的创新与发展趋势,互联网的移动化变革,传统媒介的转型与改革,媒介间的竞争和融合等;关注 5G 物联时代的数字营销新态势,5G 技术的发展推动经济社会数字化、网络化、智能化发展再上新台阶,探讨行业如何顺应新的用户需求,促进技术落地和商业部署,建立全新的合作模式和行业形态;关注 AI 科技赋能智慧商业,AI 科技与创意正在实现真正融合,全面提升营销的效率;还关注品牌的开放发展、竞争与社会责任,品牌、娱乐、科技——新时代创意行业的跨界融合等。

在这样的背景下出版我们的第二套教材,我希望我们的研究团队多深入教学与实践第一线,探讨广告行业的趋势动向、规则变化、方法创新,深刻揭示变化背后的核心逻辑。我希望看到的是:

1.30 年后,广告专业课程的提升与内容变化,续写广告理论的指导作用;

2.真正把教学中积累的经验与问题作为研究对象,在教与学的互动过程中检验实际应用的效果;

3.以跨学科研究的视野与超常的厚重成果积累,为广告学术进行范式转型、走向“创新主导”提供宝贵的经验。

2018 年是中国改革开放 40 年，2019 年是中国广告业恢复 40 年。在中国广告进入第二个 40 年之际，我非常乐于看到我们厦门大学广告教学团队继续传承厦大的开创性精神，以“厦门大学广告系列教材”为标志，起航于新时代，代表 30 年来厦大系列教材新一轮的转型提升与水平，彰显厦大的底蕴与初心。

我以为，这是我们共同的目标。

**陈培爱**

**厦门大学新闻传播学院教授，博导**

**“21 世纪广告”丛书原主编**

**2019 年 5 月**

# 写在前面

高校的首要职责就是培养人才，即通常所说的教书育人。想教好书，一方面，要求教师要有充足的专业知识、专业技能和课外知识储备，以及不断提高教学技能，这样才能在风趣幽默、旁征博引的讲授中，有效地传授专业知识和技能，给学生释疑解惑。另一方面，要有优秀的教材，以便学生课前预读、课后复读，在大脑中建构起一门课程的整体知识框架，并掌握其中的基本原理和方法。

要求每一位老师都有很高的教学水平，这不容易做到。然而，要给学生提供优秀或者说比较满意的教材，还是有可能的。因此，高等教育中的教材建设极其重要。

30 几年前，我到厦门大学广告专业任教，那时虽然对教材建设的重要性还没有太多思考，但对于本专业学生没有教材可用、只能靠课堂笔记这种现象，总觉得不是办法。因此，就向广告教研室的老师们提议出版一套广告学教材，有幸得到了大家的赞同，特别是得到了时任教研室主任陈培爱老师的支持。在陈培爱老师的推动下，由他担任主编的全国第一套广告学教材“21 世纪广告丛书”就此诞生，那是 20 世纪 90 年代初。这套教材包括《广告原理与方法》《如何成为杰出的广告文案撰稿人》《广告策划与策划书撰写》《印刷广告艺术》《广告调研技巧》《广告攻心术》《广告视觉语言》《企业 CI 战略》《商标广告策略》《广告经营管理术》，此外，还有之前个别出版的《广播广告》《公共关系原理与实务》。这些教材的出版发行，不仅解决了本校广告专业的教材问题，而且为我国高等院校大量广告专业的创办创造了条件，给大量由外专业转入广告专业的教师备课、上课提供了便利，在很大程度上促进了中国广告教育的迅猛发展。

厦门大学是中国广告专业教育的开拓者，出版第一套全国广告专业教材是义不容辞的责任，然而这些教材仅仅解决了部分课程教材从无到有的问题，距离成为成熟甚至优秀的教材的目标仍有很大的努力空间。此外，还有一些专业课程因为条件不成熟、准备不充分,依然没有教材。所以,在随后的二三十年岁月里,我们一直在不断地做教材的补充、改进、完善工作,希望使得教材尽量覆盖广告专业的各个具体学科领域、使得每本教材尽量覆盖该学科的所有知识领域。

20 世纪 90 年代末,我们出版了"现代广告学教程系列",包括《市场调查概论》《广告心理学》《广告视觉设计基础》《广告管理实务》。2003 年,又对"21 世纪广告丛书"做了大幅度的修订,并将丛书名称改为"厦门大学广告学丛书",对其中一些书的书名也做了规范性的修改。此后,还陆续出版了一些新书,如《实验广告学》《品牌学概论》等,并对一些销量较大的教材及时进行修订。就本人编著的两本教材《广告调研技巧》和《广告心理学》而言,目前都已经过不下五次的修订,教材内容也由最初的十几万字、二十几万字,增加到四五十万字。虽然我们依然不敢说我们的教材是优秀的教材,但这些多次修订后的教材,其内容的系统性、全面性、科学性都有了明显的提高。

时代在发展,专业在进步。伴随着互联网特别是移动互联的崛起,广告专业的社会实践发展突飞猛进,专业中的老学科需要淘汰或补充更新,专业中的新学科也需要成长和发展。为了适应新形势,厦门大学广告专业秉承业已形成的重视教材建设的理念,结合广告专业的教育实践和社会实践的发展要求,一方面继续完善已有的教材,另一方面推出新的教材。2019 年推出的"厦门大学广告系列教材"就是这一努力的结果,该系列教材的编写主要由年轻一代教师担任。他们具有很高的素质,受过良好的教育,既具有坐冷板凳的精神,又置身于可以放下安静书桌的美丽校园,所以,我相信青出于蓝而胜于蓝,这套教材一定会超越他们的前辈,赢得国内高校广告专业师生的信任,并最终成为优秀的广告专业教材。

时代总是以人们难以预料的速度在变化发展,2021 年 10 月为"厦门大学广告系列教材"所写的"写在前面"似乎还墨迹未干,党的二十大就于 2022 年 10 月召开了。为了贯彻落实党的二十大精神,把思政教育融入课堂之中,"厦门大学广告系列教材"再次印刷出版的任何一本教材,都尽可能地将思政元素纳入其中,特别是将社会主义核心价值观、中国优秀传统文化、爱国主义、工匠精神、科学创新精神、职业道德等思政内容适当地嵌入教材的案例介绍和基本原理阐释之中。期望新版的教材,不仅有利于学生掌握广告专业的基本理论知识和专业技能,而且有利于实现"立德树人"的教育目标。

**黄合水**

**2023 年 7 月 14 日**

# 第二版说明

本书自2015年出版发行后，反响强烈，许多学校的老师来信说欲将本书作为教材，学生们也表示本书对他们帮助颇多。与此同时，读者们也为本书提出了不少建设性意见。本人考虑到新闻传播学科近年来面临的媒体和学科变革，结合教学过程中的的心得体会，并参考读者建议，决定改版此书。新版书中有以下改动和调整：

第一，与时俱进，更换过时案例资料和数据。新闻传播学科与媒体息息相关，新媒体日新月，因而新闻传播学科遇到的科研实践问题必然随之变化。例如，当下大学生获取信息、娱乐生活的首要媒介已经不再是电视机，所以电视收视方面的案例就有些过时，需要更换为大学生常用新媒体方面的资料和数据。这些案例和课后练习所需数据资料已发至邮箱 zxqshujuziliao@126.com 中，有需要的读者可自行进入邮箱下载，邮箱密码：shujuziliao。

第二，更新了第八章至第十一章的课后作业。本书尽量让读者对科研和实际调研中需要解决的统计问题多加练习，以便于更熟练地将统计方法应用于实际。因而本书课后作业大都围绕着一份有关《受众广告态度调查》的数据（见附录7），使用各章所学统计方法来分析研究。

第三，附上了第五章至第十一章课后练习的答案。该部分为推理统计内容，难度较大，许多读者建议给出答案。因而，此次修改整理出答案放在附录中。

第四，在附录中新增了《样本量查询表》和《统计术语说明》。许多读者在做问卷调查时不清楚该抽取多少样本，附录6中的样本量查询表方便读者快速确定样本容量。此外，由于不同学科和不同地区（大陆、港澳台地区）的学者在统计术语的翻译上存在差异，同一个术语在不同书中往往以不同的名字出现。本书在附录9中列出所有常用统计术语的中英文对照表以及符号，避免读者混淆，也有助于读者解读SPSS输出的部分英文报表。

第五，由于作者水平的局限，书中难免出现错误和疏漏之处，本人向被这些错误困扰的读者道歉，同时也感谢为本书纠正的读者。在这一版中，我们尽力修正校对，完善本书。期望读者继续为我们提出建设性意见。在此提前致谢！

**曾秀芹**

**2019年2月22日**

**于厦门大学**

# 前　言

起初撰写《新闻传播统计学基础》一书的目的是方便作者自身的教学工作，督促学生课前预习、课后复习及完成作业。十年来，本人在新闻传播学院为本科生和研究生教授“应用统计学”课程，深刻认识到本学科学生的认知特点——思维风格偏向于人文社会科学，对数据、公式、概率、软件操作等有畏惧心理，因而本人在教学时参考了中外较为通俗易懂的统计学书籍，讲授新闻传播学、管理学、营销学等人文与社会学科所常用的一些描述性统计方法和推理性统计方法。此外，由于本人具有心理测量与统计学专业背景，同时教授“问卷调查”课程，将问卷调查和心理测量的知识点及常见问题结合到“应用统计学”的教学当中，多年来积累了丰富的教学经验和科研实践统计资料。因而萌发了针对新闻传播学读者的认知特点和本学科的研究问题，撰写一本统计学教材的想法。

本书在写法上注重应用而弱化理论，尽量减少令人望而生畏的数学公式和数字图表，案例多采用人文社科学生所熟悉的生活话题和学科问题。此外，本书尽量运用 SPSS 和 EXCEL 等统计软件帮助我们完成统计分析，用图示详细呈现了 SPSS 的操作过程，让读者轻松学会 SPSS 的操作和结果的研读。本书的主要写作目的在于帮助读者学会根据特定前提条件，选取适当的统计方法，并且正确解读统计软件所输出的报表。本书的宗旨并非培养统计学家，而是让读者成为熟练的应用者，并具备以统计的思想思考现实中和学科中所遇问题的能力。

本书的合著者张楠全力配合本人将教学大纲和教学案例转化成文字，并补充案例和内容，为本书的撰写做出很大贡献；我的学生石忠海、江娟、刘理利、王诠铨、王丽萍和陈静文花费大量时间校对文字和格式；“应用统计学”课程的助教黄晨阳为课后练习提供了初始答案。在此一并感谢！

**曾秀芹**

# 目　录

# 第一章 绪论

## 第一节 我们为什么学习统计

### 一、生活中统计学无所不在

不少人一直抱有这样的想法：我既不是学统计学专业的，也不从事科学研究，统计学与我有什么关系？其实不然，你身边充斥着各种有关统计学的问题：

你报考大学时，应该如何挑选院校和专业？
为何你会成为“月光族”？每月的工资都到哪儿去了？
在竞选学生会主席时，你的获胜概率是多少？
为何淘宝网能够定期向你推荐你所喜欢的产品？
政府部门公布的各城市的失业率可信吗？
……

如果你掌握了统计学方法或具备统计学的思维方法，那你解答以上问题就自如多了。统计学不但与日常生活息息相关，而且被广泛地应用于我们所学的专业——新闻传播学，例如对媒体的视听率调查就需要用到统计学知识。随着互联网和计算机技术的发展、大数据时代的到来，新闻传播学中出现大量新的研究领域和方向，例如美国哥伦比亚大学数据新闻中心新开设的“计算新闻学”，近几年兴起的“可视化新闻”，腾讯研究院开展的《如何提升老年人的幸福感》的研究……这些都离不开统计学的理论基础和思维模式。

## 二、统计学是强有力的武器

统计学威力无比,它能够帮助我们快速地发现问题根源所在,进而有效地解决问题。接下来我们举个例子。

19 世纪,伦敦爆发了一种叫做霍乱的流行病,夺走了十几万人的生命。当时的英国正处于工业革命的高潮,在这一时期,依靠农业无法养家糊口的人纷纷涌入城市,进入工厂成为劳动者,而当时的城市建设跟不上急剧增长的人口数量,于是城市中充满了狭窄而肮脏的房屋,房屋中又挤满了蜂拥而入的人群,因为没有完善的排水系统,垃圾与排泄物充斥庭院、地下室以及街头巷尾。

对于"霍乱"的原因,有医生提出,既然死于霍乱的人大多是居住在"恶臭之地"的劳动者们,那么只要消除这些恶臭就能够控制霍乱肆虐。也有官员指出,应该彻底清除"脏东西"。于是政府组织清扫了城中的垃圾,疏通了排水管道,让污物流入河中。

但是,不久之后第二次霍乱就爆发了,其死亡人数(约 7 万人)相比于第一次霍乱(约死亡 3 万人)有增无减。那么究竟是什么原因导致"霍乱"呢?为什么这些接受过高等教育的科学家、医生,还有优秀的政府官员,面对霍乱的流行却一筹莫展?究竟应该怎么做呢?

被称为"流行病学之父"的外科医生约翰·斯诺在探寻病因时所做的事情相当简单:

> 访问有家人因霍乱去世的家庭,询问具体情况并且仔细观察周围环境。
>
> 对比在同样状况下,感染霍乱的人和没感染霍乱的人的区别。
>
> 作出假设后收集大量数据,针对霍乱发病与不发病之间的区别,对假设是否准确进行验证。

约翰·斯诺将自己的调查结果制作成详细的报告书,其中最能够显示出霍乱预防方法的内容如表 1-1 所示。

**表 1-1 斯诺的报告**

| | 家庭数 | 因霍乱死亡人数 | 每 1 万户死亡人数 |
|---|---|---|---|
| 使用供水公司 A | 40 046 | 1 263 | 315 |
| 使用供水公司 B | 26 107 | 98 | 37 |

当时伦敦有许多家供水公司,即便生活在同一地区的居民也可能选择不同的公司。该表分析在同样贫穷肮脏的地区中,使用不同供水公司的家庭数以及

因霍乱死亡的人数。在调查中，使用供水公司A的家庭有1 263人死于霍乱，而使用供水公司B的家庭则只有98人死于霍乱。当然，只比较死者数字是不公平的，还须通过控制“家庭数量”来进行比较的。当比较每1万户死亡人数时，使用供水公司A的家庭死亡率是使用供水公司B家庭的8.5倍。由此，斯诺提出的解决霍乱爆发的方法非常简单：“停止使用供水公司A的水！”

实际上，供水公司A和供水公司B的区别就在于，前者在流经伦敦中心的泰晤士河下游取水，而后者从泰晤士河上游取水。当时的泰晤士河，正因为前面提到的那位官员的“努力”，充满了大量霍乱者的排泄物。

斯诺提出的“流行病学”的概率思考方式逐渐成为整个医学领域不可或缺的知识。其实统计学不单在流行病学领域显示出强大的威力，在其他领域，利用统计学知识进行调查研究，收集资料和分析数据都是解决问题的最好、最有效的方法。

此外，平时你在读书看报、浏览新闻时，难免遇到一些统计数据，统计学知识和思维方法可以让你避免陷入统计陷阱。例如，有网站消息：“截至2011年7月31日，京沪高铁开通运营一个月以来，共开行动车组列车5 542列，日均179列；运送旅客525.9万人，日均17万人，平均上座率107%。铁道部解释称，平均上座率是用买票的总人数除以总的座位数得出的平均数。”对于具有统计学常识的受众而言，107%的上座率有些雷人，难道该动车如此火爆？座位爆满不说，还有不少人是站着去北京的？仔细分析，我们发现该报道的数据统计存在一个严重问题：旅客在沿途各站存在上下车的问题，在对非直达车进行统计时，路途中每新增的一位游客被累加后，再除以定员数，得到上座率。以上海到南京为例，车厢总座位数为556个，在上海有480人上车，到苏州下车400人，同时又上车100人，尽管过了苏州，车厢里仅有180人，但该趟列车的上座率依然为(480+100)/556=104%。

由此可见，统计学具有相当大的威力，因而在各学科领域都需要统计学的思维方法。

## 三、统计学在新闻传播学研究中的用途

统计学几乎应用到包括哲学、历史学、文学、教育学、法学、经济学、管理学、理学、工学、农学、医学在内的各个学科领域。据一位美国统计学教授所言，除了某些艺术类专业不开设统计学课程，其他专业一般都开设此课程。许多人认为新闻传播学偏“文科”，不需要开设“统计学”，其实不然，不少大学都已经意识到新闻传播专业的学生学习统计学知识的重要性，开设了相关课程。

为何新闻传播学研究中需要统计学呢？其实，不管是传统媒体研究还是新媒体探索，不管是市场研究还是电子商务研究，不管是品牌营销还是网络口碑传播，统计学在新闻传播领域的应用都愈发重要。随着现代信息技术的发展和统计软件的不断完善，新闻传播研究与统计学的关系日益密切，几乎很少有可以忽略统计方法的新闻传播研究项目，而且几乎所有统计学概念、原理和方法都可以在新闻传播研究中找到其直接或间接的应用。毫无疑问，定量的新闻传播研究项目自始至终离不开统计方法，而现代新闻传播研究大都采用定量和定性研究相结合的方法。针对一个给定的研究问题，其研究方法的选择可能是定量的，也可能是定性的，或者同时包括定量的和定性的。当你对定量研究越熟悉时，就越能意识到嵌入其中的定性因素——这就是我们为什么要学习统计。下面本书将列举一些统计学在新闻传播学研究中的应用领域。

（一）媒介研究

随着新媒体的迅速发展，媒体间的竞争压力越来越大，各媒体为了生存与发展，愈发注重媒体研究，一方面展开包括微信推文的阅读量，短视频的播放次数和评论数，电视广播视听率等在内的调查与统计，另一方面展开对媒体内容及其呈现方式的研究，例如抖音短视频该如何呈现才会让受众觉得更友好和舒适，什么样的节目或内容才能吸引目标受众等。

（二）收视率调查

收视率是广告主投放广告的主要依据，也是评估媒体经营好坏的方向标。国内最著名的收视率调查公司要数央视索福瑞媒介研究有限公司，它占据了我国80%的收视率调查的市场份额。它拥有全国的监测网络，样本总规模达到30 000户，对全国近800个主要电视频道的收视情况进行全天候不间断的监测，为国内外广告公司、电视台和著名企业提供丰富多样的收视率数据服务。电视收视率调查是个非常复杂的抽样调查，其中对缺失数据的处理、数据的整理、描述、显示等都与统计息息相关。新媒体的使用率虽然不需要采用问卷调查的方法获取数据，但是对其访问量、点击率和行动转化率的计算仍离不开统计。

（三）受众研究

对于电视、广播、报纸、杂志等传统媒体以及新媒体的受众，我们既需要了解其性别、年龄、收入等人口统计学特征，同时也希望了解其生活形态和个性特点，以便更好地了解各媒体目标受众的态度倾向和行为规律，从而制作出符合其兴趣的媒体内容并制定出有效的媒体策略。而有关上述受众的研究都需要依据科学的抽样调查以获取定量和定性数据，并采用描述性统计、参数估计、聚类分析等统计方法才能有效完成。

（四）传播效果研究

传播效果研究多数采用定量的研究方法，微观层面包括调查受众对媒介内容的认知、态度和行为意向等心理效果，宏观层面则包括调查社会效应和经济效应，如色情、暴力信息对青少年行为的影响，广告对企业销售额的影响等。这些研究都需要通过抽样调查、实验设计或内容分析等方法收集定量数据，并进行统计分析才能完成。

（五）舆情监测与评估

随着互联网技术的迅速发展，新媒体日益成为人们获取信息、表达观点的主要渠道和方式，舆情监测也越来越受到企业以及政府机构的重视。一些大型企业和政府机关开始开发舆情监测系统或委托相关机构对各类新闻网站、网络社区/论坛/BBS、微博、微信、博客及其他社交媒体平台等网络舆情主要载体进行监测，并对检测数据进行专业的统计和分析从而为正确引导舆论方向、积极化解网络舆论危机、维护企业品牌形象提供分析依据。目前虽然有相关软件和程序能够自动抓取信息，但是监测方案的制定仍要依据抽样思想，舆情监测结果的统计分析、图表和报告的形成也离不开统计分析方法。

（六）消费者研究

消费者研究是广告策划和营销策划的基础，只有基于对目标消费者的人口统计学特点、生活形态、媒体偏好、兴趣、需求和消费价值观的了解，才能为广告创意和表现、广告媒体策划以及营销策划提供科学依据。此外，广告创意的优劣和广告效果的评估也离不开对消费者的调查。对消费者研究多采用问卷调查、实验研究等方法收集定量数据，因而需要扎实的统计理论和知识作为基础。举个例子来说明消费者调查和数据分析的重要性：一家户外运动用品公司的目标消费者是 35 岁—50 岁的高收入男性，公司的决策者凭着自己的直觉和经验，觉得这年龄段的男性一般喜欢新闻节目、谈话类节目和体育节目，于是该公司将大量广告费用于购买视频网站中此类节目的贴片广告，然而收效甚微。后来公司经过调查发现，他们的目标消费者多数是热爱自由、散漫生活方式的人，他们喜欢观看娱乐类节目和电视连续剧。依据调查数据分析结果，公司最终选择了性价比高、目标消费者喜爱的社交媒体平台和视频网站，不但节约了广告费用，而且销售量上升了10%。

（七）数据挖掘

计算机使商业模式发生了翻天覆地的变化，不但传统的营销数据，如商品的采购、库存、销售、成本、顾客资料、消费记录等信息可以存储在公司内部系统或数据库中，而且随着电子商务的发展，电子商务企业还能从网络平台获得海量营销数据并开展大数据营销。大数据时代，统计学是不是过时了？其实不然，百度营销研究院的招聘主管说，他们除了需要计算机和营销学专业的人才外，还非常需要具有统计学和数学专业背景的数据分析师。现在的计算机技术已经足以胜任庞大的数据量和繁杂的计算，但是应该针对什么进行计算、如何计算，则需要深厚的统计学基础理论和数据分析方法。大数据时代充满了浓浓的统计学气息，如果你觉得"统计分析"这个词语缺乏吸引力，那么"大数据"这个词足够高大上吧！是的，借助统计学，我们便可以信心满满地迎接大数据时代的到来。

## 第二节　什么是统计

统计学究竟是什么？大不列颠百科全书指出："统计学是收集、分析、表述和解释数据的科学。"也有统计学家说："统计是一组方法，用来设计实验、获得数据，然后在这些数据的基础上组织、概括、演示、分析、解释和得出结论。"可见，统计学是一门研究统计原理和方法的科学，它主要研究如何搜集、整理、分析和解释数量资料。而新闻传播学研究中的统计学则是主要讨论在媒介、受众、收视率、舆情、消费者等研究中，如何用科学的统计方法分析处理实验、调查和内容分析中获得的数量资料，以得到准确可靠的结论。

值得注意的是，统计学不但包括选择适当的统计方法对数据进行整理、通过图表等形式展示数据、从数据中提取有用信息进而得出结论等环节，而且还有一个大家比较容易忽视的环节——科学地进行研究设计进而收集数量资料。这个环节相当重要，也是其他环节的基础，如果研究设计环节没有统计学知识和理论作为指导，很有可能违背抽样原理而产生巨大测量误差，或者收集来的数据类型不符合统计方法的要求，或者找不到合适的统计分析方法来揭示研究问题和论证研究假设……比如，研究者想对购物行为进行调查，从而评出"消费者最满意的品牌"，便在网络上设计问卷进行网络调查，结果会是什么样的呢？显然，能够阅读到该调查问卷的人可能是经常上网、并且愿意填答问卷、有充裕闲暇时间的人群，如果研究者未意识到这种偏差性，就必然会产生严重的抽样误差。如何使所抽取的样本具有较好的代表性呢？基本的原则就是要保证每个消费者都有被抽中的同等机会。我们将在本书第七章介绍在新闻传播学研究中应该如何抽取样本。

数据分析的方法可分为描述统计方法和推断统计方法。描述统计(descriptive statistics)常用于整理、描述所收集数据的特征。我们从问卷调查、实验研究及内容分析中获得的原始数据往往是随机无序、庞大杂乱的，一眼看不出有什么规律。研究者需要概括地描述全部数据的分布特征，或者对比不同组数据间的分布特征的差异。例如，我们实行了一项关于《人民网》微信公众号受众的调查研究，首先，我们要概览《人民网》微信公众号受众的年龄分布、性别构成、来自地域、文化水平、经济收入以及对该号的接触频次等等；然后我们可能还需要对比不同年龄段或不同性别的受众接触频次的差异，我们可用平均数、中位数、众数、标准差、变异系数等计算方法以及图表将大量零散的、杂乱无章的资料精简、概括，使数据分布特征清晰明确地显现出来，以揭示事物的规律和本质。

数据收集和汇总后的工作往往需要运用更为复杂的统计知识——推断统计(inferential statistics)。推断统计主要研究如何通过局部(样本)数据所提供的信息，经过概括性的分析、论证，在一定可靠程度上推论出全局(总体)的情形。比如在一项某品牌态度的调查研究中，由于财力和精力的限制，我们很难对该品牌的所有目标消费者逐一实施问卷调查，只能通过抽样调查小部分消费者对该品牌的态度，从而来推断该品牌在市场的受欢迎程度。简而言之，推断统计的作用就是根据所获得的已知情况来推测未知情况，以局部情况来推测全局状况。"一叶而知秋"最能概括推断统计的精髓。推断统计方法是统计学中的核心内容，它涉及到抽样分布、参数估计、假设检验以及对两组或多组数据特征进行比较等等。

## 第三节　本书的结构和特点

此书的主要特点是其实用性。尽管很多研究者没有系统学过统计分析方法，但是他们希望能够看懂学术杂志上的定量研究报告、在自己的研究中能够熟练根据所收集的数据做出正确的判断。本书正是为这群读者服务的。统计学的读者常会问到的第一个问题是："我是否需要特别的数学背景或这方面的才能？"问题的答案是"否"。本书只是试图为读者提供一种理解统计学的思路而非教会读者统计的计算方法。因此，本书在写法上尽量避免繁琐的数学公式和数学推导，力求用通俗的语言和案例，讲解新闻传播研究中常用的基本统计观念、思想和方法，以及相应的统计软件（SPSS17.0）操作方法。为了便于理解，本书所选取的案例大部分是来自新闻传播学领域，各章节安排如下：

第一章为绪论。概括性地介绍什么是统计学，如何学好统计学以及统计学在新闻传播领域中的应用。

第二章为传播统计学的概览性知识，介绍这门课程所涉及的基本概念和术语，以便介绍后面的各种统计学方法。

第三章和第四章为描述统计部分，介绍如何用数据和图表来描述数据的集中趋势和离散程度，以及如何对分类数据进行简单分析。

从第五章开始，进入推断统计部分。其中第五章到第八章是推断统计的基本原理介绍，如概率分布、抽样分布、置信区间和假设检验，这也是理解后面统计分析方法的基础；第九章到第十四章分别介绍方差分析、相关分析、回归分析、信效度的检验方法和聚类分析，这些都是在传播研究中十分常用的分析方法，学习起来也较为简单；对于多元回归分析等高级统计方法，考虑到初学者的理解和接受情况，本书并未涉及，读者可以参阅统计学高级教程加以了解。

## 第四节　如何学好统计学

了解统计的基本知识，你会成为所在研究领域中更好的学生，因为你可以更好地理解期刊中的文章，也能够将自己感兴趣的问题通过实证方法加以分析、得出结论。在使用本书前，不妨先看看以下几点建议：

一、好的心态。态度决定成败，如果在学习过程中遇到了难题，没关系，休整一下继续学习。统计学与其他新的课程一样，只要你想学好，就一定能学好。

二、不要逃课。按顺序学习各章的内容。本书的每一章都是下一章的基础，尤其是到了推断统计部分，前面的原理是后面方法应用的基础，在学习后面章节之前要掌握前面的章节。

三、积极提问。如果你不了解课堂上所讲授的内容，欢迎提问。特别是如果你上课前已经预习，你的问题就会包含更多的信息，可以帮助其他学生更好地理解课程内容。

四、不断练习。书中大部分例题都具有 SPSS 操作过程讲解，请在阅读的同时动手练习，这样能够帮助你更快地掌握分析技巧。另外，课后练习是以每一章的内容为基础的，这些练习可以帮助你巩固每一章讲授的知识，并且建立自信心。还记得那个古老的笑话："如何才能到卡内基大厅（卡内基大厅是美国有名的高等音乐演奏厅）？答：练习，练习，再练习。"

五、多读案例。在其他课上，你可能会读到期刊学报上发表的学术文章，请认真阅读里面的案例、分析方法，这些都是你理解统计应用的好机会。

六、追求乐趣。掌握新知识总是令人激动和满足，这是人类活力的体现。在这门课上你也可以体验这种满足感——集中精力、制定学习计划、并努力学习。

对于新闻传播学科的学生和老师们，学习统计学并没有你想象中那么可怕，让我们看看以下教授"应用统计学"课程的原则：

一、课程的目的不是培养统计学专家，而在于正确地应用各种统计分析方法。不要被统计理论和计算公式吓倒，应用统计学不需要识记复杂的计算公式，也不管这些统计学方法是怎么来的、为什么奏效，你只需要学习如何正确使用这套统计工具。

二、教会人们针对需要解决实际问题。选择恰当的统计分析方法，运行相应的统计软件进行数据处理，并正确地解读软件输出的统计图表。

三、具备统计观念。学会如何用统计思维思考生活和工作中的问题，做到心中有"数"；

四、掌握统计思想的精髓。描述统计的精髓在于由繁变简，由多变少——帮助我们整理思路，看清问题，而推论统计的精髓在于以小见大，以已知说明未知，以有限推断无限。

五、对于大部分文科背景的学生来说，统计学是一门常识性课程。无论你是否具有理解统计学基础的数学背景，只要有耐心，学习统计学并不难。

六、不用担忧繁杂的计算，"纸和笔的统计学"已经过时了，现在我们借助于计算机上的统计软件，就可以直接得到数据分析结果，不管是庞大的数据还是繁杂的计算公式，都已经不再是问题。

**本章学习重点：**

- 掌握总体、样本、参数和统计量几个概念之间的关系
- 了解变量的种类
- 了解测量误差和精度的含义
- 区分抽样误差和非抽样误差
- 熟记常用的统计符号①

统计学中的概念有很多，其中有几个是经常用到的，有必要单独介绍。这些概念包括总体、样本、个体、参数、统计量、变量、误差以及一些常用的符号。

## 第一节　总体、样本、个体、参数和统计量

首先，我们需要了解抽样中的两组基本概念：总体、样本与个体，参数与统计量。

### 一、总体（population）

总体是包含所研究的全部个体（数据）的集合，它通常由所研究的个体构成。例如，要研究中国大学生网络购物的满意度，那么，所有中国大学生就是研究的总体；要调查消费者对某则广告的态度，那么，所有看过这则广告的消费者就是该调查的总体，等等。

显然，总体有大小之分，即研究对象的规模不同。有些总体是有限的，有些总体却无限大，至少在理论上如此。有限总体的范围能够明确确定且个体的数

① 附录 9 中列出的《统计术语说明》，方便读者查询记忆。

目有限。比如，要调查厦门大学2018级传播班同学的手机使用情况，那么由2018级传播班同学构成的总体就是有限总体。无限总体指总体所包括的个体无限、不可数。比如，在科学实验中，每次的实验数据可以看作总体的一个个体，实验可以无限地重复下去，由此所收集的实验数据构成的总体就是一个无限总体。

将总体分为有限总体和无限总体主要是为了判别在抽样中每次抽取是否独立。对于无限总体，每次抽取一个单位，并不影响下一次的抽样结果，因此每次抽取可以看作是独立的；对于有限总体，抽取一个单位后，总体中就会少一个个体，前一次的抽样结果往往会影响第二次的抽样结果，因此每次抽取是不独立的。

## 二、样本(sample)

为了保证研究结果的可靠性和适用性，即保证研究的“内部有效性”与“外部有效性”，最理想的做法是研究总体中的所有个体。如果总体非常小，这可以做到，但大多数情况下难以做到，或者没有必要这样做。对于无限总体，这显然做不到，对于较大的总体，虽然可以做到，但无疑需要花费大量的时间、精力与财力。所以，在进行各类研究时，一般的做法是在保证研究结果相对可靠的前提下，尽可能降低研究成本。这时，惯常的做法是从总体中抽取一部分个体加以研究，在此基础上再对总体做出推断，抽取的这部分个体的集合就是样本，构成样本的个体数目称为样本量(sample size)。

抽样的目的是根据样本提供的信息推断总体的特征。比如，我们实施一项有关全国大学生电视收视情况的调查，总体是全中国的大学生，从中随机抽取1000名大学生，这1000名大学生就构成一个样本，然后根据这1000名大学生去推断全国大学生这个总体。显然，要对总体做出有效可靠的判断，所抽取的样本必须具有代表性，或者说必须在其结构等主要特征上接近总体，而不能有太大的偏向性。试想，如果抽取的1000名大学生有100名为男性，其余900名为女性，这样的样本代表性如何呢？

## 三、个体(individual)

构成总体的每一个基本元素称作个体。在上例全国大学生收视情况调查中，每个大学生就是一个个体。与心理学、教育学等学科相比，传播学具有特殊性，我们的研究对象除了人以外，还包括媒介信息，例如在舆情监测中，要分析媒体对某个政府机关或企事业单位的负面报道，每条报道就是研究个体。

## 四、参数与统计量(parameter and statistic)

描述总体某一特征的数值称为参数,而描述样本某一特征的数值叫作统计量。例如,我们从2018级传播班60名学生中抽取30名作为样本,测量其网络素养。如果用这30名学生的网络素养平均值来估计全班同学的网络素养,这些样本的平均值就叫作统计量,全班的平均值就是参数。

一般来讲,研究者所关心的参数通常有总体平均数、总体标准差、总体比率等。在统计中,总体参数常用希腊字母表示。比如,总体平均数用$\mu$(mu)表示,总体标准差用$\sigma$(sigma)表示,总体比率用$\pi$(pi)表示,等等。

相应地,常见的样本统计量有样本平均数、样本标准差、样本比率。样本统计量常用英文字母来表示。比如,样本平均数用$\bar{x}$(读作$x$拔)表示,样本标准差用$s$表示,样本比率用$p$表示,等等。

有关总体、样本、参数、统计量的概念可以用图2-1表示。

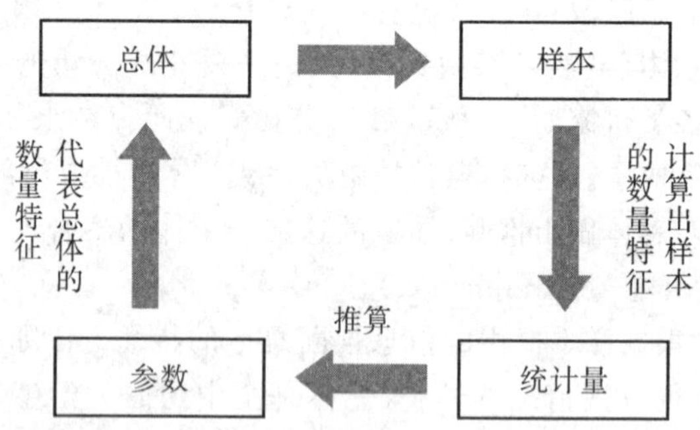


图2-1 总体和参数与样本和统计量的关系

### 【小结与要点】

(1)总体(population)是包含所研究的全部个体(数据)的集合,它通常由所研究的个体构成;样本(sample)是从总体中抽取的部分个体或元素的集合。

(2)描述总体某一特征的数值称为参数(parameter),描述样本某一特征的数值叫作统计量(statistic)。

## 五、频数、比例、百分比和比率

频数(frequency)是落在某一特定类别或组中的数据个数,频数分布是统计学中的一个重要概念，它表示了数据的散布情况；比例(proportion)是某一类别的数据个数占全部数据个数的比值，反映了样本(或总体)的构成或结构；百分比(percentage)，是将对比的基数作为100而计算出的比值；比率(ratio)则是不同类别数值个数的比值。表2-1计算了某次调查中男性和女性出现的频次、所占比例和百分比以及两个性别之间的比率。与频数比起来，比例等统计量所反映的信息有时候会清楚得多。比如，听到今年国际新闻班新招进了36名男生，对此我们对国际新闻班男生多少的情况并没有明确的概念；如果听到男生所占的百分比是26%，我们就会更清楚国际新闻班男少女多的情况。

**表2-1 频次、比例、百分比及比率分布表**

| 样本分类 | 频次 | 比例 | 百分比 | 比率 |
|---|---|---|---|---|
| 男 | 36 | 0.36 | 36% | |
| 女 | 64 | 0.64 | 64% | 36∶64 |
| 合计 | 100 | 1 | 100% | |

# 第二节 随机变量

在一定的条件下，可能出现也可能不出现，可能这样出现、也可能那样出现的一类现象，这就是所谓的随机现象。比方说某大学本科毕业论文成绩，有可能是优、良、中或差，受众对某个新闻网站的信任度可能是非常信任、比较信任、无所谓、比较不信任或非常不信任。随机现象的每一种结果叫做一个随机事件，如第一个例子中有四个随机事件，分别为“优”“良”“中”和“差”；第二个例子中有“非常信任”“比较信任”“无所谓”“比较不信任”和“非常不信任”五个随机事件。

我们把能表示随机现象各种结果的变量称为随机变量(random variable)，上例中的“毕业论文成绩”和“网站信任度”都是随机变量，用于表示我们感兴趣现象的各种结果。“毕业论文成绩”有四个随机事件，也就是有四种具体取值，我们将随机变量的具体取值称之为变量值。我们的任务就是研究各种自然现象或社会现象有几种具体取值，每种取值的概率是多少，有没有规律可言，现象的本质是什么。例如我们研究某大学2018届本科毕业论文成绩，发现一共有“优”“良”“中”和“差”四种具体取值，其中优占15%，良占45%，中占25%，差占15%。数据规律为：成绩好和差的学生都是少数，大部分学生的成绩都集中于中等水平。

相对于变量，则是常数(constant)，常数具有保持恒常不变的属性。如圆周率 π 是个常数，但是不同圆的周长是个随机变量。研究者通常对常数比较没有兴趣，而对随机变量的变化规律及其原因感兴趣。

依据不同的标准，可将随机变量进行分类。按照作用，变量可分为自变量和因变量；按照性质，可分为离散型变量和连续型变量；按照测量级别，可分为分类变量、顺序变量、等距变量和等比变量。其中等距变量和等比变量都称之为数值型变量。

## 一、按作用分

按照变量在研究中的作用，可以把它分成如下几类：自变量(independent variable)是造成研究现象出现的原因，在实验研究中，研究者可以根据需要而系统地操纵自变量，因此也被称为实验刺激变量或实验处理变量；因变量(dependent variable)是由于其他变量变化而产生变化的变量，它是自变量变化造成的结果，也是研究者试图解释的对象。与自变量不同，研究者只能对因变量作出大致的预测，却无法控制它。例如，我们发现广告投放量与品牌知名度之间具有显著的正相关，在这里广告投放量是自变量，品牌知名度是因变量，正是因为广告投放量的不断增加，才导致品牌知名度不断提升。

在实验研究中，自变量也可以称作因素，其不同取值则称为水平或处理(level/treatment)。上例中，如果采用实验法来研究广告投放量对品牌知名度的影响作用，则可将三个新品牌广告投放在同一电视频道或公交移动电视中，将广告投放量操作为三个水平："高"频率(一天 20 次)、"中"(一天 10 次)和"低"(一天 2 次)，控制其他无关变量，然后检查三个品牌的第一提及率(品牌知名度的衡量指标之一)之间是否有显著差异。

除了自变量以外，还有一些变量也能影响因变量，但与研究目的无关，需要加以控制。这些变量被称为无关变量(extraneous variable)，或控制变量。尤其在实验研究中，无关变量能够使实验结果变弱或无效，因此需要严格排除或加以控制。

## 二、按性质分

按照变量取值，我们可以将它们分为离散型变量和连续型变量等。

如果某个变量可以有无限个数值，且任何两个数值间都可以细分成无数个数值，那么它就称为连续变量。连续变量(continuous variable)可以取某一范围内的任何值，其单位可以作非常细微的划分来显示程度上的细微差异。从理论上讲，其精确度是没有任何限制的，例如考试分数、室外温度、每周上网时间等。以上网时间为例，每天上网时间可以从 0～24 小时，如果我们计时器足够精密，那么 60 分钟至 61 分钟之间也可以细分成无数个数值，如 60.01，60.02，60.005 等。离散型变量（discrete variable）只能取有限的某些值，两个单位之间不能再进行细微的划分，比如性别、职业、家庭成员数，这就要求研究者预先知道并且在研究问卷上列出这些明确的取值。离散变量可以是数字型的（一般取整数），例如家庭成员数（2 个、3 个、4 个、5 个及以上）；也可以是范畴型的，它的值往往是某种特征，如性别（男、女）等。在调查问卷设计上，这些变量可以采用开放式问题，如"您一周上网时间"，也可以采用封闭式问题，如"您过去一周上网的总时间为：A.6 小时以内；B.6～12 小时；C.12～18 小时；D.18 小时以上"。前者测量所得的变量为连续性变量，因为你只要准确计时你上网时间，你可记录下准确到毫秒的上网时间；而后者测量所得的变量为离散型变量。

## 三、按测量级别分

统计数据或变量是对现象进行测量或观察的结果。我们既可以采用米尺和磅秤对受众的身高和体重进行精确测量，也可以采用问卷调查对受众的态度（满意、无所谓、不满意）进行模糊测量，或者直接用眼睛观察受众的性别和年龄。由于我们采用的测量工具——量尺的水平不同，所获得的变量水平也不同。按照测量水平从低到高分别为分类变量、顺序变量和数值型变量。

**1.分类变量**

分类变量（nominal variable/categorical variable）的变量取值只表示类别的区分，不表示任何数量上的大小、顺序上的高低和优劣，比如性别、婚姻状况、职业。在测量分类变量时，所划分的类别应该相互排斥且互不交叉重叠，比如性别，如果某个受众的性别为"女"，她就不可能是"男"；而且，各个类别是等价的，如婚姻状况中，"单身"和"已婚"两类别是平等、等价的，"单身"并没有优于或劣于"已婚"；此外，各个类别还应当穷尽变量的特征，不能出现无法归类的情况。总而言之，互斥性、等价性和穷尽性是测量分类变量时应遵循的基本准则。

**2.顺序变量**

顺序变量（ordinal variable/rank variable）的变量取值不仅表示分类，还能够按照逻辑顺序对这些分类进行排序，将研究对象进行程度上的区分，比如"产品等级"就是一个顺序变量，其取值从好到坏可以分为"一等品""二等品""三等品"等；"文化程度"也是一个从低到高的顺序变量，其变量值可以为"小学""初中”“高中”“大学”等；对于某个微电影的喜欢程度也是个顺序变量，按照态度强弱可分为“非常喜欢”“比较喜欢”“一般”“比较不喜欢”和“非常不喜欢”。顺序变量体现研究对象在高低、大小、重要性、强弱等方面的差异，因此，各个类别一般按照某种逻辑顺序依次排列。

**3.等距变量**

等距变量（interval variable）指变量之间具有相等的距离。等距变量既有量的大小，也有相等的单位，常见的等距变量有温度和海拔。等距变量可以用数字表示某个变量值跟另一个变量值相差多少，不同变量值之间的距离可以进行比较，如北京的气温是 10 度，上海的气温是 20 度，海南的气温 30 度，我们可以说上海温度比北京高 10 度，上海与北京的温差和上海与海南的温差相等，都是相差 10 度。可见，等距变量之间可以进行加减的数学运算。

**4.等比变量**

等比变量（ratio variable）与等距变量相比，除了有量的大小、相等单位外，还有绝对零点，即具有一个有实际意义的零点，代表所测量事物完全不具有某一特征。常见的有距离、时间、身高、体重、发行量等变量。以时间这个比率变量为例，它具有绝对零点，“0”表示没有花任何时间，“0”具有实际的意义，因而，时间不但可以进行加减运算，还可以进行乘除运算，我们可以说，“9 秒是 3 秒的三倍”“甲同学每天使用微信的时间是乙同学的两倍”；但对于像温度这样的等距变量却没有绝对零点，零度表示水的结冰温度，并非完全不具有温度这一特征，所以我们不能说“20 度的温度是 10 度的两倍”，或者“甲地的温度是乙地的两倍”，只能说“甲地的气温比乙地高 10 度”。

测量水平越高，测量数据或变量所提供的信息量也越多；测量水平越低，测量数据或变量所提供的信息量就越少。在问卷调查中考虑采用何种测量水平时，一定要权衡利弊。除非出于某种特别的考虑，应尽量采用信息量大的测量水平。例如我们在测量受众的年龄时，应尽量让受众填写其实际年龄，以得到比例变量，获得其年龄的精确信息；但是，由于这种作答方式可能让受众有所顾虑，我们只好采取权宜之计，设计顺序量表，设置几个不同年龄段的选项供受众选择。

由不同测量水平工具所获得的变量，其数学特性也不同，其适用的统计分析方法也完全不同，所以大家在看到一列数据时，首先要判别其测量水平及其数学特性，然后再选择适用的统计分析方法。表 2-2 列出四种测量水平所得的变量具有的数学特性。

表 2-2　变量的测量水平及数学特性

| 测量水平 | 举例 | 数学特性 | | | | 基本功能 |
|---|---|---|---|---|---|---|
| | | 比较异同 | 比较大小 | 加减 | 乘除 | |
| 分类变量 | 性别，编号，省份 | √ | | | | 分类，标记 |
| 顺序变量 | 名次，等级，次序 | √ | √ | | | 按照次序排列 |
| 等距变量 | 温度，海拔，振幅 | √ | √ | √ | | 差距确定与比较 |
| 等比变量 | 身高，体重，速度 | √ | √ | √ | √ | 比值确定与比较 |

上表打"√"表示该变量具有该种数学特性。可以看出，测量水平越高，其数学特性越全面，测量水平越低，其数学特性局限性越大。例如等比变量不但可以比较不同取值之间的异同和大小，而且还可以对这些取值进行加减和乘除；而分类变量只能比较不同取值的异同，起到分类和标记作用。在统计学中，适用于低水平变量的统计方法，也可以用来分析高水平变量，例如适用于分类变量的统计分析方法——计算各种取值的频次，也适用于比率变量；但是适用于高水平变量的统计学方法不适用于低水平变量，例如适用于等比变量的统计分析方法——计算平均值和方差，不适用于分类变量。

**【小结与要点】**

(1)变量(variable)是用来表示被测量对象特征的概念。

(2)按作用分，变量可分为自变量和因变量。自变量是造成研究现象出现的原因，因变量是由于其他变量变化而产生变化的变量，它是研究者试图解释的对象。研究者可以操纵自变量，但无法操控因变量。

(3)按性质分，变量可分为连续变量和离散变量。连续变量可以取某一范围内的任何值，其单位可以进行非常细微的划分来显示程度上的细微差异，例如考试分数、每周上网时长；离散型变量只能取有限的某些值，两个单位之间不能再做细微的划分，比如性别、职业、家庭成员数。

(4)按测量水平来分，变量可分为分类变量、顺序变量、等距变量和等比变量。分类变量的变量取值只表示类别的区分，不表示任何数量上的大小和顺序上的差别；顺序变量的变量取值不仅表示分类，还能够按照某种逻辑顺序对这些分类进行排序；等距变量的变量之间具有相等的距离，它既有量的大小，也有相等的单位；而等比变量的测量水平最高，不但具有量的大小、相等单位，而且还有绝对零点。

(5)随着测量水平的提高，测量数据或变量所提供的信息量越多，适用的统计方法就越多，统计效力也越大。

## 第三节　测量的误差与精度

### 一、测量的误差

任何调查都不可避免存在误差，这是由于仪器、实验条件、环境等因素的限制，测量不可能绝对精确，测量值与客观存在的真实值之间总会存在着一定的差异，这种差异就是误差。调查既然是一种测量行为，必然存在误差，这已是无需证明的公理，称作误差公理，即任何调查结果都有误差，而且误差始终存在于一切科学试验和调查中。

根据误差的性质和特点，误差可分为系统误差和随机误差：

（一）系统误差

系统误差又叫做规律误差，是在偏离规定的严格条件下多次调查同一属性或特征时，误差的绝对值和符号保持恒定；或在测量条件改变时，误差按某一确定的规律变化，如测量体重时普遍偏重或者普遍偏轻。系统误差主要来源于测量法则和测量工具。

简单地说，系统误差就是由于过失性错误（工具不准、方法不对、人为出错等）产生的误差，系统误差一般是可以避免和消除的，比如可以通过重新制作准确的工具、制订正确的方法以及对调查人员进行培训来减少系统误差。以下是常见的三个系统误差的来源：

**1.仪器误差**

仪器误差是由于仪器本身的缺陷或没有按规定条件使用仪器造成的。如仪器的零点不准，仪器未调整好等。比如一把刻度偏小的尺子，怎么量都比实际长度偏小，为了减小仪器误差，制作一把标准的尺子非常必要。

**2.理论误差（方法误差）**

理论误差又叫方法误差，是由于测量所依据的理论公式本身的近似性、实验条件不能达到理论公式所规定的要求，或者是实验方法本身不完善所带来的误差。例如在监测数据获取的过程中，实验方法的敏感性和特异性较低，实际实验结果与真实值存在差异；或者实验技术不能满足实际需要，又无法找到更好的方

和消除的；随机误差是在实际调查中，由各种偶然的、无法预测的不确定因素干扰而产生的，随机误差不能用修正或采取某种技术措施的办法来消除，但可以通过统计处理来消除其对测量结果的影响。

(2)在进行调查和评估测量时，精确度、准确度和精度可用来评估测量的好坏或质量。精确度又称为信度，是使用相同技术重复测量同一个对象时，得到结果之间的一致程度，它代表着测量结果的稳定性和前后一致性；准确度又称效度，是使用相同技术重复测量同一个对象时，得到的结果平均值与真实值之间的符合程度；精确度和准确度的综合起来就表示了测量的精度。

## 第四节　抽样误差与非抽样误差

抽样调查中的误差主要有两类：抽样误差与非抽样误差。

### 一、非抽样误差

非抽样误差是由随机抽样的偶然性因素以外的原因引起的误差。非抽样误差不仅在抽样调查中存在，在全面调查中也存在。例如，调查方案中有关规定或解释不明确导致的填报错误，或由于工作失误造成的计量错误、计算错误、抄录错误和汇总错误，以及调查者或被调查者有意弄虚作假、虚报瞒报等。

非抽样误差属于系统误差，与抽样的随机性无关，往往具有系统偏向性，所以我们也称其为偏差。非抽样误差是可以通过科学严谨的方式得以避免和消除的，减小非抽样误差的方法主要是严格调查程序、规范调查步骤、加强人员培训和管理、合理设计调查问卷、改进测量方法和工具等。

总误差可以表示为以下关系式：

$$(\text{总误差})^2=(\text{抽样误差})^2+(\text{非抽样误差})^2 \qquad (\text{式 } 2.1)$$

在消除非抽样误差的情况下，我们通过样本估计总体，这种估计称为无偏估计，在这种消除了非抽样误差的无偏估计情况下，存在着如下关系：

$$\text{总误差}=\text{抽样误差} \qquad (\text{式 } 2.2)$$

### 二、抽样误差

抽样误差是指样本估计值与被推断的总体真实值之差，实际上就是我们用局部的样本统计量对整体的总体参数作出估计所引起的误差。例如，在对2018级传播班学生的网络素养进行调查时，第一次随机抽取的30名学生平均得分为80，第二次随机抽取的30名学生平均得分为75，之所以会产生这样的结果，有可能就是抽样误差影响了检测结果。

抽样误差是一种随机误差，是由于偶然性因素产生的，是不可避免的误差。抽样误差的大小具有一定的规律，研究和运用抽样误差的规律，是根据样本估计总体时所必须的，也是统计分析的重要内容之一。抽样误差的大小我们一般用标准误这个指标来衡量。

### （一）标准误

在数理统计中，我们把样本统计量（一般指样本平均数）的标准差称为标准误，标准误又称抽样误差，是描述抽样误差大小的尺度。

要注意，标准误和样本标准差是两个完全不同的概念，标准误是所有样本平均值的标准差。例如，抽取100个样本量为30名同学的样本，100个样本计算可得100个样本平均值，计算100个样本平均值所得的标准差，就是标准误。而样本标准差就是某个样本所有取值的标准差。例如，抽取一个30名同学组成的样本，则这30名同学得分的标准差就是样本标准差。标准误（$s_x$）和样本标准差（s）之间的关系如以下公式所示：

$$s_{\bar{x}}=\frac{s}{\sqrt{n}} \quad \text{（式 2.3）}$$

从公式可以看到，标准误比样本标准差小，其大小受到样本容量的影响。样本量越大，标准误越小，抽样误差也越小，表明所抽取的样本能够较好地代表总体。

### （二）误差限

上文介绍的标准误仅从理论上描述了样本平均数与总体平均数的平均偏离状况，还无法确定在某一次实际抽样中，用样本平均数估计总体平均数会造成多大范围的误差，也不能回答在某一次抽样中，估计出的总体平均数的可靠性有多大。要解决这些问题，就需要引入误差限和置信度的概念。

误差限又称误差最大限度，是指样本特征值与总体特征值之间可能的误差范围的绝对值。表示绝对误差限的数学符号是Δ，它的公式如下，式中，$\hat{\theta}$为用来估计总体的样本特征值，$\theta$表示总体特征值。

$$|\hat{\theta}-\theta|\leqslant\Delta \quad \text{（式 2.4）}$$

或等价地改写为

$$|\hat{\theta}|-\Delta\leqslant\theta\leqslant\hat{\theta}+\Delta$$

我们现在来以一个简单的例子来解释上述公式。在传播班网络素养调查中，抽取 30 名学生来测量其网络素养，结果平均值是 79 分，如果要用这些样本平均值推测传播班所有同学的网络素养平均值，我们就必须规定用这个值代表总体的平均分会产生多大范围的误差，即 $\Delta$，比如规定误差不能超过 10 分，那么我们就可以估计总体的网络素养得分是这样一个范围，这个范围称为置信区间：

79 分－10 分≤总体均值≤79 分＋10 分

## 【小结与要点】

(1)非抽样误差是由随机抽样的偶然性因素以外的原因引起的误差，是可以避免和消除的。在消除非抽样误差的情况下，我们通过样本统计量来估计总体参数，这种估计称为无偏估计，此时总误差等于抽样误差。

(2)抽样误差是指样本估计值与被推断的总体真实值之差，实际上就是我们用局部的样本统计量对整体的总体参数作出估计时所引起的误差。它是一种随机误差，是由于偶然性因素产生的、不可避免的误差，一般用标准误来衡量。

## 【复习与练习】

**思　考：**

1.什么是自变量和因变量？

2.根据测量水平，变量可分为哪几类？就所提供的信息量而言，哪个测量水平最佳，为什么？

3.什么是总体和样本？为什么要研究样本？

4.举例说明离散变量和连续变量。

5.如何衡量测量的精度？

6.抽样误差和非抽样误差有什么区别？

**牛刀小试：**

根据自己喜欢的方向，在新闻传播类期刊上找出定量研究的三篇论文，指出其中的变量，并对变量的类型进行区分。

# 第三章 用数字描述分布

**本章学习重点：**

- 集中趋势各测度值的计算方法
- 集中趋势各测度值的特点及应用场合
- 离散程度各测度值的计算方法
- 离散程度各测度值的特点及应用场合
- 偏态与峰态的测度方法
- 用 SPSS 计算描述统计量并进行分析

从这一章起，开始处理真实的数据。数据一旦收集，第一步通常是整理，用简单的指标来描述数据。完成这一步有三个步骤：一是描述分布的集中趋势，即反映数据向其中心值靠拢或聚集的程度；二是描述分布的离散程度，即反映各数据远离其中心值的趋势；三是描述分布的形状，即反映数据分布的偏态和峰态。这三个方面分别反映了数据分布的不同侧面，提供了不同的数据分布信息。

## 第一节　集中趋势的度量

集中趋势(central tendency)，就是一组数据向其中心值靠拢的倾向和程度，它反映了一组数据中心点的位置所在。集中趋势的度量就是找出一组数据的典型值或代表值，该值称为集中量数。常用的集中量数有平均数、中位数和众数。下面先讨论这几个集中量数的定义和计算方法，然后再分析其各自特点以及应用场合。

## 一、众数

众数(mode)是一组数据中出现次数最多的变量值,用 $M_o$ 表示。众数主要用于测量分类数据的集中趋势,当然也适用于顺序数据和数值型数据。一般情况下,只有在数据量较大的情况下,众数才有意义。

**【例 3.1】**在关于广告态度的调查问卷中,437 个被试的地域来源形成了如下的数据分布结果。求此数据组的众数。

**表 3-1　地域来源分布**

| 地域 | 频数 |
|---|---|
| 农村 | 108 |
| 县城 | 110 |
| 中小城市 | 127 |
| 省会或直辖市 | 92 |

众数是出现最多的变量值,在上面的例子中就是“中小城市”。计算众数时最容易、最经常出现的错误,就是误将某个类别出现的次数而不是类别本身当作众数。对一些人来说很容易得出众数是“127”而不是“中小城市”的结论,这个错误是计算众数时一定要注意的。

有时也会出现一些特殊情况。例如在 3,3,3,4,4,4,5,5,5 这组数据中,各数值出现的次数完全一样,都是 3 次,该组数据就没有众数;有些数据则会出现两个或两个以上的众数,这样的数据可能就是双峰或多峰分布。图 3-1 显示了几种众数的分布情况。

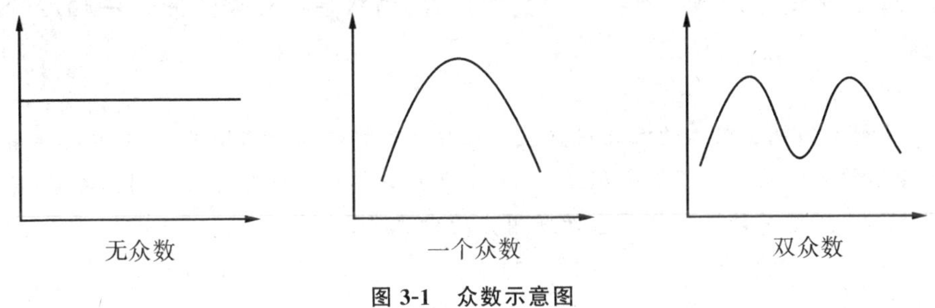


**图 3-1　众数示意图**

**【小结与要点】**

(1)如果众数相当接近但不是完全相同,数据分布也是双峰分布。如在上面的案例中,县城出现的频数是110,中小城市是127,这时的问题在于,一种类别和其他类别在多大的程度上有区别。

(2)众数不受极端值的影响。但是众数并不是一个描述中心趋势最好的统计量,因为在实际情况中有时没有众数,或者有两个及以上众数,且众数只有在数据量较多时才有意义。

(3)如果数据是分类数据,必须使用众数。如要知道某个学院是男生多还是女生多,此时的答案就是众数。类似的,要知道哪一门大学课程有最多的选修学生,同样要用众数回答。当我们使用分类数据时,计算“平均性别”和“平均专业”没有意义,只能报告度量集中趋势的众数。

## 二、中位数与分位数

在一组数据中,可以找出处在某个位置上的数据,这些位置上的数据就是相应的分位数,其中包括中位数、四分位数、十分位数、百分位数。

(一)中位数

中位数(median)是一组数据排序后处于中间位置上的变量值,用 $M_e$ 表示。作为一个分布的中间点,一半观测值比它小,一半观测值比它大。中位数不适用于分类数据,也不会受到极端值的影响。要找分布的中位数,步骤如下:(1)把所有观测值按照从小到大的顺序排序。(2)若观测值个数 $n$ 为奇数,中位数 $M_e$ 就是排序后观测值最中间的一个。要找中位数的位置,只要从头数起,数到第$(n+1)/2$个位置即可;若观测值个数 $n$ 为偶数,中位数 $M_e$ 就是排序后最中间的两个观测值的平均数。要找中位数的位置,仍然是从头数到第$(n+1)/2$个位置。

**【例3.2】**社交媒体的活跃用户数量往往反映媒体的使用情况,受到传播学者和营销学者的关注。下面数据是2018年1月份各社交平台的活跃用户数量(单位:百万)。要求计算社交平台活跃用户的中位数。

表 3-2 社交平台及活跃用户

| 社交平台 | 活跃用户(百万) |
| --- | --- |
| QQ | 82 |
| QQ 空间 | 76 |
| Google | 75 |
| 微信 | 68 |
| 腾讯微博 | 58 |
| Facebook | 50 |
| Twitter | 42 |
| Linkin | 12 |

数据来源:199IT 中文互联网数据资讯中心

解:先将上面的数据从小到大排序,结果如下:

12,42,50,58,68,75,76,82

一共是 8 个数,中位数的位置 $(n+1)/2=4.5$,也就是第 4 个和第 5 个数的平均数为此组数列的中位数:

$$M_e=\frac{58+68}{2}=63\text{(百万)}$$

(二)四分位数

四分位数(quartile)也称四分位点,是一组数据排序后处于 25%和 75%位置上的值。把数据总体个数设置为 100%,则四分位数通过 3 个点将全部数据平均分为 4 等份,每一部分包含 25%的数据。中间的四分位数就是中位数,处在 25%位置上的数值称为下四分位数($Q_L$),它是中位数左边所有数字的中位数;处在 75%位置上的数值称为上四分位数($Q_U$),它是中位数右边所有数字的中位数。如图 3-2 所示。

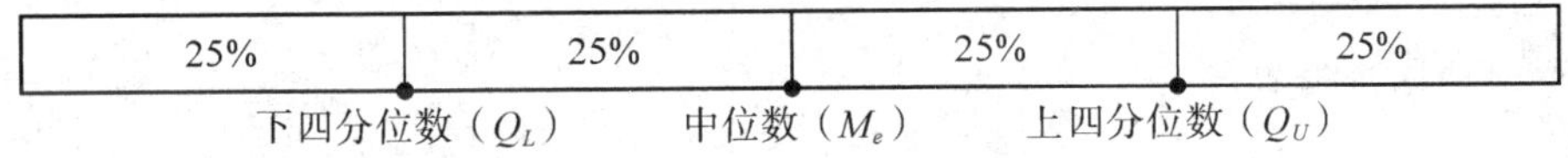


图 3-2 四分位数的示意图

四分位数位置的确定方法如下:

$$Q_L\text{ 的位置}=\frac{(n+1)}{4} \qquad \text{(式 3.1)}$$

$$Q_U \text{ 的位置} = \frac{3(n+1)}{4} \quad (\text{式 } 3.2)$$

与中位数类似，如果位置是整数，四分位数就是该位置对应的值；如果在0.5的位置上，则取该位置两侧值的平均数；如果在0.25或0.75的位置上，四分位数等于该位置下侧值加上按比例分摊的位置两侧数值的差值。具体计算方法见例题3.3。

**【例3.3】**"知识鸿沟"在数字媒体时代表现为数字鸿沟。下列数据反映截止到2014年9个国家的社交网络普及率(单位：百分率)。要求计算网络普及率的四分位数。

**表 3-3　社交网络普及率**

| 国　家 | 社交网络普及率(%) |
| --- | --- |
| 加拿大 | 82 |
| 英　国 | 76 |
| 美　国 | 75 |
| 法　国 | 68 |
| 日　本 | 58 |
| 俄罗斯 | 50 |
| 中　国 | 42 |
| 印　度 | 12 |
| 澳大利亚 | 70 |

数据来源：http://www.199it.com/archives/194540.html.

解：首先将此组数列由低到高排序：

12,42,50,58,68,70,75,76,82

接下来计算下四分位数的位置：

$$Q_L \text{ 的位置} = \frac{n+1}{4} = \frac{10}{4} = 2.5$$

也就是下四分位数在第2个数值和第3个数值之间0.5的位置上，因此

$$Q_L = 42 + (50-42) \times 0.5 = 46$$

所以社交网络普及率的下四分位数为46%。同样的思路，首先计算上四分位数的位置：

$$Q_U \text{ 的位置} = \frac{(n+1)\times 3}{4} = \frac{3\times 10}{4} = 7.5$$

说明上四分位数在第 7 个数值和第 8 个数值之间 0.5 的位置上，因此

$$Q_U = 75 + (76-75)\times 0.5 = 75.5$$

也就是社交网络的普及率的上四分位数为 75.5％。

**【小结与要点】**

(1)如果数据组中有一个或多个极值，相比其他反映集中趋势的量数来说，中位数能更好地代表数据的中心值，甚至比均值更好。在特定的社会和经济指标的分析中，常使用中位数作为集中趋势量数，例如“厦门市家庭平均收入的中位数是……”，而不使用均值来概括收入。这是因为，在研究收入分配时，总是存在极值改变或明显地扭曲数据分布中心点的情况。

(2)中位数、四分位数是特殊的百分位点(percentile points)，百分位点用于定义数据集或数据分布中等于或小于一个特定数据值个体的百分数。例如，你的成绩是“处在第 80 百分位点”，这意味着你的成绩刚好是或者超过班内 80％人的成绩。中位数是第 50 百分位点上的值，有 50％的观测点在这个值之下，有 50％的观测点在这个值之上。

(3)中位数、四分位数只适用于顺序变量和数值型变量，对于分类变量是没有意义的。

## 三、平均数

平均数也称为均值(mean)，它是一组数据中所有数值相加后除以数据的个数得到的结果。比如将全班同学年龄加起来就得到一个总和，再除以班级人数，得到的就是全班同学的平均年龄。平均数作为集中趋势的最常用的测度值，是一组数据的均衡点所在，体现了数据的必然性特征。在平均数的计算中，根据总体数据计算的称为总体平均数，记为$\mu$；根据样本数据计算的称为样本平均数，记为 $\bar{x}$(读成 $x$－bar)。样本均值的计算公式为：

$$\bar{X} = \frac{\sum x}{n} \qquad \text{(式 3.3)}$$

其中，Σ(西格玛)是连加符号，也就是将其后所有的数值都加起来；$x$ 是数据中每个具体的数值；$\Sigma_x$ 表示将变量 $x$ 的所有值相加，也记作 $\sum_{i=1}^{n} x$ 。$n$ 是样本

规模，如果是总体规模，一般用大写字母 $N$ 表示。例题 3.3 反映了 9 个国家的社交网络普及率，要求计算 9 个国家网络普及率的平均值。

解：根据式 3.1，

$$\overline{X}=\frac{\sum x}{n}=\frac{12+42+50+58+68+70+75+76+82}{9}=59.22\%$$

答：9 个国家的社交网络普及率的平均值为 59.22%。

在 SPSS 中，我们可直接对数据的集中趋势进行度量。过程如下：

**第 1 步：输入数据。** 将数据输入 SPSS 中，如图 3-3 所示。

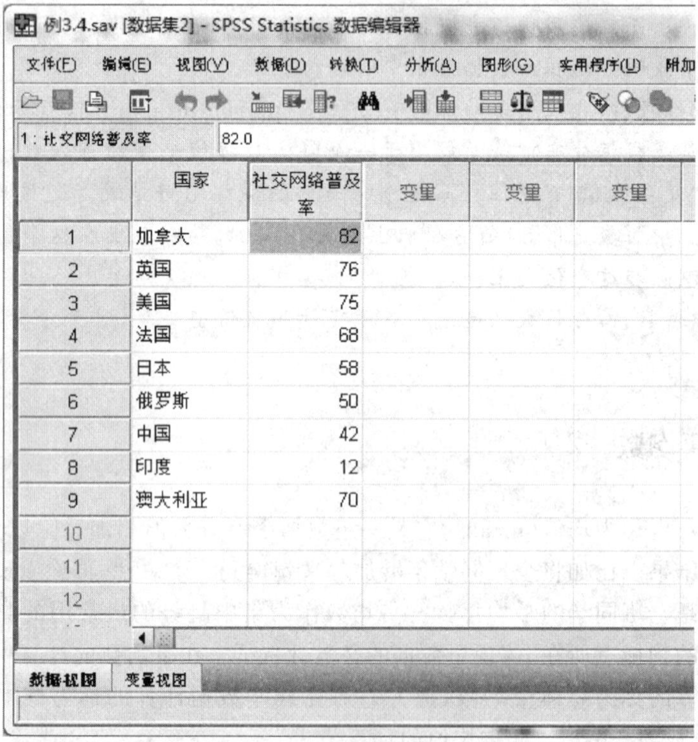

例3.4.sav [数据集2] - SPSS Statistics 数据编辑器

文件(F) 编辑(E) 视图(V) 数据(D) 转换(T) 分析(A) 图形(G) 实用程序(U) 附加

1 : 社交网络普及率 82.0

| | 国家 | 社交网络普及率 | 变量 | 变量 | 变量 |
|---|---|---|---|---|---|
| 1 | 加拿大 | 82 | | | |
| 2 | 英国 | 76 | | | |
| 3 | 美国 | 75 | | | |
| 4 | 法国 | 68 | | | |
| 5 | 日本 | 58 | | | |
| 6 | 俄罗斯 | 50 | | | |
| 7 | 中国 | 42 | | | |
| 8 | 印度 | 12 | | | |
| 9 | 澳大利亚 | 70 | | | |
| 10 | | | | | |
| 11 | | | | | |
| 12 | | | | | |

数据视图 变量视图

**图 3-3 例题 3.3 的数据输入 SPSS 的界面**

**第 2 步：打开频率对话框。** 单击【分析】——【描述统计】——【频率】，点击【频率】对话框。在左侧方框中点击所要分析的变量【社交网络普及率】，置入右侧【变量】方框中，如图 3-4 所示。

**第 3 步：设置要计算的集中趋势量数。** 点击【统计量】，进入【频率：统计量】

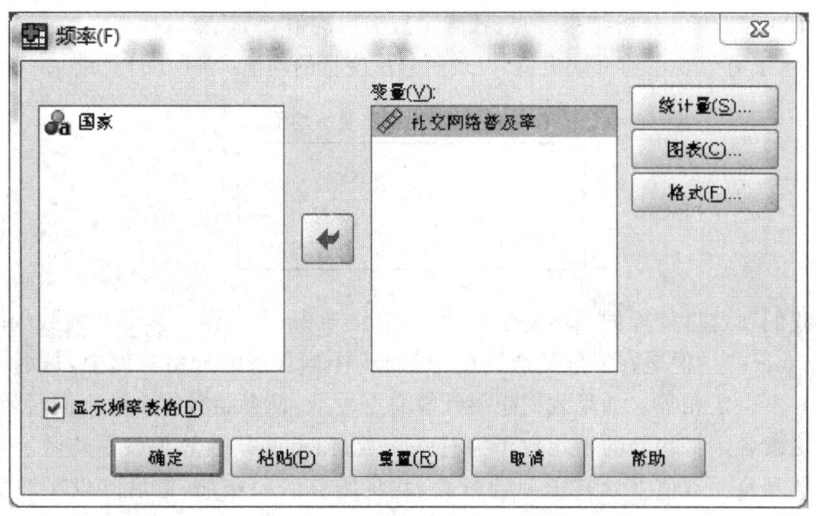


图 3-4 频率对话框

子对话框。根据分析要求，在【集中趋势】一栏中选择【均值】，如图 3-5 所示。设置完成后，点击【继续】，返回主对话框。

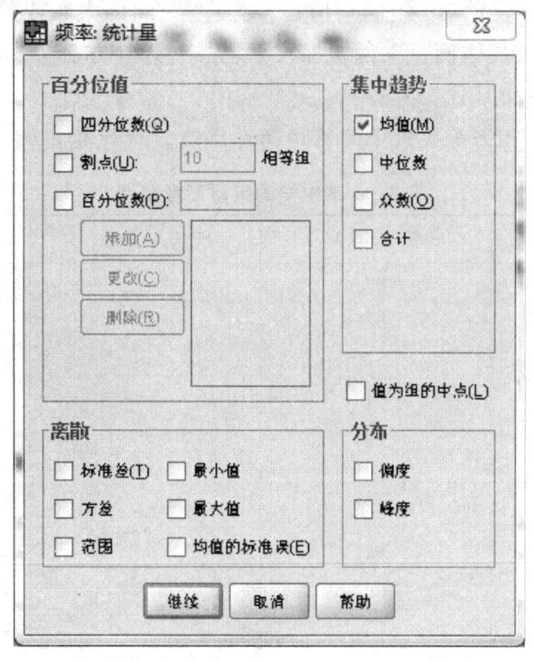


图 3-5 选择集中趋势量数

**第 4 步：输出分析结果。**点击【确定】，输出均值计算结果，如表 3-4 所示。表 3-4 显示了有效观察值和缺失值，以及所分析变量的均值，与手工计算结果一致。

**表 3-4　社交网络普及率均值**

| | | |
|---|---|---|
| N | 有效 | 9 |
| | 缺失 | 0 |
| 均值 | | 59.22 |

我们在这里计算的是简单平均数（simple mean），也称为算术平均数（arithmetic mean）。但是在实际的研究中，我们从样本获得的分组数据中，每组的样本数并不一定相等。如果我们想要计算总平均数，而各组数据个数不同时，绝不能直接求各组平均数的平均数作为总平均数，而是必须计算加权平均数。加权平均数是每一数值乘以它出现的频数，并将所有的积相加，最后除以频数的总和。计算公式如下：

$$\bar{x} = \frac{\sum_{i=1}^{k} M_i f_i}{n} \qquad \text{（式 3.4）}$$

式 3.4 中，$M_i$ 表示第 $i$ 组的均值；$f_i$ 表示第 $i$ 组的人数或数据个数。

下面我们就以具体例子来说明加权平均数的计算方法。

**【例 3.4】**下面数据是某中学的英语高考成绩。试计算其加权平均数。

**表 3-5　某中学的英语高考成绩**

| 班级 | 班级平均（$M_i$） | 班级人数（$f_i$） | $M_i f_i$ |
|---|---|---|---|
| 高三(1) | 89 | 60 | 5 340 |
| 高三(2) | 87 | 65 | 5 655 |
| 高三(3) | 82 | 55 | 4 510 |
| 高三(4) | 84 | 65 | 5 460 |
| 高三(5) | 79 | 58 | 4 582 |
| 高三(6) | 78 | 59 | 4 602 |
| 高三(7) | 85 | 60 | 5 100 |
| 高三(8) | 83 | 50 | 4 150 |
| 高三(9) | 88 | 55 | 4 840 |
| 高三(10) | 75 | 42 | 3 150 |
| 合　计 | — | 569 | 47 389 |

解：

$$\bar{x}=\frac{\sum_{i=1}^{k}M_i f_i}{n}=\frac{47\ 389}{569}=83.28$$

答：这个中学的英语高考成绩的加权平均数是 83.28 分。

【小结与要点】

(1)均值仅适用于数值型变量，对分类变量和顺序变量皆无意义。均值是反映集中趋势最常用的一个统计量。

(2)均值偏差之和等于零。如果将每一个数都减去均值，然后再将它们相加，就得到偏差之和，无论数值个数、均值大小以及数据的其他特点如何，偏差之和必将等于零。

(3)均值对极端值很敏感。比如跷跷板上的两个人，一个较重一个较轻。为了使跷跷板达到平衡，平衡点就必须移近体重较重的人。这个原理对一组数据同样成立，特别大的值或特别小的值将影响样本均值。

(4)只有同质的数据才能计算平均数。同质数据是指用同样的工具或手段并且采用同样的标准进行测量而得来的数据，例如同一份试题考试的得分。如果把几门考试的成绩或一门课在不同考试中的成绩放在一起计算平均成绩，以此来评估一个学生的学业水平，严格来讲是不科学的，因为这些成绩是不同质的——不同考试的难易度以及评分标准等是不同的。

## 四、众数、中位数和均值特征比较及其适用情况分析

我们已介绍了众数、中位数和均值这三种常用的集中趋势的度量方法，由于其各自的性质与特点，它们在特定情况下的适用性是不同的，因而有必要对它们进行比较，以便在统计实践中做出正确的选择。

### 1.测量水平

变量的测量水平是选择代表值时需要考虑的重要因素之一。对于数值型变量，三个集中量数都可以使用，其中平均数是最常用的量数；对于顺序变量，中位数更为合适，因为中位数是建立在排序基础之上的；对于分类变量，只能使用众数。

### 2.灵敏程度

平均数的灵敏程度要高于众数和中位数。由于在计算平均数时，每个数值都要考虑，而确定中位数和众数时，考虑的是数据出现的位置或者次数，对数值本身的变化反应不够灵敏。

**3.稳定程度**

由于平均数的计算需要每个数值都加入，因而它较少受样本抽样的影响，作为反映样本集中趋势的量数比较稳定可靠。中数与众数则很容易受样本变化的影响，稳定性较差。

**4.极端数值**

由于计算平均数时每一个数值都要加入，因此它易受到极端数值的影响，进而降低其代表性，难以反映我们所研究的事物的真实原貌。在这种情况下，中位数和众数就成为更好的选择。

**5.数据分布**

我们看到，当数据中出现极其反常的数值时，平均数和中位位数的差别就会很大，这时中位数是更具代表性的集中量数。我们也可以从分布的角度理解这个问题。当分布大体对称或接近对称分布时，众数、中位数和平均数就非常接近；当数据为左偏分布时，众数最大，其次是中数，最后是平均数；如果是右偏分布，其关系正好相反：平均数最大，众数最小，中位数介于两者之间。图 3-6 反映了三种不同的分布情况。

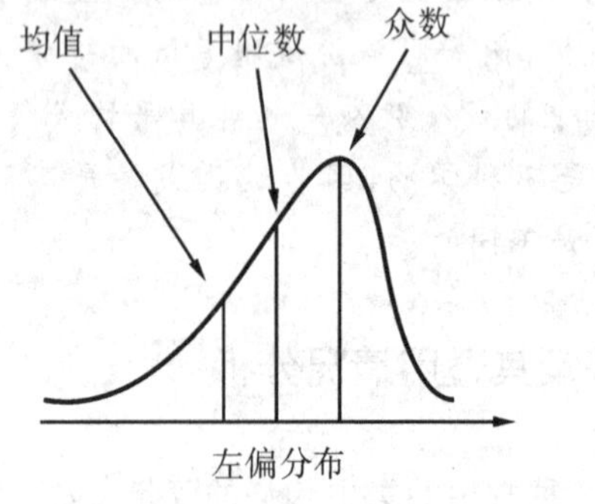


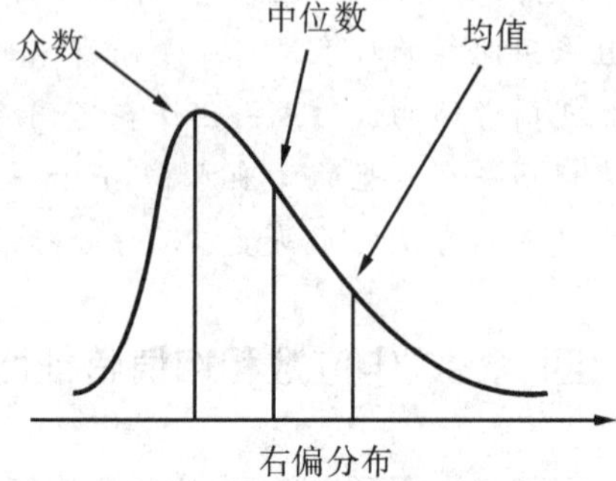


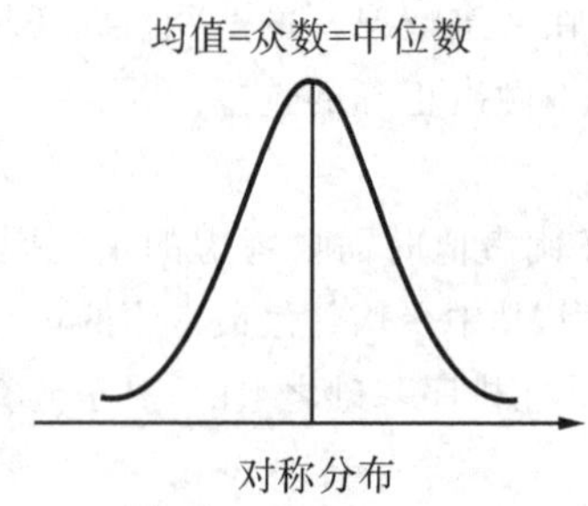


**图 3-6　数据分布图**

表 3-6　常用集中趋势度量适用情况的总结

| 度量指标 | 适用情况 | 注意事项 |
| --- | --- | --- |
| 众　数 | 三种类型数据均适用,特别是分类变量;<br>适用于数据分布偏斜程度较大且有明显峰值时。 | 不够精确,提供的信息很少;<br>不具有唯一性;<br>分组变化时受到较大影响。 |
| 中位数 | 不适用于分类数据;<br>对了解分布的中间点或者分布是否有偏非常有用。 | 不受极端值的影响;<br>只需中间的数据。 |
| 平均数 | 不适用于分类数据和顺序数据;<br>数学性质优良;<br>数据对称分布或接近对称分布时应用。 | 易受极端值的影响;<br>如果数据中有异常点或分布是有偏的,均值可能存在误导。 |

# 第二节　离散程度的度量

利用平均数、中位数、众数等集中量数可以描述一组数据的集中趋势,从一个侧面反映出数据列的特征。但是在实际中,人们发现仅仅有数据列的集中趋势未必能够较全面地描述分布的特征。我们不妨来比较下列三组数据的特点:

甲组:50,50,50,50,50

乙组:48,49,50,51,52

丙组:30,40,50,60,70

显然,三组数据的平均数和中位数都是 50,但这并不意味着三个数据组的特征一样。可以看到:甲组的数据最"集中",均为 50;乙组的数据分散在 48～52,分散程度比较小;丙组的数据分散在 30～70,分散程度比较大。可见,三组数据的集中量数虽然一样,但是分散程度却不一样,所以看上去有不同的特征。要全面描述一组数据,只有集中量数是不够的,还必须要有能够描述数据分散程度的特征值,我们把这种特征值称为离散量数。本节将按照数据类型的不同,介绍几种离散量数:异众比率、四分位差、极差、平均差、方差和标准差。此外,还有测度相对离散程度的离散系数等。

## 一、异众比率

异众比率(variation ratio)指非众数组的频数占总频数的比例,用 $V_r$ 表示。异众比率用于衡量众数对一组数据的代表程度,值越大说明非众数组的频数占总频数的比重越大，众数的代表性就越差。异众比率的计算公式如下：

$$\nu_r = \frac{\sum f_i - f_m}{\sum f_i} = 1 - \frac{f_m}{\sum f_i} \quad \text{（式 3.5）}$$

式中，$\sum f_i$ 为变量值的总频数，$f_m$ 为众数组的频数。

**【例 3.5】**根据例 3.1 中的数据，计算异众比率。

解：根据式 3.5 可得

$$v_r = \frac{437-127}{437} = 1 - \frac{127}{437} \approx 0.709 = 70.9\%$$

说明在所调查的 437 人当中，不是来自中小城市的人数占 70.9%，异众比率较大。因此，这道题的众数“中小城市”代表性不是很好。

**【小结与要点】**

(1)众数是对分布集中趋势的度量，异众比率是对分布离散趋势的度量。

(2)异众比率可用于度量分类数据的离散程度。

(3)异众比率越小，说明众数的代表性越好。

## 二、四分位差

四分位差(quartile deviation)也称为内距或四分间距，是上四分位数与下四分位数之差，用 $Q_d$ 表示，计算公式为：

$$Q_d = Q_U - Q_L \quad \text{（式 3.6）}$$

由于四分位差将焦点放在了中间 50%的数据上，当分布有偏时，它非常有用。在传播学中，一些度量往往是有偏斜的，所以这时中位数作为集中趋势的度量，四分位差作为离散趋势的度量是合理的。图 3-7 是个箱线图，中间 50%的数

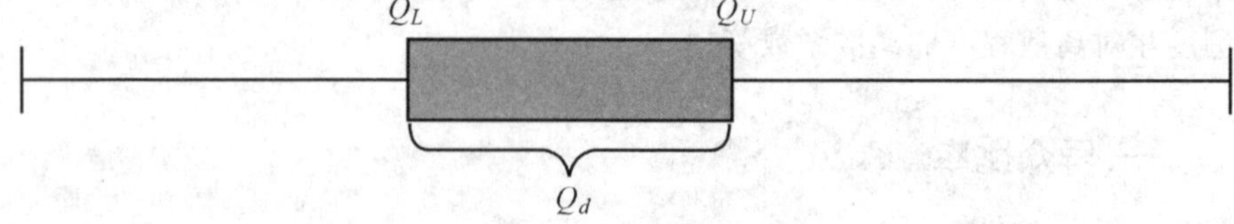


图 3-7　四分位差示意图

据所占的长度(箱子长度)就是四分位差,可看出这列数据有偏,50%的数据所占的长度比前面25%的数据或后面25%的数据所占的长度还短。采用四分位差可快速大致地看到数据分布情况,对于有偏数据分布非常合适。

**【例3.6】**例3.3中,全世界的社交网络普及率分布不均衡,这时可用四分位差衡量数据分布的离散程度。计算9个国家在社交网络上的普及率的四分位差。

解:由于数据的四分位数分别是:$Q_L=44$,$Q_U=73.75$。故四分位差为:

$$Q_d=73.75-44=29.75(\%)$$

**【小结与要点】**

(1)中位数可以度量顺序数据的集中程度,四分位差则可对顺序数据的离散程度进行度量。

(2)四分位差不受极端值的影响。

(3)四分位差对分类数据不适用。

## 三、极差、平均差、方差和标准差

### (一)极差

极差(range)是数值型数据中最简单、最直接的离散度量,是最大值与最小值之差,也就是最大值减去最小值所得之差。因此,如果最大值是90,最小值是30,极差就是60。注意,极差是一个单独的数值,不是两个数值。因此,极差是60,而不是30到90。极差的计算公式为:

$$R=\max(x_i)-\min(x_i) \qquad (式3.7)$$

虽然极差很有意义,但它在使用上很受限制。如果数据中存在一个异常值,极差反映的离散程度就可能非常大,实际上,除去这一异常值后,分布可能非常集中。假设你在广告业寻找工作,调查表明某广告公司的职员平均每月能挣5 000元,而这个月刚好该公司的员工挣了8 000元,那么你会因为这个月的工资水平而去这家公司吗?显然我们不能仅仅根据这个极端值就马上做出选择。需要注意的是,虽然极差不能反映数据的分布情况,但是了解极差,特别是分布的上界是非常重要的。试想如果高速公路只为平均的交通流量设计,桥梁、房屋、大坝设计和建设只能抵抗平均的风速、平均降水量或平均强度的地震,生活将会怎样？所以好的决策不仅要考虑到集中趋势度量，还要考虑散布大小。

（二）平均差

平均差(mean deviation)指一组数据中各个数值与平均数之差的平均，也就是用数值离开平均数的距离来表示离散程度，用 $M_d$ 表示。其计算公式为：

$$M_d = \frac{\sum_{i=1}^{n} | x_i - \bar{x} |}{n} \quad \text{（式 3.8）}$$

平均差以平均数为中心，反映每个数据与平均数的差异程度，可以全面反映一组数据的离散状况。由于均值偏差的总和一定等于 0，所以计算平均差时取每一个偏差的绝对值。将这些绝对值累加起来，然后除以数据总的个数，以此反映总离差。平均差的计算考虑了每一个数值，因而稳定可靠，不易受到极端数值的影响，也不易受样本变化的影响，是较为理想的差异量数。但由于需要取绝对值，这给计算带来不便，因而在实际中应用较少。

（三）方差和标准差

方差(deviation)和标准差(standard deviation)是度量离散程度最常用的测度值，反映了各变量值与均值的平均差异。根据总体数据计算的，称为总体方差(标准差)，记为$\sigma^2(\sigma)$；根据样本数据计算的，称为样本方差(标准差)，记为 $s^2(s)$。

与平均差一样，标准差和方差也是用各数据与平均数的平均距离来表示离散程度。标准差或方差越大，表示数据中的数值之间差异越大，分布越分散。要算出 $n$ 个数据的标准差，步骤如下：

第 1 步：先找出每个数据与平均数的距离(也就是做减法)，并把这个距离平方；

第 2 步：把所有的距离平方加起来，并除以 $n-1$。所得到的距离平方的“平均”，即为方差($s^2$)。

第 3 步：把方差取平方根，得到标准差($s$)。

样本方差和标准差的计算公式为：

$$s^2 = \frac{\sum_{i=1}^{n} (x_i - \bar{x})^2}{n-1} \quad \text{（式 3.9）}$$

$$s = \sqrt{\frac{\sum_{i=1}^{n} (x_i - \bar{x})^2}{n-1}} \quad \text{（式 3.10）}$$

如果想进一步理解标准差在实际生活中发挥的作用，大家可以设想投资时所面对的选择。把钱存在银行，如果用固定利率，这时获利多少是完全确定的，且风险低；如果选择买股票，可能会存在暴涨暴跌的情况，它的风险很高，这时候运用标准差来衡量股价的离散程度便是可行的选择。

**【例 3.7】**根据例题 3.2 的数据，求出活跃用户数量的方差和标准差。

解：已知平均数 $\bar{x}=58$，计算过程如表 3-7 所示。

**表 3-7　标准差计算**

| 社交平台 | 活跃用户(百万) | $x-\bar{x}$ | $(x-\bar{x})^2$ |
|---|---|---|---|
| QQ | 82 | 24 | 576 |
| QQ 空间 | 76 | 18 | 324 |
| Google | 75 | 17 | 289 |
| 微信 | 68 | 10 | 100 |
| 腾讯微博 | 58 | 0 | 0 |
| Facebook | 50 | −8 | 64 |
| Twitter | 42 | −16 | 256 |
| Linkin | 12 | −46 | 2 116 |
| 合计 | 463 | | 3 725 |

根据公式 3.6 和 3.7，得方差和标准差分别为：

$$s^2=\frac{\sum_{i=1}^{n}(x_i-\bar{x})^2}{n-1}=\frac{3\ 725}{8-1}=532.14(\text{百万})^2$$

$$s=\sqrt{\frac{\sum_{i=1}^{n}(x_i-\bar{x})^2}{n-1}}=\sqrt{\frac{3\ 725}{8-1}}=23.07(\text{百万})$$

**【你知道吗】**

(1)细心的读者会发现，表示方差和标准差的符号分别为英文字母 $S^2$ 和 $S$，说明公式 3.9 和 3.10 分别计算的是样本方差和标准差，而不是总体的方差和标准差。总体方差和标准差公式与此相类似，只是符号和分母不同。公式如下：

$$\sigma^2=\frac{\sum_{i=1}^{N}(x_i-u)^2}{N} \qquad (\text{式 } 3.11)$$

$$\sigma = \sqrt{\frac{\sum_{i=1}^{N}(x_i - u)^2}{N}} \tag{式 3.12}$$

(2)例 3.7 中，方差最后的单位是平方百万，而标准差的单位为百万，与原来的测量数据单位是一样的。如果我们计算一个班级同学的身高的平均值、方差和标准差，就会发现平均值和标准差的单位还是原来的测量单位（都是厘米），而方差的单位已经改变成平方厘米。因此，在描述统计中，我们更多运用标准差来衡量一列数据的离散程度，而不是方差。

(3)总体方差公式 3.11 中的分母是 $N$，而样本方差公式 3.9 的分母则是 $n-1$。$n-1$ 称为自由度(degree of freedom)。那么，计算样本方差时为何是离差平方和除以自由度呢？原因是这样的：在只有 1 个观测值（即样本容量 $n=1$）的情形下，比如从班级里随机抽取了一名同学，他的身高为 173cm。这时我们可依据这个同学的身高估计全班身高的均值，但我们不能由此推测该班同学身高的分布形状，即无法判断分布是离散还是集中，我们也无法计算方差。可以看出，计算方差时，实际上只有$(n-1)$个信息，也只有$(n-1)$个变动范围，即只有$(n-1)$个自由度。如果从实际应用角度来解释，当用样本方差来推断总体方差时，在公式中代入$(n-1)$比代入 $n$ 能得出更好、更无偏的估计。而在总体方差计算时不存在以上问题，因而公式中是除以总体个案数 $N$。

**【小结与要点】**

(1)标准差和方差是作为偏离均值的平均距离计算的。因此，我们首先要计算作为集中趋势量数的均值，而不需要在中位数和众数上浪费时间。

(2)和均值一样，标准差和方差对极端值很敏感。当我们计算样本的标准差或方差时，如果数据中存在极值，需要在数据报告中注明这一点。

(3)如果 $s=0$，表明这组数据绝对没有变异性，在数值上完全一致，不过这种情况很少发生。

(4)一般来说，样本均值 $\bar{x}$ 是对分布中心最普遍的度量，而样本标准差 $s$ 则是对分布形状最常用的度量。

## 四、相对位置的度量：标准分数

假设我们即将毕业，想申请国外学校继续深造。面对来自不同学校的学生，如何评定学生成绩的优劣？比如甲的成绩是 90 分，另一所学校学生乙的成绩是 70 分，那么谁比较优秀？我们不能简单地回答甲好于乙。因为两者测量工具不同，即试卷在内容、难度、评分方法等方面存在差异。这时，原始分不能说明问题，需要考虑两人成绩在各自学校中所处的位置，也就是分数的分布情况。假设甲所在的学校最高分为100，最低分为90，那么甲的成绩便是很差的；乙所在的学校最高分为70，最低分为50，这样乙的成绩就是最好的。这时候甲乙相比，乙是更优秀的学生。这就给我们一个启发：在面对不同质的考试成绩时，只有相对位置可以进行比较。

具体而言，我们可以参照一组数据的典型值（一般为平均值）来确定某一数据在该组数据的位置，计算这个数值离开平均值多少个标准差单位。这种变量值与平均值的离差除以标准差后的值称为标准分数（standard score）或 $Z$ 分数，通常用 $Z$ 表示。公式如下：

$$z=\frac{x_i-\bar{x}}{s} \qquad \text{（式 3.13）}$$

式中，$x_i$ 表示原始数值，$\bar{x}$ 表示平均值，$s$ 是标准差。我们可以用一个例子理解 $Z$ 分数的意义。

**【例 3.8】**甲得分为 90，他所在学校的全班平均分为 95，标准差为 5 分；乙得分为 70，他所在学校的全班平均分为 60，标准差为 5 分。

那么，甲、乙的标准分数分别为：(90－95)/5 和(70－60)/5，即－1 和 2，也就是甲的得分低于平均分一个标准差单位，乙的得分高于平均分两个标准差单位。通过把原始分数转换为 $Z$ 分数，原始分数的单位不见了，统一用一个抽象的相对位置（$Z$ 分数没有实际单位）取而代之，这样就可以用同一把尺子来衡量不同考试的分数。

**【例 3.9】**根据例题 3.2 中的数据，计算每个社交平台活跃用户数的标准分数。

解：根据已知数据计算得：$\bar{x}=58$，$s=23.07$，根据式 3.8 得：

**表 3-8　*Z* 分数计算**

| 社交平台 | 活跃用户(百万) | Z 分数 |
| --- | --- | --- |
| QQ | 82 | 1.04 |
| QQ 空间 | 76 | 0.78 |
| Google | 75 | 0.74 |
| 微信 | 68 | 0.43 |
| 腾讯微博 | 58 | 0.00 |
| Facebook | 50 | －0.35 |
| Twitter | 42 | －0.69 |
| Linkin | 12 | －1.99 |

同样，在 SPSS 中，我们可计算数据的离散程度。方法之一是按照例题 3.4 的过程，在【分析】——【描述统计】——【频率】中进行，这里我们介绍计算离散程度的另一种方法：

**第 1 步：输入数据。**将数据输入 SPSS，如图 3-8 所示。

例3.9.sav [数据集3] - SPSS Statistics 数据编辑器

文件(F) 编辑(E) 视图(V) 数据(D) 转换(T) 分析(A) 图形(G) 实用程序(U) 附

19：活跃用户

| | 社交平台 | 活跃用户 | 变量 | 变量 | 变量 |
|---|---|---|---|---|---|
| 1 | QQ | 82 | | | |
| 2 | QQ空间 | 76 | | | |
| 3 | Google | 75 | | | |
| 4 | 微信 | 68 | | | |
| 5 | 腾讯微博 | 58 | | | |
| 6 | Facebook | 50 | | | |
| 7 | Twitter | 42 | | | |
| 8 | Linkin | 12 | | | |
| 9 | | | | | |

**图 3-8　SPSS 数据**

**第 2 步：打开【描述】对话框。**单击【分析】——【描述统计】——【描述】，进入【描述】对话框。将左侧的【活跃用户】点选入右侧的【变量】方框中，如图 3-9 所示。

**第 3 步：设置离散程度量数。**点击【选项】，进入【描述性：选项】子对话框。根据题目分析需要，在【离散】方框下选择【标准差】【方差】【范围】【最大值】和【最小值】，如图 3-9 所示。点击【继续】，返回主对话框。

**第 4 步：输出 $Z$ 分数及计算结果。**在【描述性】对话框的下方勾选【将标准化得分另存为变量】，点击【确定】，输出计算结果，如表 3-9 和图 3-10 所示。比较计算结果与前面手工计算结果基本相同。

**表 3-9　离散程度量数**

| | N | 全距 | 极小值 | 极大值 | 标准差 | 方差 |
|---|---|---|---|---|---|---|
| 活跃用户 | 8 | 70 | 12 | 82 | 23.068 | 532.125 |
| 有效的 N(列表状态) | 8 | | | | | |

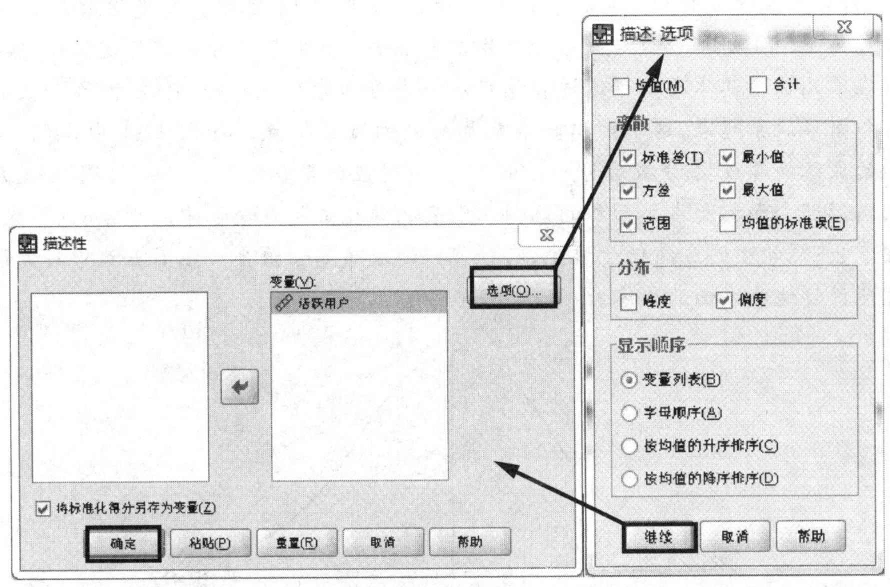


图 3-9　离散程度—描述性对话框

| | 社交平台 | 活跃用户 | Z活跃用户 |
|---|---|---|---|
| 1 | QQ | 82 | 1.04583 |
| 2 | QQ空间 | 76 | 0.78573 |
| 3 | Google | 75 | 0.74238 |
| 4 | 微信 | 68 | 0.43892 |
| 5 | 腾讯微博 | 58 | 0.00542 |
| 6 | Facebook | 50 | -0.34138 |
| 7 | Twitter | 42 | -0.68819 |
| 8 | Linkin | 12 | -1.98870 |

图 3-10　*Z* 分数计算结果

## 【小结与要点】

(1)标准分数具有相对性,即把原始数值由绝对值转化为相对值,以反映该值离开平均数的距离和方向。所以标准分数也可判断一组数据是否有离群点(outlier)。

(2)标准分数用于对变量或数据进行标准化处理,消除原始单位,以便对比使用不同工具测量所得的变量和数值。

(3)标准分数的分布是标准化正态分布,如图 3-11 所示。其平均数为 0,标准差为 1。因为 $Z$ 分数与正态分布图表相联系,知道其 $Z$ 分数就知道某个数据排在第几位。具体而言可通过查询标准正态分布表(附录 1),将每个 $Z$ 分数与累积概率联系起来,这个累积概率就是所处的百分位置。如图 3-11 中,有位学生的成绩换算成 $Z$ 分数后为$-1.96$,$-1.96$ 对应的累积概率为 2.5%(图 3-11 左侧阴影部分面积所占总面积的比例),则表明该生成绩在全体中处于 2.5%位置,即有 2.5%学生的成绩低于该生,有 97.5%的成绩高于该生。在第五章中将更详细地讲解这些方面的内容。

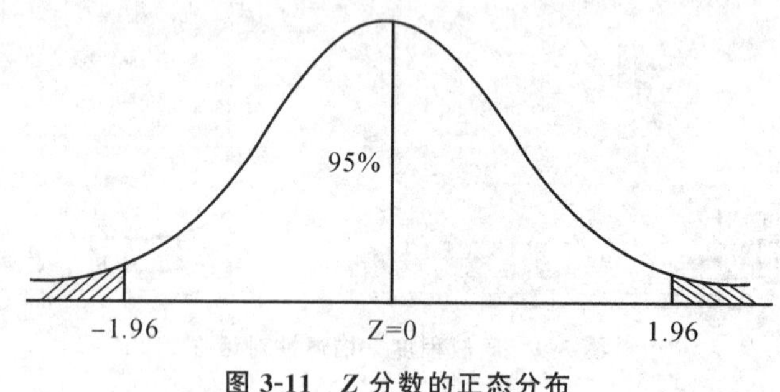


**图 3-11　Z 分数的正态分布**

标准分数之和为零,即 $\sum Z=0$,这是正负值相互抵消的缘故。

## 五、相对离散程度:离散系数

当我们比较的两组或多组数据的平均值或者其计量单位不一致时,需采用标准差与平均数的比值来进行判定其离散程度。比如考查 2008—2017 年地区发展差距的变化趋势,就可计算这十年间人均 GDP 的变异系数。如果变异系数逐年增加,说明各地发展速度快慢不均、发展差距不断拉大。在这里,标准差与其相应的平均数之比就是离散系数,也称为变异系数(coefficient of variation),计算公式为:

$$v_s=\frac{s}{\bar{x}} \quad (式 3.14)$$

**【例 3.10】**正如例 3.8 的数据:甲所在的学校全班平均成绩分为 95,标准差为 5 分(甲班);乙所在学校的全班平均成绩为 60,标准差为 5 分(乙班)。对比甲班和乙班成绩的离散系数。

解:根据已知数据计算可得:

甲班的平均值为 95,标准差为 5,由式 3.14 可得

$$v_1=\frac{5}{95}=0.05$$

乙班的平均值为 60,标准差为 5,由式 3.14 可得

$$v_2=\frac{5}{60}=0.08$$

$v_1<v_2$,甲班的离散系数小于乙班。说明甲乙两班虽然标准差相等,但因为两个班成绩的平均值和计量单位不同,因而离散程度也不同。

**【小结与要点】**

(1)离散系数是对数据相对离散程度的测度,消除了数据水平高低和计量单位的影响。

(2)离散系数用于比较不同组别数据离散程度,尤其适用于由不同测量工具所获得的几列数据的对比。例 3.10 中,甲乙两班虽然看起来计量单位相同,都是考分,但是由于评估两个班成绩的试卷等方面的不同,即测量工具不同,造成其平均值水平和计量单位不一致,这时采用离散系数来比较甲乙两个班的离散程度比采用标准差更准确。

## 六、各离散量数的特点比较与应用情况分析

我们已经了解了描述集中分布和离散趋势的几种度量值,在实际运用中我们应注意选择适当的综合数值进行描述。比如,平均值和标准差会受到异常值或分布偏斜的影响,相比之下,中位数和四分位数则不受影响。因此,在分布大致对称又没有异常值的时候,才适用均值和标准差。在上面一节中,我们已总结了集中分布量数的特点和使用情况,下面我们就来看看离散量数的注意事项。

**表 3-10 常用的离散量数总结**

| 度量指标 | 适用情况 | 注意事项 |
|---|---|---|
| 异众比率 | 适用于分类数据 | 是非众数组的频数占总频数的比例;<br>值越小,众数的代表性越强 |
| 四分位差 | 对顺序数据和数值型数据适用;<br>对了解中间 50%数值的分布有用 | 是上四分位数与下四分位数之差;<br>不受极端值和分布偏斜的影响 |
| 极差 | 适用于数值型数据;<br>容易计算 | 是最大值与最小值之差,反映着数据分散大小;<br>包含信息很少,可能产生误导 |

续表

| 度量指标 | 适用情况 | 注意事项 |
|---|---|---|
| 平均差 | 适用于数值型数据 | 用数值离开平均数的距离来表示离散程度；<br>考虑了每个数值，较为稳定；<br>带有绝对值，不易计算 |
| 标准差 | 数值型数据最常用到的离散量数 | 用数据与平均数的平均距离来表示离散程度；<br>标准差越大，表示数据中的数值之间差异越大，分布越分散；<br>易受极端值的影响 |
| 标准分数 | 在单位不一致、标准不统一的情况下，比较数据的相对位置；<br>可用于判断一组数据是否有离群点；<br>用于对变量的标准化处理 | 是离开平均数的“标准差单位数”；<br>标准分数的分布是标准化正态分布，平均数为 0，标准差为 1 |
| 离散系数 | 对不同组别数据离散程度的比较 | 是标准差与其相应的均值之比；<br>消除了数据水平高低和计量单位的影响 |

## 第三节　分布的形状：偏态与峰态

我们可以使用另外两个描述统计量描述分布的形状，这就是偏态（skewness）和峰态（kurtosis）。顾名思义，偏态是对数据分布偏斜状态的描述，常用偏态系数（coefficient of skewness）测度偏态，记作 $SK$，计算公式为：

$$SK = \frac{n\sum(x_i-\bar{x})^3}{(n-1)(n-2)s^3} \qquad \text{（式 3.15）}$$

当偏态系数=0 时，数据分布为对称分布；

当偏态系数>0 时，为右偏分布；

当偏态系数<0 时，为左偏分布。

在解决实际问题中，如果数据的偏态系数在±0.5 之间，则可以认为分布是对称的；

当偏态系数绝对值在 0.5～1 之间时，被认为是中等偏态分布；

而当偏度的绝对值大于 1 时，就是高度偏态分布了。

由此可见，偏态系数越接近 0，偏斜程度就越低。在下图 3-12 所示的三种分布中，哪种分布的偏态系数最低？

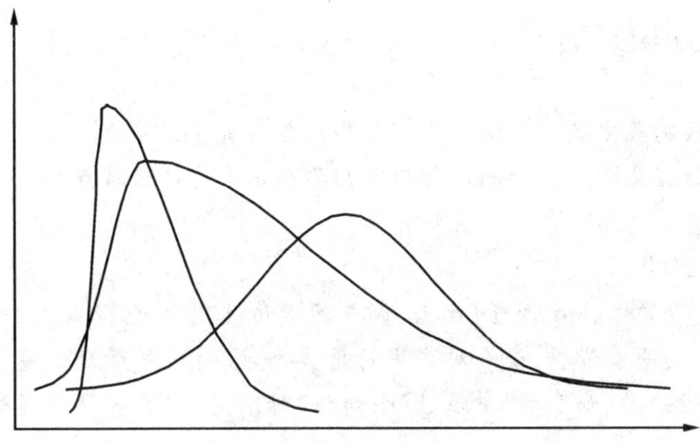

**图 3-12 偏态分布**

与偏态相对，峰态描述的是数据分布的平峰或尖峰状态，常用峰态系数（coefficient of kurtosis）测度，记作 $K$，计算公式如下：

$$K=\frac{n(n+1)\sum(x_i-\bar{x})^4-3\left[\sum(x_i-\bar{x})^2\right]^2(n-1)}{(n-1)(n-2)(n-3)s^4} \quad (式\ 3.16)$$

通过峰态我们可以了解数据是否集中分布在均值附近，或是否有许多极端值分布在较大的范围内。正态分布的峰态系数为 0，当 $K>0$ 时为尖峰分布，数据的分布更集中；当 $K<0$ 时为扁平分布，数据的分布更为分散。下图显示了峰态不同的三种分布。

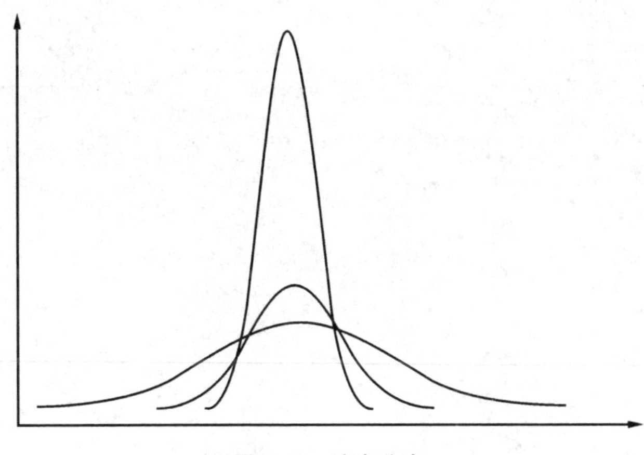

**图 3-13 峰态分布**

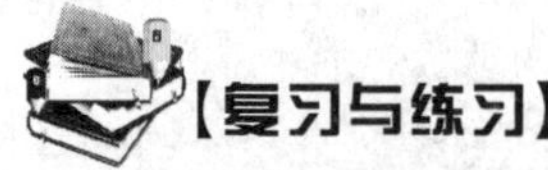

## 【复习与练习】

思　考：

1.描述数据集中趋势的测度值有哪些？各自有什么特点？

2.描述数据离散程度的测度值又有哪些？各自有什么特点？

3.分布的峰态与偏态可以说明什么？

牛刀小试：

根据《受众广告态度调查》数据（调查问卷请见附件7《受众广告态度调查》问卷）对受众的基本资料、受众对广告的总体态度、对广告管理的意见和广告知识进行概括性度量（如众数、中位数、平均值、标准差、方差等集中趋势和离散程度）。

# 第四章 用图形呈现分布

**本章学习重点：**

- 了解数据预处理的内容和目的
- 掌握分类数据和顺序数据的整理与显示方法
- 掌握数值型数据的整理与显示方法
- 用 SPSS 和 Excel 制作频数分布表和图形
- 合理使用图表

前一章学习了两种类型的描述统计——集中趋势量数和离散程度量数，前者提供最好的值描述一组数据的同质性(集中趋势)，后者测量数据之间的彼此差异(离散程度)。用数字来描述分布的优点是准确，本章则介绍用形象而直观的方式——图形——来呈现数据的分布。有时候，一幅图抵得上千言万语。

一天，你的舍友一脸愁容回到宿舍。你问他发生什么事，他说："我刚刚参加了尼尔森咨询的招聘笔试。我应聘的职位是数据分析师，成绩是 80 分，可我不知道自己排在第几名，能不能胜出。"这位同学的担忧不无道理：单独一个分数很难分析，就考试而言，关键是你的成绩在全体中的相对位置而非成绩本身。这时，除了计算平均数、标准差，还可以借助图形来考察数据在分布中与其他相关数据的关系。

## 第一节 数据的预处理

对数据分类或分组之前，首先要对数据进行预处理，包括数据的审核、筛选、排序。

数据审核就是检查数据中是否有错误，主要从完整和准确两个方面入手。完整要求检查数据是否遗漏，所有的调查项目是否填写齐全；准确则要求审核数据是否有错误，是否存在异常值。应特别注意异常值：如果异常值属于记录时的错误，分析前应纠正；如果异常值是正确的值，则应保留。

数据筛选是根据研究需要找出符合特定条件的数据。比如，我们要了解女性对广告的总体看法，或要分析农村群体的广告知识水平，首先要对数据进行筛选。我们可以通过下面的例子，了解如何用 Excel 进行数据筛选。

**【例 4.1】**根据《受众广告态度调查》数据，按照下列条件筛选数据：

(1)农村女性的总体广告态度；

(2)总体广告态度、广告管理态度和广告知识得分均在 4.0 以上的受众。

解：下面给出用 Excel 进行数据筛选的操作步骤。

**第 1 步：选择【数据】——【筛选】命令。**如果要筛选出满足给定条件的数据，可使用【自动筛选】命令。这时数据列表的第一行会出现下拉箭头，如图 4-1。

| | A | B | C | D | E | F |
|---|---|---|---|---|---|---|
| 1 | 问卷编号 | 来自地域（1=农村；2=县城；3=中小城市；4=省会或直辖市） | 性别（1=男性；2=女性） | 广告总态度 | 管理意见 | 广告知识 |
| 2 | 1 | 4 | 2 | 3.80 | 4.00 | 3.60 |
| 3 | 2 | 1 | 2 | 3.20 | 2.80 | 3.60 |
| 4 | 3 | 3 | 2 | 4.00 | 3.20 | 4.10 |
| 5 | 4 | 4 | 2 | 2.20 | 3.80 | 3.40 |
| 6 | 5 | 2 | 2 | 2.60 | 3.60 | 4.00 |
| 7 | 6 | 3 | 2 | 4.00 | 3.60 | 4.80 |
| 8 | 7 | 1 | 2 | 2.60 | 3.60 | 3.60 |
| 9 | 8 | 2 | 2 | 4.60 | 3.80 | 4.40 |
| 10 | 9 | 3 | 2 | 3.80 | 3.40 | 3.90 |
| 11 | 10 | 3 | 2 | 2.20 | 3.20 | 3.50 |
| 12 | 11 | 2 | 1 | 3.40 | 4.00 | 4.30 |

**图 4-1 自动筛选过程(部分数据)**

**第 2 步：在下拉箭头方框内选择筛选的标准。**比如，要筛选出农村女性的总体广告态度，需点击“来自地域”一列的下拉箭头，选择“1”(本例编码中 1 代表农村地区)；点击“性别”一列下拉箭头，选择“2”(本例编码中 2 代表女性)。点击【确定】，得到筛选结果(见图 4-2)。

**第 3 步：使用【高级筛选】。**如果要筛选总体广告态度、广告管理态度和广告知识得分都大于 4.0 的消费者，由于设定条件比较多，需要使用【高级筛选】命令。使用【高级筛选】前，先建立条件区域。本例所需匹配的条件为“广告总态度

|  | A | B | C | D | E | F |
|---|---|---|---|---|---|---|
| 1 | 问卷编号 | 来自地域（1=农村；2=县城；3=中小城市；4=省会或直辖市） | 性别（1=男性；2=女性 | 广告总态度 | 管理意见 | 广告知识 |
| 3 | 2 | 1 | 2 | 3.20 | 2.80 | 3.60 |
| 8 | 7 | 1 | 2 | 2.60 | 3.60 | 3.60 |
| 35 | 34 | 1 | 2 | 2.00 | 4.00 | 3.70 |
| 42 | 41 | 1 | 2 | 4.00 | 3.00 | 3.40 |
| 48 | 47 | 1 | 2 | 3.80 | 4.00 | 3.90 |
| 50 | 49 | 1 | 2 | 4.20 | 3.40 | 3.80 |
| 53 | 52 | 1 | 2 | 4.20 | 3.40 | 3.90 |
| 66 | 65 | 1 | 2 | 3.80 | 4.40 | 3.60 |
| 68 | 67 | 1 | 2 | 3.80 | 4.00 | 3.90 |
| 70 | 69 | 1 | 2 | 3.60 | 3.60 | 4.30 |
| 73 | 72 | 1 | 2 | 3.60 | 3.80 | 4.20 |
| 76 | 75 | 1 | 2 | 4.20 | 2.40 | 4.30 |
| 89 | 88 | 1 | 2 | 3.60 | 4.60 | 3.70 |
| 94 | 93 | 1 | 2 | 3.80 | 4.20 | 4.00 |
| 96 | 95 | 1 | 2 | 2.80 | 3.40 | 3.40 |
| 97 | 96 | 1 | 2 | 3.60 | 3.60 | 3.30 |
| 99 | 98 | 1 | 2 | 2.00 | 4.20 | 2.90 |
| 105 | 104 | 1 | 2 | 3.00 | 4.20 | 4.20 |
| 108 | 107 | 1 | 2 | 2.75 | 3.60 | 4.00 |
| 110 | 109 | 1 | 2 | 2.50 | 3.00 | 3.60 |

**图 4-2　自动筛选结果(部分数据)**

>4.0""管理意见>4.0""广告知识>4.0"。在完成条件区域的定义后,我们便可以在【高级筛选】中确定列表区域和条件区域了,如图 4-3 所示。点击【确定】,得到图 4-4 所示的筛选结果。

|  | A | B | C | D | E | F |
|---|---|---|---|---|---|---|
| 1 | 问卷编号 | 来自地域 | 性别 | 广告总态度 | 管理意见 | 广告知识 |
| 2 |  |  |  | >4.0 | >4.0 | >4.0 |
| 3 | 问卷编号 | 来自地域（1=农村；2=县城；3=中小城市；4=省会或直辖市） | 性别（1=男性；2=女性 | 广告总态度 | 管理意见 | 广告知识 |
| 4 | 1 | 4 | 2 | 3.80 | 4.00 | 3.60 |
| 5 | 2 | 1 | 2 |  |  |  |
| 6 | 3 | 3 | 2 |  |  |  |
| 7 | 4 | 4 | 2 |  |  |  |
| 8 | 5 | 2 | 2 |  |  |  |
| 9 | 6 | 3 | 2 |  |  |  |
| 10 | 7 | 1 | 2 |  |  |  |
| 11 | 8 | 2 | 2 |  |  |  |
| 12 | 9 | 3 | 2 |  |  |  |
| 13 | 10 | 3 | 2 |  |  |  |
| 26 | 23 | 4 | 2 |  |  |  |
| 27 | 24 | 3 | 2 |  |  |  |
| 28 | 25 | 3 | 2 |  |  |  |
| 29 | 26 | 4 | 2 |  |  |  |
| 30 | 27 | 4 | 2 |  |  |  |
| 31 | 28 | 3 | 2 | 3.20 | 4.00 | 3.50 |

高级筛选
方式
◉ 在原有区域显示筛选结果(F)
○ 将筛选结果复制到其他位置(O)
列表区域(L): $A$3:$F$441
条件区域(C): 例4.1!$A$1:$F$2
复制到(T):
☐ 选择不重复的记录(R)
确定　取消

**图 4-3　高级筛选过程**

| | A | B | C | D | E | F |
|---|---|---|---|---|---|---|
| 1 | 问卷编号 | 来自地域 | 性别 | 广告总态度 | 管理意见 | 广告知识 |
| 2 | | | | >4.0 | >4.0 | >4.0 |
| 3 | 问卷编号 | 来自地域（1=农村；2=县城；3=中小城市；4=省会或直辖市） | 性别（1=男性；2=女性） | 广告总态度 | 管理意见 | 广告知识 |
| 381 | 378 | 4 | 2 | 5.00 | 4.40 | 4.10 |
| 421 | 418 | 3 | 2 | 4.20 | 4.80 | 4.20 |
| 422 | 419 | 3 | 1 | 5.00 | 4.20 | 4.20 |
| 442 | | | | | | |
| 443 | | | | | | |

**图 4-4　高级筛选结果**

完成筛选后，我们可以进一步分析结果。如可以计算农村女性消费者广告总态度的平均值，或者分析广告态度、管理意见、广告知识得分均较高的消费者有何特征。数据的筛选是对数据进行分析的前提条件。

数据排序指将数据按照一定顺序排列，以发现明显的特征或趋势，通过排序还可以对数据进行检查纠错。在有些场合，排序本身就是分析的目的之一，比如了解中国互联网综合发展最好的几个城市，以此分析互联网发展的促进因素。至于排序的方式，可以按照字母、拼音或姓氏笔画进行升序或降序排列，对于数值型数据，则有递增和递减两种排序方式。

检查数据的过程中，除应用数据筛选和排序工具外，还可以用数据查找、频数分析等工具，SPSS 和 Excel 软件中都有，大家可尝试，非常便利实用。

# 第二节　分类数据的整理

和许多传统学科一样，传播学研究也常常从分类或分组开始：根据需要将研究对象分类，进而比较差异性和相关性，如将受众分为男性与女性，比较不同的性别在媒介接触、内容选择上的差异性；或是按照年龄将受众分组，分析不同年龄段群体的媒介使用行为。分类后的数据可以用表列、图示形式表示，这样可以使类别化的数据更直观明确，易于理解。不同类型的数据有不同的处理方式，我们常常对品质数据进行分类整理，对数值型数据进行分组整理。

品质数据包括分类数据和顺序数据，它们的整理和图示方法大体相同，仅有微小差异，本节介绍用表和图描述分类数据。分类数据本身就是对事物的分类，可以计算每一类别的频数、频率或比例、比率等，形成频数分布表，最后选择适当的图形进行展示，以方便读者初步了解数据及其特征。

## 一、频数分布表

列出各个类别及落在其中的全部相应频数，用表格形式表现出来，就形成频数分布表。如表 4-1 和表 4-2 所示，一般来讲，频数分布表的最左边一列为各个类别或组别，接下来的一列为出现的频次，再接下来是百分比、有效百分比和累积百分比。计算频数、比例和百分比，都可以通过 SPSS 完成。

**【例 4.2】**根据《受众广告态度调查》数据，形成关于样本的性别、来自地域的频数分布表及列联表。

解：用 SPSS 生成频数分布表：

第 1 步：选择【分析】——【描述统计】——【频率】，进入主对话框。

第 2 步：将“性别”“来自地域”选入【变量】，选中【显示频率表格】，如图 4-5 所示。

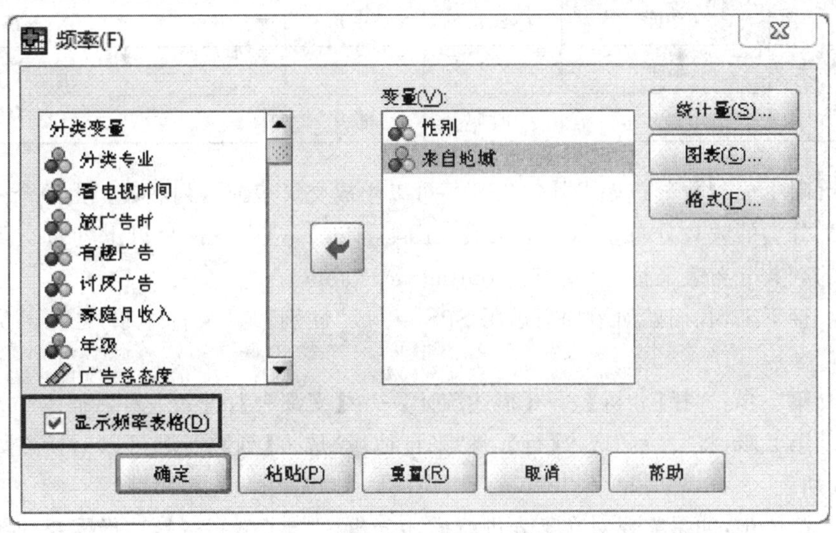


图 4-5　频率分布表制作过程

第 3 步：若需要描述统计量或图形，继续点击【统计量】或【图表】，并选择相应的选项，最后点击【确定】。得到表 4-1 和表 4-2 的结果。

表 4-1 男性与女性的频数分布表

| | | 频率 | 百分比 | 有效百分比 | 累积百分比 |
|---|---|---|---|---|---|
| 有效 | 男 | 180 | 41.1 | 41.6 | 41.6 |
| | 女 | 253 | 57.8 | 58.4 | 100.0 |
| | 合计 | 433 | 98.9 | 100.0 | |
| 缺失 | 系统 | 5 | 1.1 | | |
| 合计 | | 438 | 100.0 | | |

表 4-2 样本来自地域的频数分布表

| | | 频率 | 百分比 | 有效百分比 | 累积百分比 |
|---|---|---|---|---|---|
| 有效 | 农村 | 108 | 24.7 | 24.7 | 24.7 |
| | 县城(包括城镇) | 110 | 25.1 | 25.2 | 49.9 |
| | 中小城市 | 127 | 29.0 | 29.1 | 78.9 |
| | 省会城市或直辖市 | 92 | 21.0 | 21.1 | 100.0 |
| | 合计 | 437 | 99.8 | 100.0 | |
| 缺失 | 系统 | 1 | 2 | | |
| 合计 | | 438 | 100.0 | | |

除生成频数分布表以外，SPSS 还可以生成交叉表或者列联表。由两个变量交叉分类的频数分布表称为交叉表(cross table)，两个或两个以上变量交叉分类的频数分布表又称为列联表(contingency table)。

接下来，我们就演示如何运用 SPSS 生成“性别”与“来自地域”之间的交叉表：

第 1 步：选择【分析】——【描述统计】——【交叉表】，进入主对话框。

第 2 步：将“性别”选入【行】，将“来自地域”选入【列】(行列可以对换)，如图 4-6 所示。

第 3 步：如果需要对交叉表进行描述分析，点击【单元格】，选择需要的统计量。在本例中，在【百分比】下面选择【行】【列】【总计】，最后点击【确定】，所得结果如表 4-3 所示。

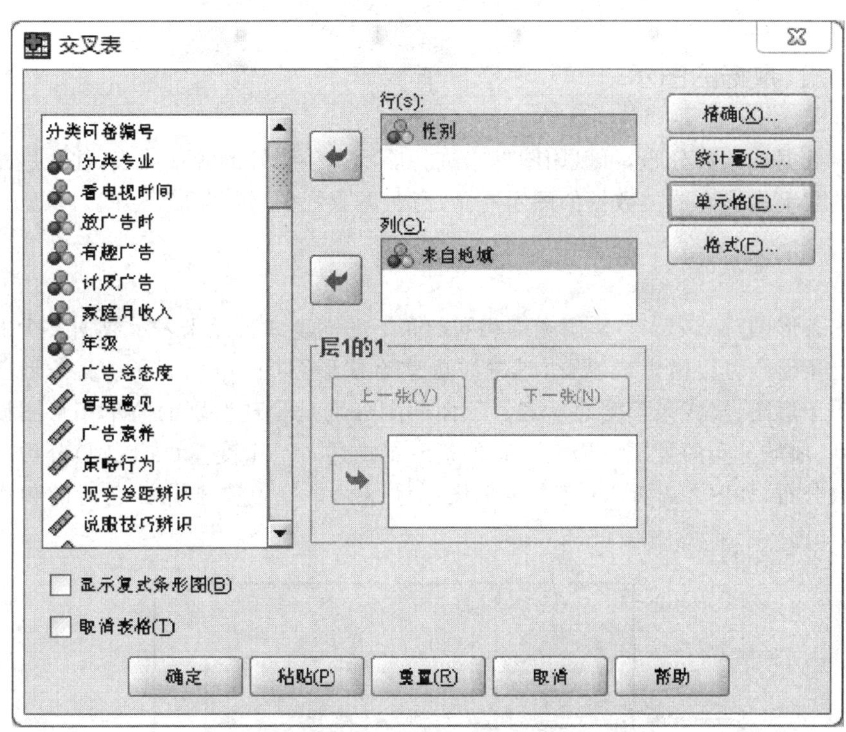


图 4-6 交叉表的制作过程

表 4-3 性别与地域的交叉表

| | | | 来自地域 | | | | 合计 |
|---|---|---|---|---|---|---|---|
| | | | 农村 | 县城（包括城镇） | 中小城市 | 省会城市或直辖市 | |
| 性别 | 男 | 计数 | 63 | 45 | 46 | 26 | 180 |
| | | 性别中的% | 35.0% | 25.0% | 25.6% | 14.4% | 100.0% |
| | | 来自地域中的% | 58.9% | 42.1% | 36.5% | 28.3% | 41.7% |
| | | 总数的% | 14.6% | 10.4% | 10.6% | 6.0% | 41.7% |
| | 女 | 计数 | 44 | 62 | 80 | 66 | 252 |
| | | 性别中的% | 17.5% | 24.6% | 31.7% | 26.2% | 100.0% |
| | | 来自地域中的% | 41.1% | 57.9% | 63.5% | 71.7% | 58.3% |
| | | 总数的% | 10.2% | 14.4% | 18.5% | 15.3% | 58.3% |
| 合计 | | 计数 | 107 | 107 | 126 | 92 | 432 |
| | | 性别中的% | 24.8% | 24.8% | 29.2% | 21.3% | 100.0% |
| | | 来自地域中的% | 100.0% | 100.0% | 100.0% | 100.0% | 100.0% |
| | | 总数的% | 24.8% | 24.8% | 29.2% | 21.3% | 100.0% |

## 二、数据的图示

数据的频数分布，可以用图形来进行展示。一张好的统计图表，往往胜过冗长的文字表述。分类数据的图示有条形图、帕累托图、饼图和环形图。

(一)条形图

条形图(bar chart)是用宽度相同的条形的高度或长短来表示数据多少的图形。条形图可以横置或纵置，纵置时也称为柱形图(column chart)。条形图有简单条形图、复式条形图等形式。下面两图分别是呈现性别的简单条形图以及性别、地域分布的复式条形图。简单条形图描述了一个变量(如性别)分类时的频数分布，如图 4-7 所示；复式条形图描述了两个变量交叉分类之后的频次分布，如图 4-8 所示。

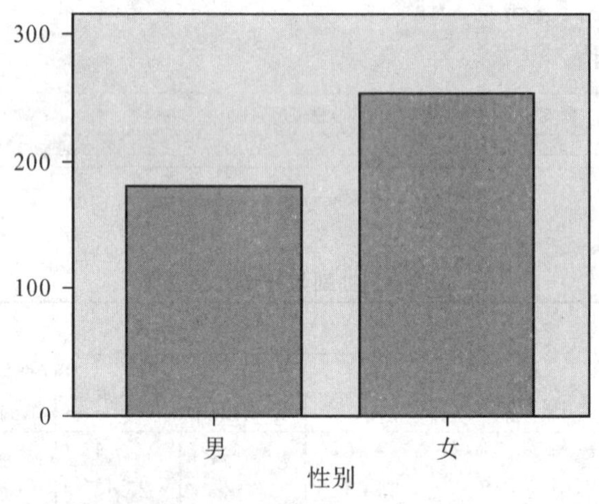


**图 4-7　性别分布的条形图**

【SPSS 操作】

简单条形图：

第 1 步：点击【图形】——【条形图】，进入图 4-9 左图。按照我们的需要，选择【简单条形图】，然后选择【个案组摘要】，最后点击【定义】，进入图 4-9 右图。

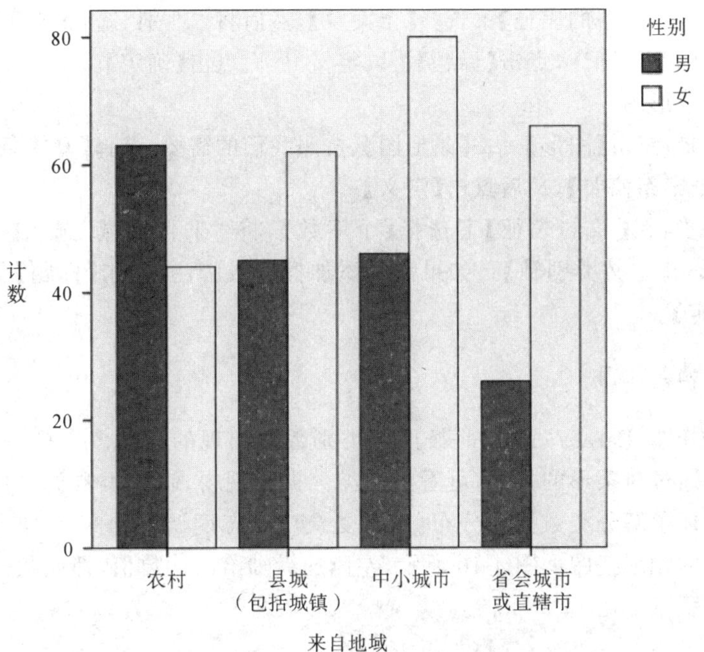


图 4-8　性别与地域交叉分布的复式条形图

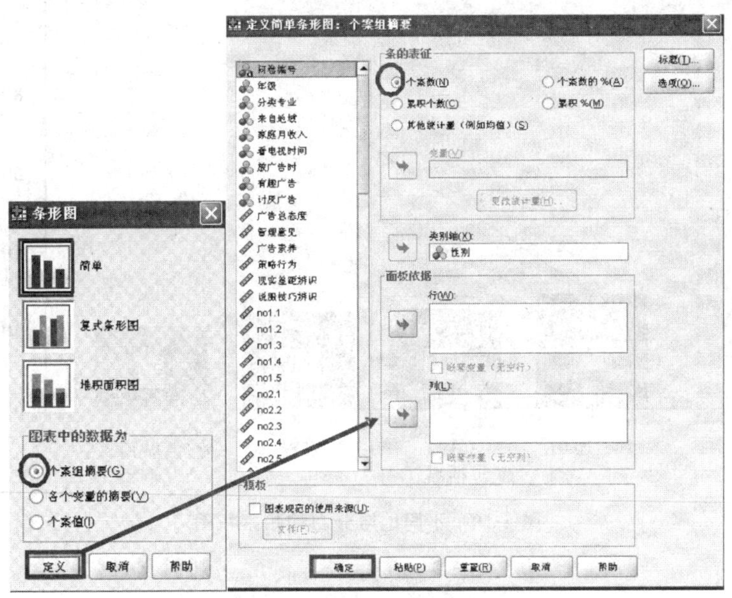


图 4-9　绘制条形图

第 2 步：在【条的表征】下选择【个案数】，然后将“性别”选入【类别轴】，如果需要添加标题或脚注，点击【标题】予以定义，最后点击【确定】。

复式条形图：

第 1 步：点击【图形】——【条形图】，按照我们的需要，选择【复式条形图】，然后选择【个案组摘要】，最后点击【定义】。

第 2 步：在【条的表征】下选择【个案数】，将“来自地域”选入【类别轴】，“性别”选入【定义类别轴】。如果需要添加标题或脚注，点击【标题】予以定义，点击【确定】。

(二)帕累托图

帕累托图(Pareto chart)是按照各类别数据出现的频数多少排序后绘制的条形图。通过对条形的排序，可看出哪类数据出现得多，哪类数据出现得少，由此更直观地了解分类数据的分布。在《受众广告态度调查》437 个样本中，来自地域分布的帕累托图如图 4-10 所示，左侧的纵轴给出计数值，即频数；右侧的纵轴给出累积百分比。

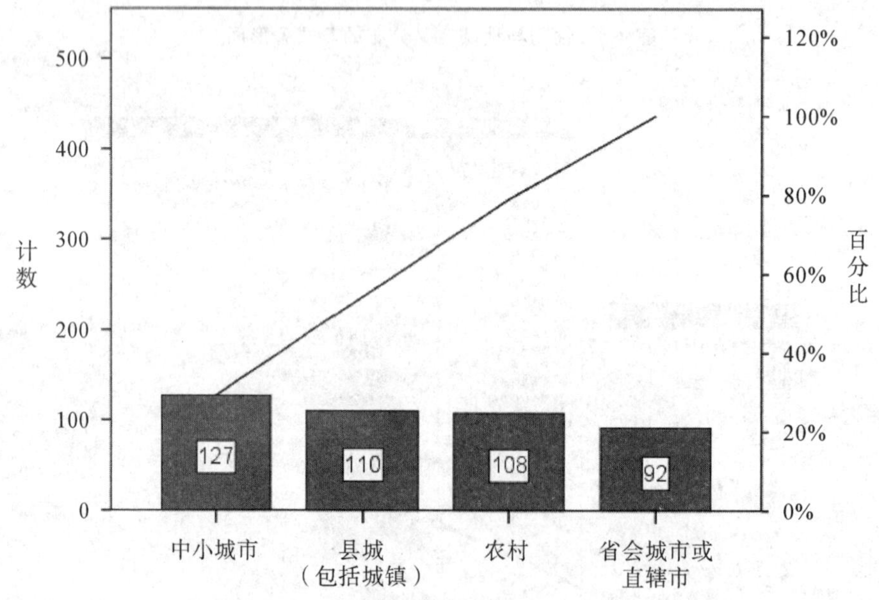


**图 4-10　不同地域分布的帕累托图**

【SPSS 操作】

第 1 步:点击【分析】——【质量控制】——【排列图】,根据需要选择【简单】,进入图 4-11 所示的对话框。

第 2 步:在【条的特征】下选择【计数】,将“来自地域”点选入【类别轴】,按照需要添加标题及脚注。点击【确定】,生成图 4-11 所示的帕累托图。

**图 4-11　帕累托图的制作过程**

(三)饼图

饼图(pie chart)是用圆形及圆内扇形的角度来表示数值大小,主要用于表示一个样本(或总体)中各组成部分的数据占全部数据的比例,对于研究数据的结构问题十分有用。图 4-12 是例题中地域来源的饼图。

【SPSS 操作】

绘制饼图可在【图形】——【饼图】中进行,与条形图的操作过程较为类似,读者们可自行探索。

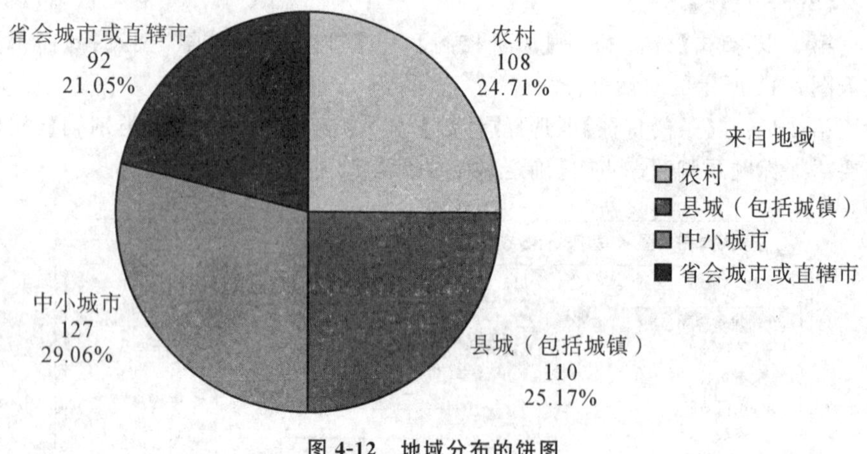


**图 4-12　地域分布的饼图**

（四）环形图

简单饼图只能显示一个样本各部分所占的比例，环形图则可比较多个样本各部分所占的比例。环形图与饼图类似，但又有区别，环形图中间有一个“空洞”，每个样本用一个环表示，样本中的每一部分数据用环中的一段表示。图 4-13 显示了《受众广告态度调查》样本中男性和女性分别在地域来源上的构成。图中内圈为男性，外圈为女性。

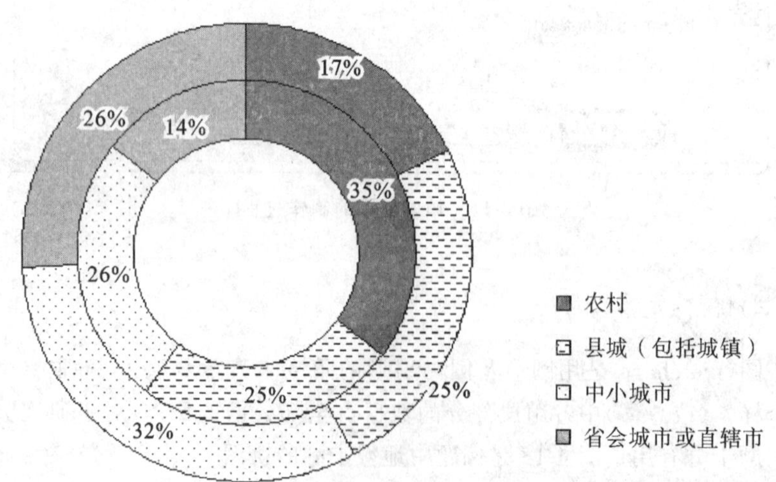


**图 4-13　性别在地域来源上构成的环形图**

注：此图由 Excel 软件绘制，Excel 软件是常用办公软件，在此不介绍其操作过程。

【小结与要点】

（1）频数分布表不仅仅用于显示频数统计的结果，也可用于显示比例、百分比、比率等统计量。与频数比起来，比例等统计量反映的信息清楚得多。

（2）分类数据也可以用条形图、帕累托图、饼图和环形图来描述。帕累托图按照各类别数据出现的频数多少进行排序，由此可以更直观地了解分类数据的分布；饼图可表示各组成部分占全部数据的比例，常用来研究数据的结构问题；环形图则可比较多个样本各部分的占比。

## 第三节 顺序数据的整理

第二节介绍的频数分布表以及图示方法也适用于顺序数据，但一些适用于顺序数据的表列和图示方法并不适用于分类数据。因为顺序变量的取值不仅表示分类，还能按照逻辑顺序对这些分类进行排序，有大小、高低和强弱之别。因而，对于顺序数据，我们常常还需要了解某个数值以上或以下的数值有多个，比如对于受教育程度，我们想知道样本中没有接受过大学教育的有多少，这时就要把小学、初中和高中出现的频次累加起来，这就是累积频数。

累积频数（cumulative frequencies）是将各有序类别或组的频数逐级累加起来得到的频数。为了便于查找，一般用两种方法累加频数：一是按照类别顺序，从小、低或弱开始，朝着大、高或强方面累加，称为向上累积；二是与类别顺序相反，从大、高或强开始，朝小、低或弱方向累加，这是向下累积。前者适用于查找某个分组区间上限以下的次数，比如要了解受教育程度在大学及以下的人数；后者适用于查找某个分组区间下限以上的次数，比如我们想了解至少读过高中的人有多少。

相应地，如果我们把各个类别或组的百分比逐级累加起来，就得到了累积频率或累积百分比（cumulative percentages）。对于累积频数和累积频率，除了列表，我们也可以绘制累积频数分布图或累积频率分布图更直观地呈现分布。比如在《受众广告态度调查》中，我们可以根据受众家庭平均月收入，绘制出累积频数分布图（图 4-14）和累积频率分布图（图 4-15），由此了解受众在某种家庭平均月收入以上或以下的比例。

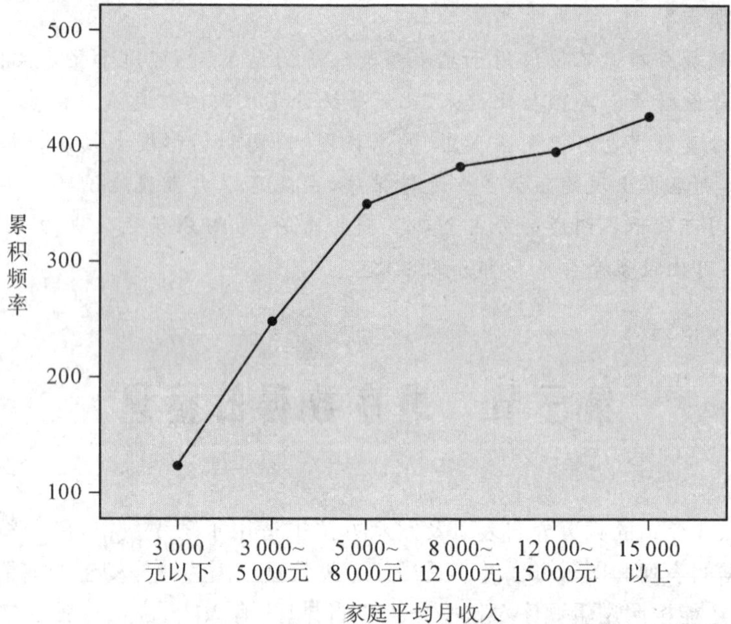


**图 4-14　家庭平均月收入的累积频数分布图**

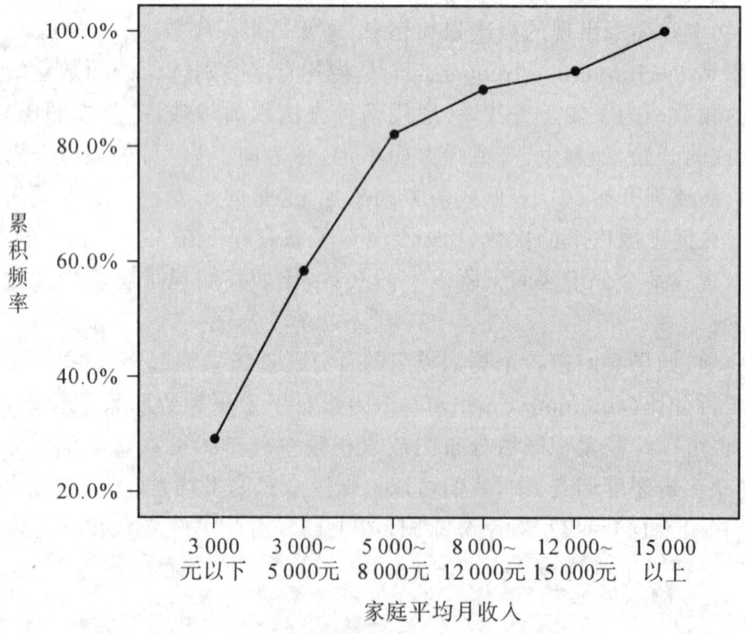


**图 4-15　家庭平均月收入的累积频率分布图**

【SPSS 操作】

绘制线图可在【图形】——【线图】中进行，与条形图的操作过程较为类似，读者们可自行探索。

**【小结与要点】**

(1)分类数据和顺序数据都属于品质数据，我们可以用频数分布表、条形图、帕累托图、饼图和环形图对数据进行描述。

(2)对于顺序数据，除以上描述方法外，我们还可以计算累积频数或累积频率，从整体上把握数据。

# 第四节 数值型数据的整理

前面介绍的品质数据的表列与图示方法，也适用于呈现数值型数据。在实际生活中，我们还面临着这样的问题：分类变量和顺序变量的取值是有限的，而数值型变量在理论上讲是无限的，我们可直接用频数分布表、条形图或饼图等呈现品质数据的分布，但对于取值非常多的数值型数据，应该如何呈现呢？一个可行的办法是把比较接近的值归为一组，通过分组来呈现数据的分布特征。

## 一、分组频数分布表

数据分组将全部变量值依次划分为若干个区间，将一个区间的变量值作为一组。在组距分组中，一个组的最小值称为下限(lower limit)，一个组的最大值称为上限(upper limit)。虽然分组没有绝对的标准，但如果组数太少，所有的值只落在少数几个组里面，这样数据分布就会过于集中；如果组数太多，大部分的组只有一个或两个观测值，甚至没有观测值，这样数据分布就会过于分散，这些都不便于观测数据分布的特征和规律。可见，编制分组频率分布表的关键是确定组距与组数。下面我们以例 4.3 为例，学习如何制作分组频数分布表。

**【例 4.3】**在媒介融合的背景下，传统媒体的网络影响力(即传统媒体名称在网络媒体被提及或曝光的频率)成为衡量传统媒体发展的重要指标。下列数据反映了全国主要卫视频道的网络影响力，试编制卫视频道网络影响力的分组频数分布表。

表 4-4　全国省台卫视频道网络影响力综合得分

(2014.1.15—2014.1.21)

| 卫视名称 | 综合得分 | 卫视名称 | 综合得分 | 卫视名称 | 综合得分 |
|---|---|---|---|---|---|
| 湖南 | 101.55 | 辽宁 | 72.81 | 青海 | 61.56 |
| 浙江 | 88.48 | 贵州 | 71.64 | 吉林 | 57.6 |
| 江苏 | 87.24 | 东南 | 69.34 | 甘肃 | 55.54 |
| 东方 | 85.14 | 河南 | 68.92 | 宁夏 | 55.17 |
| 北京 | 83.28 | 黑龙江 | 68.62 | 内蒙古 | 51.05 |
| 安徽 | 82.5 | 广东 | 67.43 | 重庆 | 64.28 |
| 山东 | 76.62 | 四川 | 66.64 | 广西 | 63.88 |
| 天津 | 74.7 | 陕西 | 65.99 | 河北 | 63.86 |
| 湖北 | 73.58 | 旅游 | 65.28 | 山西 | 61.93 |
| 新疆 | 50.52 | 江西 | 64.93 | 云南 | 64.39 |
| 西藏 | 42.13 | | | | |

资料来源：中国媒体价值网开元研究《全国主要卫视频道网络影响力报告》http://info.mediavalue.com.cn/335696.html。

解：表中列出 31 个卫视频道的网络影响力数据，首先需要确定组距与组数。

**第 1 步：求全距或两级差。**全距指一组数据中最大数值与最小数值之差，因此，在数据中找出最大值与最小值，用前者减去后者，即得到全距。在本例中，最大值为 101.55，最小值为 42.31，所以全距为：101.55－42.31＝59.24。

**第 2 步：分组并求组距。**组距也叫做分组区间，是每组中最高值与最低值之间的距离。组距的大小显然与组数多少有关，在数据量一定的情况下，组数越多，组距就越小；反之，组数越少，组距就越大。组数的多少应以能够显示数据的分布特征为目的。一般情况下，一组数据所分的组数不应少于 5 组、且不多于 15 组，即 $5 \leqslant K \leqslant 15$。本例可考虑分为 10 组。

接下来我们要确定组距，公式为：(最大值－最小值)÷组数。对于本例，即 59.24 ÷10＝5.924.为了便于计算，组距常常取 5 或 10 的倍数，并且第一组的下限应低于最小变量值，最后一组的上限应高于最大变量值，因此本例组距可取 5.

其实，分组不一定都是等距分组，有时候也会出现各组组距不相等的情况，比如对于人口年龄的分组，可根据人口成长的生理特点分成 0～6 岁（婴幼儿组）、7～17 岁（少年儿童组）、18～59 岁（中青年组）、60 岁以上（老年组）等。

**第 3 步：确定具体分组区间。**确定组数并求出组距后，就要从最低数值开始确定具体的分组区间。各分组区间按照数值大小从高到低或从低到高排列均可，但需要注意的是，最高一组和最低一组应分别包括数据中的最大值和最小值，所分的组别应能够穷尽每个数据。

在确定分组区间时，我们习惯遵循“上限值不在内”的原则，即 $a \leqslant x < b$，确

保一项数据只能分在其中的某一组，不能再出现在其他组。对于连续变量，还可以对上一组的上限值采用小数点的形式，小数点的位数根据所要求的精度具体确定。比如我们可以分组为 $10\leqslant x<12$，$12\leqslant x<14$；也可以分组为 $10\leqslant x\leqslant 11.99$，$12\leqslant x\leqslant 13.99$。

需要注意的是，当最大值和最小值与其他数据相差悬殊时，为避免出现空白组或极端值被漏掉，第一组和最后一组可采取"XX 以下"及"XX 以上"这样的开口组。在本例中最低值为 42.13，最高值为 101.55，如果把最低组的下限定为 40，最高组的上限定为 100，这样就形成了以下 12 个分组区间：

40～45，45～50，50～55，55～60，60～65，65～70，70～75，75～80，80～85，85～90，90～95，95～100.

我们可以观察到，按照这种方式分组存在两个问题：一是 45～50，90～95，95～100 为空白组，二是最大值 101.55 没有被包括进去。由于例题中数据相差较大，而组距又较小，我们可以考虑开口组进行重新分组：

50 以下，50～55，55～60，60～65，65～70，70～75，75～80，80～85，85～90，90 及以上。

**第 4 步：登记并计算次数**。将全部数据逐个归入相应的分组区间，并计算每一个区间内数值的个数，得出各组的次数。

**第 5 步：编制频数分布表**，如表 4-5 所示。

**表 4-5　卫视频道网络影响力得分频数分布表**

| 网络影响力得分 | 频数(个) | 频率(%) |
|---|---|---|
| 50 以下 | 1 | 3.2 |
| 50～55 | 2 | 6.5 |
| 55～60 | 3 | 9.7 |
| 60～65 | 7 | 22.6 |
| 65～70 | 7 | 22.6 |
| 70～75 | 4 | 12.9 |
| 75～80 | 1 | 3.2 |
| 80～85 | 2 | 6.5 |
| 85～90 | 3 | 9.7 |
| 90 以上 | 1 | 3.2 |
| 合计 | 31 | 100.0 |

## 二、直方图

数值型数据经过分组后，可用直方图(histogram)来呈现。直方图的横轴按照对应组限来划分，纵轴表示每一组的频数或相对频率，各组与相应的频数形成一个矩形，这就是直方图。直方图在本质上用矩形的面积表示各组频数的多少，虽然形状上与条形图很相似，但它与条形图的区别如下：

(1)条形图中的每一矩形表示一个类别，其宽度没有意义，直方图的宽度则表示各组的组距；

(2)由于分组数据具有连续性，直方图的各矩形通常是连续排列，条形图则分开排列；

(3)条形图主要用于展示品质数据，直方图则主要用于展示数值型数据。

**【例 4.4】**根据例题 4.3 的数据，绘制各卫视频道网络影响力分布的直方图。

解：在 SPSS 中，直方图的绘制过程如下：

第 1 步：进入【直方图】对话框。选择【图形】——【直方图】，进入主对话框。

第 2 步：选择变量。将“影响力”变量选入【Variables】，点击【确定】，生成直方图。

第 3 步：调整组距。双击直方图，点击横坐标——点击【呈示数据标签】出现【属性】对话框，在【分箱】中选择【定制】X 轴，设置区间宽度（本例区间宽度为 5），如图 4-16 所示。调整后的直方图如图 4-17 所示。

图 4-16　直方图制作过程图

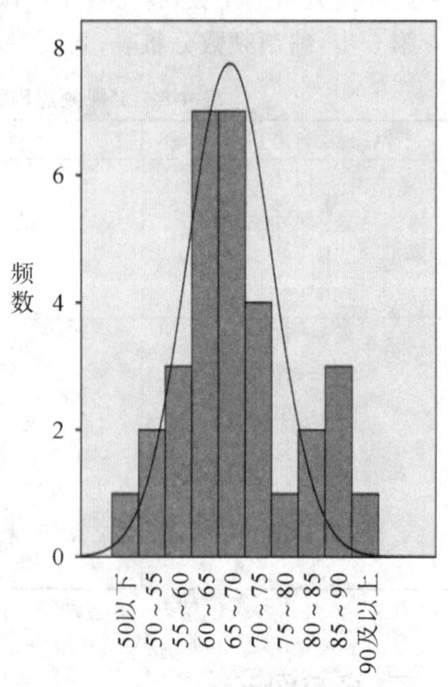


图 4-17　卫视频道网络影响力分布的直方图

## 三、茎叶图

上述直方图,可以看出各卫视频道网络影响力的最高分和最低分是多少,但并未解释数据是否均匀分布。显然,我们还需要一种能够保留原始数据细节信息的图示方法,这时茎叶图(stem-and-leaf display)就非常有用了。通过茎叶图,我们可以看出数据的具体信息以及分布形状、离散状况,比如分布的是否对称、数据是否集中、是否有离群点等。

茎叶图由数字组成,图形将数字分成树茎和树叶两部分。通常把该组数据的高位数值设置成树茎,把最低的一位数设置成树叶,以保持原始数据的信息。例如 20.3 将被分成 20 | 3,而 428 将被分成 42 | 8,其中"20"和"42"为树茎,而"3"和"8"则为树叶。

**【例 4.5】**根据例题 4.3 卫视频道的网络影响力数据,绘制茎叶图。

解:在 SPSS 中,绘制茎叶图包括以下步骤:

**第 1 步:打开主对话框。**选择【分析】——【描述】——【探索】,进入主对话框。

**第 2 步:选入变量并生成图形。**在主对话框中将变量"网络影响力"选入【因变量列表】,点击【绘制】,在对话框中选择【茎叶图】,点击【继续】回到主对话框。点击【确定】生成茎叶图,如图 4-18 所示。

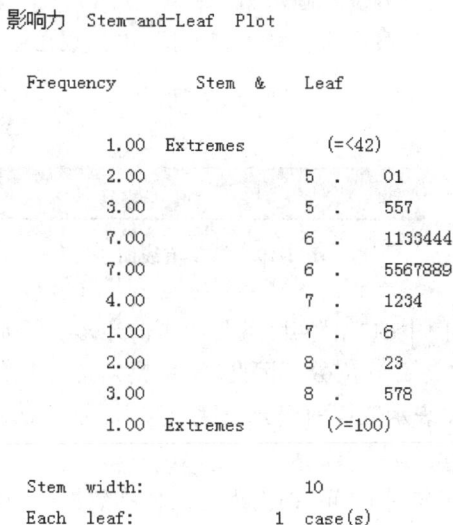

```
影响力 Stem-and-Leaf Plot

 Frequency        Stem  &   Leaf

     1.00  Extremes        (=<42)
     2.00              5 .   01
     3.00              5 .   557
     7.00              6 .   1133444
     7.00              6 .   5567889
     4.00              7 .   1234
     1.00              7 .   6
     2.00              8 .   23
     3.00              8 .   578
     1.00  Extremes        (>=100)

 Stem width:           10
 Each leaf:          1 case(s)
```

**图 4-18 卫视频道网络影响力分布的茎叶图**

图中的第一列（frequency）给出了每根茎上叶子的频数，第二列（stem）是树茎，第三列（leaf）是树叶。上方和下方标出2个极端值（extremes）42和100，最下面显示树茎的宽度10、每片叶子代表一个数据（案例）。SPSS自动将每根茎重复了一次，使得原始数据分成更多组，以便我们更清楚地看到分布的细节。在数据较少时，茎的数值也可以不重复。

与直方图比起来，茎叶图类似于横置的直方图，但又有区别：

（1）直方图可观察一组数据的分布状况，但未给出具体的数值；茎叶图既能给出数据的分布状况，又能给出每一个原始数值，保留了原始数据的信息。

（2）茎叶图可以保留数据的细节信息，这也意味着如果数据量太大，茎叶图的叶子就会很长或茎很多。由此，直方图适用于大批量数据，茎叶图适用于小批量数据。

## 四、箱线图

箱线图（box plot）由一组数据的最大值、最小值、中位数、两个四分位数（$Q_L$和$Q_U$）这五个值绘制而成，它可以用单一的图形同时表示数据的集中趋势、离散程度和分布的形状，多个箱线图也可用来比较多组数据的分布特征。

箱线图的绘制方法是：

第1步：找出数据的最大值、最小值、中位数和两个四分位数；

第2步：连接两个四分位数画出箱子；

第3步：将最大值和最小值与箱子相连接，中位数在箱子中间。箱线图的一般形式如图4-19所示。

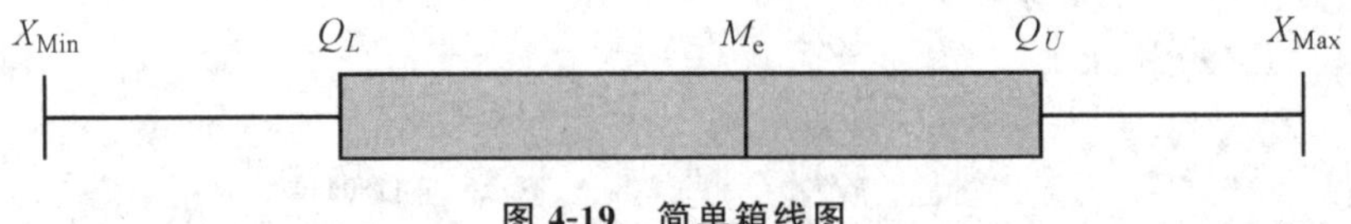


**图4-19 简单箱线图**

可以看到，箱线图中的“箱”实际就是图中的矩形。矩形的下边表示25%百分位数，上边对应75%百分位数。因此，矩形是对应数据的内四分位距。箱子的大小（矩形的长度）表示数据的变异程度，25%百分位数和75%百分位数相差越大，数据的变异性就越大。

箱线图中的“线”分别由“箱”的上下边延伸到数据中的极端值。下端的线由下四分位数（$Q_L$）延伸到最小值，上端的线从上四分位数（$Q_U$）延伸到最大值。箱线图的最后一个特征表现在箱子之内的线，代表数据的中位数。如果中位数处在箱子的中间位置，那么数据就大致为对称分布。可见，箱线图包含的细节信息比直方图和茎叶图少，所以它的最佳用途是用来同时比较两个分布。我们通过例题 4.6 了解如何用箱线图呈现分布。

**【例 4.6】**依据《受众广告态度调查》数据，分别绘制男性与女性对管理意见的箱线图。

解：在 SPSS 中，绘制箱线图的步骤如下：

**第 1 步：打开箱图绘制对话框。**选择【图形】——【箱图】，进入绘制箱线图的对话框。

**第 2 步：进入主对话框。**在出现的对话框中选择【简单】，在【图表中的数据为】一栏中选择【个案组摘要】，点击【定义】进入主对话框。

**第 3 步：选入变量并生成图形。**在主对话框将“管理意见”变量选入【变量】，将“性别”选入类别轴，点击【确定】，如图 4-20 所示。最后形成图 4-21 所示的箱线图。

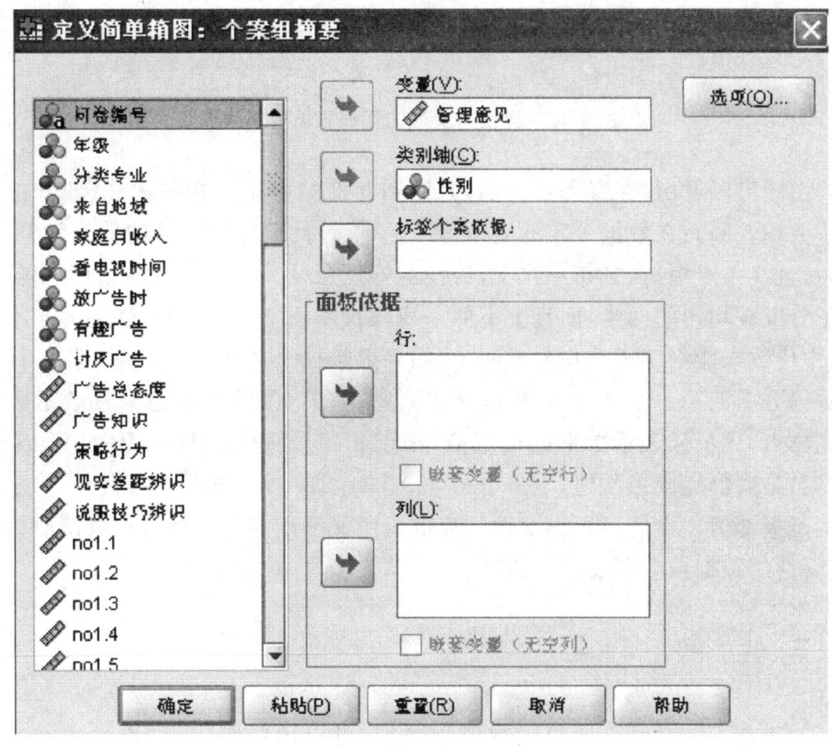


**图 4-20 管理意见**

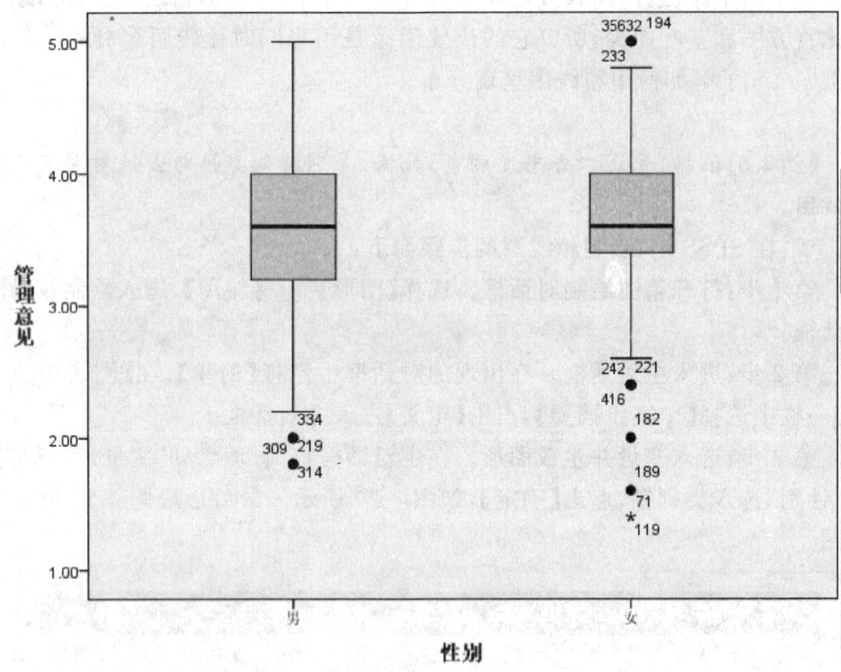


图 4-21 男性与女性的管理意见的箱线图

由图可以看出，在管理意见上，男性和女性的中位数相差无几（四分位数和中位数均较高）；在数据分布的离散程度上，女性的分布比男性的更为集中，箱子较短，且线条更短；在分布形状上，男性的管理意见大体上呈对称分布，中位数将箱子分成较均匀的两半，而且上下两条线段长度相差不大；而女性的分布不够对称，中位数未能将箱子平均分成两半，如果把数据个数四等分的话，第二个 25% 个数据分布比第三个 25% 个数据分布紧密得多。图中用黑色圆点表示数据中的离群点，用星号表示数据的极端值，圆点和星号旁的的数字表明第几个数据（个案）是离群点或极端值，本例中第 309、334、219 等个案都是离群点，第 119 个个案是极端值。本例可看出女性的离群值明显多于男性。综合箱线图所给的信息，女性的数据偏差程度大于男性。

## 五、线　图

对于在不同时间上取得的数值型数据，可以用线图（line plot）表示。线图清楚地表明从一个数据点到另一个数据点的变化，这种视觉上的连续性能够让人产生数据也是连续的印象，对于比较两组数据随时间的变化很有用。在绘制线图时，时间一般绘在横轴上，观测值绘在纵轴上。一般横轴略大于纵轴，横轴与纵轴长度之间的比例大致为 10∶7。图形过于扁平或过于瘦高，不仅不美观，而且会给人造成视觉上的错觉，不便于对数据变化的理解。一般情况下，纵轴下端应从"0"开始，以便于比较。如果数据与"0"之间的间距过大，可以采取折断的符号将纵轴折断。

**【例 4.7】**2018 年以来电视行业进入大变革期。以乐视、小米为代表的一批互联网公司开始生产自有品牌的智能电视，电视传统厂商 TCL、创维也在压力中探索变革。下列数据显示了 TCL 集团与创维集团 2018 年 12 个月的电视出货总量(单位：千台)。试绘制线图。

**表 4-6　2018 年 TCL 集团、创维集团电视出货总量**

单位：千台

| 月份 | TCL 集团 | 创维集团 |
|---|---|---|
| 1 月 | 2 156 | 1 446 |
| 2 月 | 756.2 | 535 |
| 3 月 | 1 342 | 779 |
| 4 月 | 1 840 | 1 045 |
| 5 月 | 1 406 | 1 022 |
| 6 月 | 884.5 | 607 |
| 7 月 | 1 275 | 791 |
| 8 月 | 1 640 | 957 |
| 9 月 | 2 012 | 1 179 |
| 10 月 | 1 260 | 820 |
| 11 月 | 1 824 | 1 120 |
| 12 月 | 2 173 | 1 318 |

资料来源：FPDisplay.com

解：我们可以通过 SPSS 完成线图的绘制，步骤如下：

**第 1 步：进入线图绘制对话框。**点击【图形】——【线图】——【多线线图】——【个案值】，进入主对话框。

**第 2 步：选入变量并生成图形**。将“TCL 出货总量”和“创维出货总量”两个变量点选入【线的表征】，如有需要，点击【标题】进行命名。最后点击【确定】，即得到出货总量的线图。如图 4-22 所示。

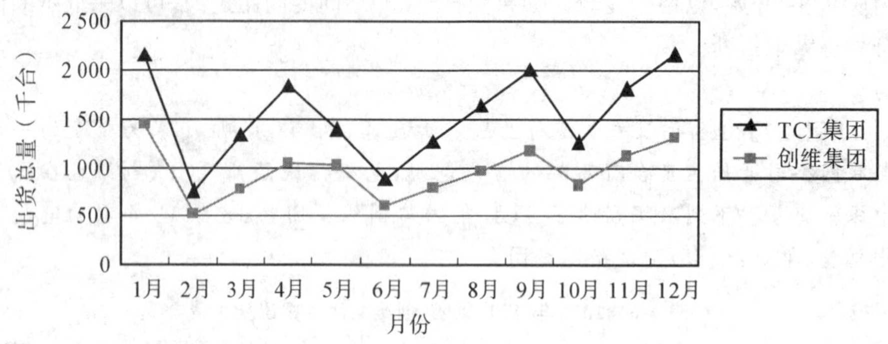


**图 4-22　TCL 集团和创维集团 2018 年电视出货总量**

线图不仅可让我们观察一个样本的观察值随时间的变化规律，而且可对比两个样本观察值的变化规律。在案例中，我们可看出 TCL 集团的电视出货总量在各个月份都高于创维集团，并且两个集团的出货总量具有相似的变化规律：都是在 2 月、6 月和 10 月份出货总量较低，在 1 月、4 月、9 月和 12 月出货总量较高。

## 六、多变量数据的图示

当存在两个或两个以上变量时，我们可以采用多变量的图示方法，常见的有散点图、气泡图、雷达图。

### （一）散点图

散点图（scatter diagram）是用二维坐标展示两个变量关系的图形。它用横轴代表变量 $x$，纵轴代表变量 $y$，每对数据 $(x_i, y_i)$ 在坐标系中用一个点表示。$n$ 对数据在坐标系中形成的 $n$ 个点称为散点，由此，散点图是由坐标及其散点形成的二维数据图。

**【例 4.8】**随着电子商务的发展，网络购物逐渐成为人们日常生活的一部分。有研究对影响网购总体满意度的因素进行了探讨，下面的数据是 10 名消费者根据最近一次网购经历作出的对客服人员的评价和总体满意度。试绘制这组数据的散点图，并描述二者关系。

**表 4-7　客服人员评价与总体满意度**

| 消费者编号 | 客服人员评价 $X$ | 总体满意度 $Y$ |
|---|---|---|
| 01 | 1.39 | 1.68 |
| 02 | 4.68 | 4.70 |
| 03 | 6.22 | 6.38 |
| 04 | 7.75 | 7.8 |
| 05 | 3.15 | 3.22 |
| 06 | 2.37 | 2.76 |
| 07 | 3.58 | 3.75 |
| 08 | 5.21 | 5.54 |
| 09 | 6.65 | 6.78 |
| 10 | 4.17 | 4.36 |

解：我们可以通过 SPSS 完成散点图的绘制，步骤如下：

**第 1 步：打开散点图绘制对话框。**点击【图形】——【散点图】——【简单散点图】，进入主对话框。

**第 2 步：选择相应变量到 $X$ 轴和 $Y$ 轴。**在本例中，将"客服人员评价"选入 $X$ 轴，"总体满意度"选入 $Y$ 轴，如图 4-23 所示。点击【确定】，生成散点图，如图 4-24 所示。

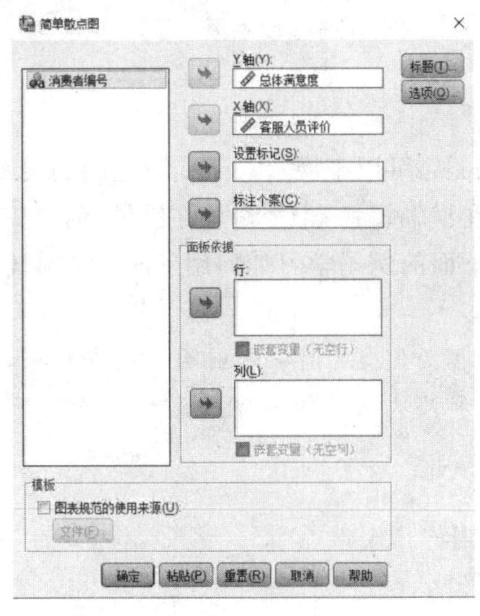


**图 4-23　SPSS 散点图绘制过程**

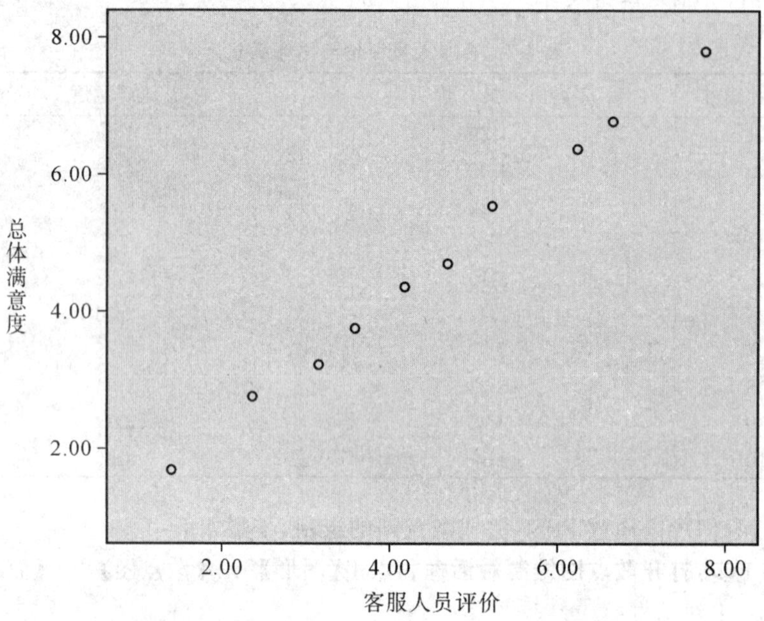


**图 4-24　客服人员评价 *X* 与产品配送 *Y* 之间的散点图**

从图中可看出，客服人员评价与总体满意度之间呈现线性关系，随着客服人员评价的增高，总体满意度也随着上升。散点图用非常直观的方式展示了客服人员评价和总体满意度之间的关系。

（二）气泡图

气泡图（bubble chart）可用于展示三个变量之间的关系。它与散点图类似，绘制时将一个变量放在横轴，另一个变量放在纵轴，而第三个变量则用气泡的大小来表示。我们通过下面的例子学习如何用 Excel 绘制气泡图。

**【例 4.9】**下面的数据为例 4.8 消费者网购的调查数据，包括对客服人员的评价、对产品配送的评价和此次网购的总体满意度。请根据表中数据绘制相应的气泡图。

表 4-8　网购满意度调查

| 客服评价 | 产品配送评价 | 总体满意 |
| --- | --- | --- |
| 1.39 | 1.75 | 1.68 |
| 4.68 | 4.80 | 4.70 |
| 6.22 | 6.51 | 6.38 |
| 7.75 | 7.98 | 7.80 |
| 3.15 | 3.32 | 3.22 |

解：我们可以利用 Excel 绘制关于客服评价、产品配送评价和总体满意的气泡图。步骤如下：

**第 1 步：进入图表绘制对话框。**点击【插入】——【图表】，选择【气泡图】。点击【下一步】，进入主对话框。

**第 2 步：选入变量。**在【系列】中选择相应的【X 值】、【Y 值】和【大小】。在本例中将"客服评价"数据选入【X 值】，"产品配送评价"数据选入【Y 值】，"总体满意"数据选入【大小】，如图 4-25 所示。点击【下一步】，进入图表选项对话框。

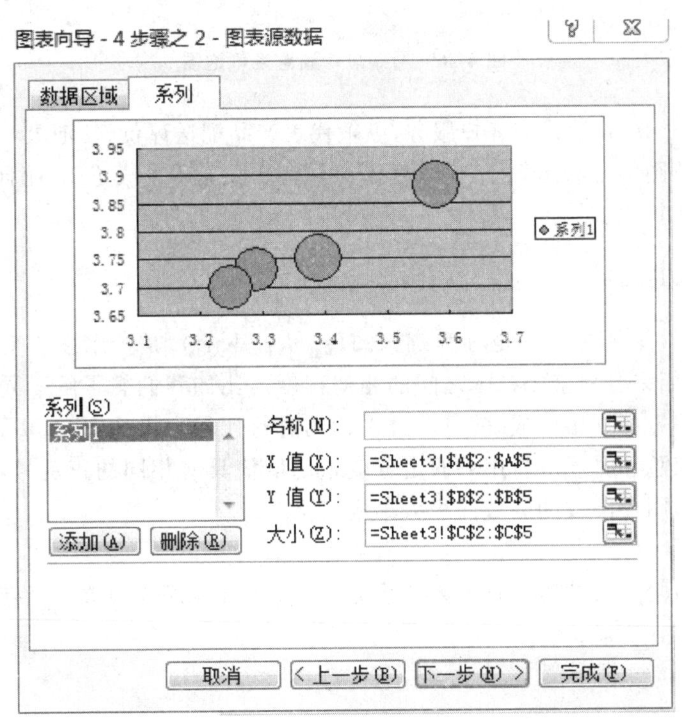


图 4-25　气泡图的制作过程

**第3步：设置图表选项。** 根据需要对气泡图的标题、坐标轴等进行设置，点击【下一步】。

**第4步：生成图表。** 确定图表插入的位置，最后点击【完成】。生成的气泡图如图4-26所示。

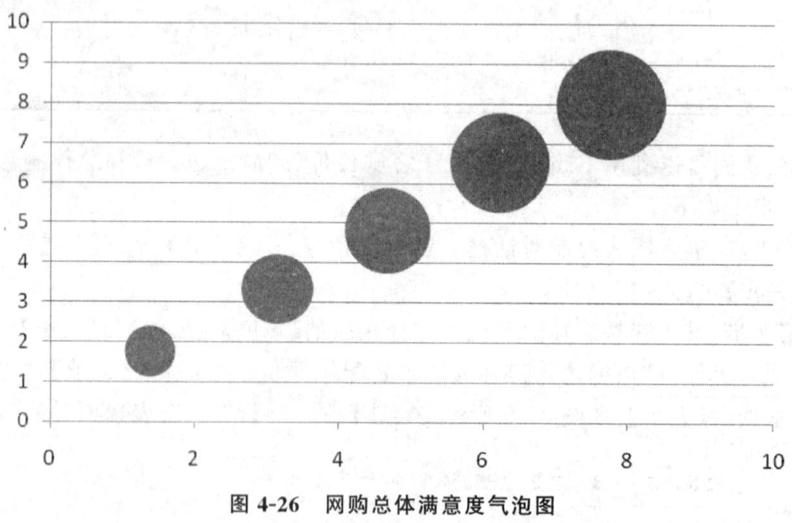


**图4-26　网购总体满意度气泡图**

图4-26中，横轴代表客户服务，纵轴代表产品配送评价，气泡大小代表总体满意度。从图中可看出，总体满意度不但与客户服务质量成正比，而且与产品配送服务也成正比。

（三）雷达图

雷达图（radar chart）也称为蜘蛛图（spider chart），是显示多个变量的常用方法，也可用来分析多个样本之间的相似程度。比如我们想了解不同人群在各项生活消费上的支出构成，就可通过雷达图进行比较。雷达图在显示或对比各变量的数值总和时十分有用。假定各变量的取值具有相同的正负号，那么总和的绝对值与图形围成的区域面积大小成正比。

**【例4.10】**下列数据反映了某大学男生和女生平均每个月在各项花销上的支出。试绘制雷达图。

**表 4-9　2014 年某校男女生平均每月各项支出**

单位:元

| 开支项目 | 男　生 | 女　生 |
|---|---|---|
| 衣服鞋袜 | 100.00 | 200.00 |
| 人际交往 | 450.00 | 200.00 |
| 伙　食 | 500.00 | 300.00 |
| 通　信 | 150.00 | 100.00 |
| 其　它 | 200.00 | 400.00 |
| 合　计 | 1 400.00 | 1 200.00 |

解:在 Excel 中,绘制雷达图的步骤如下:

**第 1 步:进入雷达图绘制对话框。**点击【插入】——【图表】,选择【雷达图】,点击【下一步】进入主对话框。

**第 2 步:选择变量。**选择正确的数据区域和系列,选好后点击【下一步】。

**第 3 步:设置图表选项。**在图表选项中根据需要添加标题、坐标轴、图例等,设定好后点击【下一步】。

**第 4 步:生成雷达图。**确定图表位置,最后点击【完成】生成雷达图 4-27。

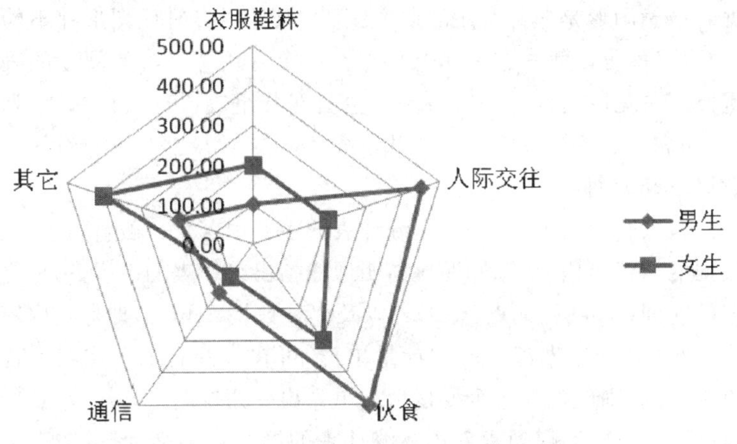


**图 4-27　男性与女性每月支出的雷达图**

图 4-27 就像个蜘蛛网或雷达图,而分别代表男生和女性各项开支的五边形坐落在该图上,五边形的每个角离蜘蛛网中心点的距离代表各项开支的大小,五边形的面积大小显示了总开支的大小。从图中可看出,代表男生的五边形面积大于代表女生的五边形面积,说明男生总体开支大于女生。分别对比男女生的各项开支,可看出男生在人际交往、伙食及通信上多于女生,而在衣服鞋袜和其

它上少于女生。

【小结与要点】

(1)在连续变量或变量值较多的情况下，通常采用组距分组。

(2)组距分组掩盖了各组内的数据分布状况，为了反映各组数据的一般水平，我们通常用组中值作为该组数据的一个代表值。组中值是上限与下限之和除以 2.

(3)通过【分析】——【描述】——【探索】，可绘制茎叶图、箱图和直方图。

(4)对于数值型数据，原始数据可用茎叶图和箱线图来呈现，分组数据可用直方图呈现，线图可清楚地展示时间序列数据；对于多个变量数据，可通过散点图、气泡图和雷达图呈现。

## 第五节　制作表格的注意事项

以上几节都是以图形的方式呈现数据的分布，可见，图形能够让我们很快地了解数据。虽然图形是非常有用的研究工具，但是很多时候图形并不能反映具体数据，而表格就可以解决这一问题。制作一个有用并且容易阅读的表格与作图一样重要。常见的统计表一般由四个主要部分组成：表头、行标题、列标题和数据资料，如表 4-10 所示，必要时可以在统计表的下方加上表外附加。制作表格应注意以下几方面：

(1)表头：放在表的上方，显示了统计表的主要内容。一般包括表号、总标题和表中数据的单位等内容，总标题应简明地概括出统计表的内容，一般需要说明统计数据的时间(when)、地点(where)以及何种数据(what)，即标题内容应满足 3W 要求。如果表中数据都是同一计量单位，可在表的右上角注明。若各变量的计量单位不同，则应放在每个变量后或单列出一列说明。

(2)行标题与列标题：通常安排在统计表的第一列和第一行，它表示的是所研究问题的类别名称和变量名称，如果有时间序列数据，一般将时间放在行标题的位置。

(3)表中数据：数据一般是右对齐，有小数点时应以小数点对齐，小数点的位数应统一。对于没有数据的表格单元，一般用“—”表示，不应出现空白单元格。

(4)表外附加：通常放在统计表的下方，包括数据来源、变量的注释和必要的说明等内容。这样既方便读者理解，也是对他人劳动成果的尊重。

(5)在绘制表格时，表中的上下两条横线一般用粗线，中间的其他线要用细线，这样看起来更清楚、醒目。统计表的左右两边不封口，列标题之间在必要时可用竖线分开，而行标题之间通常不必用横线隔开。行和列之间的距离应保证数据清晰，为了方便比较，数值距离不宜太远。

(6)表格结构：合理安排统计表的结构，如行标题、列标题、数据资料的位置应安排合理。有时候，由于强调的问题不同，行和列可以互换，但应使统计表的横竖长度比例适当，避免出现过高或过宽的表格形式。

**表 4-10　2014 年某校男女生平均每月各项支出(单位:元)** ←— 表头

列标题 ——→

| 开支项目 | 男生 | 女生 |
|---|---|---|
| 衣服鞋袜 | — | 200.00 |
| 人际交往 | 450.00 | 200.00 |
| 伙食 | 500.00 | 300.00 |
| 通信 | 150.00 | 100.00 |
| 其他 | 200.00 | 400.00 |
| 合计 | 1 300.00 | 1 200.00 |

行标题　　数字资料

注：该表中的数据均为本书作者虚构。 ← 表外附加

# 第六节　如何绘制好的图表

无论是手动还是用计算机建立图表，都应使图表准确地表达数据所要传递的信息。具体而言，一个好的图表，应具备以下八个方面(少贪多，勤练习哟)：

(1)减少图或表中无用的内容，避免一切不必要的修饰。

(2)在开始制作图表前要制作草图，也就是应对图表有所预期。首先要思考哪种类型的图表可以准确反映数据特征、传递数据信息，做到心中有数。如果不能，考虑调整图表内容或更换图表类型。

(3)说想说的，而且说要说的——不多不少。过多的图表反而会迷惑读者，达不到制图表的目的。

(4)图表的标题等其他信息应准确易懂，保证图表所有的内容易于理解。

(5)保持图表平衡美观。绘制图表时，标题和坐标标签要置中。横轴与纵轴之比可为 3 比 4，这样既使数据清晰呈现，又要避免过高或过宽的图表形式。

(6)简单最好。保持图表简单，但不能过于简化。尽可能只表达一个观点，而且省略掉的信息在接下来的正文中应予以说明并保留。

(7)一个好的图表应该能够单独存在，而且读者能够理解传递的信息。

(8)限制表格中的文字数目。如果使用太多的文字，就可能会削弱图表所传递的直观信息。

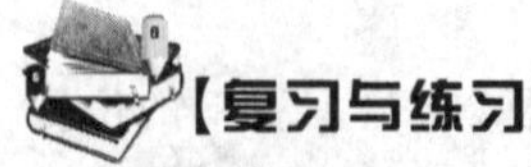

## 【复习与练习】

思　考：

1.数据的预处理包括哪些内容？

2.品质数据和数值型数据各有哪些图表呈现方法？

3.数值型数据应如何分组？

4.直方图与条形图有哪些区别？

5.制作统计表应注意哪些问题？

**牛刀小试：**

根据《受众广告态度调查》数据，用本章所学的图表对受众的基本资料、受众对广告的总体态度、对广告的管理意见和广告知识等数据进行描述和呈现（选择最适当的图表类型并予以适当分析）。

**本章学习重点：**

- 掌握度量事件发生的可能性
- 理解离散变量的概率分布
- 理解连续变量的概率分布
- 掌握由正态分布导出的几个重要分布

有些人一想到概率就会冒冷汗，因为许多人认为概率是数学的抽象形式，对于大部分没有高数和概率论基础的人来说，掌握恐怕不是那么简单。但学习这一章后，你会发现，理解概率理论并没有想象的那样困难。实际上，我们时常根据概率做出决定。比如听到明天有60%的可能性会下雨，我们出门时就会带上雨伞。在明天上统计课之前，你会不会复习一下之前学习的内容？在某种程度上，你的决定取决于明天统计课上进行小测的概率。如果学长们说老师会不定期地进行小测，你可能就不想冒着准备不足的风险，于是你会选择课前复习。如果学长们告诉你老师从来不在课堂中小测，那你复习的概率就会降低很多。虽然我们可能并不了解概率的正式规则，但是我们已经在通过概率的直觉知识做出决策。可见，尽管没有高数和概率论的基础，但我们已经在生活中不知不觉地应用概率来做决定。

## 第一节　度量事件发生的可能性

在新闻传播学研究中，我们通常选取研究对象的一部分（即样本）来研究，进而推断所有研究对象（总体）的情况。进行这种推断时，我们不仅要指出总体可能是什么情况，而且还要清楚我们进行这种推断有多大的把握——总体出现这种情况的可能性有多大，这个“可能性”就是概率。简而言之，概率就是对事件发生的可能性大小的度量，事件 $A$ 发生的概率记作 $P(A)$，其取值介于 0 和 1 之间，即 $0 \leqslant P(A) \leqslant 1$。显然，事件 $A$ 可能出现，也可能不出现，我们通常称之为“随机事件”。

在统计学中，概率可通过重复试验获得。在相同条件下随机试验 $n$ 次，某事件 $A$ 出现 $m$ 次（$m \leqslant n$），那么比值 $m/n$ 称为事件 $A$ 发生的频率。随着试验次数 $n$ 的增大，频率围绕某一常数 $p$ 上下波动，且波动的幅度逐渐减小并趋于稳定，这个频率的稳定值即为该事件的概率，记为：

$$P(A)=\frac{\text{事件 } A \text{ 发生的次数}}{\text{重复试验次数}}=\frac{m}{n}=p$$

频率与概率是两个不同的概念。频率是事件实际发生的次数比例，概率则是事件发生的可能性大小，并非实际观察到的结果，与是否进行试验并没有关系。比如在某一班级 50 名同学中，男生有 20 名，女生有 30 名。采用完全随机抽样的方法从中抽取学生，则每次抽到男生的概率为 2/5，这是一个确定的值，与实际抽取的结果无关，但是我们在抽样中实际观察到男生的频率可能为 3/5 或 3/10，这不影响事先既定的男生被抽到的概率。频率与概率虽然有本质上的不同，但也存在一定的关联，频率的波动往往围绕着概率发生。试验或观察次数越多，频率越接近概率。所以实际研究中，在概率未知的情况下，可以利用大量的观察，以事件的频率去逼近概率，从而把握事件的概率。表 5-1 展示了统计学家反复进行抛硬币试验后，对正面朝上的频次所做的统计。你从中发现了什么？

**表 5-1　抛掷次数与正面朝上的次数**

| 试验者 | 抛掷次数 | 正面朝上次数 | 正面朝上比率 |
|---|---|---|---|
| 德摩根 | 2 048 | 1 061 | 0.5181 |
| 蒲　丰 | 4 040 | 2 048 | 0.5069 |
| 皮尔逊 | 12 000 | 6 019 | 0.5016 |
| 皮尔逊 | 24 000 | 12 012 | 0.5005 |

可见，随着投掷次数 $n$ 的增大，出现正面和反面的频率逐渐稳定在 1/2 左右，如下图 5-1 所示：

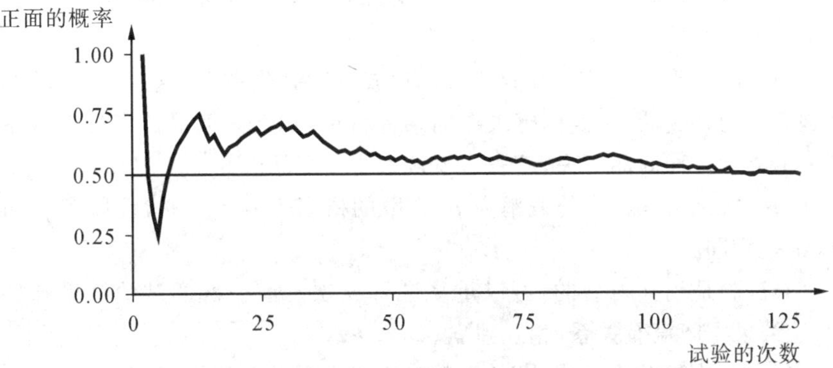


**图 5-1　正面朝上的概率与试验的次数**

**【小结与要点】**

(1)任何概率都是介于0与1之间的数。概率为0的事件指在试验时永远不会发生的事件,概率为1的事件指在每次试验时都会发生的事件。概率为0.5的事件指长期以来有一半的可能性会发生的事件。

(2)所有结果的可能性合并起来,概率应该是1。

(3)一个事件不发生的概率等于1减去该事件发生的概率。

# 第二节　离散型变量的概率分布

随机变量按其取值情况可分为两类:一类是离散型变量,其可能的取值是间断性的,有时可能只有很有限的几个变量值,比如性别和比赛名次。分类变量和顺序变量都是离散型变量。另一类是连续型变量,其可能的取值是连续性的,即在数轴上连续地充满某一区间,因此数量是无限的,比如我们的身高分布。比率变量和等距变量都是连续型变量。本节专门讨论离散型变量的概率分布。

我们首先考虑一个具体的例子。假设你要进行一项测验,该测验包括10个你完全不熟悉的判断题。那么,10题中你答对7个的概率是多少?答对6个的概率是多少?有可能答对所有10个问题吗?回答这些问题我们需要用到一个重要的统计理论,那就是二项分布。

二项分布是描述一系列独立试验出现的不同结果的概率分布,其中每个试验只有两个可能结果。具体而言，二项分布建立在贝努尔(Bernoulli)试验基础上，满足下列条件：

(1)一次试验只有两个可能结果，即“成功”和“失败”。这里的“成功”和“失败”是广义的，“成功”指我们感兴趣的某种特征，如在某商品的喜好调查中，“成功”表示喜欢这种商品，“失败”表示不喜欢这种商品。

(2)一次试验“成功”的概率为 $p$，失败的概率为 $q=1-p$，且概率 $p$ 对每次试验都是相同的。

(3)试验是相互独立的，可以重复进行 $n$ 次。前一次的试验结果与后一次的试验结果之间没有关系，相互独立。

(4)在 $n$ 次试验中，“成功”的次数对应一个离散型随机变量 $X$。

设 $x$ 为 $n$ 次重复试验中出现成功的次数，那么 $X$ 取 $x$ 的概率为

$$P(X=x)=C_n^x p^x q^{n-x} \qquad (x=0,1,2,\cdots,n) \tag{式 5.1}$$

式中 $C_n^x$ 表示从 $n$ 个元素中抽取 $x$ 个元素的组合，计算公式为：

$$C_n^x=\frac{n!}{x!\,(n-x)!} \tag{式 5.2}$$

在上式中：

$n$=试验次数。

$x$=特定结果个数(成功次数)。

！为阶乘符号，$x!$ 表示 $1\sim x$ 之间所有整数的乘积，也就是 $x!=x\times(x-1)\times(x-2)\times\cdots\times3\times2\times1$。

在本节开篇的例子中，测验的计分是离散型变量，对每个问题的回答要么正确要么错误，只有两种结果。由于被试对问题内容完全陌生，回答一个问题对回答另外一个问题没有帮助，所以对每个问题的回答，后面的和前面的问题是彼此独立的，相当于重复试验 10 次，每个问题回答正确的概率都是 $p=0.50$。10 道题中有 6 道回答正确的概率可以这样计算：

解：已知 $x=6,n=10,p=0.50,q=1-0.5=0.5$。

根据式 5.1，得：

$$P(x=6)=C_{10}^6(0.5)^6(0.5)^4=0.2051$$

同理，我们可计算答对 0 题到答对 10 题的概率分别是多少，最后整合出图 5-2 所示的概率分布。

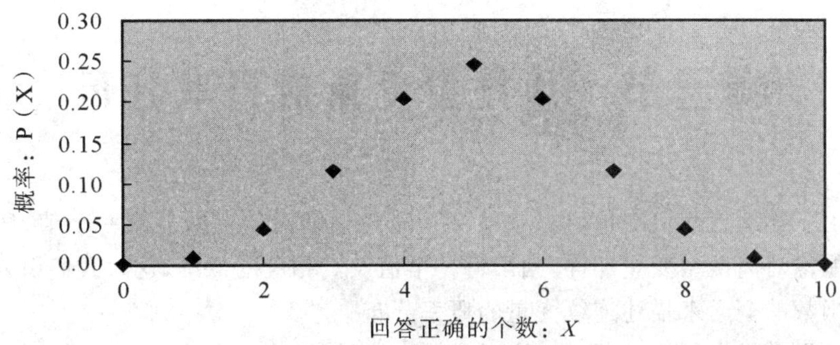


**图 5-2　答对题数的概率分布**

来源：鲁尼恩等：《行为统计学基础》(第 9 版)，2007 年，221 页。

由图可见，10 题中答对 5 题的概率最大，这个例题中概率 $p=0.5$，这时的二项分布近似于钟形。其实，根据二项分布函数，当 $p=q=1/2$ 时，无论 $n$ 取何值，二项分布都呈对称分布；$p\neq q$ 时，只要 $n$ 很大，且满足 $np\geqslant5$ 和 $nq\geqslant5$，二项分布就会呈现出接近正态分布的趋势；$n$ 无限大时，二项分布即为正态分布。二项分布接近正态分布时，$n$ 次二项试验中事件 $A$ 出现次数的平均数为：

$$\mu=E(X)=np \qquad \text{(式 5.3)}$$

方差为：

$$\sigma^2=npq \qquad \text{(式 5.4)}$$

把二项试验中的事件 $A$ 作为成功事件，上述两个公式就表示成功事件出现次数的平均数为 $np$，成功事件出现次数的方差为 $npq$。具体到上面例题，成功事件即为答对题目，概率 $p=0.5$，由于 $n=10$，所以 10 道题中回答正确的平均次数为 5 次，方差为 2.5。

## 【小结与要点】

(1)统计学里的“随机”(random)，并不是“偶然”(haphazard)的同义词，而是对某种长期下来才会出现的规则的描述。如果一个现象的个别结果无法预知，然而在多次重复之后，其结果会出现有规则的分布，我们称该现象是随机的。随机现象有两个显著的特点：一是偶然性，是结果的不确定性；二是规律性，即在相同的条件下进行多次重复试验，试验的结果会呈现某些规律。

(2)在二项独立试验中，每一次试验的结果只有 $A$ 和 $\overline{A}$ 两种可能，每次试验是相互独立的，可以重复进行 $n$ 次。

(3)利用二项分布规律，可以计算成功事件出现若干次的概率。

# 第三节　连续型变量的概率分布

由于连续型随机变量可以取某一区间或整个数轴上的任意一个值，所以我们不能像对离散型变量那样，列出每一个值及其相应的概率，这时我们引入概率密度函数的概念来描述连续变量的概率分布。

如果随机变量 $X$ 的分布函数 $f(x)$ 的曲线与 $X$ 轴围成的面积等于1，则称曲线 $f(x)$ 为连续变量 $X$ 的概率密度函数，简称密度函数。$X$ 取值在 $[a,b]$ 区间的概率就是 $[a,b]$ 区间内曲线 $f(x)$ 与 $x$ 轴围成的面积，如图 5-3 所示阴影部分所示，表示为 $p(a \leqslant x \leqslant b)=\int_{a}^{b} f(x)\mathrm{d}x$ 。

所以，讨论连续随机变量的概率时，指变量 $x$ 在某个确定的取值范围内的概率，而不是某个点上的概率，$f(x)$ 代表的不是概率本身，而是随机变量取值在点 $x$ 处分布的密集程度。理解了概率密度函数，我们接下来就来学习连续型变量最常见、应用最广泛的概率分布——正态分布。

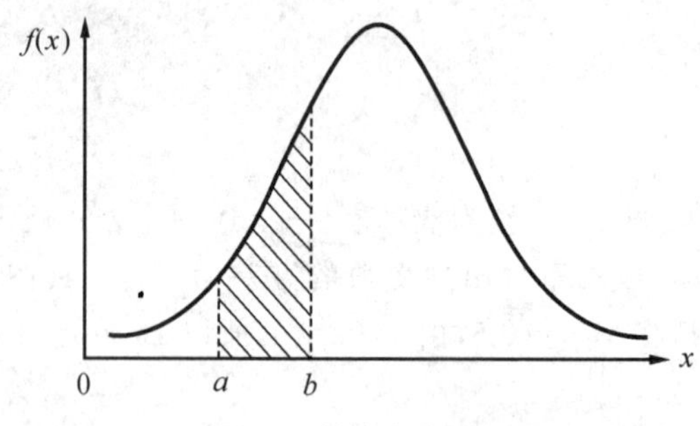


图 5-3　概率密度函数

## 一、正态分布曲线及其基本特征

正态分布(normal distribution)也称为常态分布或常态分配，由 C.F.高斯(Carl Friedrich Gauss)提出。在社会科学研究中，很多现象都呈正态分布的趋势，如某地区的儿童身高、体重、智商和能力，其密度函数曲线呈现出“两头低、中间高、左右对称”的钟形特征。在详细介绍正态曲线的数学性质之前，我们可以先通过以下三个特征大致了解正态曲线。

首先，正态曲线表示均值、中位数和众数相等的数值分布。在第二章里，我们已经了解到，当中位数和均值不同时，数据分布就会向某个方向倾斜。正态分布曲线没有偏度，它只有一个波峰，波峰处于正中间。

其次，正态曲线以均值为中心完全对称。沿着中心线将曲线对折，两边会完全重叠。两边是相等的，曲线的一半是另一半的镜像。

最后，正态曲线的双尾是渐近的，曲线的双尾越来越接近横轴，但永远不会与横轴相交。

现在，你的脑海中是否出现了正态曲线的大致形状？没错，图 5-4 正是我们要介绍的正态分布曲线。正态曲线有一个特别的性质：只要知道平均数和标准差，整个曲线就完全确定了。平均数把曲线的中心定下来，标准差决定曲线的形状。我们接下来通过函数表达式进一步了解正态分布的性质。

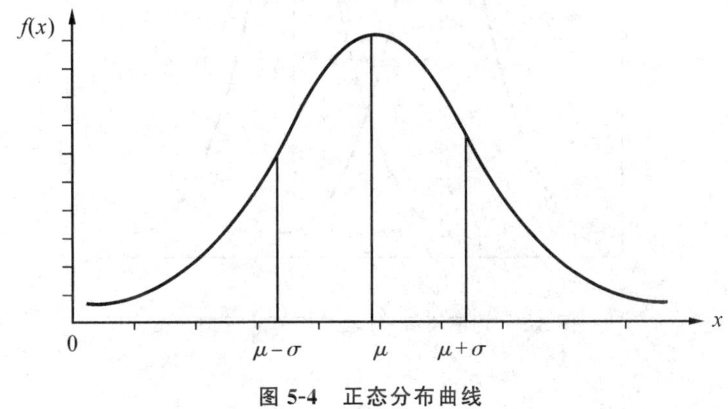


**图 5-4　正态分布曲线**

正态分布曲线的函数形式可表示为：

$$f(x)=\frac{1}{\sigma\sqrt{2\pi}}e^{-(\frac{1}{2})(\frac{x-u}{\sigma})^2}\ (-\infty<x<+\infty) \qquad (式 5.5)$$

上式中，$f(x)$ = 随机变量 $X$ 的概率密度函数；

$\mu$ = 正态随机变量 $X$ 的均值；

$\sigma$ = 正态随机变量 $X$ 的标准差；

$\pi$ = 圆周率约为 3.1415926；

$e$ = 自然对数的底，是一个常数，约为 2.71828；

$x$ = 随机变量的取值($-\infty<x<+\infty$)。

可见，正态分布的形态是由平均数$\mu$和方差$\sigma^2$决定的，常记作 $X\sim N(\mu,\sigma^2)$。正态分布函数具有以下性质：

(1)图形是关于 $x=\mu$ 对称的钟形曲线，且峰值在 $x=\mu$ 处，如图 5-4 所示。

(2)均值$\mu$和标准差$\sigma$一旦确定，分布的具体形式也唯一确定，不同参数的正态分布构成完整的“正态分布族”。

(3)均值$\mu$可取实数轴上的任意数值，决定正态曲线的具体位置(图 5-5)；标准差σ决定曲线的“陡峭”或“扁平”程度。σ越大，正态曲线越扁平，散布的范围越大；σ越小，正态曲线越陡峭，散布的范围越小。所以，变动正态分布的平均数并不会改变曲线的形状，只会改变曲线在 $x$ 轴上的位置。但是，变动标准差却会改变正态曲线的形状，如图 5-6 所示。

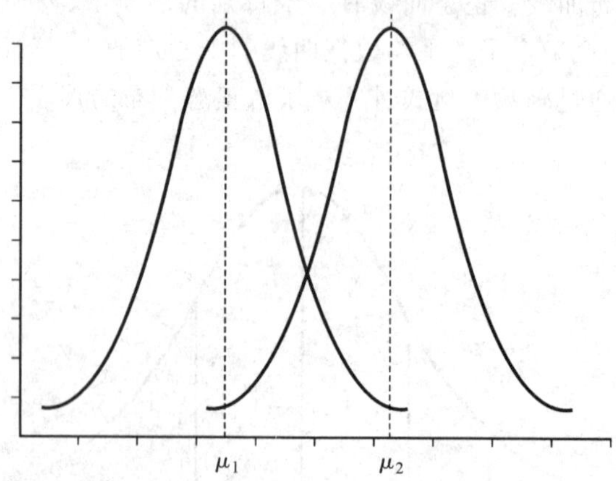


**图 5-5　均值不等、标准差相等的正态分布**

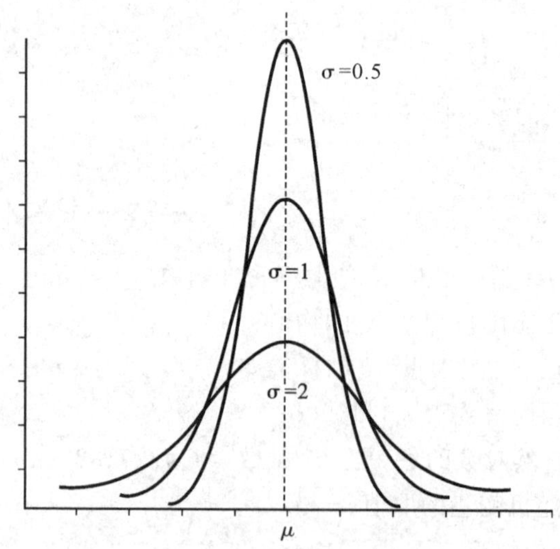


**图 5-6　均值相等、标准差不等的正态分布**

(4)当 $X$ 的取值向横轴左右两个方向无限延伸时,曲线的两个尾端也无限渐近横轴,理论上永远不会与之相交。

(5)正态随机变量在特定区间上的取值概率由正态曲线下的面积给出,且其曲线下的总面积等于 1。

为什么正态分布很重要呢？首先,对于某些真实数据的分布,我们可以通过正态分布进行描述。数学家高斯最早将正态分布用在数据上,他认为,天文学家或测量员重复度量同一个数量时出现的小误差,可以用正态曲线来描述。所以,正态曲线最早用来描述度量误差的分布,后来用于描述某些生物学或心理学的变量。其次,当我们从同一总体抽取许多样本时,比如样本平均数或样本比例这类统计量的分布,也可以用正态曲线来描述,这一部分在第六章还会详细介绍。抽样调查结果的误差界限,也常常用正态曲线来计算。虽然有许多类数据符合正态分布,但仍然有许多数据不符合。比如大部分的收入是右偏的,而不是正态分布。非正态分布的资料和不平常的人一样,不仅常见,有时比正态分布的资料更有趣。

对于正态分布曲线,标准差是非常重要的度量单位。在任何正态分布当中,都呈现下列规律:

(1)68%的观测值,落在距平均数大约一个标准差的范围内。

(2)95%的观测值,落在距平均数大约两个标准差的范围内。

(3)99.7%的观测值,落在距平均数大约三个标准差的范围内。

在下图(图 5-7)所示的正态分布中,横坐标的尺度是以 $Z$ 值为单位,也就是说,正态分布的均值为 0,其他点表示高于或低于均值多少个标准差单位。$Z$ 值等于$-2$,表示该数小于均值 2 个标准差;$Z$ 值等于 3,表示该数大于均值 3 个标准差。接下来我们观察曲线下方不同部分面积的比例:当所有的数据转换为 $Z$

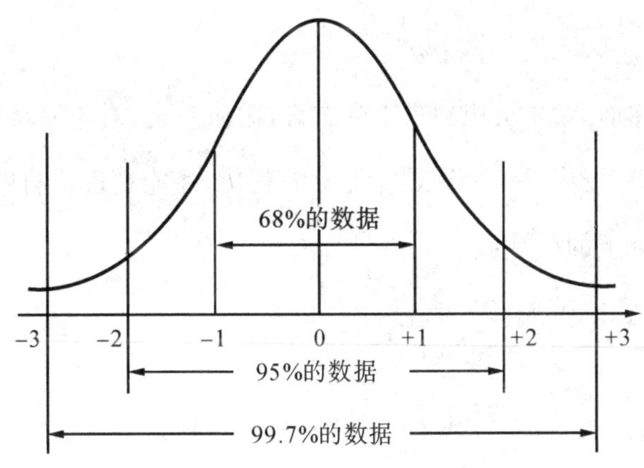


**图 5-7　正态分布曲线下的面积与标准差**

值时，我们便可以确定高于或低于该值的面积比例，或找到两个值之间的面积比例，这就是概率。将不同的正态分布转化为下图所示的标准形式，就是我们即将介绍的——标准正态分布。

## 二、标准正态分布

在一般的研究实践中，我们会发现所处理的分布相当不同，比如，均值为50，标准差为10的分布与均值为100，标准差为5的分布该如何比较？这时我们就需要将它们标准化，其基本思想来源于前两章所介绍的$Z$分数。正态分布的标准形式称为标准正态分布(standard normal distribution)，它是一列$Z$分数的分布，因而也简称为$Z$分布。标准正态分布是平均数$\mu=0$，标准差$\sigma=1$的随机变量的概率分布，记作N(0,1)。借助$Z$分数的思想，将原始分数转换成标准分数。任何一个一般的正态分布$X\sim N(\mu,\sigma^2)$，都可通过下面的线性变换公式转化为标准正态分布：

$$Z=\frac{X-\mu}{\sigma}\sim N(0,1) \qquad \text{（式 5.6）}$$

我们可以将原始数据变换为$Z$值，将均值和标准差的分布变换成均值为0、方差为1的标准正态分布，如图5-8所示。标准正态分布的概率密度函数为：

$$\varphi(x)=\frac{1}{\sqrt{2\pi}}\mathrm{e}^{-\frac{x^2}{2}} \qquad (-\infty<x<+\infty) \qquad \text{（式 5.7）}$$

标准正态分布的分布函数为：

$$\varphi(x)=\int_{-\infty}^{x}\varphi(t)\mathrm{d}t=\int_{-\infty}^{x}\frac{1}{\sqrt{2\pi}}\mathrm{e}^{-\frac{t^2}{2}}\mathrm{d}t \qquad \text{（式 5.8）}$$

要计算概率时，常常会用到正态分布表(附录一)。对于服从正态分布的变量$X$，需要先通过$Z=\frac{X-\mu}{\sigma}$将$X$转化为$Z$值后，才能查表。利用正态分布表，我们可以进行如下的计算：

### (一)由$Z$值求$P$值

**【例 5.1】**已知$X\sim N(50,100)$，求$P(X<75)$和$P(60\leqslant X\leqslant 70)$。

解：根据$Z=\frac{X-\mu}{\sigma}\sim N(0,1)$，由$X\sim N(50,100)$，可得：

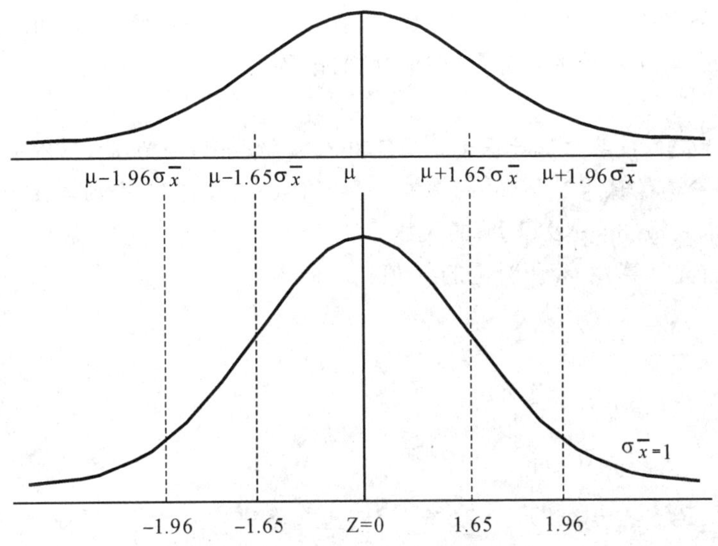


**图 5-8　标准正态分布的线性转换**

$$Z=\frac{X-50}{10}\sim N(0,1)$$

(1)当 $X=75$ 时，$Z=\frac{75-50}{10}=2.5$，由附录 1 正态分布表可得[①]：

$$P(Z<2.5)=0.9938$$

(2)同理，当 $X=60$ 时，$Z=\frac{60-50}{10}=1$

当 $X=70$ 时，$Z=\frac{70-50}{10}=2$

由正态分布表可得：

$$P(Z\leqslant 1)=0.8413$$
$$P(Z\leqslant 2)=0.9772$$

所以：$P(1\leqslant Z\leqslant 2)=0.9772-0.8413=0.1359$

某项测验分数的总体分布为正态分布，我们可以将分数转化为标准 $Z$ 分数，根据正态分布表估算各种不同的分数区间对应的面积，进而确定相应分数区

① 查询标准正态分布表时，注意分布表附带的正态分布图，该图表明 $P$ 值的累积方法。本书附录 1 的标准正态分布表上方的正态分布图表明，$P$ 值是从 $Z$ 值的左边尾部开始累积直到 $Z=X$ 结束，即 $P(Z\leqslant X)$。

间内的人数比例。当然也可以把原始分数转换成 $Z$ 分数后，查 $P$ 值，从而知道得该分数的学生所处的百分点，即他/她的排名。

**【例 5.2】**假设某次统计课考试共 100 人参加，平均分为 70，标准差为 15，分数呈正态分布。试求及格(60 分及以上)的人数，以及得 85 分的学生的排名。

(1)求及格(60 分及以上)的人数

解：首先计算 60 分所对应的 $Z$ 值：

$$Z=\frac{X-\mu}{\sigma}=\frac{60-70}{15}=-0.67$$

根据正态分布表查得：

$$P(Z\leqslant 0.67)=0.7486$$

所以：$P(Z\geqslant -0.67)=0.7486$①

即 60 分及以上学生所占的概率是 0.7486，又已知总人数为 100，故及格以上的人数为：

$$n=100\times 0.7486\approx 75(\text{人})$$

所以这次考试及格的人数为 75 人。

(2)得 85 分的学生的排名

解：首先计算 85 分所对应的 $Z$ 值：

$$Z=\frac{X-\mu}{\sigma}=\frac{85-70}{15}=1$$

根据正态分布表查得：

$$P(Z\leqslant 1)=0.8413$$

所以得 85 分的学生所处的百分数点为 84.13%，在参与考试人中，有 84.13%的学生比这名学生成绩差，只有 15.87%的学生比这名学生成绩好。所以这名得 85 分的学生排名是第 16。

(二)由 $P$ 值求 $Z$ 值

**【例 5.3】**正态分布概率为 0.05 时(从左边尾部累积)，求标准正态累积分布

---

① 标准正态分布表未给出 $Z$ 为负值时的 $P$ 值，但由于正态分布是完全左右对称的分布，所以当 $Z$ 为负值时，可通过查寻 $|Z|$ 的 $P$ 来推测 $Z$ 的 $P$ 值。例 5.2 中，由于正态分布是完全左右对称，所以 $P(Z\leqslant 0.67)$ 与 $P(Z\geqslant -0.67)$ 的面积完全一样。

函数的反函数值 $Z$。

解：题目中 $P=0.05$，由于正态分布表只列出 $Z$ 为正值的 $P$ 值，我们可以通过正态分布曲线的对称性，得到 $p'=0.95$，查找到其对应的 $z'$ 值为 1.645。即例题中 $p=0.05$ 正态分布函数的反函数值 $Z=-1.645$。

在选拔性考试或竞赛中，考试成绩服从正态分布，可以利用正态曲线下的面积 $P$，根据录取比例估计录取分数线。

**【例 5.4】**某次公务员考试参加人数是 600，成绩服从正态分布，平均成绩是 65 分，标准差是 15 分。如果计划选取 120 人进入复试，那么进入复试的分数线应是多少？

解：600 人参加考试，120 人进入复试，所以进入复试的比例为 0.20。因为进入复试的应是高分者，所以这里的 $P$ 值应是从正态分布的右边尾部开始计算的面积，由此可知从左边尾部开始计算的面积 $P'=1-0.20=0.80$。查找正态分布表，可得对应的 $Z$ 值为 0.84，也就是分数线应在高于平均分 0.84 个标准差的位置。根据 $Z$ 值的计算公式，可得：

$$X=\mu+Z\times\sigma=65+0.84\times15=77.6$$

所以，在此次公务员选拔考试中，进入复试的分数线为 77.6 分。

# 第四节　由正态分布导出的几个重要分布

## 一、$\chi^2$ 分布

卡方分布由阿贝(Abbe)于 1863 年首先给出，后来由海尔墨特(Hermert)和卡·皮尔逊((K.Pearson)分别于 1875 年和 1900 年推导出来。卡方分布是一种偏正态分布，自由度不同，分布曲线的偏斜程度也不同。卡方分布的统计量用希腊字母 $\chi^2$ 表示。

卡方分布的定义如下：设随机变量 $X_1, X_2, \cdots, X_n$ 相互独立，且 $X_i(i=1, 2, \cdots, n)$ 服从正态分布 $N(0,1)$，则它们的平方和 $\sum_{i=1}^{n} x_i^2$ 服从自由度为 $n$ 的 $\chi^2$ 分布，记为 $\chi\sim\chi^2(n)$。

卡方分布曲线如图5-9所示。卡方分布曲线下的总面积为1，随着自由度的增加，$\chi^2$分布的概率密度曲线趋于对称。当$n$趋于正无穷时，$\chi^2$分布的极限分布是正态分布。

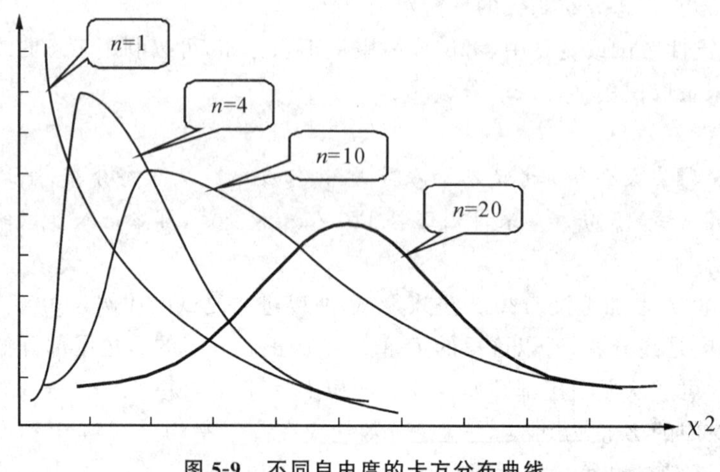


**图5-9　不同自由度的卡方分布曲线**

结合上图卡方分布的密度函数曲线，卡方分布有如下特点：

(1)分布的变量值始终为正。

(2)分布的形状取决于其自由度$n$的大小，通常为不对称的右偏分布，但随着自由度的增大逐渐趋于对称。

(3)期望值为：$E(\chi^2)=n$，方差为：$D(\chi^2)=2n$（$n$为自由度）。

(4)可加性：若$U$和$V$为两个独立的$\chi^2$分布随机变量，$U\sim\chi^2(n_1)$，$V\sim\chi^2(n_2)$，则$U+V$这一随机变量服从自由度为$n_1+n_2$的$\chi^2$分布。

$\chi^2$分布用于统计分析中的计数数据的假设检验以及样本方差与总体方差之间是否有显著差异的检验。

## 二、t分布

当样本较小（$n<30$）的时候，正态分布就不能准确地描述变量的分布，这时常用到t分布。t分布也称为学生氏分布，由一位名叫威廉·高斯特（William Gosset）的年轻生物学家于1908年提出。高斯特当时在Guinness Brewing酿酒厂工作，他的第一个研究是分析用来酿造啤酒的一类酵母。因为研究的类型所限，他无法得到大的样本。为了解决这个统计问题，高斯特发展了一类新的抽样分布，用来描述小样本均值的分布。在当时，Guinness Brewing公司禁止员工发

表研究成果,为了绕过这个规定,高斯特用笔名“Student”发表研究成果。高斯特对统计的重要贡献就是给出小样本的抽样分布。t 分布的定义如下:

$$t=\frac{X-\mu}{S/\sqrt{n}} \quad \text{(式 5.9)}$$

这样的分布称为 t 分布,记为 $t(n)$,其中 $n$ 为自由度。

t 分布是对两个样本的均值差异进行显著性检验的基础,对于小样本($n<30$ 以下)的情况尤为适用,这一部分我们将在下一章抽样分布中具体介绍。可以看到,t 分布是类似正态分布的一种对称分布,但 t 分布的方差要大于正态分布的方差,与正态分布相比,t 分布的中间要低平一些,如图 5-10 所示。样本越小,分布的方差就越大,其中间也就越低,两尾端就翘得越高。随着样本量的增加,t 分布的方差逐渐变小,当样本容量大到一定程度时,t 分布的方差逐渐趋于 1,这时 t 分布与正态分布就没有什么区别了。因此,t 分布依赖于自由度的大小,随着自由度的增大,t 分布也逐渐趋于正态分布。

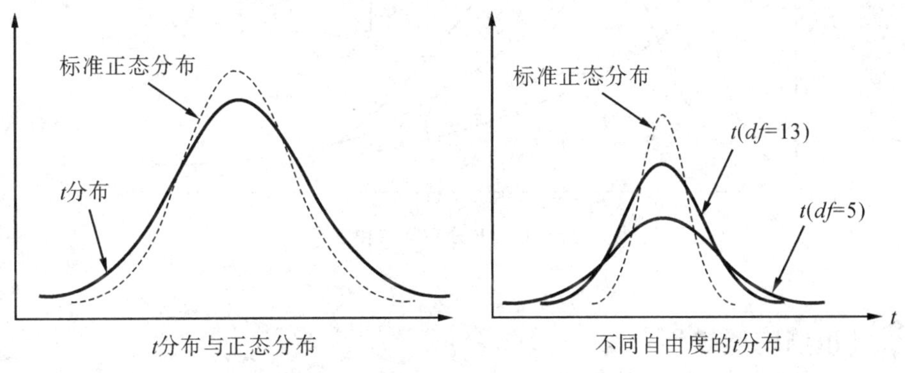


**图 5-10　t 分布、正态分布与自由度**

## 三、F 分布

F 分布是为了纪念统计学家费希尔(R.A.Fisher),F 是其姓氏的第一个字母。F 分布有较广泛的应用,如在方差分析、回归方程的显著性检验中都有着重要的地位。F 分布的定义如下:

若 $U$ 为服从自由度为 $n_1$ 的 $\chi^2$ 分布,即 $U\sim\chi^2(n_1)$,$V$ 为服从自由度为 $n_2$ 的 $\chi^2$ 分布,即 $V\sim\chi^2(n_2)$,且 $U$ 和 $V$ 相互独立,则

$$F=\frac{U}{V}=\frac{\chi^2(n_1)}{\chi^2(n_2)} \qquad \text{（式 5.10）}$$

称 $F$ 为服从自由度 $n_1$ 和 $n_2$ 的 $F$ 分布，记为 $F \sim F(n_1, n_2)$。

下图展示了 F 分布曲线与自由度的关系，你从中发现了什么？

可见，F 分布是一种非对称分布，它有两个自由度，且位置不可互换。F 分布与 t 分布还存在着以下关系：

如果随机变量 $x$ 服从 $t(n)$ 分布，则 $x^2$ 服从 $F(1,n)$ 的 $F$ 分布。这个性质将用于回归分析的回归系数显著性检验。

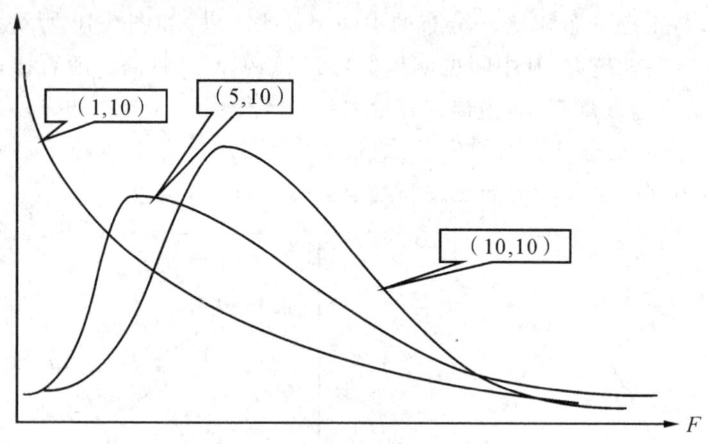


**图 5-11 F 分布与自由度**

## 【小结与要点】

(1) $\chi^2$ 分布、t 分布和 F 分布是由正态分布导出的分布，这三个分布都与正态分布有或近或远的“亲缘”关系：$\sum_{i=1}^{n} x_i{}^2=\chi^2$；$F(n_1, n_2)=\chi^2(n_1)/\chi^2(n_2)$；而 t 分布用于小样本的分布，类似正态分布。

(2) $\chi^2$ 分布、t 分布和 F 分布最重要的参数都是自由度，它决定其分布的形状，自由度越大时，越接近正态分布。

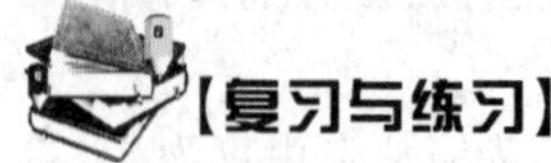

## 【复习与练习】

思　考：

1.频率与概率是什么关系？

2.二项分布有什么特征？

3.正态分布曲线及其基本特征有哪些?

4.由正态分布导出的其他分布有哪些,它们之间的关系是什么,它们最重要的参数是什么?

**牛刀小试:**

1.在有关媒介使用的一项调查中,如果某市受众用微信的平均时间 $X$ 近似地服从均值 $\mu=60$ 分钟,标准差 $\sigma=7$ 分钟的正态分布,那么该市受众中每天使用微信平均时间超过 74 分的概率是多少?

2.根据多年来的高考资料,发现考生完成数学试题所需要的时间是近似地服从正态分布的,其均值为 90 分钟,标准差为 15 分钟,问:

(1)考生在 2 小时之内完成考试的比例是多少?

(2)在允许 95%的考生有足够时间来完成考试的前提下,考试应规定在多少分钟内结束比较合适?

3.在对某专业学生进行广告态度调查时,该专业的男生占 42%,女生占 58%。抽取一个 $n=100$ 的随机样本,问样本中正好有 50 名女生、50 名男生的概率是多少?

# 第六章 样本统计量的概率分布

**本章学习重点：**

- 了解统计量及其分布的含义
- 理解并灵活运用样本均值的分布
- 掌握其他统计量的分布

新闻传播学研究常常想了解某个总体的特征，而不是少数人组成的样本的特征，但是又几乎都要从观察样本开始。例如，我们想了解在校大学生群体的媒介素养现状。从理论上讲，我们要对全国所有的在校大学生进行测量，但这很难实现。因此，我们需要从总体中选取一部分个体组成“有代表性”的样本，然后对样本进行观测和研究，再将观测结果推论到总体，进而估计总体的参数，推断总体的特征和规律。这就涉及我们在本章和下一章所介绍的统计学知识——抽样分布和参数估计。

## 第一节　样本统计量及其分布

用样本资料去推断总体特征，关键的问题是保证样本的代表性。在介绍抽样分布之前，我们再复习一下两个概念——参数和统计量。

总体的描述性特征量叫做参数（parameter），总体参数通常用希腊字母表示。常见的参数包括：总体均值（$\mu$）、标准差（$\sigma$）、总体比例（$\pi$）；两个总体参数：（$\mu_1-\mu_2$）、（$\pi_1-\pi_2$）、（$\sigma_1^2/\sigma_2^2$）。从理论上讲，总体参数是在对总体所有个案进行观测后得到的，所以它是一个确定的量。但通常我们只能对样本中的个案进行观测，所以得到的特征量多半都是样本统计量（statistic）。样本统计量通常用小写英文字母来表示，如样本均值（$\bar{x}$）、样本标准差（$s$）、样本比例（$p$）；两个统计量如（$\bar{x}_1-\bar{x}_2$）、（$p_1-p_2$）、（${s_1}^2/{s_2}^2$）等。由于抽样本身带有随机性，所以如果我们不断地重复进行抽样，每一次得到的样本都可能是不一样的；每一次抽样之后对样本进行观测，就可能得到不同的样本统计量。由此可见，样本统计量是个变动的值。

用字母 $X$ 代表某一统计量，抽样分布就是指 $X$ 的概率分布，即样本统计量的概率分布。具体来说，如果从容量为 $N$ 的总体中，每次抽取容量为 $n$ 的样本，可以计算其统计量 $X$。每次抽取样本时，抽到的个案不一定相同，计算出来的统计量 $X$ 也不尽相同，如此一直进行下去，直到穷尽所有可能的容量为 $n$ 的样本，就可以得到很多甚至是无数个统计量 $X$。从理论上讲，如果是不放回的抽样，可得到 $C_N^n$ 个统计量 $X$，如果是放回抽样则可得到更多个 $X$。当得到了很多个样本统计量后，就可以将这些统计量集中在一起构成一个新的数据总体，这个新的数据总体也具有自己的概率分布，这个概率分布就是我们所说的抽样分布。

抽样分布的形态因统计量的不同而不同，最常遇到的抽样分布形态有正态分布、t 分布、F 分布、$\chi^2$ 分布，其基本特征我们已在上一章中提及。

**【你知道吗】**

抽样分布的研究对象为样本容量相同的所有可能样本，一般的概率分布所研究的是个体。总体的描述性特征量叫做参数(parameter)，通常用希腊字母表示，如 $\mu$、$\sigma$、$\pi$；样本统计量(statistic)是对样本的描述，通常用小写英文字母来表示，如 $\overline{x}$、$s$、$p$。

# 第二节 样本平均数的抽样分布

假如有一个变量的总体，我们从中随机抽取一个含有 $n$ 个观测值的样本(记作 $S_1$)，计算出样本平均数，记作 $\overline{x}_1$，然后把所抽取的个案再放回总体。按照相同的方法，再抽取样本 $S_2$，得到样本平均数 $\overline{x}_2$，……，不断重复地进行这样的抽样和计算，就可以得到无数个容量为 $n$ 的样本及其平均数，将这些样本平均数统一记作 $\overline{x}_i$，它们组成新的数据整体，即样本平均数的抽样分布。那么这个抽样分布的形态如何，其数据特征又会怎样呢？

## 一、样本平均数抽样分布的特征

统计学的研究表明，一个抽样分布的形态主要受三个因素的影响：总体的分布形态(是否为正态分布)、样本容量 $n$ 的大小(大样本或小样本)、要计算的统计量类型(平均数、方差等)。这三个因素中的任何一个发生改变,抽样分布的形态就会随之变化。我们首先通过下面简单的例子大致了解样本平均数的抽样分布。

**【例 6.1】**设一个总体含有 4 个个体,分别为 $x_1=1, x_2=2, x_3=3, x_4=4$。如果从总体中抽取两个样本(有放回的抽样),那么总体的平均数和方差是多少?样本均值所构成的总体的平均数、方差各又是多少?各自的分布有什么特点?

解:首先我们可直接利用公式求出总体的平均数和方差:

$$\mu = \frac{\sum_{i=1}^{N} x_i}{N} = 2.5$$

$$\sigma^2 = \frac{\sum_{i=1}^{N} (x_i - \mu)^2}{N} = 1.25$$

现从总体中抽取 $n=2$ 的简单随机样本,在重复抽样条件下,共有 $4^2=16$ 个样本。所有样本的结果为:

**表 6-1 可能的样本组合**

| 所有可能的 $n=2$ 的样本(共 16 个) | | | | |
|---|---|---|---|---|
| 第一个观察值 | 第二个观测值 | | | |
| | 1 | 2 | 3 | 4 |
| 1 | 1,1 | 1,2 | 1,3 | 1,4 |
| 2 | 2,1 | 2,2 | 2,3 | 2,4 |
| 3 | 3,1 | 3,2 | 3,3 | 3,4 |
| 4 | 4,1 | 4,2 | 4,3 | 4,4 |

接下来计算出各样本的均值,如表 6-2,基于样本均值计算出新的总体的平均数和方差:

**表 6-2 样本均值**

| 16 个样本的均值($\bar{x}$) | | | | |
|---|---|---|---|---|
| 第一个观察值 | 第二个观测值 | | | |
| | 1 | 2 | 3 | 4 |
| 1 | 1.0 | 1.5 | 2.0 | 2.5 |
| 2 | 1.5 | 2.0 | 2.5 | 3.0 |
| 3 | 2.0 | 2.5 | 3.0 | 3.5 |
| 4 | 2.5 | 3.0 | 3.5 | 4.0 |

基于以上计算，总体的平均数 $\mu=2.5$，方差 $\sigma^2=1.25$；样本均值所形成的总体的平均数 $\mu_{\bar{x}}=2.5$，方差 $\sigma_{\bar{x}}^2=0.625$。

图 6-2 表示了 $\bar{x}$ 的抽样分布，图 6-1 表示的是产生这些样本的总体 $x$ 的分布(由于纵轴用的是概率而不是概率分布密度，因此图形的总面积不等于 1)。

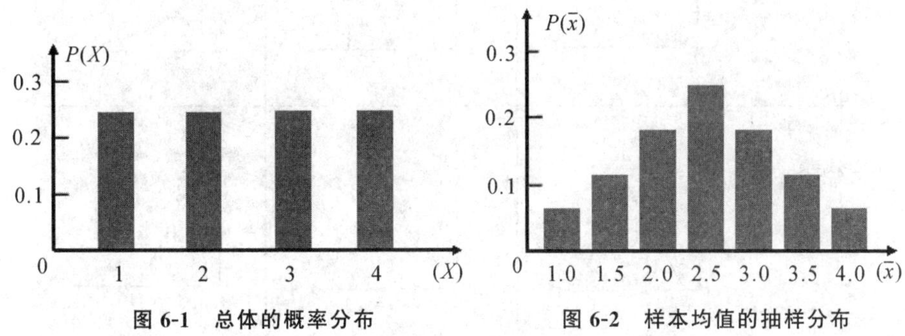


**图 6-1　总体的概率分布**　　**图 6-2　样本均值的抽样分布**

分别比较上例题中的总体分布和样本均值分布的平均数及方差，你发现了什么？

从图 6-2 的抽样分布中，我们看到样本均值 $\bar{x}$ 有时大于总体均值($\mu=2.5$)，有时小于总体均值，但平均来说 $\bar{x}$ 是趋向于该目标的，样本 $\bar{x}$ 的期望值(平均值)正好等于总体的平均值。我们还看到，原总体的方差为 1.25，而样本均值的方差为 0.625，是总体方差的二分之一，也就是样本均值的波动仅是总体内个体波动的二分之一。

为什么样本均值 $\bar{x}$ 的波动小于个别观察值 $x$ 的波动呢？这是因为取了平均数的结果。假设我们从传播班全体男生中随机抽取 4 名学生测量身高，我们很有可能抽取到一个身高 $x=185$ cm 的特别高(极端值)个体，但是我们却不太可能抽取到平均身高 $\bar{x}=185$ cm 的 4 人样本。因为样本中任何一个 185 cm 的身高可能被另一个较矮的身高抵消(取平均后)。可以想象，对于更大的样本，经过取平均后，$\bar{x}$ 围绕总体均值的波动范围可能会更大，而出现极端数值的可能性更小。所以，样本容量越大，$\bar{x}$ 的标准误差就越小，分布的形状越集中，$\bar{x}$ 对总体 $\mu$ 的估计就更可靠。样本均值的抽样分布有以下特征：

在样本均值的抽样分布中，分布的中心还是原总体的中心 $\mu$，即 $\mu_{\bar{x}}=\mu$；抽样分布的方差与原总体的方差之间的关系为 $\sigma_{\bar{X}}^2=\dfrac{\sigma^2}{n}$；当总体为正态分布时，其样本均值的抽样分布也是正态分布；即使总体分布为非正态分布，随着样本量的增加，样本均值的抽样分布也会近似地变为对称和正态。图 6-3 展示了随着样本量的增加,样本均值分布趋向正态分布的过程。

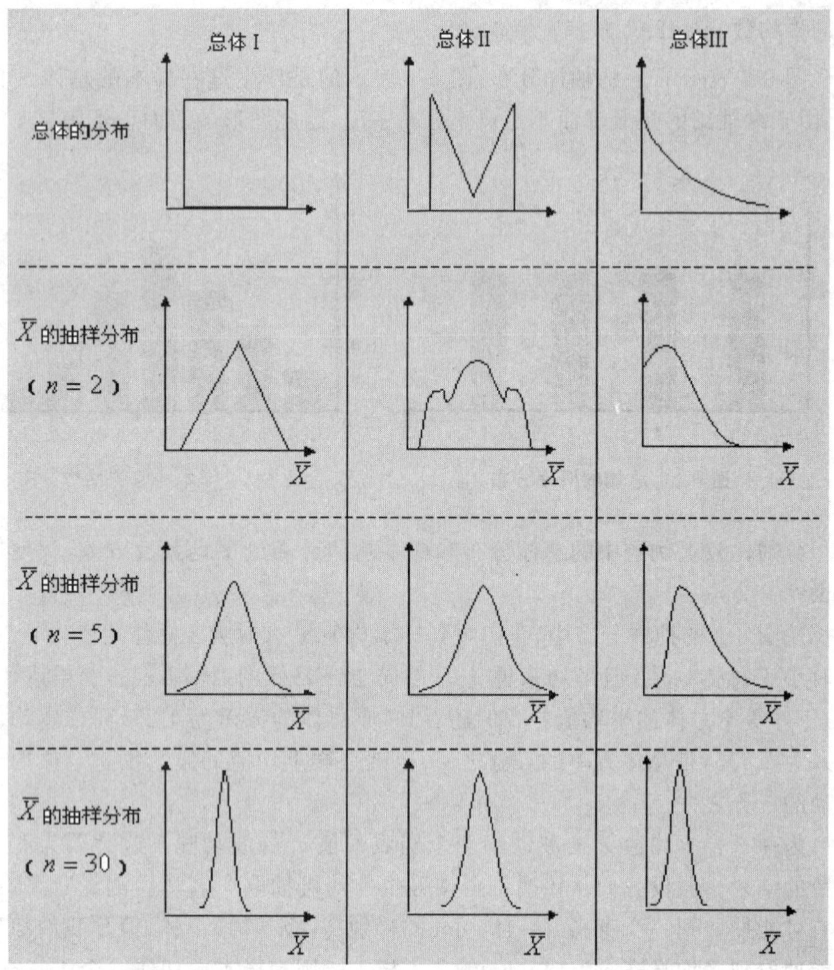


**图 6-3　样本均值分布趋于正态分布的过程**

## 二、中心极限定理

在统计学中,以上样本均值的抽样分布特征用一个最重要的定理——中心极限定理来概述。

中心极限定理(central limit theorem):设从均值为 $\mu$、方差为 $\sigma^2$(有限)的任意一个总体中抽取样本量为 $n$ 的样本,当 $n$ 充分大时,样本均值 $\bar{x}$ 的抽样分布近似服从均值为$\mu$，方差为$\frac{\sigma^2}{n}$的正态分布。

中心极限定理依据具体情况，可以表现为以下几种情形：

(1)当总体服从正态分布$N(\mu,\sigma^2)$时，来自该总体的容量为$n$的所有样本的均值$\bar{x}$也服从正态分布，$\bar{x}$的期望值为$\mu$，方差为$\frac{\sigma^2}{n}$。即$\bar{x}\sim N(\mu,\frac{\sigma^2}{n})$。

(2)总体服从正态分布$N(\mu,\sigma^2)$，当方差$\sigma^2$未知时，有两种情况：

a)对于大样本($n\geqslant 30$)，抽样分布为正态分布；

b)对于小样本($n<30$)，抽样分布为t分布。t分布的自由度为$n-1$；$\bar{x}$的期望值为$\mu$，方差为$\frac{s^2}{n}$。

(3)从均值为$\mu$，方差为$\sigma^2$的一个任意总体中抽取容量为$n$的样本，当$n$充分大时(通常$n\geqslant 30$)，样本均值的抽样分布近似服从均值为$\mu$、方差为$\frac{\sigma^2}{n}$的正态分布。

## 三、中心极限定理的应用案例

中心极限定理是统计学中最重要的定理之一，是推理统计的基础，它不但指导抽样设计，而且接下来的参数估计、假设检验以及其他统计分析方法都需要依据中心极限定理。在本节中先举几个例子让我们感受一下中心极限定理的威力。

**【例6.2】**已知某次全区数学高考成绩服从正态分布，总体平均分为70，标准差为10。现从全区考生中抽取一个容量为25的随机样本，试估计这一样本的平均分介于68～72的可能性有多大。

解：因为成绩总体呈正态分布，且总体标准差已知，根据中心极限定理第(1)情形，可知样本平均数的抽样分布符合正态分布。由此可得：

$$\mu_{\bar{x}}=\mu=70$$

$$\sigma_{\bar{x}}=\frac{\sigma}{\sqrt{n}}=\frac{10}{\sqrt{25}}=2$$

当$\bar{x}=68$时，$Z=\frac{\bar{x}-\mu}{\sigma_{\bar{x}}}=\frac{68-70}{2}=-1$

当$\bar{x}=72$时，$Z=\frac{\bar{x}-\mu}{\sigma_{\bar{x}}}=\frac{72-70}{2}=1$

所以样本平均数在 68～72 之间，即样本均值的抽样分布中 Z 取值为－1～1，由正态分布表可得：

$$P(-1 \leqslant Z \leqslant 1)=0.683$$

即所抽取的样本平均分介于 68～72 之间的概率为 68.3％。

**【例 6.3】**已知某次全区数学高考成绩服从正态分布，总体平均分为 70。现从全区考生中抽取一个容量为 25 的随机样本，样本标准差为 10，试估计这一样本的平均分介于 68～72 之间的可能性有多大。

解：与上一例题相比，此题的总体方差未知，所以我们要用中心极限定理的第(2)种情形作答。

因为成绩总体为正态分布，总体方差未知，$n=25 \leqslant 30$ 为小样本，根据中心极限定理第(2)种情形可知，样本平均分服从 t 分布。

$$\mu_{\bar{x}}=\mu=70$$

$$\sigma_{\bar{x}}=\frac{s}{\sqrt{n}}=\frac{10}{\sqrt{25}}=2$$

当 $\bar{x}=68$ 时，$t=\dfrac{\bar{x}-\mu}{\sigma_{\bar{x}}}=\dfrac{68-70}{2}=-1$

当 $\bar{x}=72$ 时，$t=\dfrac{\bar{x}-\mu}{\sigma_{\bar{x}}}=\dfrac{72-70}{2}=1$

可以利用 Excel 提供的统计函数 T.DIST，来求出 $-1 \leqslant t \leqslant 1$ 区间面积占总体面积的概率。具体操作为：在 Excel 中打开【插入函数】的菜单，在【或选择类别】一栏中选择【统计】选项，而在【选择函数】一栏中选择【T.DIST】选项，如图 6-4 所示。然后按【确定】键，弹出了图 6-5 所示窗口。在【X】一栏中输入“1”，在【Deg-freedom】一栏中输入自由度“24”，在【Cumulative】一栏中输入“true”指令，让 Excel 软件输出累积分布函数值。当 $t=1$ 时，累积分布函数值 $p_1$ 如图 6-5 左下方所示的计算结果，等于”0.836356559“，四舍五入，保留四位小数点，$p_1=0.8364$。因为 t 分布是左右对称的分布，因而，当 $t=-1$ 时，累积分布函数值 $p_2=1-p_1=1-0.8364=0.1636$。则 $-1 \leqslant t \leqslant 1$ 区间面积所占概率 $\triangle p=p_1-p_2=0.8364-0.1636=0.6728$。也就是说所抽取样本平均分介于 68～72 的可能性为 67.28％。

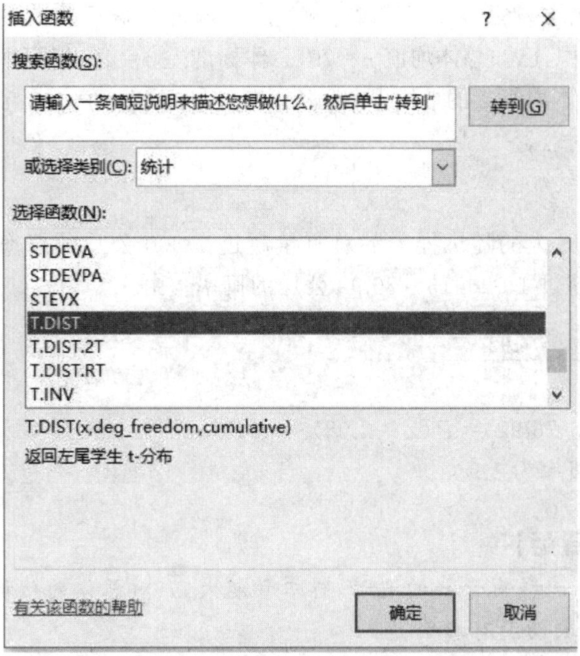

插入函数 ? ×

搜索函数(S):

请输入一条简短说明来描述您想做什么，然后单击"转到" 转到(G)

或选择类别(C): 统计

选择函数(N):

STDEVA
STDEVPA
STEYX
T.DIST
T.DIST.2T
T.DIST.RT
T.INV

T.DIST(x,deg_freedom,cumulative)

返回左尾学生 t-分布

有关该函数的帮助 确定 取消

图 6-4　Excel 软件中打开【插入函数】菜单所弹出的窗口

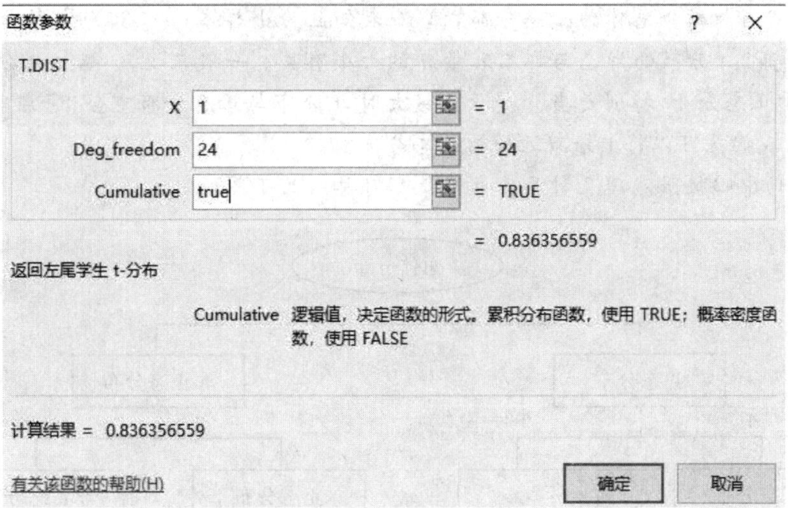

函数参数 ? ×

T.DIST

X 1 = 1

Deg_freedom 24 = 24

Cumulative true = TRUE

= 0.836356559

返回左尾学生 t-分布

Cumulative 逻辑值，决定函数的形式。累积分布函数，使用 TRUE；概率密度函数，使用 FALSE

计算结果 = 0.836356559

有关该函数的帮助(H) 确定 取消

图 6-5　Excel 软件中【统计】函数的窗口

**【例 6.4】**一架电梯是按极限负重为 1 000 公斤设计的，声称可容纳 13 人。假定电梯的所有乘客重量的平均值为 70 公斤，标准差为 12 公斤。那么一个 13

人的随机样本的重量总计超过负重极限 1 000 公斤的概率是多少？

解：在此题中，已知总体均值 $\mu=70$，总体标准差 $\sigma=12$，根据中心极限定理第(1)情形，可知样本均值 $\bar{x}$ 的抽样分布服从正态分布，所以均值：$\mu_{\bar{x}}=\mu=70$，标准差：

$$\sigma_{\bar{x}}=\frac{\sigma}{\sqrt{n}}=\frac{12}{\sqrt{13}}=3.33$$

此题要求 13 人的随机样本的总重量超过 1 000 公斤的概率，也就是求 13 人的平均重量超过 1 000/13=76.92 公斤的概率。由

$$Z=\frac{\bar{x}-\mu}{\sigma_{\bar{x}}}=\frac{76.92-70}{3.33}=2.08$$

可得 $P(\bar{x}>76.92)=P(Z>2.08)\approx0.019$

即超重的概率为 1.9%。

## 【小结与要点】

(1)样本量 $n$ 影响着 $\bar{x}$ 的波动，样本量越大，$\bar{x}$ 对总体的估计越可靠；但总体数 $N$ 对 $\bar{x}$ 的波动没有影响。

(2)样本统计量的标准差反映了样本统计量之间的差异性，统计学将其叫做“标准误差”，简称为“标准误”(Standard Error，缩写为 SE)。

(3)当原数据总体为正态分布，但 $\sigma^2$ 未知且为小样本($n<30$)时，抽样分布为 t 分布。t 分布的形态与样本容量 $n$ 的大小有关。一般来说，$n$ 越大，t 分布越接近于正态分布，特别是当 $n$ 趋于无穷大时，t 分布与正态分布重合，通常当 $n\geqslant30$ 时，我们就可以将 t 分布近似为正态分布。

(4)中心极限定理几种具体表现情形可总结为下图：

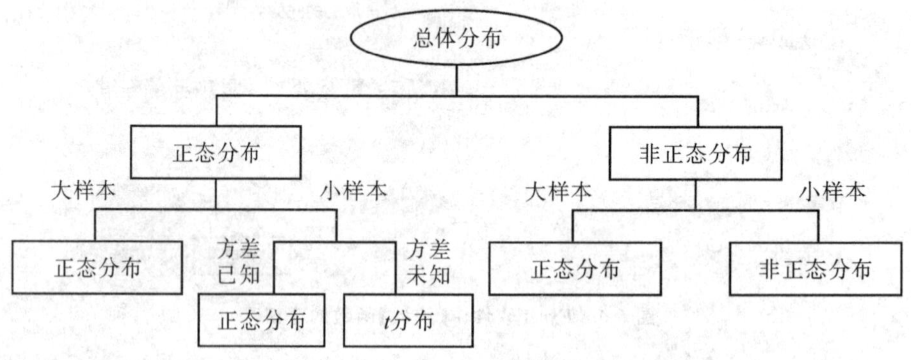


图 6-6　中心极限定理图示

# 第三节　样本比例的抽样分布

在实际应用中，我们不但常常需要估计某种总体指标的均值 $\mu$，还常常需要估计总体关于某种特性的比例 $\pi$，如对某一位学生会主席候选人的支持比例、某地区使用互联网的比例、我国青年育龄夫妇总体中赞成"只生一个孩子"政策的比例等。为了计算估计的准确度和可靠度，我们常常需要研究样本比例 $P$ 这个统计量的抽样分布。

假如我们在消费调查中，需要研究目标消费者对某一产品的喜好情况。假定总体中对该产品的喜好比例为 $\pi$，从总体中随机抽取 $n$ 个个体进行调查，喜好这一产品的人数为 $x$，那么样本比例可表示为：

$$\hat{p}=\frac{x}{n} \qquad \text{（式 6.1）}$$

根据二项分布的原理，当 $n$ 充分大时（一般 $n\hat{p}\geqslant5$ 或 $n\hat{p}\geqslant10$，并且 $n(1-\hat{p})\geqslant5$ 或 $n(1-\hat{p})\geqslant10$），$\hat{p}$ 的分布可用正态分布去逼近。此时，$\hat{p}$ 服从均值为 $\pi$、方差为 $\frac{\pi(1-\pi)}{n}$ 的正态分布，即

$$\hat{p}\sim N\left(\pi,\frac{\pi(1-\pi)}{n}\right) \qquad \text{（式 6.2）}$$

有些书将样本比例的抽样分布特征称为比例的正态近似定理：在容量为 $n$ 的简单随机样本中，样本比例 $\hat{p}$ 在 $\sqrt{\frac{\pi(1-\pi)}{n}}$ 的标准误差范围内围绕着总体比例 $\pi$ 上下波动。随着 $n$ 的增加，$\hat{p}$ 的分布围绕着其目标 $\pi$ 波动得越来越小，它也就越来越接近正态分布。

**【例 6.5】**在某次消费者调查中，有 60% 的消费者表示喜好该产品，有 40% 不喜好或不表示意见。现随机抽取 100 位消费者进行调查，喜好该产品的人数大于 50 的概率是多少？

解：此题要求喜好该产品的人数大于 50 的概率，也就是求样本中喜好该产品的比例大于 50% 的概率。

根据样本比例的正态近似定理本例 $n\hat{p}$ 和 $n(1-\hat{p})$ 都 $\geqslant5$，可知样本比例 $\hat{p}$ 近似服从均值为 $\pi=0.6$、方差为 $\frac{\pi(1-\pi)}{n}=\frac{0.6\times0.4}{100}=0.0024$ 的正态分布。

当 $\hat{p}=0.5$ 时，$Z=\dfrac{0.5-0.6}{\sqrt{0.0024}}=-2.04$

所以，$P(\hat{p}>0.5)=P(Z>-2.04)=3.07\%$

即样本中喜好该产品的比例大于 50% 的概率是 3.07%。

## 【小结与要点】

(1)样本均值 $\bar{x}$ 的抽样分布围绕其目标 $\mu$ 以标准误差 $SE=\dfrac{\sigma}{\sqrt{n}}$ 近似正态地波动；样本比例 $\hat{p}$ 也可以用关于 $\bar{x}$ 的一般结论来处理，只要把比例看成某种 0～1 变量的均值就可以了。因此 $\hat{p}$ 围绕其目标 $\pi$（总体比例）以标准误差 $\sqrt{\dfrac{\pi(1-\pi)}{n}}$ 近似正态的波动。

(2)样本量 $n$ 越大，样本比例对总体比例的估计越可靠。那么什么时候 $n$ 为充分大呢？这与样本比例有关，当 $n\hat{p}\geqslant5$ 或 $n\hat{p}\geqslant10$ 并且 $n(1-\hat{p})\geqslant5$ 或 $n(1-\hat{p})\geqslant10$ 时，样本比例 $\hat{p}$ 的分布可用正态分布去逼近。

## 【复习与练习】

思　考：

1.什么是统计量？为什么要引进统计量概念？

2.什么是抽样分布？

3.简述中心极限定理的意义。

**牛刀小试：**

1.在大学生媒介使用调查中，某大学同学每天平均上网时间为 2.5 小时，标准差为 50 分钟。

(1)每天上网时间在 2 小时至 3 小时的同学所占比例大概有多少？

(2)如果随机抽取 100 名同学调查，这 100 名同学的平均上网时间在 2 小时至 3 小时的可能性有多大？

2.统计学课程学期成绩考核结果显示，“优”类学生占 25%，“良”类占 45%，及格占 25%，另有 5% 未及格。随机抽取 30 人，其中得“优”的人数超过 10 人的概率有多大？

3.假定飞机乘客的体重总体平均值为 60 公斤，标准差为 11 公斤。某飞机的载重量为 3 500 公斤，核定载重量为 55 位乘客。

(1)载有 55 位乘客的飞机超重的机会是多少？

(2)如果将超重的概率减小到千分之一，载重量应该是多少？

# 第七章 参数估计

**本章学习重点：**

- 了解参数估计的基本原理
- 掌握总体平均数的区间估计
- 掌握总体比例的区间估计
- 掌握总体方差的区间估计
- 了解参数估计时，样本容量与估计精确度之间的关系

从样本统计量估计或推断总体参数是统计推断的重要组成部分。

很多时候，我们无法知道某个总体的参数，或是无法知晓一个总体的参数与另一个或另几个总体的参数有无明显差异。这时，就可以采用随机抽样的方法，从总体中抽取一定容量的样本进行统计分析，然后用样本统计量对总体参数进行估计或推断。比如，我们想要了解厦门大学本科生平均每日上网时间，就可以按某种抽样方法抽取一定比例的学生对其进行调查，通过样本平均上网时间来估计整个厦门大学本科生的平均上网时间。本章讨论如何从样本平均数 $\overline{x}$ 和样本比例 $p$ 分别估计总体平均数 $\mu$ 和总体比例 $\pi$。

## 第一节　参数估计的基本原理

参数估计(parameter estimation)就是用样本统计量去估计总体的参数。在参数估计中，用来估计总体参数的统计量称为估计量(estimator)，比如样本平均数、中位数、标准差；根据一个具体的样本计算出来的估计量的数值称为估计值(estimated value)，用 $\hat{\theta}$ 表示；要估计的那个总体的参数称为待估参数，比如总体平均数、中位数、标准差等，用符号 $\theta$ 表示。如上例，假设我们要估计厦门大学本科生每日上网的平均时间，从中抽取一个随机样本，计算出样本平均时间为 120 分钟，那么

120 分钟就是用于估计总体参数的估计值($\hat{\theta}$)，全校的平均上网时间就是待估参数($\theta$)。所以，参数估计就是用计算出的样本统计量作为估计量$\hat{\theta}$去估计总体参数$\theta$。

参数估计有两种方法：点估计和区间估计。

## 一、点估计

当总体平均数或总体比例未知时，我们可以直接把样本平均数或样本比例当作它的估计值。由于样本统计量为数轴上的一个点，所以称为“点估计”(point estimate)。如上例中，我们用样本的平均上网时间直接作为全校本科生平均上网时间的估计值，预计总体平均值为 120 分钟，这就是点估计。再比如，我们要估计一个地区的互联网普及率，根据抽样结果得出普及率为 60%，将 60%作为总体普及率的估计值，这也是一个点估计。

一个理想的点估计至少应具备以下几个条件：

(1)无偏性。一般情况下，样本统计量不会和相应的总体参数完全相同，二者多少都会有一定的差距，有的估计量可能会对参数形成高估，有的估计量可能会对参数形成低估。比如计算全班女生的平均身高，抽出的随机样本的平均值可能是 157cm，也可能是 167cm，它们很可能不同于总体真值。但是如果用很多个样本进行很多次的估计，然后平均，则估计误差会在一定程度上相互抵消或被平均掉，平均估计误差将会等于 0，具有这一特征的统计量就是无偏估计量。

(2)一致性。样本容量越大，根据样本计算出的估计值越接近总体参数的真值。作为总体平均数的估计值，样本平均数就具有一致性。

(3)有效性。对于某一个待估参数来说，可能有不止一个无偏估计量。比如对于某总体均值($\mu$)来说，平均数($\bar{x}$)是一个无偏估计量，中位数($M_d$)也是一个无偏估计量，但是哪一个估计量更“好”呢？这就是估计量的有效性问题。统计学上认为，对于待估参数$\theta$的两个无偏估计量$\theta_1$和$\theta_2$，若这两个估计量的所有可能结果的方差$\sigma_1 < \sigma_2$，那么就称$\theta_1$是比$\theta_2$更有效的估计量。

(4)充分性。如果一个估计量充分地利用了样本提供的所有与待估参数有关的信息，那么该估计量就被称为是充分估计量。例如，样本平均数就是总体平均数的充分估计量，因为样本所有的观察值都要参加样本平均数的计算。相比之下，样本中位数就不是一个充分的估计量，因为它的计算过程中没有用到所有的观察值。

## 二、区间估计

点估计的优点就是计算简单、直接。但是点估计有个致命的缺陷，易受到样本变化的影响：每次抽取的样本不同，得出的统计量也就不同，因而它所提供的参数估计值也不同。由点估计得到的估计值与总体参数真值总是存在一定的偏差，这个偏差有多大却无法估计。如果能把抽样所带来的这种变异性考虑进去，围绕点估计值构造总体参数的一个区间，就可以对总体参数做出更可靠的估计。这就是实际应用中常采用的区间估计。

### （一）区间估计的定义

区间估计(interval estimate)就是以抽样分布原理为基础，根据样本资料为总体参数计算出一个可能的取值范围，然后指出总体参数处在该值域的可能性有多大，或者说我们做出这一估计的正确概率有多大。举个容易理解的例子，假定参数是射击靶上10环的位置，我们一次射击打在靶心10环的位置上的可能性很小，但是打在靶子上的可能性就很大，围绕打在靶子上的这个点画一个区间，这个区间包含靶心的可能性就很大，这就是区间估计的基本思想。

区间估计的区间通常由样本统计量加减估计误差得到。以总体均值的区间估计为例，样本均值 $\bar{x}$ 是已知的，而总体均值 $\mu$ 是将要估计的。由样本均值的抽样分布可知，当重复抽样或有无限个样本时，样本均值的数学期望值等于总体均值，即 $E(\bar{x})=\mu$，样本均值的标准误差为 $\sigma/\sqrt{n}$，样本均值 $\bar{x}$ 围绕其目标 $\mu$ 呈近似正态的分布。由图7-1可知，样本均值 $\bar{x}$ 落在数学期望值 $\mu$ 的两侧各为1.65个标准差范围内的概率为90%，或者说有90%个样本均值落在正负1.65个标准差之间；而落在 $\mu$ 两侧各为1.96个标准差范围内的概率为95%；落在 $\mu$ 两侧各为2.58个标准差范围内的概率为99%。

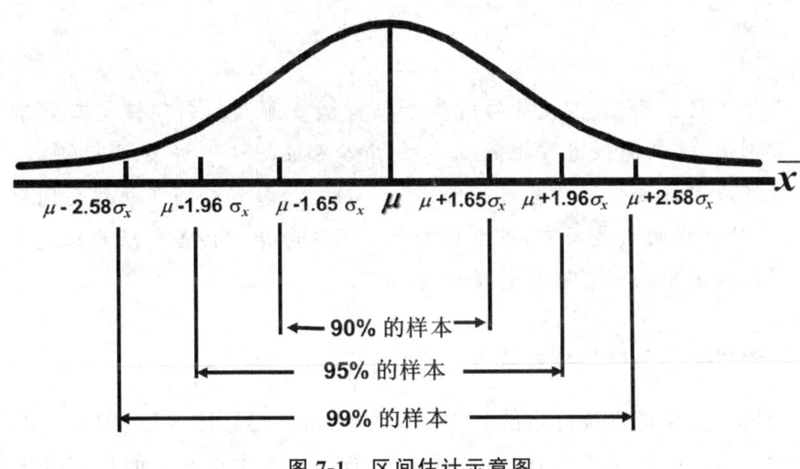


图 7-1　区间估计示意图

（二）置信水平

可见，区间估计给出的不是总体参数的一个单一估计量值，而是一个数值区间（$\hat{\theta}_1$，$\hat{\theta}_2$），这个区间被称为置信区间（confidence interval），$\hat{\theta}_1$ 称为置信区间下限，$\hat{\theta}_2$ 称为置信区间上限，如图 7-2 所示。

如果抽取了许多不同的样本，比如有 100 个样本，根据每一个样本构造一个置信区间，这样，100 个样本可以构造出 100 个总体参数的置信区间，这些置信区间中，有 95%的区间包含了总体参数的真值，而 5%没有包含。则 95%这个值称为置信水平，即置信区间中包含总体参数真值的次数占所有置信区间的比例称为置信水平（confidence level），也称为置信度或置信系数（confidence coefficient），表示为（$1-\alpha$）。其中，$\alpha$ 称为显著性水平，是总体参数未在区间内的比例，它是个小概率，一般取 0.01（即 1%）、0.05（即 5%）或是 0.1（即 10%）三种值，相应地，置信水平（$1-\alpha$）分别为 99%、95%和 90%。可见，置信区间应用了概率的中心概念：在重复抽样许多次的情况下，某事件发生的概率是多少。95%的置信水平中的 95%是概率，是这个方法所产生的区间抓到真正参数值的概率。

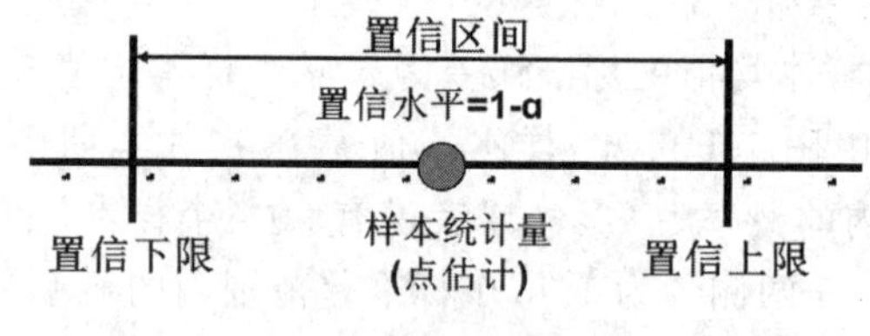


图 7-2　置信区间示意图

**【你知道吗】**

了解了置信区间，我们便能够对基于抽样调查所做的新闻报道有更清楚的认识。举例来说，新闻报道常把置信水平省略不报，如“根据某调查，有 70%的育龄女性赞成对计划生育政策进行修正”。实际上，抽样分布与总体之间存在着误差，如果从严谨的角度而言，报道应加上以下这句话：“误差界限为正或负 4 个百分点。”而报道中往往将这样的话语省略。

（三）如何提高参数估计的效率

区间估计是在样本统计量的基础上来估计相应的总体参数，因而我们所希望的当然是这一区间越小越好，而估计的正确概率越大越好。但是在其他条件一定时，要提高正确估计的概率（即提高置信水平），置信区间就不可避免地会变宽；而要使置信区间缩小，就会降低正确估计的概率。也就是说，置信水平越大，显著性水平越小（即估计时犯错误的概率越小，或者说总体参数不在置信区间的概率越小），需要的置信区间就越宽，这意味着估计的精确度就越小。当置信度为 100％时，置信区间涵盖了总体参数可能的全部取值范围，区间估计也就没有任何意义了。如果置信水平较低，置信区间越窄，那么该区间不包括总体参数的可能性就越大，即犯错误的概率就越大。在实际应用中，如何在置信水平的高低和置信区间的宽窄之间取得平衡呢？增加样本容量是有效的解决方法。

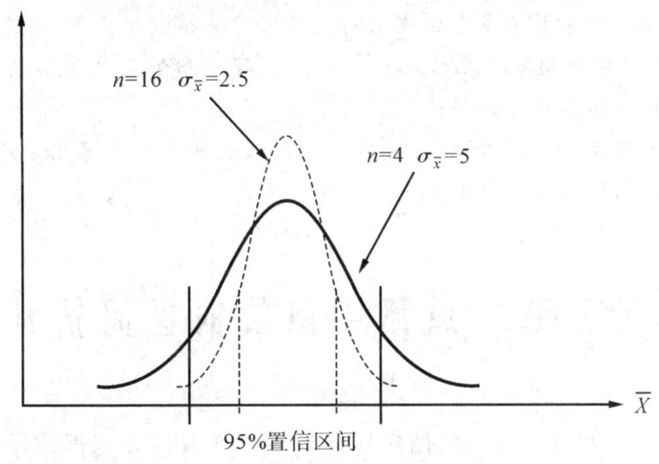


**图 7-3　置信区间与样本量**

如图 7-3 所示，当样本容量为 4 时，由于抽样分布的标准误比较大，因而其分布比较分散，相应地 95％的置信区间也比较宽。当样本容量提高到 16 时，由于抽样分布的标准误减小为原来的一半，其分布也变得比较集中，相应地 95％的置信区间也比较窄。

## 【小结与要点】

置信区间可以估计未知参数的值，同时告诉我们估计的不确定程度有多大。所有的置信区间都符合以下的描述：

（1）置信水平告诉我们的是，一再地运用同一个方法 $N$ 次，其中会包含真正参数的次数占总体次数的比例。我们永远也不会知道，我们手上这组数据所得到的置信区间，究竟有没有包含真正的参数。我们只能说："我通过某种方法得到这个结果，使用该方法时，有 95％的概率会包含真正参数。"但也可能很不幸，我们手上的数据就属于没有包含真正参数的那 5％区间。如果你认为风险太大，不妨改用 99％的置信区间。我们可以用任意值作为置信水平，不过，较常用的置信水平以及正态分布曲线下右侧面积为 $\alpha/2$ 时的 $Z$ 值如表 7-1 所示。

表 7-1 常用置信水平的 $Z_{\alpha/2}$ 值

| 置信水平 | $\alpha$ | $\alpha/2$ | $Z_{\alpha/2}$ |
|---|---|---|---|
| 90% | 0.10 | 0.05 | 1.65 |
| 95% | 0.05 | 0.025 | 1.96 |
| 99% | 0.01 | 0.005 | 2.58 |

(2)高置信水平并不是平白得来的。根据同一组数据计算 99%的置信区间要比 95%的置信区间宽。在估计参数的准确程度和对于包含参数的信心大小这两项之间，只能尽量寻求平衡。

(3)样本变大，置信区间就会变窄。如果我们希望有高置信水平，又要有较窄区间，就必须取较大的样本。

# 第二节 总体平均数的区间估计

只要知道了样本平均数的抽样分布形态，我们便可以根据抽样分布理论和概率分布的性质，选择一定的置信水平对总体平均数 $\mu$ 作出区间估计。中心极限定理是抽样分布理论中最重要的理论。要判断平均数的抽样分布符合中心极限定理的哪种具体情形，就需要考虑三个条件：第一，总体是否为正态分布；第二，总体方差是否已知；第三，用于构造估计量的样本是大样本(通常要求 $n \geq 30$)还是小样本($n<30$)。

## 一、总体正态分布且方差已知时的区间估计

数据总体为正态分布，且总体方差 $\sigma^2$ 已知的条件下，总体平均数的区间估计是最简单的情况。根据中心极限定理的第一种情形，这时样本均值 $\bar{x}$ 也服从正态分布，其数学期望值为总体均值 $\mu$，方差为 $\sigma^2/n$。样本均值经标准化后服从标准正态分布，即

$$z=\frac{\bar{x}-\mu}{\sigma/\sqrt{n}} \sim N(0,1) \qquad \text{(式 7.1)}$$

根据 7.1 和正态分布的性质可以得出总体均值 $\mu$ 在 $1-\alpha$ 置信水平下的置

信区间为：

$$\bar{x} \pm Z_{\frac{\alpha}{2}} \frac{\sigma}{\sqrt{n}} \qquad \text{(式 7.2)}$$

式中：

$\bar{x} - Z_{\frac{\alpha}{2}} \frac{\sigma}{\sqrt{n}}$称为置信下限；

$\bar{x} + Z_{\frac{\alpha}{2}} \frac{\sigma}{\sqrt{n}}$称为置信上限；

$\alpha$ 是事先确定的一个概率值，是犯错误的概率，即总体均值不包括在置信区间的概率；

$1-\alpha$ 称为置信水平；

$Z_{\alpha/2}$是标准正态分布两侧面积各为 $\alpha/2$ 时的 $Z$ 值；

$Z_{\frac{\alpha}{2}} \frac{\sigma}{\sqrt{n}}$是估计总体均值时的估计误差(estimate error)。

为了更好地理解置信区间的计算方法，请看图 7-4。从图中可看出当我们设置犯错误的概率 $\alpha$ 为 5%时，置信水平就为 95%，$Z_{0.025}=1.96$，所以 95%的置信区间为：

$$\mu \pm 1.96\sigma_{\bar{x}} = \mu \pm 1.96 \frac{\sigma}{\sqrt{n}}$$

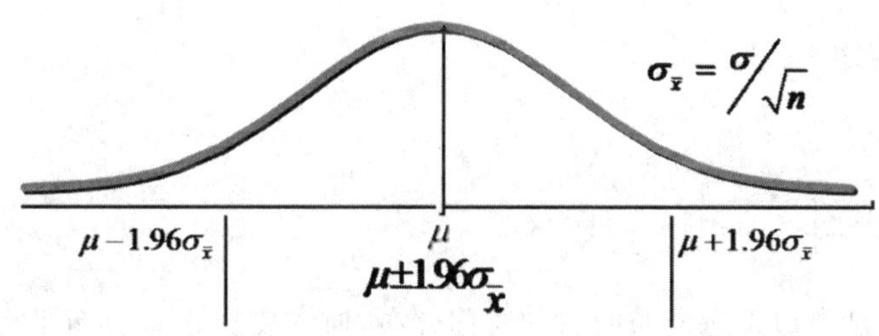


图 7-4　95%置信区间的示意图

【你知道吗】

总体均值的置信区间由两部分组成：点估计和估计误差。随着样本量 $n$ 的增加，样本均值的标准误差越来越小，置信区间也变得更窄，我们所做出的估计也就更精确。这也印证了我们在上一节所说的在置信水平一定的条件下，增加样本量可以缩小置信区间。

**【例 7.1】**在厦门大学人均每日上网时长的调查中，已知全校总体上网时间的分布服从正态分布，且往年资料表明标准差为 45 分钟。现随机抽取 25 名大学生，测得平均每日上网时间为 2 小时，求全校平均每日上网时间的 95%的置信区间。

解：根据题意，因为总体服从正态分布，$\sigma=45$，根据中心极限定理，其抽样分布服从正态分布。已知 $n=25$，$\bar{x}=120$，置信水平 $1-\alpha=95\%$，查正态分布表可得 $Z_{\alpha/2}=1.96$。

根据式 7.2 得

$$\bar{x}\pm Z_{\frac{\alpha}{2}}\frac{\sigma}{\sqrt{n}}=120\pm1.96\times\frac{45}{\sqrt{25}}=120\pm17.64=102.36\sim137.64$$

所以全校平均上网时间的 95%的置信区间为 102.36～137.64 分钟。

## 二、总体正态分布但方差未知时的区间估计

数据总体为正态分布、总体方差 $\sigma^2$ 未知的条件下，如果是大样本，则样本均值 $\bar{x}$ 的抽样分布近似于正态分布，用样本方差 $s^2$ 代替 $\sigma^2$，公式为：

$$\bar{x}\pm Z_{\frac{\alpha}{2}}\frac{s}{\sqrt{n}} \qquad \text{（式 7.3）}$$

如果是小样本，$\bar{x}$ 的抽样分布则是 t 分布，这时我们采用 t 分布建立总体均值的置信区间。t 分布受到自由度的影响，在计算 $t$ 值时首先要计算自由度：

$$df=n-1 \qquad \text{（式 7.4）}$$

对应的 $t$ 值为

$$t=\frac{\bar{x}-\mu}{s/\sqrt{n}}\sim t(n-1) \qquad \text{（式 7.5）}$$

t 分布是类似正态分布的一种对称分布，通常要比正态分布平坦和分散，所以其置信区间更宽。t 分布受到自由度的影响，随着自由度的增大，t 分布也逐渐趋于正态分布。根据 t 分布建立的总体均值 $\mu$ 在 $1-\alpha$ 置信水平下的置信区间为：

$$\bar{x}\pm t_{\frac{\alpha}{2}}\frac{s}{\sqrt{n}} \qquad \text{（式 7.6）}$$

上式中，$t_{\alpha/2}$ 是自由度为 $n-1$ 时，t 分布两侧面积各为 $\alpha/2$ 时的值，该值可通过 t 分布表查得。

【例 7.2】已知智力测验的分数服从正态分布，由 25 名学生组成的样本，其平均智商为 105，标准差为 15。试估计该样本所在学生总体平均智商的大概范围，要求估计的把握度达到 99%。

解：由于总体服从正态分布，方差未知，且样本量 $n=25$，根据中心极限定理，样本分布服从自由度为 $df=n-1=24$ 的 t 分布。

已知 $\bar{x}=105$，置信水平 $1-\alpha=99\%$，查 t 分布表可得 $t_{\alpha/2}=2.797$。根据式 7.6，可计算得置信区间为：

$$\bar{x}\pm t_{\frac{\alpha}{2}}\frac{s}{\sqrt{n}}=105\pm 2.797\times\frac{15}{\sqrt{25}}=96.61\sim 113.39$$

所以该样本所在的学生总体智商的平均值有 99% 的可能性在 96.61～113.39之间。

【例 7.3】如果例 7.2 中样本人数为 64，其他条件不变，那么总体平均智商的 99%的置信区间为多少？

解：当 $n=64$ 时，样本为大样本，$\bar{x}$ 的分布，即抽样分布服从正态分布。这时我们可以用 t 分布来进行区间估计，也可以用正态分布进行区间估计。

(1)若用 t 分布，则当 $df=n-1=64-1=63$ 时，$t_{\alpha/2}=2.658$

根据式 7.6 可得

$$\bar{x}\pm t_{\frac{\alpha}{2}}\frac{s}{\sqrt{n}}=105\pm 2.658\times\frac{15}{\sqrt{64}}=100.02\sim 109.98$$

所以总体平均智商的 99%置信区间为 100.02～109.98。

(2)若根据正态分布，当 $\alpha=0.01$ 时，$Z_{\alpha/2}=2.58$

根据式 7.2 可得

$$\bar{x}\pm z_{\frac{\alpha}{2}}\frac{s}{\sqrt{n}}=105\pm 2.58\times\frac{15}{\sqrt{64}}=100.16\sim 109.84$$

所以总体平均智商的 99%的置信区间为 100.16～109.84。

**【你知道吗】**

在同样的条件下，与正态分布相比较，t 分布比较低阔、分散，因而 t 分布所估计的区间要稍微宽一些。例 7.3 证明了这个说法：t 分布所估计的置信区间为 100.02～109.98，而正态分布所估计的区间为 100.16～109.84。但随着样本容量 $n$ 的增大，我们运用 t 分布和正态分布两种方法进行区间估计所得结果之间差别将越来越小。

## 三、总体非正态分布时的区间估计

在总体为非正态分布的情况下，若抽取的样本量较小，则样本均值的抽样分布也不是个正态分布，不知为何分布形式，因此无法对此进行区间估计。但随着样本量的增大，依据中心极限定理的第三种情形，无论总体方差是否已知，样本平均数的抽样分布都趋于正态分布。因此，在大样本情况下，可用正态分布进行区间估计，其公式依旧是式 7.2。

**【例 7.4】**已知某次测验的分数不服从正态分布，其总体标准差为 9 分。现从中抽取 81 名参加该项测验的学生，其平均分为 82 分。试计算总体学生平均分的 95%置信区间。

解：由于总体为非正态分布，但样本容量 n=81 为大样本，所以样本平均数的分布，即抽样分布服从正态分布。已知 $\bar{x}=82$，$\sigma=9$，$1-\alpha=95\%$，即 $\alpha=0.05$，根据正态分布表可得 $Z_{\alpha/2}=1.96$，所以总体均值的置信区间为

$$\bar{x}\pm Z_{\frac{\alpha}{2}}\frac{\sigma}{\sqrt{n}}=82\pm1.96\times\frac{9}{\sqrt{81}}=80.04\sim83.96$$

因此，总体学生平均分的 95%置信区间为 80.04 分～83.96 分。

**【例 7.5】**已知某次测验的分数不服从正态分布。现从中抽取 81 名参加该测验的学生，其平均分为 82 分，标准差为 9 分。试计算总体学生平均分的 99%置信区间。

解：由于总体不服从正态分布，但样本容量 n=81 为大样本，所以平均数的分布，即抽样分布近似服从正态分布。已知 $\bar{x}=82$，$s=9$，$1-\alpha=99\%$，由正态分布表可知 $Z_{\alpha/2}=2.58$，所以总体均值的置信区间为

$$\bar{x}\pm Z_{\frac{\alpha}{2}}\frac{s}{\sqrt{n}}=82\pm2.58\times\frac{9}{\sqrt{81}}=79.42\sim84.58$$

因此，总体学生平均分的 99%置信区间为 79.42～84.58 分。

**【你知道吗】**

在其他条件相同时，置信水平越高，置信区间就越宽，也就是随着估计的把握性提高，模糊性也跟着上升，精确度下降。对比例题 7.4 和例题 7.5 的结果证明了这个说法，在其他条件不变的情况下，随着置信水平从 95%上升到 99%，其置信区间也从 80.04 分～83.96 分变成了 79.42 分～84.58 分，置信区间变宽了。

【SPSS 操作】

在使用 SPSS 进行数据分析时，一般是针对样本数据展开的——假设数据总体是正态分布的，而总体方差通常都是未知的。我们可计算出样本的均值和方差，从而根据 $t$ 分布或正态分布对总体均值作出区间估计。这一部分 SPSS 过程主要有两个任务：一是根据样本数据计算出标准误，它是样本平均数离散程度的估计量，也是抽样误差的估计量；二是根据样本数据估计总体平均数的置信区间。

**【例 7.6】**在一次网络消费调查中，随机抽取了 340 名消费者，使其对最近的一次网络购物经历进行满意度评价。请根据本书附带数据(《网络消费满意度调查》)估计抽样误差，并计算总体平均数的 95%的置信区间。

解：调查问卷通过 12 道题目(第 1 题至第 12 题)测量消费满意度，首先要进行得分求和，计算出总体满意度。这是本题数据分析的基础步骤。

**第 1 步：数据求和。**点击【转换】——【计算变量】，出现计算变量对话框。在【目标变量】一栏填写将计算的数据名称“总体满意度”，在【数字表达式】一栏填写计算方式，格式为“(第 1 题＋第 2 题＋……＋第 12 题)”，如图 7-5 所示。输

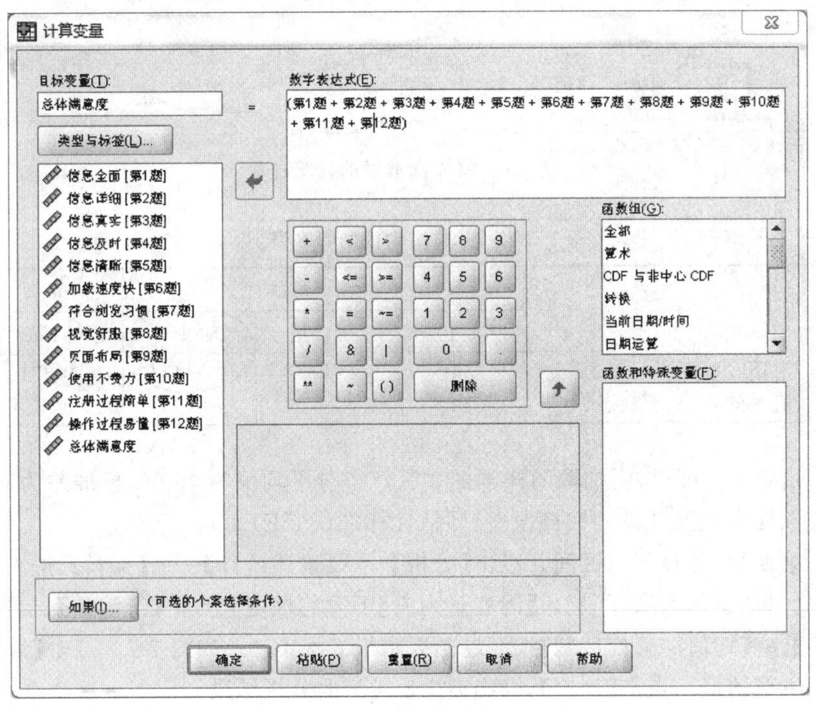


图 7-5　总体满意度求和

入完成后点击【确定】，求出总体满意度分数。

**第2步：计算标准误SE。**点击【分析】——【描述统计】——【描述】，打开描述性统计分析的主对话框。将变量“总体满意度”点选入【变量】下的方框中，如图7-6的左图所示。点击【选项】，SPSS跳出图7-6的右图，根据需要勾选【均值】【标准差】和【均值的标准误】，单击【继续】返回主对话框，即图7-6的左图。点击【确定】输出分析结果，见表7-2。

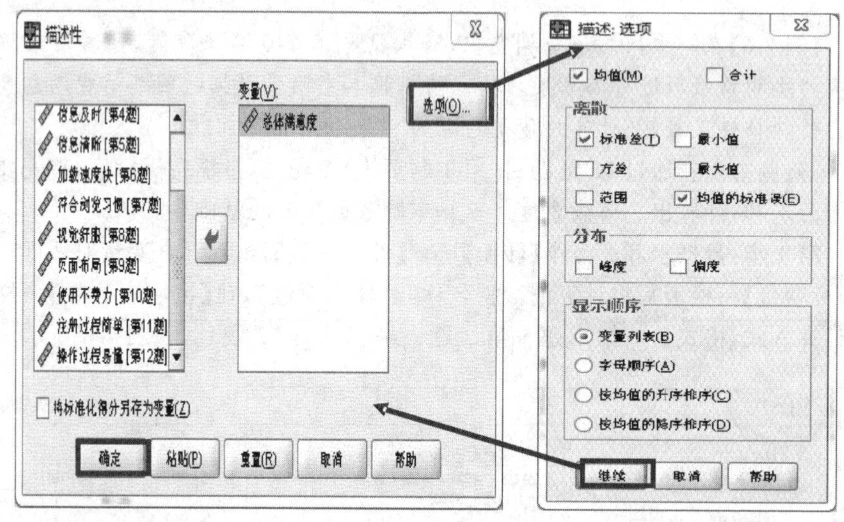


**图7-6　样本标准误的计算过程**

**表7-2　样本均值的标准误**

| | N | 均值 | | 标准差 |
|---|---|---|---|---|
| | 统计量 | 统计量 | 标准差 | 统计量 |
| 总体满意度 | 340 | 45.0618 | 0.33444 | 6.16674 |
| 有效的N（列表状态） | 340 | | | |

由表7-2可得，所抽取的样本消费满意得分平均值为45.06，标准差为6.17，基于该样本数据计算的抽样误差，即估计标准误(SE)为0.33。

**第3步：计算置信区间。**点击【分析】——【描述统计】——【探索】，进入主对话框。将“总体满意度”选入【因变量列表】下方的框内。点击【统计量】，勾选【描述性】，将【均值的置信区间】按照题目要求设置为95%，如图7-7。点击【继续】，返回主对话框。点击【确定】，输出表7-3所示的分析结果。

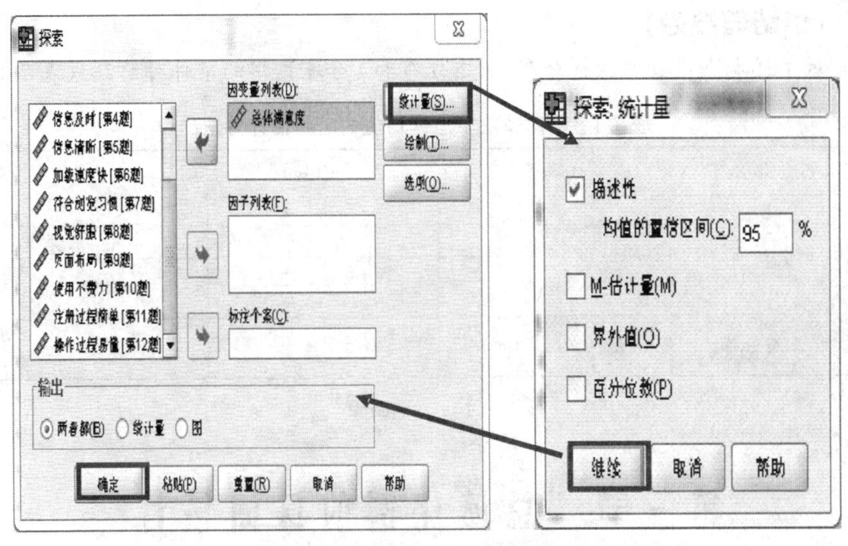


图 7-7　总体置信区间的计算过程

表 7-3　置信区间计算结果

| | | | 统计量 | 标准误 |
|---|---|---|---|---|
| 总体满意度 | 均值 | | 45.0618 | .33444 |
| | 均值的 95% 置信区间 | 下限 | 44.4039 | |
| | | 上限 | 45.7196 | |
| | 5% 修整均值 | | 45.0850 | |
| | 中值 | | 45.0000 | |
| | 方差 | | 38.029 | |
| | 标准差 | | 6.16674 | |
| | 极小值 | | 20.00 | |
| | 极大值 | | 60.00 | |
| | 范围 | | 40.00 | |
| | 四分位距 | | 6.00 | |
| | 偏度 | | -.291 | .132 |
| | 峰度 | | 1.709 | .264 |

由表可知，根据样本数据估计的总体平均数的 95%的置信区间为：置信下限为 44.40，置信上限为 45.72，即置信区间为 44.40～45.72。

对于样本平均数的抽样分布，正态分布和 t 分布适用的条件可总结成表 7-4。

**表 7-4 不同情况下总体均值的区间估计方法**

| 数据总体分布 | 样本量 | σ已知 | σ未知 |
| --- | --- | --- | --- |
| 正态分布 | 大样本($n \geqslant 30$) | $\bar{x} \pm Z_{\frac{\alpha}{2}} \frac{\sigma}{\sqrt{n}}$ | $\bar{x} \pm Z_{\frac{\alpha}{2}} \frac{s}{\sqrt{n}}$ |
| | 小样本($n < 30$) | $\bar{x} \pm Z_{\frac{\alpha}{2}} \frac{\sigma}{\sqrt{n}}$ | $\bar{x} \pm t_{\frac{\alpha}{2}} \frac{s}{\sqrt{n}}$ |
| 非正态分布 | 大样本($n \geqslant 30$) | $\bar{x} \pm Z_{\frac{\alpha}{2}} \frac{\sigma}{\sqrt{n}}$ | $\bar{x} \pm Z_{\frac{\alpha}{2}} \frac{s}{\sqrt{n}}$ |

# 第三节　总体比例的区间估计

由于新闻传播学领域中经常涉及比例的问题，比如每个电视台的收视率、网络的普及率、新闻报道的关注率等。因而我们在这儿讨论大样本情况下总体比例的估计问题。由样本比例 $p$ 的抽样分布可知，当样本量足够大时①，比例 $p$ 的抽样分布可由正态分布近似。$p$ 的数学期望值和方差分别为：

$$E(p)=\pi$$

$$\sigma_p^2=\frac{\pi(1-\pi)}{n}$$

而样本比例经标准化后的随机变量 $Z$ 则服从标准正态分布，即

$$Z=\frac{p-\pi}{\sqrt{\pi(1-\pi)/n}} \sim N(0,1) \qquad \text{（式 7.7）}$$

与总体均值的区间估计类似，在样本比例 $p$ 的基础上加减估计误差项，即得总体比例 $\pi$ 在 $1-\alpha$ 置信水平下的置信区间为：

$$p \pm z_{\alpha/2}\sqrt{\frac{\pi(1-\pi)}{n}} \qquad \text{（式 7.8）}$$

用上式计算总体比例的置信区间时，$\pi$ 值应是已知的。但实际情况是，$\pi$ 值

① 确定样本量是否足够大，一般为：$np \geqslant 5$ 和 $n(1-p) \geqslant 5$，或者 $np \geqslant 10$ 和 $n(1-p) \geqslant 10$。

是需要我们估计的，所以，要用样本比例 $p$ 来代替 $\pi$。这时，总体比例的置信区间可表示为：

$$p \pm z_{\alpha/2}\sqrt{\frac{p(1-p)}{n}} \qquad \text{（式 7.9）}$$

式中，

$\alpha$ 是显著性水平；

$Z_{\alpha/2}$是标准正态分布右侧面积为 $\alpha/2$ 时的 $z$ 值；

$z_{\alpha/2}\sqrt{\frac{p(1-p)}{n}}$是估计总体比例时的估计误差。

**【你知道吗】**

总体比例的置信区间由两部分组成：点估计值和描述估计量精度的估计误差。估计误差越小，置信区间越小，表明我们估计的精确度越高。要减小估计误差，增加试验次数是个好办法。

**【例 7.7】**某机构想研究传统电视广告与网络视频广告的发展现状，随机抽取了 100 名消费者，其中 64 人称相比于电视广告，他们更经常通过网络视频观看广告。在 95%的置信水平下估计该地区观看网络视频广告的消费者比例的置信区间。

解：由抽样结果计算的样本比例为 $p=64/100=64\%$，可知 $np=100\times64\%=64\geqslant5$，$n(1-p)=36\geqslant5$，属大样本情况，抽样分布用正态分布来逼近。在置信水平为 95%时，$Z_{\alpha/2}=1.96$。根据式 7.9 可得

$$64\%\pm1.96\times\sqrt{\frac{64\%\times(1-64\%)}{100}}=64\%\pm9.41\%=54.59\%\sim73.41\%$$

95%的置信水平下该地区观看网络视频广告的消费者比例为 54.59%～73.41%。

## 第四节　总体方差的区间估计

当总体服从正态分布时，无论样本量大小，样本方差的抽样分布服从自由度 $df=n-1$ 的$\chi^2$分布，因此可用$\chi^2$分布构造总体方差的置信区间。由于$\chi^2$分布是不对称分布，无法像总体均值和总体比例的区间估计一样，由点估计量±估计误差得到总体方差的置信区间。

怎么构造总体方差的置信区间呢？若给定显著性水平 $\alpha$，用$\chi^2$分布构造的

总体方差 $\sigma^2$ 的置信区间如图 7-8 所示。

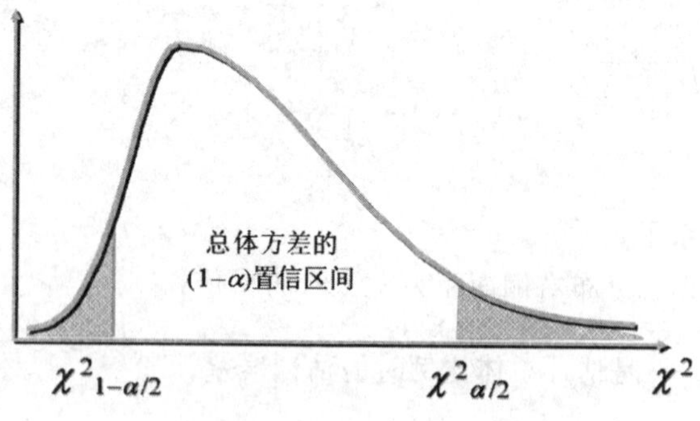


图 7-8　自由度为 $n-1$ 的 $\chi^2$ 分布

由上图可知，建立总体方差 $\sigma^2$ 的置信区间，需要找到两个临界值，使其满足 $\chi^2_{1-\alpha/2} \leqslant \chi^2 \leqslant \chi^2_{\alpha/2}$，由于 $\frac{(n-1)s^2}{\sigma^2} \sim \chi^2(n-1)$①，可用它代替 $\chi^2$，于是有：

$$\chi^2_{1-\alpha/2} \leqslant \frac{(n-1)s^2}{\sigma^2} \leqslant \chi^2_{\alpha/2} \quad \text{（式 7.10）}$$

由此可以推导出总体方差 $\sigma^2$ 在 $1-\alpha$ 水平下的置信区间：

$$\frac{(n-1)s^2}{\chi^2_{\alpha/2}} \leqslant \sigma^2 \leqslant \frac{(n-1)s^2}{\chi^2_{1-\alpha/2}} \quad \text{（式 7.11）}$$

**【例 7.8】**某品牌对其官方网站进行了改版，并随机选取了 25 名消费者对改版后网站的页面布局进行评分（百分制问卷），所得分数如下表 7-5 所示。试计算在 95％的置信水平下，页面布局得分标准差的置信区间。

表 7-5　25 位消费者对网站的评分

| | | | | |
|---|---|---|---|---|
| 82 | 90 | 88 | 85 | 88 |
| 93 | 60 | 69 | 59 | 82 |
| 80 | 79 | 93 | 62 | 78 |
| 86 | 84 | 80 | 89 | 83 |
| 70 | 92 | 78 | 78 | 92 |

① 设总体分布为 $N(\mu,\sigma^2)$ 的正态分布，则其样本方差的抽样分布为：$\frac{(n-1)s^2}{\sigma^2} \sim \chi^2(n-1)$。

解：根据样本数据计算的样本方差为 $s^2=100.5$，

又知显著水平 $\alpha=0.05$ 和自由度 $df=n-1=25-1=24$，查$\chi^2$分布表得：

$$\chi^2_{\alpha/2}=\chi^2_{0.025}(df=24)=39.36$$

$$\chi^2_{1-\alpha/2}=\chi^2_{0.975}(df=24)=12.40$$

所以，根据公式 7.11 可算得总体方差 $\sigma^2$ 的置信区间为：

$$\frac{24\times100.5}{39.36}\leqslant\sigma^2\leqslant\frac{24\times100.5}{12.4}$$

即 $61.28\leqslant\sigma^2\leqslant194.52$

相应地，总体标准差的置信区间为 7.83 分～13.95 分。

# 第五节　样本量的确定

在进行参数估计之前，我们首先应确定一个适当的样本量。那么究竟应抽取一个多大的样本量来估计总体参数呢？比如，出于安全方面的考虑，我们想要估计飞机乘客的平均体重，此时需要随机选择多少名乘客并测量他们的体重？确定一个简单随机样本的容量是一个非常重要的问题，因为没有必要地扩大样本会浪费时间和资金，而样本太小又可能导致没有价值的结果。在很多情况下，我们可以计算估计某个参数，如总体均值 $\mu$ 或总体比例 $\pi$ 所需的最小的样本容量。

## 一、估计总体均值时样本量的确定

### （一）估计一个总体均值时样本量的确定

总体均值的置信区间由样本均值 $\bar{x}$ 和估计误差两部分组成。在重复抽样或无限总体抽样的条件下，估计误差为 $Z_{\alpha/2}\frac{\sigma}{\sqrt{n}}$。$Z_{\alpha/2}$ 的值和样本量 $n$ 共同确定了估计误差的大小。一旦确定了置信水平 $1-\alpha$，$Z_{\alpha/2}$ 的值也就确定了。对于给定的 $Z_{\alpha/2}$ 的值和总体标准差 $\sigma$，可以确定任一允许的估计误差所需要的样本量。令 E 代表允许的误差估计，可以推导出所需要的样本量的计算公式如下：

$$n=\frac{(z_{\alpha/2})^2\sigma^2}{E^2}\qquad\text{（式 7.12）}$$

式中，$z_{\alpha/2}$是想要达到的置信度的临界 $z$ 值；

$E$ 是在给定的置信水平下可以接受的估计误差；

$\sigma$ 是总体标准差。

由上式可以看出，样本容量 $n$ 并不依赖于总体容量($N$)；样本容量依赖于想要达到的置信度、误差限和标准差 $\sigma$ 的取值。在其他条件不变的情况下，样本量与置信水平成正比，置信水平越高，所需的样本量也就越大；样本量与总体方差成正比，总体的差异越大，所要求的样本量也越大；样本量与估计误差的平方成反比，即允许的估计误差的平方越大，所需的样本量就越小。简而言之，要求一个很有把握或精度很高的估计，就需要更大的样本量。

在应用中，有一个非常现实的困境：公式中需要我们在总体标准差 $\sigma$ 处填上它的值，但在实际中，这个值通常是未知的。这种情况下，我们可以用一些方法来绕过这个问题：

(1)先开始进行试探性的研究。选择一个初始样本，计算样本标准差 $s$ 并用它代替 $\sigma$。

(2)可以用以前相同或类似的样本的标准差来作为 $\sigma$ 的估计值。

**【例 7.9】**尼尔森媒体调查公司想要估计全日制的大学生花在看网络视频的时间(单位：小时)平均有多少。当误差限为 0.25 小时时，估计均值所需的样本容量是多少？假设想要达到的置信水平为 95%，并且一项试探性的研究显示，标准差估计为 1.87 小时。

解：

已知 $\sigma=1.87, E=0.25, Z_{\alpha/2}=1.96$。根据式 7.12 得

$$n=\frac{(1.96)^2\times(1.87)^2}{(0.25)^2}=214.94\approx 215$$

所以应抽取 215 人作为样本。

**【你知道吗】**

当我们用公式(7.12)来计算样本容量 $n$ 时，所得到的结果通常并不是一个整数值。但是，样本容量必须是一个整数，因为它代表着必须要找到的样本数值的个数。例如，我们计算 $n$ 等于 100.3，这时我们无法抽取 100.3 个样本。当出现这种情况时，我们通常使用向上圆整法则，即将 $n$ 的取值增加到最邻近的较大的整数值，以使得样本至少能够足够大，而不是稍微有些小。所以在上例中，我们将抽取 101 个样本，而不是四舍五入为 100 个样本。

### (二)估计两个总体均值之差时样本的确定

在估计两个总体均值之差时,样本量的确定方法与上述类似。对于给定的估计误差和置信水平 $1-\alpha$,估计两个总体均值之差所需的样本量为:

$$n_1=n_2=\frac{(z_{\alpha/2})^2(\sigma_1^2+\sigma_2^2)}{E^2} \qquad \text{(式 7.13)}$$

式中,$n_1$ 和 $n_2$ 分别为来自两个总体的样本量,$\sigma_1^2$ 和 $\sigma_2^2$ 分别为两个总体的方差。

**【例 7.10】**一所中学的教务处想要估计实验班和普通班数学考试成绩平均分数差值的置信区间。要求置信水平为 95%,预先估计两个班考试分数的方差分别为:实验班 $\sigma_1^2=90$,普通班 $\sigma_2^2=120$。如果要求估计误差不超过 5 分,在两个班应分别抽取多少名学生作为样本?

解:

已知,$\sigma_1^2=90$,$\sigma_2^2=120$,$E=5$,$Z_{\alpha/2}=1.96$。根据式(7.13)得

$$n_1=n_2=\frac{1.96^2\times(90+120)}{5^2}=32.269\approx 33$$

即应各抽取 33 人作为样本。

## 二、估计总体比例时样本量的确定

### (一)估计一个总体比例时样本量的确定

与估计总体均值时样本量的确定方法类似,在重复抽样或无限总体的抽样条件下,估计总体比例置信区间的估计误差为 $z_{\alpha/2}\sqrt{\frac{\pi(1-\pi)}{n}}$,$z_{\alpha/2}$ 的值、总体比例 $\pi$ 和样本量 $n$ 共同确定了估计误差的大小。由于总体比例的值是固定的,因此估计误差由样本量来确定,样本量越大,估计误差就越小,估计的精度就越好。因此,对于给定的 $z_{\alpha/2}$ 的值,可以计算出一定的允许估计误差条件下所需要的样本量。令 E 代表允许的估计误差,可以推导出估计总体比例时所需的样本量,计算公式如下:

$$n=\frac{(z_{\alpha/2})^2\pi(1-\pi)}{E^2} \qquad \text{(式 7.14)}$$

式 7.14 中的估计误差$E$ 由使用者事先确定。大多数情况下，$E$ 的取值一般应小于 0.1。如果能够求出$\pi$ 的具体值，就可以用上式(7.14)计算所需的样本量。

如果$\pi$ 的值不知道，可以用类似的样本比例来代替，也可以用试验调查的方法选择一个初始样本，以该样本的比例作为$\pi$ 的估计值。当$\pi$ 的值无法知道时，通常取使 $\pi(1-\pi)$最大的值——当 $\pi=0.5$ 时，$\pi(1-\pi)$值最大，这样计算得到的 $n$ 最大，也是对样本量最保守的估计。

**【例 7.11】**电话、传真机、语音邮件和电子邮件的使用正在飞速增长，它们正在对我们的交流方式产生巨大的影响。假设一个媒介研究专家想要确定当前全国范围内使用电子邮件的家庭的百分比，并且要有 90％的把握，样本百分比的误差不超过 4 个百分点，在下面两种条件下，必须要调查多少户家庭？

(1)使用以前一项研究的结果：在 2005 年，全国有 16.9％的家庭使用电子邮件。

(2)假设我们事先没有找到任何能够说明 $\pi$ 的可能取值的信息。

解：(1)如果已知先前的研究结果，则 $\pi=0.169$，$E=4\%$，$Z_{\alpha/2}=1.64$，根据式(7.14)可得：

$$n=\frac{1.64^2\times0.169\times(1-0.169)}{0.04^2}=237.52\approx238$$

所以，需要对 238 户随机选择的家庭进行调查。

(2)如果 $\pi$ 的值无法知道，则取 $\pi=0.5$，这样计算所得的样本量 $n$ 最大，计算过程如下：

$$n=\frac{1.64^2\times0.5\times0.5}{0.04^2}=422.82\approx423$$

所以，这时需要对 423 户随机选择的家庭进行调查。

对比(1)和(2)的计算结果可以看到，如果$\pi$ 值未知，并且要有 90％的把握相信我们所得的样本百分比落在所有家庭的真实百分比附近 4 个百分点的范围内，这时需要随机选择并调查 423 户家庭；然而如果能够借鉴先前研究的知识，只需要 238 个样本。但是现在，电子邮件的普及非常迅速，这就使得 2005 年的估计数字太过陈旧，已经没有多大用处。事实上，今天使用电子邮件的家庭可能已大大超过 16.9％，这就意味着我们并不是真的了解当前电子邮件的使用率，我们就应该随机选择 423 户家庭。基于 423 户家庭，我们就有 90％的把握相信，结果会落在使用电子邮件的家庭的真实百分比附近 4 个百分点的范围内。

(二)估计两个总体比例之差时样本量的确定

对于给定的估计误差和置信水平 $1-\alpha$，估计两个总体比例之差所需的样本量为：

$$n_1=n_2=\frac{(z_{\alpha/2})^2[\pi_1(1-\pi_1)+\pi_2(1-\pi_2)]}{E^2} \qquad \text{(式 7.15)}$$

式中，$n_1$ 和 $n_2$ 分别为来自两个总体的样本量，$\pi_1$ 和 $\pi_2$ 分别为两个总体的比例。

**【例 7.12】**一家饮料制造商想要估计顾客对一种新型饮料认知的效果。在广告前和广告后分别从市场营销区各抽选一个消费者随机样本，并询问这些消费者是否听说过这种新型饮料。这位制造商想以 95%的置信水平估计广告前后知道该新型饮料消费者的比例之差。若要求估计误差不超过 10%，抽取的两个样本分别应为多少人(假定两个样本量相等)?

解：

已知 $E=10\%$，$Z_{\alpha/2}=1.96$，由于没有 $\pi_1$ 和 $\pi_2$ 的信息，此时用 0.5 作为 $\pi_1$ 和 $\pi_2$ 的近似值，以便得到 $n_1$ 和 $n_2$ 最保守的估计。根据式 7.15 可得

$$n_1=n_2=\frac{1.96^2\times[0.5\times(1-0.5)+0.5\times(1-0.5)]}{0.1^2}=192.08\approx 193$$

即两个样本应各包括 193 人。

现在，民意测验在我们的生活中已经非常普遍，例如我们观看的电视节目、新法律的出台与调整及我们所消费的商品都是民意调查的结果。所以在不断强调“用户体验”的今天，对本节概念和计算方法的理解非常重要。

**【你知道吗】**

许多人会错误地认为，在民意调查中，样本容量应该是总体容量的某个百分比，其实从以上公式和例题中可以看出，样本容量与总体容量是无关的。出现在报纸、杂志、网络这些媒体中的民意调查中，它们的样本容量多数都在 1 000 到 2 000之间，即使这个数量是总体容量中一个很小的比例，它们也能够提供非常好的结果。在电视收视率调查中，尼尔森公司从一亿四百万家庭组成的总体中抽取 4 000 户进行调查，此时只有 0.004%的家庭被调查，但我们仍然能够有 95%的把握相信：样本百分比将落在真实总体百分比附近的一个百分点范围内。

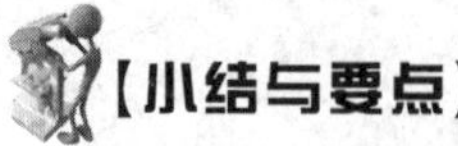

**【小结与要点】**

(1)本节公式中得到的 $n$ 为最低、最必要的样本容量。

(2)$n$ 如果为小数，不用四舍五入法取整，而是取比 $n$ 大的整数。

(3)如果同时对总体的平均数和比例进行估计，则两个 $n$ 一般不一样，为同时满足两个推断的需要，在两个 $n$ 中取较大的一个。

(4)总体方差 $\sigma^2$(或总体比例 $\pi$)未知时，可借鉴以前相同或类似的样本的方差 $s^2$(或比例 $p$)来代替；也可以用试验调查的方法，选择一个初始样本，以该样本的样本标准差(或比例)作为参数估计值。

(5)对于估计总体比例时样本量的确定，如果 $\pi$ 不知道，我们可采用最保守的估计方法，将 $\pi$ 设置为 0.5，以得到对 $n$ 最大的估计值。

(6)如果不愿意用公式来计算样本量 $n$，本书的附录 6《样本量查询表》为你们提供了查询表。估计总体均值时所需要的样本量 $n$ 的查询，是依据 $\alpha=0.05$ 或 $\alpha=0.01$ 水平，然后依据总体标准差 $\sigma$ 与估计误差 $\Delta$ 的比例来选择样本量的大小。而当需要估计总体比例时，也是选择 $\alpha=0.05$ 或 $\alpha=0.01$，然后根据估计误差 $\Delta$ 和成功概率 $p$ 来选择所需要的样本容量。

**【复习与练习】**

**思 考：**

1.怎样理解置信区间？

2.简述不同情况下总体均值的区间估计。

3.总体比例的区间估计所采用的统计量是什么？

4.参数估计时，在置信水平不变的情况下，有什么方法提高精确度？

**牛刀小试：**

1.某餐厅想要估计每位顾客午餐的平均花费金额，在为期 2 周的时间里选取 35 名顾客组成了一个简单随机样本。

(1)假定总体平均数为 50 元，标准差为 15 元，求样本均值的标准误差。

(2)求 99%置信水平下的总体均值置信区间。

2.在《受众广告态度调查》中，试构建广告素养的总体均值的置信区间，并估计这次调查的抽样误差。

3.对某大学的本科生进行手机依赖方面的调查，现在抽取 300 名大学生的随机样本，其中男生有 98 名，试求 95%置信水平下，该校本科生男生比例的置信区间。

**本章学习重点：**

- 了解假设检验的基本原理
- 掌握显著性水平、$\alpha$ 错误和 $p$ 值等概念
- 了解双侧检验与单侧检验的区别、区分各种检验统计量和相应的临界值
- 掌握一个总体平均数的假设检验
- 掌握两个总体平均数的假设检验
- 掌握两个总体比例和方差的假设检验

# 第一节　假设检验的基本原理

## 一、为何要假设检验

手机和网络已经开始改变小学生的学习娱乐和交往方式。一项调查显示，小学生从不上网的只有17.6%，有55.2%的学生运用网络查资料，完成学习任务，有25.7%的小学生主要在网上打游戏。要不要让孩子用手机、用微信、玩网游？对此，很多家长都比较纠结：给孩子配备手机能够方便联络，但孩子拥有了手机就真的很难避免使用微信和网游。孩子身边的很多同学都在用手机、上微信、玩网游，强行切断这一切真的好吗？会不会让孩子与小伙伴失去了沟通的渠道和共同的话题？很多家长陷入了“进退两难”的境地。

一项关于“是否同意给小学生用智能手机”的调查发现：育有子女的网民的平均得分为2.8分（五点利克特量表，分数越低越不同意，分数越高越赞同，1代表“非常不满意”；5分代表“非常满意”），而无子女的网民的平均得分为3.0分，两组人群相差0.2分。现在面临这样的问题：两组网民得分差异是什么原因造成的？是调查中的一些偶然因素造成的随机误差，还是某种因素造成的系统性影响？

为了回答这个问题，我们可以采用假设检验的方法。假设检验，顾名思义，必须先有假设。上例中我们提出以下假设："有子女网民与无子女网民在有关是否同意小学生用智能手机的态度上具有显著差异"。

如何来检验上述假设？即如何证明这两组网民的得分差异并非是偶然因素造成的随机误差，而是由于有无子女这个因素影响的结果。假设检验的基本思想是"归谬"或"证伪"。通常情况下，一个假设能够被证明是错误的，而永远不能够被证明是正确的。比如说："所有的乌鸦都是黑色的"，我们无法直接证明这个假设：假设中的"所有"乌鸦包括现在活着的，已经死去的，甚至还有那些没有孵出来的乌鸦，我们无法穷尽所有的乌鸦，因而无法证明这个假设是正确的。我们只能提出另一个相反的假设："并非所有乌鸦都是黑色的"，然后去找一群乌鸦来检验这个假设，如果我们发现了一只红色的乌鸦或者白色乌鸦，那么"所有乌鸦都是黑色的"论断就被证明是错的。因此，通过一个反例，我们就可以证明"所有乌鸦都是黑色的"论断不正确。这就是我们假设检验的思想。

那么要检验上述假设，也要采用"证伪"方法，因为如果直接证明"有子女网民与无子女网民在态度上具有显著差异"跟证明"所有的乌鸦都是黑色的"一样难，我们需要穷尽所有有子女网民和无子女网民，并对其进行测量，然后对比两者之间的态度，这是非常难做到的。因而我们采用"证伪"战术，提出相反的假设"有子女网民与无子女网民在满意度上无显著差异"，然后随机抽取一个样本，来证明这个相反假设是错误的，从而来证明我们所关注的研究假设是正确的。

下面我们就来介绍一下如何采用"证伪"方法来检验我们所提出的假设。在此先介绍假设如何提出，什么是"研究假设"，什么是相反的假设——"原假设"。

## 二、假设的提出

在假设检验的"证伪"过程中，我们往往从对立的两个方面给出假设性说明，即所谓的"原假设"（$H_0$）和"研究假设"（$H_1$）；然后，根据样本资料的统计分析结果，对两个假设做出选择：拒绝原假设而接受研究假设，或是肯定原假设而放弃研究假设。

### （一）原假设

原假设（null hypothesis）：又称为虚无假设、零假设，是研究者想收集证据予以反对的假设，用 $H_0$ 表示。

原假设是统计推论的出发点，因为它所做出的假定性说明可以为人们提供进一步检验推导的理论基础。上例中的原假设为："有子女网民与无子女网民在满意度上无显著差异"，分别用 $\mu_1$ 和 $\mu_2$ 表示有子女组和无子女组对子女用智能手机同意程度的平均值，那么原假设可表示成：

$$H_0: \mu_1 = \mu_2$$

### （二）研究假设

研究假设又称对立假设或备择假设(alternative hypothesis)，是研究者想收集证据予以支持的假设，用 $H_1$ 或 $H_a$ 表示。

研究假设与原假设互斥，肯定原假设，意味着放弃研究假设；否定原假设，意味着接受研究假设。比如上例中，研究假设为"有子女网民与无子女网民在同意程度上具有显著差异"，其表达式为：

$$H_1: \mu_1 \neq \mu_2$$

这种假设称为无方向的(nondirectional)假设。在无方向的假设中，我们判断均值之间存在差异，但是不能够预测均值之间谁大谁小的具体关系。相比而言，有方向的(directional)假设直接表明总体之间的关系，如 $\mu_1 > \mu_2$ 或者 $\mu_1 < \mu_2$。在上例中，我们也可以提出一个有方向的假设："有子女网民的同意程度显著低于无子女的网民"，表达式为：$\mu_1 < \mu_2$。

原假设总是有符号＝、≥或≤，而研究假设总是有符号≠、＜或＞；因为我们很清楚我们的研究目的，所以提假设时，先提出较确定的研究假设，进而再提出与之相斥的原假设；假设表达式中用总体均值 $\mu$ 来表述平均值，我们之所以使用总体均值，是因为要将样本所证明的假设结果推广到整个总体。

**【例 8.1】**随着互联网技术的发展，移动 APP 成为网络购物的一大特色。某调查机构估计，目前，使用移动 APP 进行网络购物的消费者已超过 60%。为验证这一估计是否正确，该机构随机抽取了一个样本进行检验。试陈述用于检验的原假设与备择假设。

解：调查机构所希望验证的是"使用移动 APP 的消费者超过 60%"，可见此题是有方向的假设，先提研究假设，后提原假设。

$$H_0: \mu \leqslant 60\%$$
$$H_1: \mu > 60\%$$

**【例 8.2】**每逢冬季，北方地区的空气质量成为当地居民所关注的问题。某国内测评机构在报告中指出，京津冀地区在 2019 年 1 月份的空气质量指数平均为 90。为检测这一数据的准确性，国外某机构随机抽取了其中部分地区进行空气质量测评。试陈述用于检验的原假设与备择假设。

解：在本题中，关键要弄清是国外机构在开展研究，其研究目的是要反对国内机构所提出的“空气质量指数平均值为 90”的说法，因而他们的研究假设为“空气质量指数的平均值不等于 90”，所以此题是无方向假设：

$H_0: \mu = 90$

$H_1: \mu \neq 90$

**【你知道吗】**

因研究目的不同，对同一问题可能提出不同的假设。比如，关于消费者对某则具有争议性的广告态度，广告公司、研究机构和社会公益组织就会提出不同的研究假设。为维护自身利益，广告公司将提出“广告态度大于 3（尚可接受）”的研究假设；而处中立立场的研究机构则可能提出“广告态度不等于 3”；公益组织从广大受众利益出发，将提出“广告态度小于 3”的研究假设。

## 三、显著水平

虽然提假设可先提研究假设，再提原假设，但是假设检验则是从试图推翻原假设（无差异假设）开始，根据样本中观察到的差异情况，看能否推翻这一原假设。但这并不是说，样本中观察到的所有差异情况都可以证明原假设不成立或者都可以推翻原假设。因为抽样误差不可能完全避免，这意味着观察到的差异有可能是抽样误差造成的，而不是由于研究人员操纵的变量造成的真正差异。所以，在决定是否能推翻原假设时，必须确定一个允许的误差限度。这个范围用概率表示，如 5%（0.05）、1%（0.01）。如果随机误差的概率为 $p<0.05$，就表示样本中观察到的差异由随机误差造成的概率小于 5%，这也就意味着差异由研究人员操纵的变量造成的概率大于等于 95%，于是就可以推翻原假设。如果原假设被推翻，就说明观察到的差异有显著意义，我们就可以接受研究假设，而这个概率通常称为显著水平。

显著水平常用 $\alpha$ 表示，代表了研究人员决定拒绝原假设的信心，通俗地讲，由于随机误差而造成这种极端差异的概率等于 $\alpha$，而 $\alpha$ 足够小，是个小概率事件，因而研究人员有充分的信心拒绝原假设，进而接受存在差异的研究假设。小概率事件是指发生概率很小的事件，如买一张彩票就中大奖的概率，统计学中

“小概率”一般有这么几种取值：0.01、0.05、和 0.1。因而相应地 $\alpha$ 代表着“非常显著水平”、“显著水平”和“临界显著水平”。

**【你知道吗】**

显著水平是由研究者决定的，显著水平的设定需要考虑多种因素，如研究领域、研究目的、研究对象、研究内容。一般来讲，在自然科学领域，所涉及的变量一般都可以精确地度量，而在社会科学领域，所涉及的变量往往与人有关，对他们的测量往往难以达到很高的精确度，因而自科领域就可以设定较为严格的显著水平，如 0.01、0.001，社科领域一般定 0.05 就可以了，甚至可设置 0.1。此外，如果研究目的只是探索性的，显著水平就可以定得宽松些，如 0.05 或 0.1，但是如果为了检验某个既定理论，就需要设置严一些，使其不要轻易推翻原假设。在新闻传播学研究中，一般选择 0.01 或 0.05 的显著水平。

## 四、检验统计值与临界值

我们了解到，当设定一个显著水平时，如 $p<0.05$，意味着如果根据样本计算的误差概率低于 0.05，就可以推翻原假设，从而认为存在显著差异。研究人员根据样本计算的一个值来判断或检验误差概率是否低于显著水平，这个值叫做检验统计值。虽然我们所涉及的只是一个样本，但是要把它看作是无数个可能样本中的一个，即我们可以从总体中随机抽取无限多个样本，这样一来就可以计算出无限个检验统计值，这些统计值将服从某一抽样分布，比如正态分布、t 分布等，那么检验统计值就是 $Z$ 值、$t$ 值等。

因此，显著水平 $\alpha$ 其实就是抽样分布曲线中处于尾端部分的面积。当我们说“低于某个显著水平”时拒绝原假设，就等于说尾端的面积要小于该面积，这个面积或区域叫作“临界区域”或“拒绝区域”（如图 8-1 阴影部分的区域），界定该区域的值叫作临界值，也就是对应于该区域面积的 $Z$ 值、$t$ 值等。如图 8-1 所示，$-Z_{\alpha/2}$ 和 $Z_{\alpha/2}$ 就是临界值。

当我们对原假设进行检验时，要首先依据样本计算检验统计值，如果检验统计值的绝对值小于显著水平对应的临界值，我们称检验统计值落在了接受区域，这时就要接受原假设；反之，如果检验统计值的绝对值大于临界值，我们称检验统计值落在拒绝区域，这时就要拒绝原假设。从随机误差的角度看，对于前一种情况，由随机误差造成差异的概率大于研究人员设置的最大随机误差概率，因此可认为所观察到的差异是由随机误差造成的，而不存在真正的差异，而对于后一种情况，则可认为确实存在真正的差异。

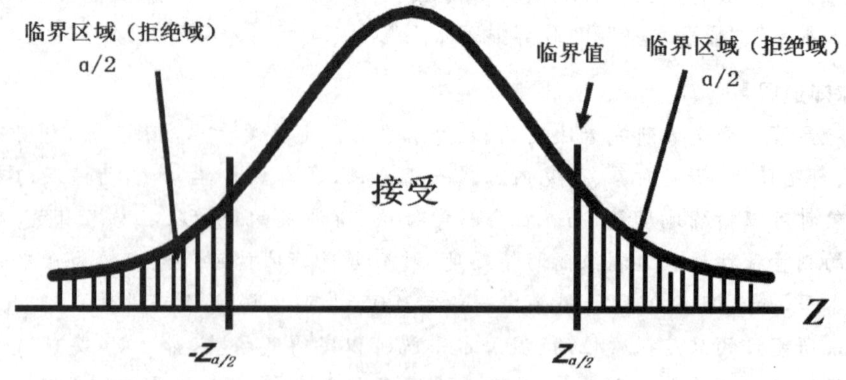


图 8-1 显著水平、临界区域、临界值以及拒绝和接受原假设的情况

图 8-1 为某个抽样分布，显示了双尾检验时的显著水平、拒绝区域、接受区域、临界值以及拒绝和接受原假设的情况。其中曲线尾端左右两个阴影部分即为拒绝区域，其面积一共为 $\alpha$；中间部分为接受区域，其面积为 $1-\alpha$。界定拒绝区域和接受区域的 $-Z_{\alpha/2}$ 和 $Z_{\alpha/2}$ 即为临界值。

## 五、单侧检验与双侧检验

如果研究假设不但指出差异，而且还指出差异的方向（如 $H_1:\mu_1>\mu_2$ 或者 $H_1:\mu_1<\mu_2$），这时的假设检验称之为单尾检验或单侧检验（one-tailed test）。

如果研究假设仅仅强调差异的存在，而不指出差异的方向（如 $H_1:\mu_1\neq\mu_2$），这时假设检验称为双尾检验或双侧检验（two-tailed test）。

如果研究假设是方向性的，如 $H_1:\mu>\mu_0$，这时检验只与抽样分布曲线的右侧尾巴有关，所以这样的检验叫做单侧检验。假如我们所设定的显著水平为 0.05，那么这 0.05 的面积（临界区域）全部位于分布的右端，当检验统计值大于显著水平（如 $\alpha=0.05$）所对应的临界值（如 $Z_{0.05}=1.65$）时，也就是落入了拒绝域之内，如图 8-2 所示。如果研究假设为非方向性的，那么 $\mu_1$ 可能大于也可能小于 $\mu_2$，所以某种 $\alpha$ 水平的假设检验与分布曲线的两个尾巴都有关系，两端的拒绝域面积各占 $\alpha/2$，如图 8-1 所示。

**【你知道吗】**

同样的显著水平，单侧检验的临界值要小于双侧检验的临界值，因此，对于同样的检验统计值，就有可能在单侧检验时要拒绝原假设，而在双侧检验中接受原假设。如图 8-1 和图 8-2 所示，当 $\alpha=0.05$ 时，双侧检验的统计值 $Z=1.96$，而

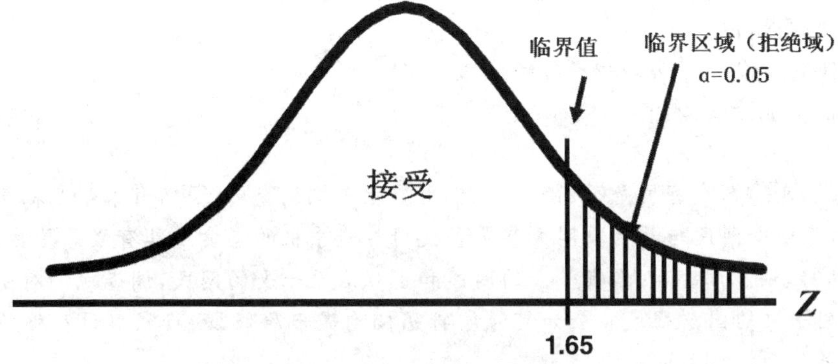


图 8-2　$\alpha=0.05$ 的单侧检验

单侧检验的统计值 $Z=1.65$，当 $Z=1.80$ 时，在单侧检测中落入拒绝区域，因而拒绝原假设；而在双侧检验中则落入接受区域，要接受原假设。

**【例 8.3】**一位大学教师主张，除正常课堂时间外，学生应该每门课花 40 小时左右的时间在课外学习上。老师认为学生所花的课外学习时间不足 40 小时。为了确定她的猜想，老师随即询问了班上 25 位同学，得到平均值为 30 小时，标准差为 15 小时。请陈述此调查的原假设、研究假设和检验统计量(假设总体为正态分布)。

解：题目中老师的研究假设是学生课下所用时间不足 40 小时，所以应是左侧检验。

已知总体为正态分布，但是方差未知，且样本量 $n=25$ 为小样本，所以抽样分布服从 t 分布。

由此：

原假设：$H_0:\mu\geqslant 40$

研究假设：$H_1:\mu<40$

检验统计量：$t$ 值

**【例 8.4】**某位公共课程老师对她 2018 级新闻班同学的论文质量印象深刻。她相信新闻专业学生的写作能力高于全校平均水平。为了检验她的假设，这位老师随机抽检了新闻专业 56 名学生写作课的成绩。已知全校写作课的平均成绩为 82 分，标准差为 12 分。请陈述这位老师的原假设、研究假设和检验统计量。

解：题中这位教师的研究假设为新闻班学生写作成绩高于平均水平，因此为右侧检验。

此题虽未明确总体是否为正态分布，但 $n=56$，为大样本，根据中心极限定理，其抽样分布也服从正态分布，所以检验统计量为 $Z$ 值。

原假设：$H_0:\mu\leqslant 82$

研究假设：$H_1:\mu>82$

检验统计量：$Z$ 值

**【例 8.5】**本章有关是否同意小学生用智能手机调查例子中，有家研究机构想证明：有子女网民与无子女网民在是否使用智能手机的态度上具有显著差异，为此，他们分别抽取 100 名有子女的网民和 150 名无子女的网民，调查他们对小学生使用手机的同意程度。应如何为该研究机构提出原假设、研究假设？检验统计量是什么？

解：题目要检验有子女网民与无子女网民在态度上是否有显著差异，因而是双侧检验。

已知样本量 $n_1=100$，$n_2=150$，为大样本，由中心极限定理知道，抽样分布服从正态分布，故需要检验 $Z$ 值。

原假设：$\mu_1=\mu_2$

研究假设：$\mu_1\neq\mu_2$

检验统计量：$Z$ 值

## 六、假设检验的两类错误

在上文中，我们已接触了显著性水平 $\alpha$ 这个概念，是允许随机误差发生的最大概率，在假设检验中，它意味着原假设为真时拒绝原假设所要承担的风险水平。下表 8-1 显示了在假设检验时，我们面临的四种情况：

**表 8-1　假设检验中的可能结果**

| | | 可能的选择 | |
|---|---|---|---|
| | | 不拒绝原假设 | 拒绝原假设 |
| 原假设的真实性质 | 原假设为真 | ①对啦，原假设是真实的，即在群体之间确实没有差别的情况下，你没有拒绝原假设。发生这种情况的概率为 $1-\alpha$。 | ②哎，你犯了第Ⅰ类错误：在群体之间没有差异的情况下你却拒绝了原假设。这类错误称为 $\alpha$ 错误，即弃真错误，发生的概率就是显著性水平 $\alpha$。 |
| | 原假设为假 | ③哦，你犯了第Ⅱ类错误：在群体之间有差异的情况下，你却没有拒绝虚假的原假设。这类错误也称为 $\beta$ 错误，即取伪错误，发生的概率为 $\beta$。 | ④很好，在群体之间存在差异的情况下你拒绝了原假设，发生的概率为 $1-\beta$（也称为把握度）。 |

结果①表示的情况是，原假设是真实(群体之间没有差异)时，我们做出了不拒绝原假设的正确选择。

结果②表示了 $\alpha$ 错误。原假设实际上是真实(没有差异)时，我们却拒绝了原假设(认为存在差异)。在例 8.5 中，有子女网民与无子女网民之间在态度上实际是没有差异的，但是我们得出的结论是有显著差异，这就犯了第Ⅰ类错误。

结果③显示了 β 错误。原假设是虚假的(实际上存在差异)，但我们没有拒绝原假设(认为没有差异)，这种错误称之为第Ⅱ类错误。

结果④表示的状况是，在原假设实际上是虚假的情况下，研究者做出了拒绝的正确决定。在例 8.5 中，有子女网民与无子女网民的态度之间实际上存在差异，我们做出了拒绝原假设的正确决定。

就理想状态而言，我们想同时减少第Ⅰ类错误和第Ⅱ类错误，但是这总是很难实现，或很难控制。在进行研究的时候，需要在第Ⅰ类错误和第Ⅱ类错误之间进行权衡。当通过减小 $\alpha$，而避免犯第Ⅰ类错误的时候，犯第Ⅱ类错误的风险就会增加；同样，如果为了避免犯第Ⅱ类错误就会增加 $\alpha$，也就增加了犯第Ⅰ类错误的风险。解决这一矛盾的唯一方法是仔细考虑两类错误带来的后果。试考虑下面几种情境：

(1)垃圾邮件过滤。原假设为任何一封电子邮件都不是垃圾邮件。垃圾邮件过滤插件会寻找线索(如邮件中包含“促销”等关键词)推翻原假设。$\alpha$ 错误表示一些不是垃圾邮件的电子邮件也被屏蔽了，$\beta$ 错误表示垃圾邮件通过筛选进入了你的收件箱里。考虑到漏收一封重要邮件的损失要大大超过收到一封广告邮件的代价，多数人可能会更倾向于容忍 β 错误。一个经过优化设计的垃圾邮件过滤插件在推翻“来信为垃圾邮件”的假设并屏蔽这封邮件之前，应该设法掌握足够多的证据和保证相对高的准确性，即保证较低的 $\alpha$ 错误概率。

(2)癌症筛查。医学上有很多方法用于初期癌症的诊断，对于任何一位进行癌症诊查的人来说，零假设都是没有患上癌症。诊查的作用就是发现可疑结果，进而推翻零假设。按常理，医生和病人总是愿意容忍一定程度的 $\alpha$ 错误(身体没有任何问题却被错误诊断)，而尽力避免出现 β 错误(癌症没有诊断出来)。因而，此时可通过设置较高 $\alpha$ 错误概率来降低 β 错误。

(3)打击恐怖分子。零假设为某人不是恐怖分子。$\alpha$ 错误意味着将无辜的人送进监狱，而在一个充斥着大规模杀伤性武器的世界里，哪怕是一个恐怖分子逍遥法外($\beta$ 错误)，都可能导致不可估量的灾难。这时 $\alpha$ 错误和 $\beta$ 错误都是不可容忍的，这也是为什么如今社会上还在激烈讨论着如何处理好打击恐怖主义与保护公民自由之间的关系。

**【你知道吗】**

在科学研究中，重点讨论的是 $\alpha$ 错误，因为犯 $\alpha$ 错误概率可由研究人员自主设置，而 $\beta$ 错误概率则不能，它需要通过设置 $\alpha$ 错误大小来控制 $\beta$ 错误的大小。设置 $\alpha$ 错误概率即是设置显著性水平。正如上文提到，在新闻传播学领域，显著水平 $\alpha$ 一般设置为 0.05 或 0.01，这意味着我们在研究中允许犯第Ⅰ类错误最大概率为 0.05 或 0.01。在研究报告中，统计显著性常以 $p<0.05$ 表示，可以读作"在 0.05 的显著水平下……"。

## 七、假设检验的流程

### （一）提出原假设和研究假设

以广告态度调查为例，已知男性消费者广告态度均值为 3.4，为考查女性消费者的广告态度与男性消费者是否有显著差异（设 $\alpha=0.05$），随机抽取 100 名女性消费者进行广告态度调查，计算 $\bar{x}=3.6$，$s=1$。假定 $\mu_1$ 为女生广告态度，$\mu_2$ 为男生的广告态度，故原假设和研究假设可设为：

$$H_0: \mu_1=\mu_2=3.4$$

$$H_1: \mu_1\neq\mu_2\neq 3.4$$

### （二）确定适当的检验统计量，并计算其数值

选择哪个统计量主要考虑统计量的抽样分布，依据中心极限定理，影响抽样分布的一些因素：总体是否为正态分布，抽取的样本是大样本还是小样本，总体标准差 $\sigma$ 已知还是未知。

计算统计量时我们需要进行标准分数转化，上例中，样本量 $n=100$ 为大样本，根据抽样分布原理，样本均值分布服从正态分布，所以我们采用 $Z$ 统计量。由于 $\alpha=0.05$，$Z_{\alpha/2}=Z_{0.025}=1.96$。样本 $\bar{x}=3.6$，$s=1$。

$$Z=\frac{\bar{x}-\mu}{s/\sqrt{n}}=\frac{3.6-3.4}{1/\sqrt{100}}=2>1.96$$

### （三）决定接受何种假设

可根据检验统计量或 $P$ 值判断。在上例中，由于检验统计量 $Z=2>1.96$，所以处在拒绝域内，我们要拒绝原假设，接受研究假设，作此决策时所面临犯弃

真错误的最大概率为 0.05。

但是，如果计算得 $Z=2.5$ 或是 $Z=3.0$，如果依据统计量来决策接受何种假设，则我们无法获得精确的信息，与 $Z=2$ 时一样，我们也只能知道此次检验所犯错的最大概率为 0.05，无法获得实际犯错误的精确概率。如何更精确地反映决策的实际风险程度呢？$p$ 值有效地解决了这一问题。

$p$ 值就是当原假设为真时，所得到的样本观察结果或更极端结果出现的实际概率，即原假设实际上是真实时，我们却拒绝原假设时实际犯的第Ⅰ类错误的概率。用 $p$ 值进行决策的规则很简单，如图 8-3 所示，如果实际犯第Ⅰ类错误的概率小于研究人员设定的最大第Ⅰ类错误概率，即 $p<\alpha$，则拒绝 $H_0$；如果 $p>\alpha$，则接受 $H_0$。

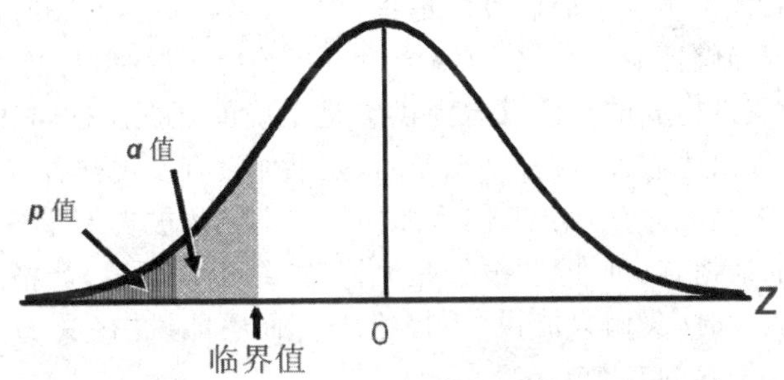


**图 8-3　实际犯第Ⅰ类错误概率 $p$ 与设定的最大第Ⅰ类错误概率 $\alpha$ 之间关系图**

要理解 $p$ 值的含义，还可想想考试中应答是非题的例子。一位同学声称他猜对是非的概率有 80%（原假设），结果 30 题是非题，他只猜对了 10 题。如果他的猜对概率真的是 80%，那么几乎不太可能 30 题只猜对 10 题。也就是，如果原假设是真的话，那么很少情况下会得到这样的抽样结果。这个“很少情况”就是 $p$ 值，$p$ 值越小，说明这种情况发生的概率越小，我们越有理由拒绝原假设。

$p$ 值是通过计算得到的，通过计算检验统计量（如 $Z$ 或 $t$ 值），然后查询分布表（如正态分布表或 t 分布表）求得累积概率 $p(Z\leqslant x)$ 就是 $p$ 值。依据计算检验统计量的公式（如公式 7.1 或 7.5），$p$ 值大小取决于三个因素。一是样本数据与原假设的差异，在广告态度这个例子中女性样本均值与男性总体均值差异是 0.2；另一个是样本容量，本例为 $n=100$；第三是被假设参数的总体分布，这决定了统计量的抽样分布形状。手工计算 $p$ 值比较复杂，我们在接下来的一节中将会介绍如何运用 SPSS 计算 $p$ 值。

**【你知道吗】**

$p$ 值反映了观察到的实际数据与原假设之间不一致的概率值，与传统的拒绝域范围相比，$p$ 值提供了实际犯第Ⅰ类错误概率的具体数值。比如，根据事先确定的 $\alpha$ 进行决策时，只要统计量的值落在拒绝域，无论它在哪个位置，拒绝原假设的结论都是一样的，即犯第Ⅰ类错误的最大概率为 $\alpha$。但是实际上，根据实际显著性水平 $p$ 值，我们知道统计量落在临界值附近（如 $Z=2.0$ 时，$p=0.0228$，实际犯错误的概率为 2.28%）与落在远离临界值的地方（$Z=3.0$，$p=0.0013$，实际犯错误的概率为 0.13%）是不同的，两种情况下决策可靠性具有较大差别：$Z=3.0$ 时所做的拒绝原假设的决策可靠程度高于 $Z=2.0$ 时的决策。

## 八、怎样表述决策结果

假设检验只提供不利于原假设的证据，因此，当拒绝原假设时，只表明根据样本提供的证据能够证明它是错误的；当没有拒绝原假设时，我们也没法证明它是正确的，因为假设检验的程序没有提供它是正确的证据。这与法庭上对被告的定罪类似，先提出原假设：被告是无罪的，如果你没有发现被告有罪的证据，你也无法得出“被告是无罪”的结论，因为即便你列举无数被告无罪的证据，只要今后找一个犯罪的证据，就可推翻“被告是无罪”的结论。所以，严格意义上来讲，当不能拒绝原假设时，我们只能说“不拒绝 $H_0$”而不能说“接受 $H_0$”，因为我们无法证明原假设是真的。

**【小结与要点】**

（1）假设检验是采用“证伪”方法，所以要检验研究假设之前，需要提一个与之相斥的原假设，以供我们“证伪”之用，证明原假设是伪的，从而支持研究假设。

（2）通常，原假设都是“没有效应”或“没有差别”的叙述，总是有符号$=$、$\geq$或$\leq$，而研究假设总是“具有影响效果”或者“具有显著差别”，总是有符号$\neq$、$<$或$>$。研究假设有的具有方向性，有的无方向性，前者与单侧检验相联系，而后者与双侧检验相关。

（3）由于存在不可避免的随机误差，我们在做假设检验时，将面临两类错误：第Ⅰ类错误（$\alpha$ 错误）和第Ⅱ类错误（$\beta$ 错误）。$\alpha$ 错误是弃真错误，而 $\beta$ 错误是取伪错误。$\alpha$ 错误可由研究人员自主设置，而 $\beta$ 错误则不能。新闻传播领域一般设置允许的 $\alpha$ 错误最大概率为 0.05 或 0.01。但是实际上，我们犯第Ⅰ类错误的概率为 $p$，当 $p<\alpha=0.05$ 或 0.01 时，则拒绝原假设；当 $p\geq\alpha=0.05$ 或 0.01 时则

不能拒绝原假设[①]。

(4)样本假设检验的过程分为三个步骤。第一步分别提出原假设和研究假设;第二步确定并计算检验统计量,到底采用何种统计量,需要判断待检验统计量的抽样分布为何分布。例如,当抽样分布为正态分布时采用 $Z$ 值,当抽样分布为t分布时,则采用t值;第三步是决定接受何种假设,如果检验统计量落在拒绝区域,则拒绝原假设,进而支持研究假设,如果检验统计落在接受区域,则不能拒绝原假设,从而也无法支持研究假设。

## 第二节　一个总体参数的检验

根据假设检验的不同内容和进行检验的不同条件,需要采用不同的检验统计量,在一个总体参数的检验中,用到的检验统计量主要有三个:$z$ 统计量、$t$ 统计量和 $\chi^2$ 统计量。$Z$ 统计量和 $t$ 统计量常用于均值和比例的检验,$\chi^2$ 统计量则用于方差的检验。选择什么统计量进行检验需要考虑待检验的统计量的抽样分布。

### 一、单样本均值的显著性检验

单样本平均数的显著性检验,是检验单个样本的平均值与特定总体平均值间是否具有显著差异。如果检验结果差异显著,则表示样本平均值的抽样分布(即 $\mu_{\bar{x}}$)与总体平均值(即 $\mu_0$)存在差异,或者说,样本平均数 $\bar{x}$ 与总体平均数 $\mu_0$ 的差异已经不能用抽样误差来解释了,这个差异是因为该样本并非来自 $\mu_0$ 这个总体,而是来自另一个总体。由于总体分布的形状以及样本容量大小等情况差异,依据中心极限定理,样本均值的抽样分布也存在差异,因而具体的检验统计量也有所不同,下文将一一加以介绍。

(一)样本均值的抽样分布为正态分布

依据中心极限定理,有两种情形样本均值的抽样分布为正态分布或可用正

---

① 通过 $p$ 值来决定是否拒绝原假设,单侧检验时,$p<\alpha$ 时拒绝原假设;双侧检验时 $\frac{p}{2}<\alpha$ 时拒绝原假设。

态分布来近似。第一，无论样本大小如何，只要总体为正态分布且方差已知；第二，无论总体为何分布，只要样本为大样本。在这两种情形下，假设检验选择 $Z$ 分数作为检验统计量，再将其与显著水平 $\alpha$ 所对应的 $Z$ 临界值进行比较，最后决定是拒绝原假设还是不拒绝原假设。这样的检验由于选用了 $Z$ 分数作为检验统计量，因此又称为 $Z$ 检验。

$Z$ 检验的决策判断标准如下：

对于双侧检验，若 $|z|<|z_{\alpha/2}|$，不拒绝原假设；

若 $|z|>|z_{\alpha/2}|$，拒绝原假设。

对于单侧检验，若 $|z|<|z_{\alpha}|$，不拒绝原假设；

若 $|z|>|z_{\alpha}|$，拒绝原假设。

**【例 8.6】**某地中学为了区分成绩好与成绩差的学生，专门设置实验班，对成绩好的学生进行单独授课。在一次高考中，全校英语平均分为 100，标准差为 15 的正态分布。随机抽取 25 名实验班学生，其平均成绩为 105。那么，在 $\alpha=0.01$ 水平下能否认为实验班学生的成绩高于全校学生成绩的一般水平？

解：根据题意，该研究的目的是检验样本平均值是否显著高于总体均值，因而是单侧检验。因为总体为正态分布且方差已知，所以抽样分布为正态分布，采用 $Z$ 值为检验统计量。

(1)提出原假设和研究假设：

$$H_0:\mu\leqslant 100$$
$$H_1:\mu>100$$

(2)计算检验统计量：

已知 $\mu_0=100, \sigma=15, n=25, \bar{x}=105$。所以：

$$z=\frac{\bar{x}-\mu_0}{\sigma/\sqrt{n}}=\frac{105-100}{15/5}=1.67$$

(3)因为 $\alpha=0.01$，由正态分布表可知 $Z_{\alpha}=Z_{0.01}=2.33$，所以本题中计算的检验统计量 $Z=1.67<Z_{0.01}$。由此，不拒绝原假设，因而未支持研究假设，没证据表明实验班学生的成绩高于全校的平均水平。

**【例 8.7】**已知某地区居民的手机依赖程度呈偏态分布，均值为 4.0。一研究团队对 64 名手机使用者进行调查，得到下表 8-2 数据。调查采用李克特量表，数值越大，依赖程度越高，5 分表示依赖程度最高，1 分表示依赖程度最低。在 $\alpha=0.01$ 水平下该样本群体能否代表该地区居民的手机依赖程度？

**表 8-2　手机依赖程度得分**

| 手机依赖程度 | | | | | | | |
|---|---|---|---|---|---|---|---|
| 3.85 | 3.85 | 3.77 | 4.00 | 4.38 | 5.00 | 3.54 | 3.92 |
| 3.54 | 3.15 | 3.92 | 4.31 | 4.69 | 3.23 | 2.77 | 4.31 |
| 3.69 | 4.15 | 3.15 | 4.00 | 4.38 | 3.46 | 4.31 | 4.23 |
| 5.00 | 3.85 | 3.15 | 2.77 | 4.77 | 2.69 | 3.62 | 3.46 |
| 4.31 | 2.85 | 3.46 | 3.38 | 4.08 | 4.08 | 4.62 | 2.85 |
| 2.92 | 2.62 | 4.46 | 3.77 | 3.38 | 4.15 | 2.77 | 3.77 |
| 3.46 | 4.54 | 3.38 | 3.69 | 3.46 | 5.00 | 3.85 | 4.15 |
| 4.38 | 4.23 | 3.62 | 3.85 | 3.85 | 4.31 | 3.31 | 3.62 |

解：根据题意，该研究的目的是检验样本平均值是否显著等于总体均值，因而是双侧检验。由于调查样本量 $n=64$ 为大样本，在总体分布为非正态的情况下，抽样分布可近似看作正态分布，检验统计量为 $Z$ 值。

(1)提出原假设和研究假设：

$H_0:\mu=4.0$

$H_1:\mu\neq4.0$

(2)计算检验统计量：

由题中数据计算可得，样本均值 $\bar{x}=3.80$，标准差 $s=0.60$，又已知 $n=64$，$\mu_0=4$，故

$$z=\frac{\bar{x}-\mu_0}{s/\sqrt{n}}=\frac{3.8-4.0}{0.6/\sqrt{64}}=-2.67$$

(3)因为 $\alpha=0.01$，由正态分布表可知 $Z_{\alpha/2}=Z_{0.005}=2.58$，由于 $|-2.67|>|2.58|$，$Z$ 值落入拒绝域内，故拒绝原假设，即样本的手机依赖程度与总体依赖程度有显著差异，该样本不能代表总体水平。

此外，我们还可以用 SPSS 进行假设检验。

第 1 步：点击【分析】——【比较均值】——【单样本 T 检验】，进入主对话框。

第 2 步：将“手机依赖”变量选入【检验变量】下的方框内，并将【检验值】改为总体均值“4.0”。如图 8-4 所示。

第 3 步：点击【选项】，将置信水平改为“99%”。点击【继续】，返回主对话框。

点击【确定】，输出检验结果，见表 8-3。

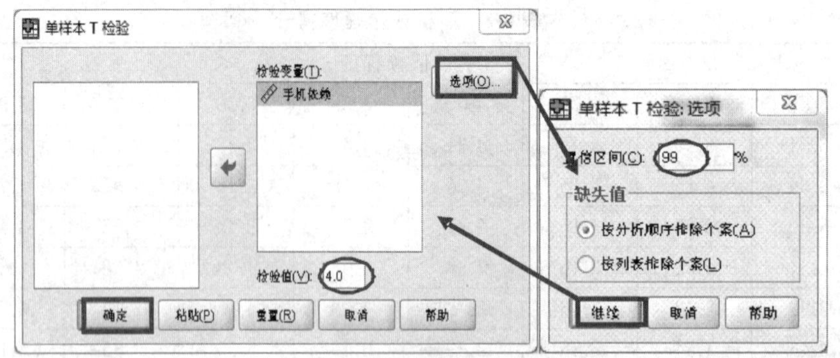


图 8-4　单样本 t 检验

表 8-3　样本手机依赖——输出结果

| | 检验值=4.0 | | | | | |
|---|---|---|---|---|---|---|
| | t | df | Sig.(双侧) | 均值差值 | 差分的99%置信区间 下限 | 差分的99%置信区间 上限 |
| 使用得分 | -2.696 | 63 | 0.009 | -0.20192 | -0.4009 | -0.0030 |

结果表明 $t$ 值 $=-2.696$，与我们手工计算 $Z$ 值 2.67 相比，相差不大。在样本量足够大的时候，$t$ 检验结果渐趋于 $Z$ 检验的结果，故 *SPSS* 用 $t$ 检验替代 $Z$ 检验。值得一提的是，在 *SPSS* 输出结果还包括实际犯第Ⅰ类错误概率值 $p$，即表 8-3 中的“sig”。因而我们可以不需要查表得到临界值、并与检验统计作比较，而是直接检验是否 $p<\alpha$，进而决定要不要拒绝原假设。本例中 $p=0.009$，小于 $\alpha=0.01$，故拒绝原假设。

（二）样本均值的抽样分布为 t 分布

依据中心极限定理，当总体为正态分布，但总体方差未知，样本为小样本时，则样本均值的抽样分布为 t 分布。因此选择 $t$ 分数作为检验统计量，再根据研究者所设定的显著性水平 $\alpha$ 和自由度 $df=n-1$，从 t 分布表中查出临界值，最后将 $t$ 分数与临界值相比较，进而做出是否拒绝原假设的决定。这样的检验由于选用了 $t$ 分数作为检验统计量，因此又称为 $t$ 检验。

$t$ 检验的决策判断标准如下，与 $Z$ 检验相似：

对于双侧检验，若 $|t|<|t_{\alpha/2}|$，不拒绝原假设；

若 $|t|>|t_{\alpha/2}|$，拒绝原假设。

对于单侧检验，若 $|t|<|t_{\alpha}|$，不拒绝原假设；

若 $|t|>|t_{\alpha}|$，拒绝原假设。

【**例 8.8**】某次全校公共必修课英语听力测验中，由于考试难度很大，全体学生的平均成绩只有 20。新闻传播学院宣称其学生的英语听力测试成绩高于全校的平均水平，为证明这个说明，英语教师随机选取了 16 位新闻传播学院的学生，结果发现 $\bar{x}=28, s=12$。假定全校学生英语听力成绩为正态分布，试检验 $\alpha=0.05$ 水平下新闻传播学院学生成绩是否高于全校的平均成绩。

解：依据题意，该检验为单侧检验。

第 1 步：提出原假设和研究假设：

$$H_0: \mu \leqslant 20$$
$$H_1: \mu > 20$$

第 2 步：确定和计算检验统计值：

由于总体为正态分布，方差未知，且样本量 $n=16$ 为小样本，所以样本均值的抽样分布服从 $df=15$ 的 t 分布。t 值为检验统计值。

已知 $\bar{x}=28, s=12, n=16, \mu_0=20$，得：

$$t=\frac{\bar{x}-\mu_0}{s/\sqrt{n}}=\frac{28-20}{12/\sqrt{16}}=2.68$$

第 3 步：当自由度 $df=16-1=15$ 时，$\alpha=0.05$ 显著水平所对应的临界值 $t_\alpha$ 值为 1.7531。所以此题检验统计量 2.68 大于临界值 1.7531，处于拒绝域内，因此拒绝原假设，支持研究假设，即新闻传播学院的学生成绩高于全校的平均水平。

**【你知道吗】**

在操作 SPSS 过程中会发现 SPSS 的菜单中没有 $Z$ 检验。这是为什么呢？这是因为当大样本时，$t$ 检验结果趋近于 $Z$ 检验的结果，而一般情况下只有大样本才符合样本均值的抽样分布为正态分布的要求，故 SPSS 可用 $t$ 检验替代 $Z$ 检验。你可能会说在总体为正态分布，且总体方差已知情况下，小样本的均值抽样分布也为正态分布，此时用 $t$ 检验就可能产生较大偏差。你说对了，这种情况下就不能借助 SPSS 了，只好采用人工计算 $Z$ 值，并查正态分布表获得临界值，进行比对以决定是否拒绝原假设。不过庆幸的是，这种可能性小之又小，因为总体方差可知的情况实在太少。

## 二、单样本比例的显著性检验

在新闻传播领域，常需要检验总体比例是否等于某个假设值 $\pi_0$，比如在民意调查中，有多少比例的群众赞同新出台的政策，或在选举之前调查某位候选人的支持率有多少。以政治选举为例，候选人的支持率是非常重要的信息，预示着该候选人的竞争力。50%是个相当重要的标志，得票率超过 50%将在选举中获胜，如果某候选人在一次民意调查中的支持率为 48%，他最终能否如愿当选？48%与 50%之间的 2%差异是由于抽样的随机误差造成的，还是由于该候选人的支持率确实低于竞争对手？

如果一个事件只可能有两种结果，我们将其称为二项分布，在样本量大的情况下，若 $np \geqslant 5$(或 $np > 10$)且 $n(1-p) \geqslant 5$(或 $n(1-p) \geqslant 10$)，则可以把二项分布近似为正态分布。所以，在总体比例的检验中，通常采用 $Z$ 检验。一般而言，有关比例问题的调查中往往使用大样本，因为小样本的调查结果非常不稳定。例如，随机抽取 10 个人，如果支持者有 4 人，支持率为 40%；如果支持者有 5 人，支持率则为 50%，样本中一个人的态度差异导致调查结果相差 10 个百分点，这种不稳定性是我们不愿意看到的。

总体比例的检验程序与总体均值的检验类似，在构造检验统计量时，仍然利用样本比例 $p$ 与总体比例 $\pi$ 之间的距离等于多少个标准差 $\sigma_p$ 来衡量。由于在大样本情形下统计量 $p$ 近似服从正态分布，因此检验的统计量为：

$$z=\frac{p-\pi_0}{\sqrt{\frac{\pi_0(1-\pi_0)}{n}}} \tag{式 8.1}$$

上式中，$p$ 为样本比例；$\pi_0$ 为总体比例。

**【例 8.9】**某市场研究公司为某品牌企业调查表明：最受消费者欢迎的广告形式是视频广告，超过 36%，其次是手机优惠券、广告推送、横幅广告、文本和音频广告。为检验这一统计结果是否可靠，该品牌企业随机抽选了 400 名消费者，发现其中 169 名消费者最喜欢视频广告。该结果是否支持最喜欢视频广告的消费者超过 36%的说法($\alpha=0.01$)？

解：根据题意，该研究假设是具有方向性的假设，因而是单侧检验。由于 $np=169>10$，$n(1-p)=231>10$，所以统计量 $p$ 近似服从正态分布。

(1)提出原假设和研究假设。

$H_0: \pi \leqslant 36\%$

$H_1: \pi > 36\%$

(2)计算检验统计量。已知 $p=169/400=42.25\%$，$\pi_0=36\%$。所以：

$$z=\frac{p-\pi_0}{\sqrt{\frac{\pi_0(1-\pi_0)}{n}}}=\frac{0.4225-0.36}{\sqrt{\frac{0.36\times(1-0.36)}{400}}}=2.60$$

(3)做出检验判断。由于这是右单侧检验，当 $\alpha=0.01$ 时，$Z=2.60>Z_\alpha=2.33$，检验值处于拒绝域内，所以拒绝原假设，支持该品牌视频广告受欢迎度超过 36%的看法。

## 三、总体方差的检验

在生产和生活的许多领域，仅仅保证所观测到的样本均值维持在特定水平范围内并不意味着整个过程就是正常的，方差的大小是否适度是需要考虑的另一个重要因素。例如，在产品质量检验中，一个方差大的产品自然意味着其质量或性能不稳定。相同均值的产品，方差小的自然要好些。在经济生活方面，对方差关注的例子比比皆是。例如，居民的平均收入说明了收入达到的一般水平，而收入的方差则反映了收入分配差异的情况，可以用于评价分配方案的合理性。

总体服从正态分布时，不论样本量 $n$ 的大小，样本方差的抽样分布都为 $\chi^2$ 分布，因而检验总体方差时采用以下统计量：

$$\chi^2=\frac{(n-1)s^2}{\sigma_0^2} \qquad \text{(式 8.2)}$$

其中，$n$ 为样本容量，$s$ 是样本方差，$\sigma_0$ 为总体方差。

对于给定的显著性水平 $\alpha$，双侧检验的拒绝域如图 8-5 所示。

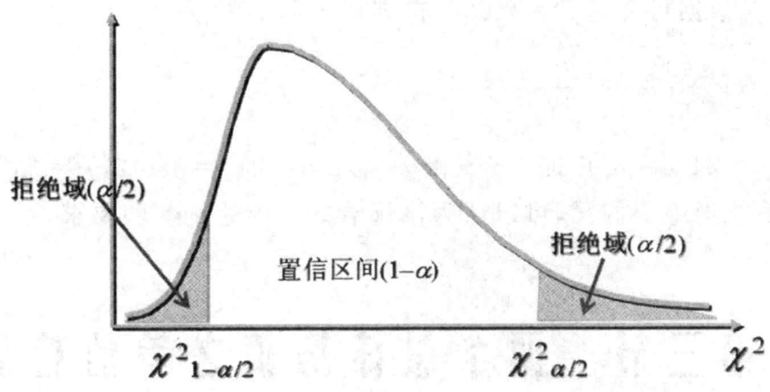


图 8-5 显著水平为 α 时双侧检验的临界值和拒绝区域

在实际应用中，右侧检验是最为常见的总体方差检验形式。一般来说，在涉及时间、含量、尺寸等测度的场合，人们总希望其变化幅度很小，也就是有较小的方差，大的方差往往不被接受。针对这种情况，通常将“总体方差大于某一最大容许值”作为研究假设，其对立面为原假设“总体方差小于等于该容许值”，再利用$\chi^2$检验做出是否拒绝原假设的决策。

**【例 8.10】**某项实验要求所用仪器的测量误差上下不超过 1 秒，下表 8-4 记录了某仪器对 25 名受试者进行测量的结果。试以 $\alpha=0.05$ 的显著水平检验该仪器是否符合实验要求。

**表 8-4　25 名被试的反应时间**

单位：秒

| | | | | |
|---|---|---|---|---|
| 0.3 | −0.4 | −0.7 | 1.4 | −0.6 |
| −0.3 | −1.5 | 0.6 | −0.9 | 1.3 |
| −1.3 | 0.7 | 1 | −0.5 | 0 |
| −0.6 | 0.7 | −1.5 | −0.2 | −1.9 |
| −0.5 | 1.0 | −0.2 | −0.6 | 1.1 |

解：据此题意，该研究假设具有方向性，因而采用单侧检验。由于我们所检验的统计量为$\chi^2$，所以：

(1)提出研究假设：

$H_0: \sigma^2 \leqslant 1$

$H_1: \sigma^2 > 1$

(2)计算检验值：

由样本数据可计算 $s^2=0.866$，根据式 8.2，

$$\chi^2=\frac{(n-1)s^2}{\sigma_0^2}=\frac{(25-1)\times 0.866}{1}=20.8$$

当 $df=24$，$\alpha=0.05$ 时，查表得 $\chi^2_{0.05}(df=24)=36.42$，$\chi^2=20.8$ 处于接受区域，故不能拒绝原假设，可以认为该仪器的性能达到实验要求。

# 第三节　两个总体均值之差的检验

两个总体参数的检验包括两个总体均值之差$(\mu_1-\mu_2)$的检验、两个总体比例之差$(\pi_1-\pi_2)$的检验和两个总体方差比 $\sigma_1^2/\sigma_2^2$ 的检验等。以总体均值之差的检验为例，即用样本平均数之间的差异$(\bar{x}_1-\bar{x}_2)$来推断两个样本各自所代表的总体$(\mu_1-\mu_2)$是否存在显著差异。与单个样本显著性检验一样，两个总体均值

之差的检验也需要依据不同条件，判断其抽样分布是何分布，从而决定采用什么检验统计量。但是由于两个总体均值之差的检验涉及到两个总体，因而需要考虑的因素就更多了，其中需要考虑的一个因素就是从两总体抽取的样本是相关的还是独立的。

## 一、独立样本的显著性检验

独立样本，是指两个样本的数据之间不存在关联性。也就是说，观测或抽取两个样本中的任何一个数据时，都不会受到两个样本中其他数据的任何影响，二者之间不存在任何连带关系。两个样本的容量可以相等，也可以不相等。

与单样本平均数的显著性检验一样，不同条件下的检验计算有所不同。

### （一）独立大样本的平均数之差检验

试设想，从第一个正态总体（$\mu_1, \sigma_1^2$）中随机抽取容量为 $n_1$ 的样本，计算出平均数，记为 $\bar{x}_1$；再从第二个正态总体（$\mu_2, \sigma_2^2$）中随机抽取容量为 $n_2$ 的样本，计算出平均数，记为 $\bar{x}_2$。在大样本情况下，两个样本平均数之差 $D_{\bar{x}} = \bar{x}_1 - \bar{x}_2$ 的抽样分布近似服从正态分布，并且经过标准化后则服从标准正态分布。其平均数和标准差分别为：

$$\mu_{D\bar{x}} = \mu_1 - \mu_2 \quad \text{（式 8.3）}$$

$$\sigma_{D\bar{x}} = \sqrt{\frac{\sigma_1^2}{n_1} + \frac{\sigma_2^2}{n_2}} \quad \text{（式 8.4）}$$

所以检验统计量 $Z$ 可表示为：

$$z = \frac{\mu_{D\bar{x}}}{\sigma_{D\bar{x}}} = \frac{(\bar{x}_1 - \bar{x}_2) - (\mu_1 - \mu_2)}{\sqrt{\frac{\sigma_1^2}{n_1} + \frac{\sigma_2^2}{n_2}}} \quad \text{（式 8.5）}$$

如果两个总体方差 $\sigma_1^2$ 和 $\sigma_2^2$ 未知，可分别用 $s_1^2$ 和 $s_2^2$ 替代，此时检验统计量为：

$$z = \frac{(\bar{x}_1 - \bar{x}_2) - (\mu_1 - \mu_2)}{\sqrt{\frac{s_1^2}{n_1} + \frac{s_2^2}{n_2}}} \quad \text{（式 8.6）}$$

**【例 8.11】**某机构对 2018 年上半年各大手机品牌的网络广告投放费用进行调查，发现门户网站和视频网站是手机品牌网络广告投放的首选媒体。此机构在门户网站上随机选取了 30 个手机品牌，调查得知其广告投放费用平均为 1 761万元，方差为 30 000 万元；在视频网站上随机选取了 30 个手机品牌，其广告投放平均费用为 1 635 万元，方差为 45 000 万元。在 $\alpha=0.01$ 的条件下，能否认为门户网站上的广告投放费用与视频网站的广告投放费用有显著差异？

解：设 $\mu_1$ = 门户网站的广告投放费用，$\mu_2$ = 视频网站的广告投放费用。由于关心的只是两类网站的广告投放费用是否存在差异，因此提出无方向的原假设和研究假设为：

$$H_0: \mu_1-\mu_2=0$$

$$H_1: \mu_1-\mu_2\neq 0$$

已知 $n_1=30, n_2=30, s_1{}^2=30\ 000, s_2{}^2=45\ 000, \bar{x}_1=1\ 761, \bar{x}_2=1\ 635$，样本均值之差 $D_{\bar{x}}$ 服从正态分布。

由于总体方差未知，只知道样本方差，因此采用式 8.6，计算结果为：

$$z=\frac{(\bar{x}_1-\bar{x}_2)-(\mu_1-\mu_2)}{\sqrt{\frac{S_1^2}{n_1}+\frac{S_2^2}{n_2}}}=\frac{(1\ 761-1\ 635)}{\sqrt{\frac{30\ 000}{30}+\frac{45\ 000}{30}}}=2.52$$

当 $\alpha=0.01$ 时，对应的临界值 $|Z_{\alpha/2}|=2.58$，由于 $2.52<2.58$，处于接受区域之内，故不拒绝原假设。因此，没有理由认为门户网站与视频网站在广告投放费用上有显著差异。

（二）独立小样本的平均数之差检验

当两个样本都是独立小样本时，此时要求两个总体都服从正态分布。检验时有以下三种情况：

1.如果总体方差 $\sigma_1{}^2$ 和 $\sigma_2{}^2$ 已知，无论样本量的大小，两个样本均值之差的抽样分布都服从正态分布，这时可用式 8.5 作为检验的统计量。

2.如果总体方差未知但相等，即 $\sigma_1{}^2=\sigma_2{}^2$ 时，则需要将样本方差 $s_1{}^2$ 和 $s_2{}^2$ 合并为 $s_p{}^2$，从而对总体方差进行估计。合并公式为：

$$s_p{}^2=\frac{(n_1-1)s_1^2+(n_2-1)s_2^2}{n_1+n_2-2} \qquad \text{（式 8.7）}$$

这时，两个样本均值之差经过标准化后服从自由度为 $(n_1+n_2-2)$ 的 t 分布，采用的检验统计量为：

$$t=\frac{(\bar{x}_1-\bar{x}_2)-(\mu_1-\mu_2)}{S_p\sqrt{\frac{1}{n_1}+\frac{1}{n_2}}} \qquad \text{（式 8.8）}$$

3.两个总体的方差未知且不相等时，即 $\sigma_1{}^2 \neq \sigma_2{}^2$ 时，样本均值之差标准化后不再服从自由度为 $(n_1+n_2-2)$ 的 t 分布，而是近似服从自由度为 $v$ 的 t 分布。这时检验的统计量为：

$$t=\frac{(\bar{x}_1-\bar{x}_2)-(\mu_1-\mu_2)}{\sqrt{\frac{s_1^2}{n_1}+\frac{s_2^2}{n_2}}} \qquad \text{(式 8.9)}$$

其统计量的自由度为 $v$，计算公式为：

$$v=\frac{\left(\frac{s_1^2}{n_1}+\frac{s_2^2}{n_2}\right)^2}{\frac{(s_1^2/n_1)^2}{n_1-1}+\frac{(s_2^2/n_2)^2}{n_2-1}} \qquad \text{(式 8.10)}$$

**【例 8.12】**随着移动互联网用户的不断增长，人们登陆新闻网站的方式逐渐从 PC 端转变至移动端。为比较不同性别的用户通过移动端登陆新闻网站的情况，某机构分别独立选取了 8 名男性和 7 名女性，对他们每周通过手机、iPad 等移动终端登陆新闻网站的时长进行调查，收集到下表 8-5 所示数据(单位：小时/周)。假定男性和女性用户时长服从正态分布，在 $\alpha=0.05$ 的显著性水平下，检验男性用户与女性用户登陆时长之间是否存在显著差异：(1)已知 $\sigma_1{}^2=\sigma_2{}^2$；(2) $\sigma_1{}^2 \neq \sigma_2{}^2$。

**表 8-5 不同性别的用户通过移动端观看新闻的时间(小时/周)**

| | | | | | | | | |
|---|---|---|---|---|---|---|---|---|
| 男 | 20.5 | 19.8 | 19.7 | 20.4 | 20.1 | 20.0 | 19.0 | 19.9 |
| 女 | 20.7 | 19.8 | 19.5 | 20.8 | 20.4 | 19.6 | 20.2 | |

解：设 $\mu_1$ = 男性用户登陆时长，$\mu_2$ = 女性用户登陆时长。由于关心的男女用户的登陆时长是否相等，因此提出无方向的原假设和研究假设，并进行双侧检验：

$H_0: \mu_1-\mu_2=0$

$H_1: \mu_1-\mu_2 \neq 0$

为了避免繁杂的计算，我们用 SPSS 来计算检验统计量 $t$ 值：

**第 1 步：进入独立样本 T 检验窗口。**点击【分析】——【比较均值】——【独立样本 T 检验】，打开如图 8-6 所示的对话框。

**第 2 步：选入变量。**将对话框左侧的“使用时长”变量点选入【检验变量】下的方框，将“性别”点选入【分组变量】下的小方框中。单击【定义组】按钮，打

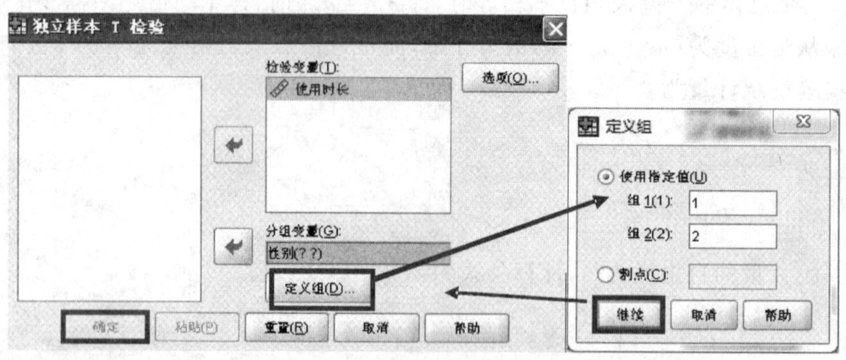


图 8-6　独立样本 t 检验过程

开定义分组变量水平的对话框，如图 8-6 的右图所示，然后定义组别为“1”和“2”。

**第 3 步：输出结果。**单击【继续】返回主对话框，单击【确定】，输出分析结果，如表 8-6 和 8-7 所示。

表 8-6　输出表 1——独立样本 t 检验

| | 性别 | N | 均值 | 标准差 | 均值的标准误 |
|---|---|---|---|---|---|
| 使用时长 | 男性 | 8 | 19.925 | 0.4652 | 0.1645 |
| | 女性 | 7 | 20.143 | 0.5224 | 0.1974 |

由上表可知，男性和女性的样本平均值分别为 19.93 和 20.14，标准差分别为 0.47 和 0.52，标准误分别为 0.16 和 0.20。

表 8-7　输出表 2——独立样本 t 检验

| | | 方差方程的Levene检验 | | 均值方程的t检验 | | | | | | |
|---|---|---|---|---|---|---|---|---|---|---|
| | | | | | | | | | 差分的95%置信区间 | |
| | | F | Sig. | t | df | Sig.(双侧) | 均值差值 | 标准误差值 | 下限 | 上限 |
| 使用时长 | 假设方差相等 | 0.623 | 0.444 | –0.855 | 13 | 0.408 | –0.2179 | 0.2548 | –0.7684 | 0.3327 |
| | 假设方差不相等 | | | –0.848 | 12.187 | 0.413 | –0.2179 | 0.2570 | –0.7768 | 0.3411 |

在表 8-7 中结果分两行，第一行的结果是满足(1)$\sigma_1{}^2=\sigma_2{}^2$，即“假设方差相等”时，两个独立样本均值之差显著性检验的结果，本例中 $t=-0.855$，$df=13$，$p=0.408$，依据 $p>\alpha$ 判断标准，不拒绝原假设，所以没有证据表明男女用户在登陆时长上有显著差异。第二行的结果是满足(2)$\sigma_1{}^2\neq\sigma_2{}^2$，即“假设方差不相等”时，两个独立样本均值之差显著性检验的结果，本例中 $t=-0.848$，$df=12.187$，$p=0.413$，$p>\alpha$，得出的结论与第(1)小题一样。对比表 8-7 上下两行结果，无论是 $t$ 值、自由度 $df$ 和 $p$ 值($sig$.值)都有些微小差异。这是因为两个总体方差相等和不

等的两种情境下，统计量 $t$ 和自由度 $df$ 的计算公式不同造成的。

细心的读者可能会提出疑问：既然总体未知，我们从何得知两个总体方差是相等还是不等。其实我们是通过方差齐性检验来判断两个总体方差是否相等。在 SPSS 的独立样本 T 检验中提供了方差齐性检验，即“方差方程的 Levene 检验”。本例中，检验统计量 $F=0.623$，实际显著性水平 $p=0.444>\alpha=0.05$，因而不能拒绝“方差相等”的原假设，表明两个总体方差相等。因而，例题 8.12 的正确答案应该为第一行所示结果：$t=-0.855, df=13, p=0.408$。

**【你知道吗】**

以上可看到，独立样本的平均数之差检验存在很多种情况，各种情况的检验方法和计算公式各不同。这真是太可怕了，别说要判断所面临的研究问题符合何种情况或条件，这么多复杂的计算公式就会把人吓倒！大家不用担心，其实以上独立样本平均数之差检验的各种情形，无论是大样本还是小样本，无论是方差已知还是未知，只要是两个样本是互相独立的，都可用 SPSS 的独立样本 T 检验的统计方法来解决。你只需要在看 SPSS 报表时注意“方差方程的 Lenene 检验”结果，是“假设方差相等”还是“假设方差不相等”，以决定读取表 8-7 的第一行结果还是第二结果。估计大家还会有疑虑，$Z$ 检验可以用 $t$ 检验替代吗？这与单样本均值性检验一样：在大样本的情况下，两者相差甚微。

## 二、相关样本的平均数之差检验

相关（配对）样本是指两个样本的数据之间存在一一对应的关系。相关样本一般在两种情形下产生：一是采用配对组的实验设计；二是采用同一样本前后测量设计。由于相关样本的每一个样本中，每一个数据都有另一个样本中的唯一数据与之配对，所以一般两个样本的测量数据都是成对的。因此可以求出每对数据的差值 $d$，如果假设两个总体均值相等 $\mu_1=\mu_2$，那么 $\mu_d=\mu_1-\mu_2=0$，于是，可以把相关样本的检验问题转化为对 $d$ 进行的单样本显著性检验问题，检验假设为：$\mu_d=0$ 或 $\mu_d=d_0$，$d_0$ 为某个既定常数。

相关样本的检验需要符合三个条件：(1)假定两个总体的配对差值 $d$ 构成的总体服从正态分布；(2)配对差值是由差值总体中随机抽取的；(3)测量数据是成对的或配对的。此时的检验统计量如下：

$$t=\frac{\bar{d}-d_0}{s_d/\sqrt{n_d}}\sim t(n-1) \qquad \text{（式 8.11）}$$

公式中：

其中，样本差值均值和样本差值标准差的计算公式如下：

$$\bar{d}=\frac{\sum_{i=1}^{n}d_i}{n_d} \quad \text{（式 8.12）}$$

$$s_d=\sqrt{\frac{\sum_{i=1}^{n}(d_i-\bar{d})^2}{n_d}} \quad \text{（式 8.13）}$$

**【例 8.13】**某公司进行了一项广告效果测评实验，随机选取 18 位消费者，使用标准化的量表分别在广告播出前后测量了他们对某品牌产品的购买意向，测量结果如表 8-8 所示。试分析受众在该广告播出前后的购买意向是否有显著性差异。

**表 8-8　广告前后被试的购买意向**

| 被试 | 广告前 | 广告后 |
|---|---|---|
| 1 | 70.00 | 79.00 |
| 2 | 72.00 | 92.00 |
| 3 | 85.00 | 87.00 |
| 4 | 70.00 | 90.00 |
| 5 | 65.00 | 74.00 |
| 6 | 36.00 | 56.00 |
| 7 | 82.00 | 78.00 |
| 8 | 86.00 | 83.00 |
| 9 | 68.00 | 69.00 |
| 10 | 65.00 | 79.00 |
| 11 | 70.00 | 70.00 |
| 12 | 80.00 | 81.00 |
| 13 | 76.00 | 90.00 |
| 14 | 68.00 | 63.00 |
| 15 | 64.00 | 70.00 |
| 16 | 72.00 | 75.00 |
| 17 | 54.00 | 69.00 |
| 18 | 56.00 | 79.00 |

解：据题意，提出无方向的原假设和研究假设，并进行双侧检验：

$H_0:\mu_d=0$

$H_1: \mu_d \neq 0$

为了避免繁杂的计算，我们用 SPSS 来计算检验统计量 $t$ 值：

**第 1 步：进入配对样本 T 检验对话框。**单击【分析】——【比较均值】——【配对样本 T 检验】，打开配对样本 T 检验的主对话框。

**第 2 步：选入配对变量。**从对话框左侧的变量列表中先后选中“广告前”和“广告后”，置入右侧的【成对变量】变量框中，使变量 1 为“广告前”变量，变量 2 为“广告后”变量，形成第 1 对配对变量。如图 8-7 所示。

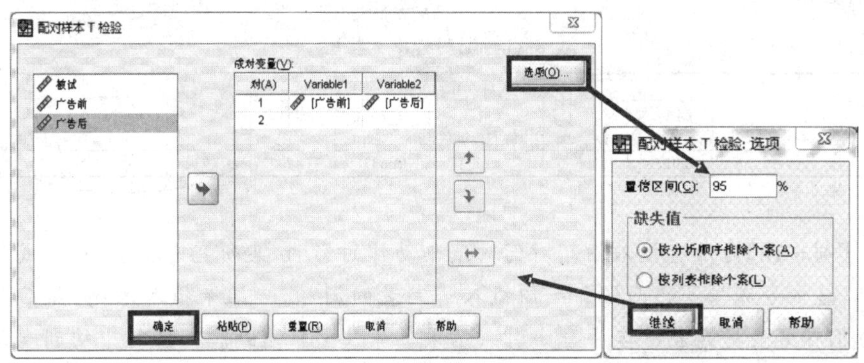


图 8-7　相关样本 $t$ 检验

**第 3 步：设置置信区间。**单击【选项】，对置信区间进行设置。本题默认为 95%的置信水平，如图 8-7 右图所示。点击【继续】返回主对话框。

**第 4 步：输出结果。**点击【确定】，输出分析结果。这一分析过程输出的结果主要包括三个表格，第一个表格反映了数据样本的描述性统计分析结果，包括平均数、标准差和标准误，如表 8-9。

表 8-9　配对样本统计量

| | | 均值 | N | 标准差 | 均值的标准误 |
|---|---|---|---|---|---|
| 对 1 | 广告前 | 68.8333 | 18 | 11.99632 | 2.82756 |
| | 广告后 | 76.8889 | 18 | 9.71287 | 2.28935 |

输出的第二个表格如表 8-10 所示，反映了配对样本数据的相关系数及其显著性。在本例中，被试在观看广告前后购买意愿的相关系数为 0.659，显著性检验得到的显著水平为 $p=0.003<0.05$，达到显著水平，说明广告前与广告后受众的购买意愿具有显著相关，证明了两个样本为相关样本。

表 8-10 配对样本相关系数

| | | N | 相关系数 | Sig. |
|---|---|---|---|---|
| 对1 | 广告前&广告后 | 18 | 0.659 | 0.003 |

输出的第三个表格是 $t$ 检验的主要结果，如表 8-11 所示。广告前和广告后受众购买意愿的配对差值的平均值为 $-8.06$，$t$ 值为 $-3.71$，实际显著水平 $p=0.002<0.05$。所以拒绝原假设，也就是说，受众在观看广告前后购买意愿有了显著变化。

表 8-11 配对样本 $t$ 检验

| | | 成对差分 | | | | | t | df | Sig.(双侧) |
|---|---|---|---|---|---|---|---|---|---|
| | | | | | 差分的95%置信区间 | | | | |
| | | 均值 | 标准差 | 均值的标准误 | 下限 | 上限 | | | |
| 对1 | 广告前-广告后 | -8.05566 | 9.20660 | 2.17002 | -12.63389 | -3.47722 | -3.712 | 17 | 0.002 |

【**例 8.14**】为研究摄入酒精对驾驶汽车动作的影响，某研究者抽取 20 名成年司机，随机分成相等的两组。一组摄入一定量的酒精，一组未摄入酒精，然后要求他们在驾驶场驾驶汽车半个小时。结果每一位司机遇到障碍物时平均刹车距离为：

摄入酒精组刹车距离(m)： 3.5 3.0 4.5 2.8 5.0 4.0 2.6 5.0 4.5 6.0

未摄入酒精组刹车距离(m)： 3.2 2.5 2.5 1.0 3.5 2.0 2.0 2.5 1.5 1.0

在 $\alpha=0.01$ 水平下，试分析酒精对司机驾驶操作有明显影响吗？

解：此题我们可继续通过配对样本 T 检验回答上述问题。

(1)据题意，提出无方向的原假设和研究假设，并进行双侧检验。

$$H_0:\mu_d=0$$

$$H_1:\mu_d\neq 0$$

(2)通过 SPSS 进行配对样本显著性检验，得到下表 8-12 的检验结果：

表 8-12 摄入酒精组与未摄入酒精组的 $t$ 检验($n=20$)

| | 均值 | 标准差 | t 值 | 自由度 | P 值 |
|---|---|---|---|---|---|
| 摄入酒精组－未摄入酒精组 | 1.92 | 1.40 | 4.35 | 9 | 0.002 |

(3)根据检验结果做出判断：

由于显著水平 $p=0.002<\alpha=0.01$ 达到显著性，故拒绝原假设，摄入酒精组与未摄入酒精组的刹车距离存在显著差异，酒精对司机的驾驶操作有明显影响。

## 第四节　两个总体比例之差的检验

两个总体比例之差$(\pi_1-\pi_2)$的检验思路与一个总体比例的检验类似，要求两个总体都服从二项分布，两个样本都是大样本。当 $n_1p_1$、$n_1(1-p_1)$、$n_2p_2$ 以及 $n_2(1-p_2)$都≥5 或 10 时，就可以认为是大样本。两个样本比例之差的抽样分布为正态分布，因而两个总体比例之差检验的统计量为 $Z$ 值：

$$z=\frac{p_1-p_2}{\sqrt{p(1-p)(\frac{1}{n_1}+\frac{1}{n_2})}} \quad \text{（式 8.14）}$$

其中：

$$p=\frac{x_1+x_2}{n_1+n_2}=\frac{p_1n_1+p_2n_2}{n_1+n_2} \quad \text{（式 8.15）}$$

**【例 8.15】**在世界杯期间，大量球迷通过移动设备跟踪动态的比赛结果。某机构抽取了 100 名 18～30 岁人群和 100 名 30～50 岁人群，调查其观看球赛所使用的媒体设备。在 18～30 岁的人群中，76 人称经常通过手机、iPad 等移动设备观看球赛；在 30～50 岁的人群中，69 人选择了使用移动设备观看球赛。分析两个年龄段在使用移动设备观看球赛方面是否有显著差异。

解：(1)建立研究假设：

$$H_0:\pi_1=\pi_2$$
$$H_1:\pi_1\neq\pi_2$$

(2)根据公式 8.14 和 8.15 计算检验统计量：

$$p=\frac{x_1+x_2}{n_1+n_2}=\frac{76+69}{100+100}=0.725$$

$$z=\frac{p_1-p_2}{\sqrt{p(1-p)(\frac{1}{n_1}+\frac{1}{n_2})}}=\frac{0.76-0.69}{\sqrt{0.725\times(1-0.725)\times(\frac{1}{100}+\frac{1}{100})}}=1.11$$

(3)根据显著水平作出判断：

当 $\alpha=0.05$ 时，$Z_{\alpha/2}=1.96>1.11$，故不能拒绝原假设。所以，没有证据表明18～30 岁人群与 30～50 岁人群在使用移动设备观看球赛上有显著差异。

有时候，检验两个样本比例是否相等并不能满足我们的研究需要，如在某研究中，已知男性上网聊天的比例高于女性，我们需要检验男性比例是否高于女性比例某个固定值，即检验 $\pi_1-\pi_2=d_0(d_0\neq0)$。这时，我们仍选择 $Z$ 作为检验统计量，公式为：

$$z=\frac{(p_1-p_2)-(\pi_1-\pi_2)}{\sqrt{\frac{p_1(1-p_1)}{n_1}+\frac{p_2(1-p_2)}{n_2}}}=\frac{(p_1-p_2)-d_0}{\sqrt{\frac{p_1(1-p_1)}{n_1}+\frac{p_2(1-p_2)}{n_2}}} \quad (\text{式 } 8.16)$$

## 第五节　两个总体方差之比的检验

在实际运用中，我们常关注两个总体方差是否相等的问题，如比较两个生产过程的稳定性，比较两种投资方案的风险等。我们在前面讨论两个总体均值之差的检验时，也需要假定两个总体的方差相等或不相等。由于在许多情况下总体方差是否相等事先往往不知道，所以在进行两个总体均值之差的检验之前，需要先进行两个总体方差是否相等的检验，即方差齐性检验。这就是本节将要介绍的内容。

在比较两个总体方差 $\sigma_1{}^2$ 和 $\sigma_2{}^2$ 时，总体方差往往是未知的，此时我们通过比较两个样本方差是否相等来推断总体方差是否相等。与两个总体均值之差的检验思路不同，我们通过检验两个样本方差之比 $s_1{}^2/s_2{}^2$ 是否接近于 1 来达到目的，如果接近 1，说明两个总体方差 $\sigma_1{}^2$ 和 $\sigma_2{}^2$ 很接近，如果比值结果远离 1，说明 $\sigma_1{}^2$ 和 $\sigma_2{}^2$ 之间有较大差异。在两个总体正态分布的条件下，两个方差之比服从 $F$ 分布，自由度分别为 $n_1-1$ 和 $n_2-1$。公式为①

$$F=\frac{s_1^2}{s_2^2} \quad (\text{式 } 8.17)$$

在双侧检验中，拒绝域在 F 分布的两侧，两个临界点的位置分别为：$F_{\alpha/2}(n_1-1,n_2-1)$，$F_{1-\alpha/2}(n_1-1,n_2-1)$。

① 统计量 $F$ 的公式原本为 $F=\frac{s_1^2/\sigma_1^2}{s_2^2/\sigma_2^2}$，但由于在原假设 $\sigma_1^2=\sigma_2^2$，故公式简化为 $F=\frac{s_1^2}{s_2^2}$。

其中：

$$F_{1-\alpha/2}(n_1-1,n_2-1)=1/F_{\alpha/2}(n_2-1,n_1-1) \tag{式 8.18}$$

在上式中，$F_{\alpha/2}$ 和 $F_{1-\alpha/2}$ 的分子自由度和分母自由度刚好相互调换。

**【例 8.16】**某品牌商想选择一个牌位投放户外广告，现有两个备选牌位。根据仪器的监控，两个牌位前的车流量均值差别不大，价格也较相近，现在需要考虑的因素就是每日车流量的方差大小。表 8-13 显示了两个牌位前每天的车流量数据，试分析两者车流量的方差是否有显著差异（假定 α＝0.05）。

**表 8-13　两广告牌位日均车流量**

单位：万辆/天

| | | | | | |
|---|---|---|---|---|---|
| 牌位 1 | 650 | 569 | 622 | 630 | 596 |
| | 624 | 637 | 628 | 706 | 617 |
| | 688 | 563 | 580 | 711 | 480 |
| | 632 | 723 | 651 | 569 | 709 |
| 牌位 2 | 568 | 681 | 636 | 607 | 555 |
| | 562 | 496 | 540 | 539 | 529 |
| | 584 | 589 | 646 | 596 | 617 |

解：将牌位 1 作为样本 1，牌位 2 作为样本 2，要分析的是两个总体方差是否存在差异，因而是双侧检验问题。建立的原假设和研究假设分别为：

$$H_0:\sigma_1^2/\sigma_2^2=1$$
$$H_1:\sigma_1^2/\sigma_2^2\neq 1$$

根据题中数据可知，$n_1=20$，$n_2=15$，$s_1^2=3675.46$，$s_2^2=2431.43$。由此可得：

$$F=\frac{s_1^2}{s_2^2}=\frac{3\,675.46}{2\,431.43}=1.51$$

分子自由度 $df_1=20-1=19$，分母自由度 $df_2=15-1=14$

当 $\alpha=0.05$ 时，由 F 分布临界值表（双侧检验）可得：$F_{0.025}(19,14)=2.84$，

由于 $F_{0.025}(14,19)=2.62$，由公式 8.18 可得：

$$F_{1-\alpha/2}(n_1-1,n_2-1)=1/F_{\alpha/2}(n_2-1,n_1-1)=1/2.62=0.38$$

故两个临界点分别为 $F_{1-\alpha/2}=0.38$，$F_{\alpha/2}=2.84$

由于 0.38＜1.51＜2.84，检验值处于接受区域，故不能拒绝原假设，因而没有证据表明两块牌位前的车流量方差具有显著差异。

当然 SPSS 也为我们提供两个方差之比的检验，即方差同质性检验。

**第 1 步：进入单因素分析对话框。** 点击【分析】——【比较均值】——【单因素 ANOVA】，进入主对话框。

**第 2 步：选入变量。** 将“车流量”选入【因变量列表】下的方框，将“广告牌位”选入【因子】下的方框，如图 8-8 所示。

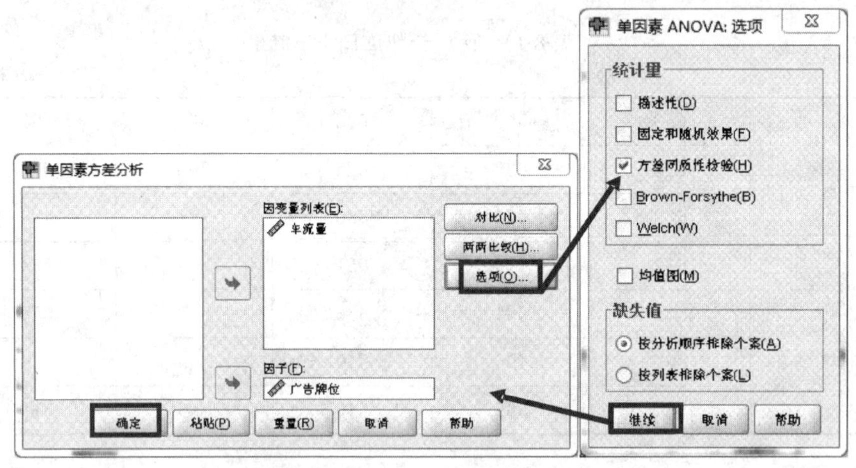


**图 8-8　两个方差之比的显著检验**

**第 3 步：输出结果。** 点击【选项】，在出现的对话框中选中【方差同质性检验】，如图 8-13 所示。点击【继续】，返回主对话框。点击【确定】，输出两个报表，其中第一个报表就是方差齐性检验的结果，如表 8-14 所示。

**表 8-14　方差齐性检验**

| Levene 统计量 | $df_1$ | $df_2$ | 显著性 |
|---|---|---|---|
| 0.207 | 1 | 33 | 0.652 |

由表可知，在方差齐性的假设下，计算出的 F 统计值为 0.207，实际的显著水平 $p=0.652>0.05$，故不拒绝原假设。所以没有证据证明两个牌位前的车流量有显著差异。

## 【小结与要点】

(1)显著性检验的内容多而繁杂，不但要分一个总体参数的检验与两个总体参数的检验，还要细分均值检验、比例检验和方差检验的各种具体情况。不过大家不用担心，下面的图表(图 8-9)可帮你理清各种检验情形，你不需要记各种检验的公式并进行计算，多数情况下 SPSS 都可来帮忙，你只需要判断面临的假设检验是何种检验情形，然后再决定选择 SPSS 的哪个具体分析方法。

(2)对于一个总体的均值检验，除小样本总体方差已知情况下用手工计算比较精确外，其他两情况都用 SPSS 中的【分析】——【比较均值】——【单样本 T 检验】菜单来完成；两个总体均值之差检验中独立样本用 SPSS 中的【分析】——【比较均值】——【独立样本 T 检验】菜单来完成，而相关样本可通过【分析】——【比较均值】——【配对样本 T 检验】菜单来完成。一个总体比例检验、两个总体比例之差检验和一个总方差检验 SPSS 都帮不上忙，得靠自己按照公式计算，而两个总体方差之比的检验可让 SPSS 帮忙，菜单为【分析】——【比较均值】——【单因素 ANOVA】。

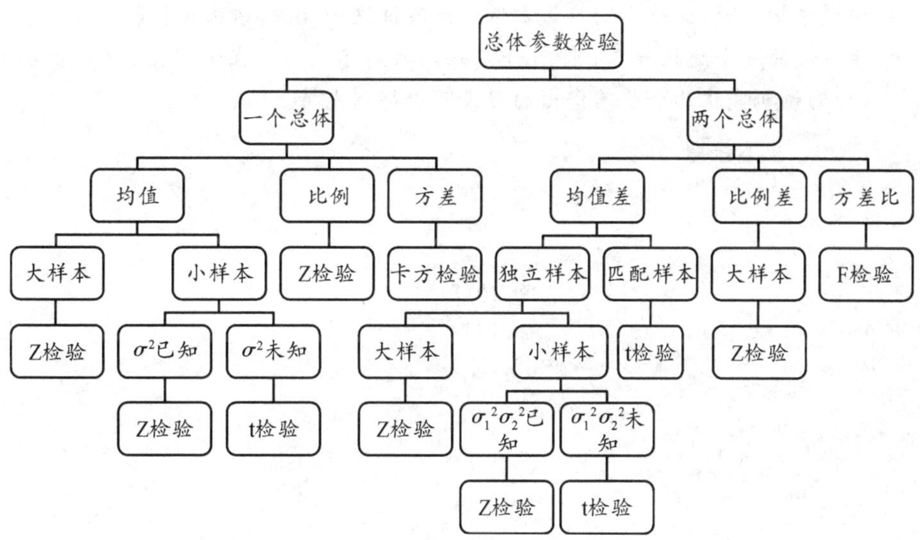


图 8-9　总体参数检验的不同情况

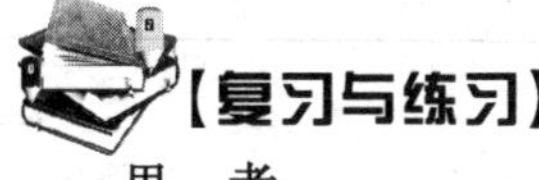

## 【复习与练习】

思　考：

1.什么是假设检验中的显著性水平？统计显著是什么意思？

2.假设检验中的两类错误是什么？

3.试解释假设检验中的 $p$ 值。

4.如何提出假设？

**牛刀小试：**

1.在大学生的广告态度调查中，研究者声称大学生的广告总体态度小于3.50分，请写出假设检验的各个步骤，运用 SPSS 对《受众广告态度调查》的数据进行分析，并依据 SPSS 结果报告证明研究者的假设是否正确（$\alpha=0.05$）。

2.依据《受众广告态度调查》这批数据，试在 $\alpha=0.05$ 显著性水平下，检验男生与女生之间在广告素养上是否具有显著差异。

3.还是依据《受众广告态度调查》这批数据，试在 $\alpha=0.05$ 显著性水平下，检验大三学生的广告总体态度是否大于大一学生的广告总体态度。

4.有学者提出广告素养与广告总体态度是较相似的概念，调查这两个变量时两者的得分无显著差异，依旧采用《受众广告态度调查》这批数据，试在 $\alpha=0.05$ 显著性水平下，检验广告素养与广告总体态度均值之间是否具有显著差异？

5.对大学生受众的一项调查表明，只有12%的大学生每周收看电视。某媒体研究机构认为，这一比例应该更低。为验证这一说法，该机构抽取由300个大学生组成的一个随机样本，其中31人每周收看了电视。在 $\alpha=0.01$ 显著性水平下，帮助该研究机构检验其提出的假设是否得到支持。

# 第九章 方差分析

**本章学习重点：**

- 方差分析的基本思想和原理
- 单因素方差分析的方法
- 多重比较
- 双因素方差分析的方法
- 实验设计方法与数据分析

上一章介绍了检验两个总体均值是否相等即两个样本是否取自同一总体的方法。那么，当我们要比较三个或三个以上总体均值是否相等或者是否具有显著差异时，是不是也可以进行两两配对后再做两个总体均值之差的假设检验呢？答案是否定的。当总体超过两个以上时，我们采用另一种全然不同的方法进行检验，即方差分析(analysis of variance，ANOVA)。

在第八章第五节《两个总体方差之比检验》中，我们介绍了 $F$ 统计量，方差分析采用的就是 $F$ 统计量。该统计量以其建立者 Fisher 来命名，是主要用于处理实验数据的统计方法。方差分析通过检验各总体均值是否相等来判断分类型自变量对数值型因变量是否有显著影响。例如在《受众广告态度调查》中，我们想了解一年级、二年级和三年级大学生在广告素养上是否具有显著差异，这时涉及到三个总体均值的比较，必须进行方差分析，在方差分析中，可通过检验三个总体均值是否相等来判断年级对广告素养是否具有显著影响。年级就是一个分类型变量，在本研究中属于自变量，而广告素养是一个数值型变量，在本研究中担当因变量的角色。

方差分析可以分为单因素方差分析和多因素方差分析。所谓"因素"，就是实验研究所涉及的自变量或是分组变量。单因素方差分析(one-way analysis of variance)是最简单的方差分析，只涉及一个自变量。在上例中，年级就是因素或分组变量，它一共有一年级、二年级和三年级三个处理(treatment)或水平(level)。表 9-1 呈现了单因素实验设计的例子，表中的数值为样本数据。

表 9-1　单因素方差分析的实验设计

| 年级 | | |
|---|---|---|
| 一年级 | 二年级 | 三年级 |
| 3.55 | 4.15 | 4.12 |
| 4.33 | 3.87 | 4.10 |
| 4.02 | 3.77 | 3.96 |
| 3.65 | 4.13 | 3.77 |
| 4.21 | 4.11 | 3.87 |
| 3.78 | 4.03 | 3.74 |
| 4.15 | 3.90 | 3.97 |
| 4.26 | 4.24 | 4.22 |

多因素方差分析是更复杂的方差分析，涉及两个及以上的自变量或分组变量。多因素方差分析不仅计算过程复杂，计算结果的解释也相应地复杂一些。一般地，由于实验设计、实验实施等方面的种种限制以及实验结果解释的困难，一般的实验只涉及两个或三个自变量，本章只介绍两个自变量的方差分析，即双因素方差分析。在上例中，我们既要考虑不同年级水平对广告素养造成的影响，也要考虑不同性别对其产生的效应，这时实验设计则是 3×2 的双因素实验设计。双因素分别为年级和性别，3 表示年级因素有三个水平（一年级、二年级和三年级），2 表示性别这个因素有两个水平（男和女），综合起来就有 6 种不同的可能性，即 6 种处理。

**【你知道吗】**

当需要比较三个或三个以上总体均值之间是否有显著差异时，为什么不能对这几个总体先进行两两配对后再做两个总体均值之差的假设检验呢？这是因为：第一，如果总体数量比较多，则需要配许多对检验，例如当要检验 4 个总体时，需要配 6 对，做 6 次检验，这样的两两比较就十分繁琐；第二，也是最主要的原因，如果设置 $\alpha=0.05$，则每次检验犯第Ⅰ类错误（$\alpha$ 错误）的概率都是 0.05，连续做六次检验犯错误的概率为 $1-(1-\alpha)^6=0.265$，显然在实践中是不可取的。

# 第一节　方差分析的基本原理

方差分析是利用方差之比的抽样分布原理——$F$ 分布原理来检验几个总体均值之间是否具有显著差异。

## 一、方差分析中的误差分解

方差分析，顾名思义，是通过方差来判断不同总体的均值是否有差异。也就是说，通过对数据误差来源的分析来判断不同总体的均值是否相等，进而分析自变量对因变量是否有显著影响。因此，在进行方差分析时，需要考虑数据误差的来源。

一般地说，每个测量数据与总平均值的差异由两种因素造成。一种为随机误差，它是由很多难以掌控的因素造成的；另一种差异为系统误差，它是由某种可确定的条件因素造成的，如上例中年级造成的广告素养得分差异。如表 9-1 所示，同一水平（组）内的 8 个观测值之间的差异是由于随机因素的影响造成的，或者说是由于抽样的随机性造成的随机误差。这种来自水平内部的由于随机因素造成的数据误差也称为组内误差。它反映了一个样本内部数据的离散程度，显然，组内误差只含有随机误差。观察表 9-1，我们进一步发现不同水平之间的观测值也是存在差异的，这种差异不仅是随机因素造成的，而在更大程度上是由于年级和性别等系统性因素造成的系统误差（处理误差）。这种来自不同水平之间的数据误差称为组间误差，它反映了不同样本之间数据的离散程度。

在方差分析中，数据之间的误差是用平方和来表示的。

反映全部数据误差大小的平方和称为总平方和（sum of squares for total），记为 SST。在表 9-1 中，所抽取的 24 名消费者广告素养之间的误差平方和就是总平方和，它反映了全部观测值的离散状况。

反映组内误差大小的平方和称为组内平方和（sum of squares for within），也称为误差平方和或残差平方和，记为 SSW。每个样本内部的数据平方和加在一起就是组内平方和，它反映了每个样本内各观测值的离散状况。例如，8 个一年级男生的广告素养的误差平方和，就是组内平方和。

反映组间误差大小的平方和称为组间平方和（sum of squares for between），也称为因素平方和，记为 SSB。例如，一年级男生、一年级女生、二年级男生……六组平均值之间的误差平方和就是组间平方和，它反映了样本均值之间的差异程度。

## 二、方差分析的基本原理

方差代表着数据的变异或离散情况。对于同一组数据，该变异是由各个观测值之间的差异造成的。如果我们的数据是由几组数据组成的，那么这些数据之间的总误差就来自两个方面或是由两个误差源造成的：一是由随机因素所造成的组内（水平内）的差异—组内误差；二是由系统因素造成的各组平均数之间的差异—组间误差。

现在，我们假设各组的观测值均来自同一个总体，或来自平均数及方差均相等的总体，这时，数据的总误差就可以看作仅由一个误差源造成的——由随机因素带来的误差。如果我们根据组内和组间这两个误差来源，分别计算出总体的方差估计值，那么代表组内误差与组间误差的方差估计值就会大体相等，因而其比值就会大约等于1。但是如果各组观测值来自平均数不同的总体，那么就会有上述两个误差来源，而且组间误差就会远远大于组内误差，两者之比也就会大于1，即两者之比越大，各组之间的差异越大程度上是由于系统因素造成的，各组平均数的差异就越明显。方差分析是通过对组间误差与组内误差比值的分析，来推断各组平均数之间无差异的假设（$H_0$）。方差分析所计算的 $F$ 统计量公式为：

F＝组间均方（MSB）/组内均方（MSW）＝组间方差/组内方差　　（式 9.1）

在 $F$ 检验中，当 $F \leqslant 1$ 时，说明组间方差比组内方差小，各组之间的变异是抽样误差造成的，而不是由系统因素的不同水平（处理）造成的，此时不拒绝 $H_0$；当 $F > 1$ 时，说明组间方差比组内方差大，各组之间的变异是由系统因素的不同水平（处理）造成的，此时拒绝 $H_0$。

## 三、方差分析的基本假定

方差分析有以下三个假定，或者需要满足三个条件：

（1）每个总体都服从正态分布。也就是说，对于因素的每一个水平，其观测值是来自正态分布总体的简单随机样本。在前面的例子中，对于所有一年级大学生，其广告素养得分需要服从正态分布；同样，对于二年级和三年级大学生，其广告素养也都需要服从正态分布。

（2）各个总体的方差 $\sigma^2$ 必须相同。也就是说，各组观测数据是从具有相同方差的正态总体中抽取的。

(3)观测值是独立的。每个样本数据与其他样本数据相互独立,互不影响。

在上述假定成立的前提下,要分析自变量对因变量是否有影响,形式上也就转化为检验自变量的各个水平(总体)的均值是否相等。例如,判断受众所处年级对广告素养是否有显著影响,实际上也就是检验具有相同方差的3个正态总体的均值(广告素养的均值)是否相等。

尽管不知道3个总体的均值,但可以用样本数据来推断它们是否相等。如果3个总体的均值相等,可以期望3个样本的均值也会很接近。事实上,3个样本均值越接近,推断3个总体均值相等的证据也就越充分;反之,样本均值越不同,推断总体均值不同的证据就越充分。换句话说,样本均值变动越小,越支持$H_0$;样本均值变动越大,越支持$H_1$。如果原假设为真,则意味着每个样本都来自均值为$\mu$、方差为$\sigma^2$的同一个正态总体。由样本均值的抽样分布可知,来自正态总体的一个简单随机样本的样本均值$\bar{x}$服从均值为$\mu$、方差为$\sigma^2/n$的正态分布,如图9-1所示。

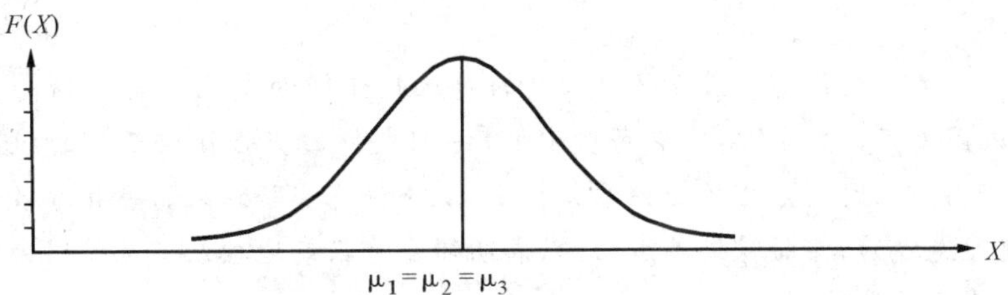


**图 9-1　$H_0$ 为真时的 $\bar{x}$ 的抽样分布**

如果原假设为假,研究假设成立,即$H_1:\mu_i(i=1,2,3,\cdots,8)$不全相等,则意味着至少有一个总体的均值是不同的。下图(9-2)显示了样本来自均值不同的三个总体的抽样分布。

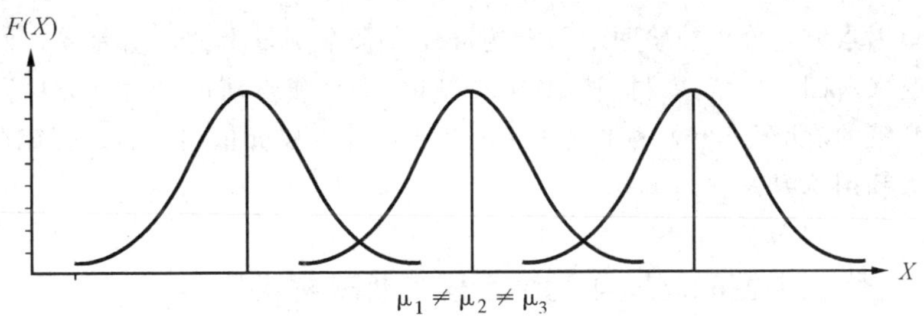


**图 9-2　当 $H_0$ 为假时,即均值不全等时 $\bar{x}$ 的抽样分布**

## 四、方差分析中假设的一般提法

在假设实验中,因素有 $k$ 个水平,每个水平的均值分别用 $\mu_1,\mu_2,\mu_3,\cdots,\mu_k$ 表示,要检验 $k$ 个水平(总体)的均值是否相等,需要提出如下假设:

$H_0:\mu_1=\mu_2=\mu_3=\cdots=\mu_k$　　即自变量对因变量没有显著影响

$H_1:\mu_1,\mu_2,\mu_3,\cdots,\mu_k$ 不全相等　　即自变量对因变量有显著影响

**【你知道吗】**

(1)方差分析与两个总体均值之差检验中的 $Z$ 检验和 $T$ 检验既有相同之处也有不同之处。相同之处都是第一步提出原假设和研究假设,然后抽样分布选择合适的统计量,计算统计量并与临界值对比,做出是否拒绝原假设的决定。不同之处在于 $Z$ 检验和 $T$ 检验是计算两个总体均值之差,并将之与 0 或某个既定值比较,看两者是否相等,而方差分析则将总体测量误差(方差)分解成组间方差和组内方差,然后计算两者之比 $F$,并与 1 相比较,看 $F$ 值是小于等于 1 还是大于 1。

(2)方差分析计算统计量 $F$ 值,目的是比较组间的变化量与组内的变化量(由随机因素产生)。从研究者角度出发,他们期待由实验处理产生的组间方差很大,而由随机因素产生的组内方差很小,从而说明实验结果的差异多数是由于实验处理造成的,实验操纵是成功的,表明研究者很好地控制了无关因素或干扰因素对实验结果的影响。

# 第二节　单因素方差分析

单因素方差分析检验两个以上的群体在某个变量上的均值差异。例如,你想知道来自四个地域(农村、县城、中小城市、省会或直辖市)的群体对新出台的医疗政策的态度,或想了解不同年级的学生群体在媒介依赖方面是否存在差异,就可以利用单因素方差分析。

## 一、什么类型的问题可运用方差分析来解决

当我们遇到以下提到的情形时,我们可考虑应用方差分析来解决问题:(1)

只考虑一个分类型自变量的影响效果；(2)分组因素有两个以上的水平(处理)；(3)关注不同群体在平均值上的差异。

## 二、单因素方差分析的步骤

符合以上条件的问题情形就可以使用单因素方差分析。一般来说，单因素方差分析可分为以下几个步骤：

首先，提出研究假设和原假设。以《受众广告态度调查》的数据为例，分析受众所处的年级对广告素养的影响。提出的原假设为：

$H_0: \mu_1 = \mu_2 = \mu_3$

$H_1: \mu_1$、$\mu_2$、$\mu_3$ 不全等

其次，选择合适的检验统计量并加以计算。

(1)F 值是组间方差和组内方差的比值。需计算这些值，首先计算总平方和 SST、组间平方和 SSB 及组内平方和 SSW。计算公式分别如 9.2—9.4 所示。

$$SST = \sum_{i=1}^{k}\sum_{j=1}^{ni}(x_{ij} - \bar{x})^2 \quad \text{(式 9.2)}$$

$$SSW = \sum_{i=1}^{k}\sum_{j=1}^{ni}(x_{ij} - \bar{x}_i)^2 \quad \text{(式 9.3)}$$

$$SSB = \sum_{i=1}^{k}n_i\ (\bar{x}_i - \bar{x})^2 \quad \text{(式 9.4)}$$

式中，

$i$ 表示第几组的数据，一共有 $k$ 组(水平)数据；如表 9-1 中，$k=3$；

$j$ 表示在每个组中第几个数据，该组中一共有 $n_i$ 个数据；表 9-1 中，$n_1=n_2=n_3=8$；

$x_{ij}$ 表示每个观测值，如在表 9-1 的数据中，$x_{32}$ 表明第三组第二个观测值，即三年级中第二位受众的广告素养得分，为 4.10。

$\bar{x}_i$ 表示第 $i$ 组的所有观测值的平均数；

$\bar{x}$ 表示所有观测值的总体平均数。

(2)由于误差平方和的大小与观测值的数量多少有关，为了消除观测值数量对误差平方和大小的影响，需要将其平均，也就是用各平方和除以它们所对应的自由度，这一结果称为均方(mean square)，也称为方差。三个平方和所对应的自由度分别为：

SST 的自由度为 $n-1$，其中 $n$ 为全部观测值的个数。在表 9-1 中，$n=24$，

所以 SST 的自由度=23。

SSB 的自由度为 $k-1$，其中 $k$ 为因素水平或处理的个数。在表 9-1 中，SSB 的自由度为 2。

SSW 的自由度为 $n-k$。在表 9-1 中，SSW 的自由度为 21。

(3)由于要比较的是组间均方和组内均方之间的差异，所以通常只计算 SSB 的均方和 SSW 的均方。SSB 的均方也称为组间均方或组间方差，记为 MSB，SSW 的均方也称为组内均方或组内方差，记为 MSW，其计算公式为：

$$MSB=SSB/k-1 \qquad \text{（式 9.5）}$$

$$MSW=SSW/n-k \qquad \text{（式 9.6）}$$

(4)将上述 MSB 和 MSW 对比，即得到所需要的检验统计量 $F$。当 $H_0$ 为真时，二者的比值服从分子自由度为 $k-1$、分母自由度为 $n-k$ 的 $F$ 分布，即

$$F=MSB/MSW\sim F(k-1,n-k) \qquad \text{（式 9.7）}$$

最后，依据研究假设，方差分析应为单尾检验。由 $F$ 分布的分子自由度($df_1$)和分母自由度($df_2$)以及所设定的显著水平，查 $F$ 分布表，得出临界值。比较检验统计值和临界值，或看是否 $p<\alpha$。如果统计值大于临界值，或 $p<\alpha$，可以推翻原假设，接受研究假设，说明检验有显著意义，表明群体之间的差异不是由随机因素引起的，而是由于系统因素造成的；若统计值小于临界值，或 $p>\alpha$，则无法拒绝原假设，即没有证据表明群体之间的差异是由系统因素造成的。

分析结果可用表格的形式整理出来，见表 9-2。

**表 9-2　方差分析表的一般形式**

| 差异来源 | 平方和 $SS$ | 自由度 $df$ | 均方 $MS$ | $F$ 值 |
|---|---|---|---|---|
| 组间 | $SSB$ | $k-1$ | $MSB$ | $MSB/MSW$ |
| 组内 | $SSW$ | $n-k$ | $MSW$ | |
| 总和 | $SST$ | $n-1$ | | |

以上表格中各统计量有以下关系：

- $SST=SSB+SSW$
- $SST$ 的自由度=$SSB$ 的自由度+$SSW$ 的自由度
- $MSB=SSB/SSB$ 的自由度
- $MSW=SSW/SSW$ 的自由度

**【例 9.1】**以消费者广告态度调查的数据为例，试分析 $\alpha=0.01$ 显著水平下，年级（本科一年级、本科二年级和本科三年级）是否对广告总态度具有显著影响？

解：按照上述方差分析的步骤，我们首先提出原假设和研究假设：

(1)提出原假设和研究假设。

$H_0: \mu_1=\mu_2=\mu_3$(即各组数值所来自总体的平均值之间没有差异)

$H_1: \mu_1$、$\mu_2$、$\mu_3$不全相等

(2)选择合适的检验统计量并加以计算。

此例中有一个分类自变量(年级，包含 3 个水平)和数值型因变量(广告总态度)，选用单因素方差分析进行检验。由于本例中样本量 $n=437$，$k=3$，计算非常繁杂，我们借助 SPSS 计算 $F$ 值。以下便是利用 SPSS 对上面案例的方差分析过程。

**第 1 步：打开单因素方差分析的主对话框。**单击【分析】——【比较均值】——【单因素 ANOVA】，打开单因素方差分析的主对话框，如图 9-3 所示。

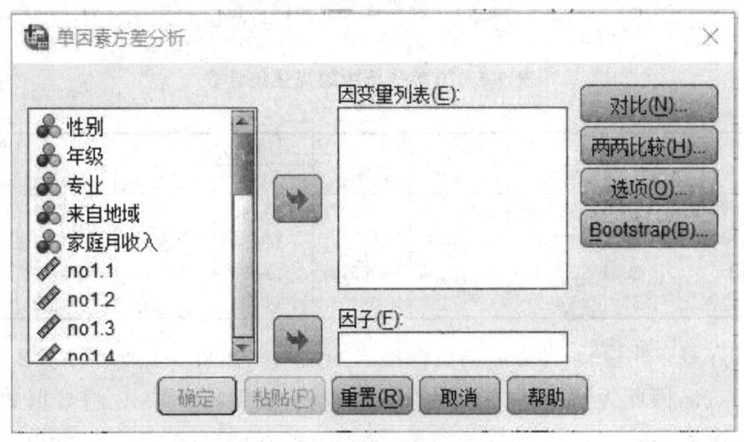


**图 9-3　单因素方差分析的主对话框**

**第 2 步：设置自变量和因变量。**在左侧方框中将“广告总态度”选入【因变量列表】，将【年级】选入【因子】，如图 9-4 左图所示。

**第 3 步：按照方差分析要求，输出样本数据的描述统计量、方差齐性检验、均值图等图表。**单击【选项】，打开子对话框，选中【描述性】、【方差同质性检验】和【均值图】，如图 9-4 右图所示，单击【继续】，返回主对话框。

**第 4 步：执行程序，输出结果。**单击主对话框的【确定】按钮，输出所需要的方差分析结果。本例的输出结果主要由四个部分组成：

(1)样本数据的基本统计量。主要有各个样本数据的平均数、标准差、标准误和置信区间等。

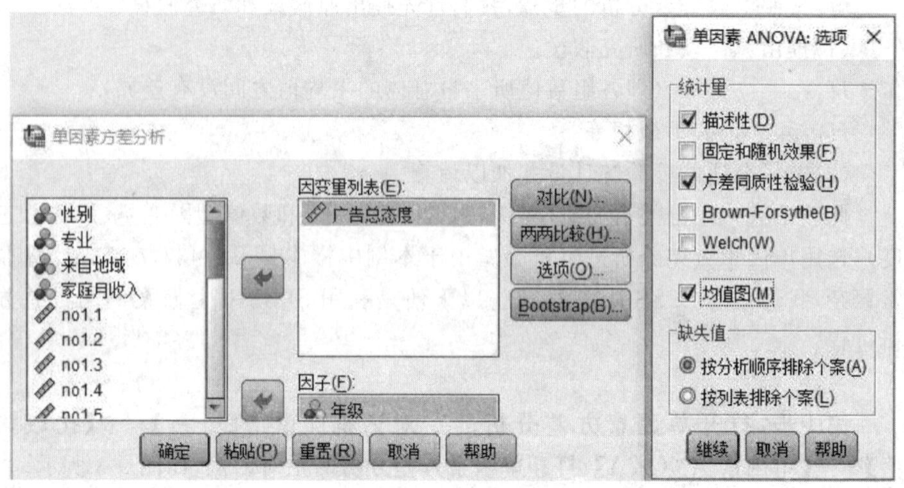


**图 9-4　设置自变量和因变量**

**表 9-3　方差分析中的描述统计表**

广告总态度

| | N | 均值 | 标准差 | 标准误 | 均值的 95% 置信区间 下限 | 均值的 95% 置信区间 上限 | 极小值 | 极大值 |
|---|---|---|---|---|---|---|---|---|
| 本科一年级 | 56 | 3.3321 | .58871 | .07867 | 3.1745 | 3.4898 | 1.60 | 5.00 |
| 本科二年级 | 39 | 3.5692 | .75049 | .12017 | 3.3259 | 3.8125 | 1.80 | 4.80 |
| 本科三年级 | 60 | 3.6042 | .64126 | .08279 | 3.4385 | 3.7698 | 2.20 | 5.00 |
| 总数 | 155 | 3.4971 | .66029 | .05304 | 3.3923 | 3.6019 | 1.60 | 5.00 |

(2)方差齐性检验,即方差同质性检验的结果。如表 9-4 所示,$F=2.199$,$p=0.114>0.05$,因此无法拒绝方差相等的原假设,说明本例中,3 组数据的方差是齐性的,即相等的。

**表 9-4　方差分析中的方差齐性检验**

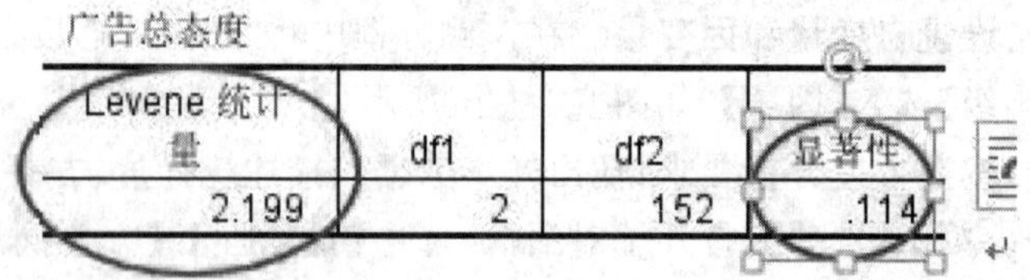

广告总态度

| Levene 统计量 | df1 | df2 | 显著性 |
|---|---|---|---|
| 2.199 | 2 | 152 | .114 |

(3)方差分析表,见表 9-5。该表由变异源、平方和、自由度、均方、$F$ 值和实际显著性水平组成。本例中的 $F=2.835$,显著性水平 $p=0.062>0.01$,故不能拒绝原假设。结论为:没有证据表明年级对广告总态度具有显著影响,即不同年级本科生的广告总态度之间没有显著差异。

表 9-5　单因素方差分析

广告总态度

| | 平方和 | df | 均方 | F | 显著性 |
|---|---|---|---|---|---|
| 组间 | 2.415 | 2 | 1.207 | 2.835 | .062 |
| 组内 | 64.727 | 152 | .426 | | |
| 总数 | 67.141 | 154 | | | |

(4)因变量与自变量之间关系的线图。输出如图 9-5 所示的线图,它反映了随着自变量水平的变化,相应的各组因变量平均数的变化情况。这是描述统计表的直观呈示。

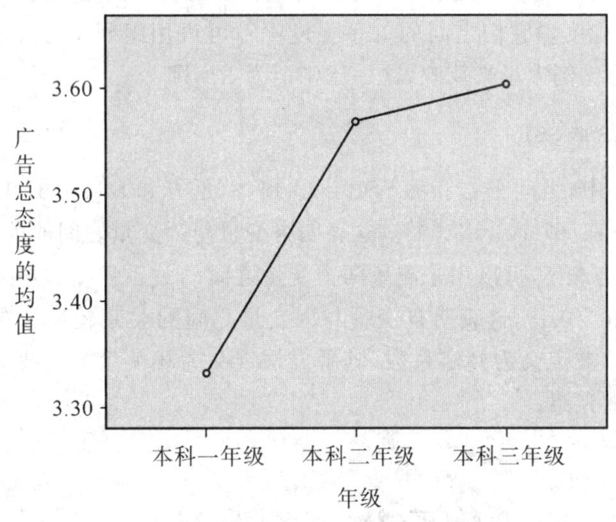


图 9-5　单因素方差分析输出的线图

**【你知道吗】**

上节开篇介绍了方差分析的基本假设。大家不禁要问,在方差分析之前该如何判断三个基本条件是否符合要求?我们可以借助 SPSS 的运算来判断第一个和第二个条件,第一个条件为"每个总体都服从正态分布",我们可采用第三章介绍的分布形态的测量来加以判断,当分布的偏态和峰度符合可接受的范围时,说明满足第一个条件;第二条件为"各个总体的方差 $\sigma^2$ 必须相同",这在方差分析的程序中 SPSS 已经设置了"方差同质性检验"的功能,当方差同质性检验接受方差齐性的原假设,则表明各个总体方差相同的条件已经满足;第三个条件为"观测值相互独立",这个条件 SPSS 没办法帮我们判断了,得靠我们自己,方法与判断样本是独立样本还是相关样本是一样的。

### 三、自变量与因变量之间关系强度的测量

例9.1中,方差分析证明不同年级的本科生在广告总态度之间没有显著差异,这意味着年级(自变量)与广告态度(因变量)之间的关系是不显著的。由于组间平方和度量了自变量对因变量的影响效应,实际上,只要组间平方和不等于零,就表明两个变量之间有关系,但是关系是否显著还需进一步检验。当组间平方和比组内平方和大,而且大到一定程度时,就意味着两个变量之间的关系显著,大得越多,表明它们之间的关系就越强;反之,当组间平方和比组内平方和小时,就意味着两个变量的关系不显著,小得越多,表明它们之间的关系就越弱。

那么,怎样度量它们之间的关系强度呢?可以用组间平方和(SSB)占总平方和(SST)的比例大小来反映,这一比例记为$R^2$,即

$$R^2 = \mathrm{SSB}/\mathrm{SST} \qquad \text{(式 9.8)}$$

在例9.1中,组间平方和为SSB=2.415,总平方和SST=67.141,所以关系强度$R^2=2.415/67.141=3.60\%$,这表明自变量与因变量之间的关系较弱。

$R^2$的平方根$R$可以用来测量两个变量之间的关系强度。根据上面的结果可以计算出$R=0.19$,这表明自变量与因变量之间的关系较弱。在一元线性回归一章中,$R^2$被定义为判定系数,其平方根定义为相关系数。我们将在下一章对此进行详细介绍。

## 第三节　多重比较

通过方差分析,我们知道三、四个或者更多群体之间存在差异,但是哪里存在差异我们并不清楚。试想象,你是广告公司的一名研究者,想知道颜色是否影响销售。在0.05的显著水平下,你对黑色、白色、25%彩色、50%彩色和100%彩色产品的销售量差异进行了方差分析。方差分析的结果显示,不同颜色的销售额之间存在显著差异。但是方差分析是综合的检验,你并不知道显著差异到底发生在哪些颜色产品之间。如果你一次选择两种颜色产品并对它们的销售量进行t检验,这样就需要反复进行多次t检验,而这样犯第Ⅰ类错误(α错误)的概率将被大大地提高。这种情况下我们可采用事后多重比较(post multi-comparison),该方法将每一个群体的均值和其余群体的均值进行比较,然后来看哪里

出现差异。该方法最重要的优点是每一次比较第Ⅰ类错误都控制在你设定的相同水平,从而避免了第Ⅰ类错误不断增加。较常用的多重比较方法是由费希尔提出的最小显著差异方法(least significant difference),缩写为 $LSD$。使用该方法进行检验的具体步骤为:

**第 1 步:提出假设:**

$$H_0:\mu_i=\mu_j$$

$$H_1:\mu_i\neq\mu_j$$

**第 2 步:计算检验统计量:$\bar{x}_i-\bar{x}_j$。**

**第 3 步:计算 LSD,其公式为:**

$$LSD=t_{\alpha/2}\sqrt{MSE(\frac{1}{n_i}+\frac{1}{n_j})} \qquad (式 9.9)$$

式中:

$t_{\alpha/2}$是 $t$ 分布的临界值,通过查 t 分布表得到,t 分布的自由度为($n$-$k$),这里的 $k$ 是因素中水平的个数;

MSE 为组内方差;

$n_i$ 和 $n_j$ 分别是第 $i$ 个样本和第 $j$ 个样本的样本量。

第 4 步:根据显著性水平 $\alpha$ 作出决策。

如果$|\bar{x}_i-\bar{x}_j|>LSD$,则拒绝 $H_0$;

如果$|\bar{x}_i-\bar{x}_j|<LSD$,则不拒绝 $H_0$。

**【例 9.2】**一广告公司设计出了三种广告方案,想通过简单的实验测量三种方案对消费者购买意愿的影响。在实验中,受试者被随机分为三组,分别观看三种广告方案,同时设法控制其他无关变量的干扰。经过一段时间后,对受试的购买意愿进行测验。在这里,不同的广告方案为自变量,受试的购买意向为因变量。下表 9-6 显示了测量结果。试对三种方案的均值进行多重比较。

**表 9-6　不同广告方案的购买意愿**

| 方案 1 | 方案 2 | 方案 3 |
|---|---|---|
| 15 | 17 | 12 |
| 16 | 14 | 18 |
| 12 | 16 | 14 |
| 11 | 18 | 15 |
| 15 | 17 | 9 |
| 14 | 15 | 10 |

续表

| 方案 1 | 方案 2 | 方案 3 |
|---|---|---|
| 14 | 16 | 11 |
| 17 | 15 | 10 |
| 16 | 18 | 13 |
| 15 | 16 | 12 |

解：

**第 1 步：提出如下假设。**

检验 1：$H_0:\mu_1=\mu_2$；$H_1:\mu_1\neq\mu_2$。

检验 2：$H_0:\mu_1=\mu_3$；$H_1:\mu_1\neq\mu_3$。

检验 3：$H_0:\mu_2=\mu_3$；$H_1:\mu_2\neq\mu_3$。

**第 2 步：计算检验统计量。**

$$|\bar{x}_1-\bar{x}_2|=|14.5-16.2|=1.7$$

$$|\bar{x}_1-\bar{x}_3|=|14.5-12.4|=2.1$$

$$|\bar{x}_2-\bar{x}_3|=|16.2-12.4|=3.8$$

**第 3 步：计算 $LSD$。**根据题中数据，可算得组内方差为 4.17。由于三个方案的样本量相同，即 $n_1=n_2=n_3=10$。根据自由度 $df=n-k=30-3=27$，查 $t$ 分布表得 $t_{0.025}(27)=2.052$，由此可得 $LSD$ 值：

$$LSD=2.052\times\sqrt{4.17\times(\frac{1}{10}+\frac{1}{10})}=1.87$$

**第 4 步：作出决策。**

$|\bar{x}_1-\bar{x}_2|=1.7<1.87$，不拒绝 $H_0$，不能认为方案 1 和方案 2 对购买意愿的影响有显著差异；

$|\bar{x}_1-\bar{x}_3|=2.1>1.87$，拒绝 $H_0$，可以认为方案 1 和方案 3 对购买意愿的影响有显著差异；

$|\bar{x}_2-\bar{x}_3|=3.8>1.87$，拒绝 $H_0$，可以认为方案 2 和方案 3 对购买意愿的影响有显著差异。

根据检验结果，可绘制平均数差异多重比较表，如表 9-7。

**表 9-7　平均数差异多重比较表**

| | $\bar{x}_2$ | $\bar{x}_3$ |
|---|---|---|
| $\bar{x}_1$ | 1.7 | 2.1* |
| $\bar{x}_2$ | | 3.8* |

* 表示实际的显著水平 $p<0.05$。

另外，利用 SPSS 可以直接得到多重比较的结果，只需在单因素方差分析对话框中点击【两两比较】，选中【*LSD*】，所得结果如表 9-8 所示。

**表 9-8　多重比较(LSD)**

购买意愿
LSD

| (I)广告方案 | (J)广告方案 | 均值差(I-J) | 标准误 | 显著性 | 95%置信区间 | |
|---|---|---|---|---|---|---|
| | | | | | 下限 | 上限 |
| 方案1 | 方案2 | -1.700 | 0.913 | 0.073 | -3.57 | 0.17 |
| | 方案3 | 2.100* | 0.913 | 0.029 | 0.23 | 3.97 |
| 方案2 | 方案1 | 1.700 | 0.913 | 0.073 | -0.17 | 3.57 |
| | 方案3 | 3.800* | 0.913 | 0.000 | 1.93 | 5.67 |
| 方案3 | 方案1 | -2.100* | 0.913 | 0.029 | -3.97 | -0.23 |
| | 方案2 | -3.800* | 0.913 | 0.000 | -5.67 | -1.93 |

*.均值差的显著性水平为0.05。

上表给出了第 $i$ 个广告方案和第 $j$ 个广告方案的均值差、均值差的标准误、检验的显著性水平以及均值差值 95%的置信区间。从显著性水平可以看出，方案 1 和方案 2 之间没有显著差异，方案 1 和方案 3、方案 2 和方案 3 之间存在显著差异，检验结果与手工计算相同。

**【你知道吗】**

*只有当方差分析结果表明各组之间具有显著差异时，才需要进行事后检验，即进行多重比较。如果方差分析结果不显著，则不需要进行这个环节。*

## 第四节　双因素方差分析

在研究中有时仅涉及一个自变量，而有时则涉及多个自变量。当涉及多个自变量时则要用到多因素方差分析。由于实验设计、实验的实施、数据的统计分析、结果的解释等方面的原因，最常见的实验研究一般只涉及两三个自变量，与之对应，就有双因素方差分析、三因素方差分析等。这里，我们仅讨论较简单的也是最常见的多因素方差分析——双因素方差分析(two-way analysis of variance)。

在双因素方差分析中，由于有两个影响因素，如果它们对因变量的影响是相互独立的，分别检验两个自变量对因变量的影响，这时的双因素方差分析称为无交互作用（interaction）的双因素方差分析，或称为无重复双因素（two-factor without replication）分析；如果除了自变量的直接影响外，两个因素的搭配还会对因变量产生一种新的影响，这时的双因素方差分析称为有交互作用的双因素方差分析，或称为可重复双因素（two-factor with replication）分析。

双因素方差分析仅是单因素方差分析的扩展，其应用条件是一样的，即：

(1)样本为独立样本；

(2)总体分布为正态；

(3)总体方差相等。

## 一、无交互作用的双因素方差分析

在无交互作用的双因素方差分析中，由于有两个因素，因此在获取数据时，需要将一个因素安排在“行（row）”的位置，称为行因素；另一个因素安排在“列（column）”的位置，称为列因素。设行因素有 $k$ 个水平，行 1，行 2，……，行 $k$；列因素有 $r$ 个水平，列 1，列 2，……，列 $r$。行因素和列因素的每一个水平都可以搭配成一组，观察它们对实验数据的影响，共抽取 $kr$ 个观测数据，其数据结构如下表 9-9 所示。

**表 9-9　无交互作用的双因素方差分析数据结构**

| | | 列因素($j$) | | | | 平均值 $\bar{X}_i$ |
|---|---|---|---|---|---|---|
| | | 列 1 | 列 2 | …… | 列 $r$ | |
| 行因素($i$) | 行 1 | $X_{11}$ | $X_{12}$ | …… | $X_{1r}$ | $\bar{X}_1$ |
| | 行 2 | $X_{21}$ | $X_{22}$ | …… | $X_{2r}$ | $\bar{X}_2$ |
| | …… | …… | …… | …… | …… | …… |
| | 行 $k$ | $X_{k1}$ | $X_{k2}$ | …… | $X_{kr}$ | $\bar{X}_{kk}$ |
| 平均值 $\bar{X}_j$ | | $\bar{X}_1$ | $\bar{X}_2$ | …… | $\bar{X}_r$ | $\bar{X}$ |

在上表中，行因素共有 $k$ 个水平，列因素共有 $r$ 个水平。每一个观测值 $X_{ij}$ $(i=1,2,\cdots,k;\ j=1,2,\cdots,r)$看作由行因素的 $k$ 个水平和列因素的 $r$ 个水平所组合成的 $k\times r$ 个总体中抽取的样本量为 1 的独立随机样本。这 $k\times r$ 个总体中的每一个总体都服从正态分布，且有相同的方差。

双因素方差分析的一般步骤为：

首先，提出假设。由于无交互作用的双因素方差分析不用考虑自变量的交互影响，所以研究假设只需要对两个因素分别提出假设：

对行因素提出的假设为：

$H_0: \mu_1 = \mu_2 = \cdots = \mu_i = \cdots = \mu_k$　　行因素（自变量）对因变量没有显著影响

$H_1: \mu_i (i=1,2,\cdots,k)$不完全相等　　行因素（自变量）对因变量有显著影响

式中，$\mu_i$ 为行因素（因素 $A$）的第 $i$ 个水平的均值。

对列因素提出的假设为：

$H_0: \mu_1 = \mu_2 = \cdots = \mu_j = \cdots = \mu_r$　　列因素（自变量）对因变量没有显著影响

$H_1: \mu_j (j=1,2,\cdots,r)$不完全相等　　列因素（自变量）对因变量有显著影响

式中，$\mu_j$ 为列因素（因素 $B$）的第 $j$ 个水平的均值。

其次，构造检验统计量。各因素的效应用方差表示。检验上述假设时，我们按照单因素方差分析的思路，对方差进行分解，如图 9-6 所示。

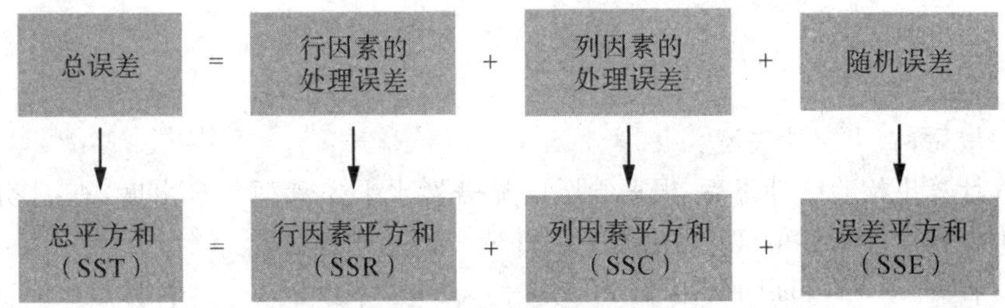


**图 9-6　无交互作用的双因素方差分析的误差分解**

总平方和是全部样本观察值 $X_{ij}(i=1,2,\cdots,k;j=1,2,\cdots,r)$ 与总的样本平均数 $\overline{X}$ 的误差平方和，记为 $SST$。

等式右边第一项是行因素产生的误差平方和，记为 $SSR$。第二项是列因素产生的误差平方和，记为 $SSC$。第三项是除行因素和列因素之外的剩余因素所产生的误差平方和，称为随机误差平方和，记为 $SSE$。在误差平方和基础上计算均方，也就是将各平方和除以相应的自由度，与各误差平方和相对应的自由度分别是：

总平方和 $SST$ 的自由度为 $n-1$；

行因素的误差平方和 $SSR$ 的自由度为 $k-1$；

列因素的误差平方和 $SSC$ 的自由度为 $r-1$；

随机误差平方和 $SSE$ 的自由度为 $n-k-r+1$。

为构造检验统计量，需要计算下列各均方：

行因素的均方，记为 $MSR$，即

$$MSR=\frac{SSR}{k-1}$$

列因素的均方，记为 $MSC$，即

$$MSC=\frac{SSC}{r-1}$$

随机误差的均方，记为 $MSE$，即

$$MSE=\frac{SSE}{n-k-r+1}$$

为检验行因素对因变量的影响是否显著，采用下面的统计量：

$$F_R=\frac{MSR}{MSE}\sim F(k-1,n-k-r+1)$$

为检验列因素的影响是否显著，采用下面的统计量：

$$F_C=\frac{MSC}{MSE}\sim F(r-1,n-k-r+1)$$

最后，做出统计决策。

计算出检验统计量后，根据给定的显著性水平 $\alpha$ 和两个自由度，查 $F$ 分布表得到相应的临界值 $F_\alpha$，然后将 $F_R$ 和 $F_C$ 与 $F_\alpha$ 进行比较。

若 $F_R>F_\alpha$，则拒绝原假设 $H_0:\mu_1=\mu_2=\cdots=\mu_i=\cdots=\mu_k$，表明 $\mu_i(i=1,2,\cdots,k)$ 之间的差异是显著的，也就是说，所检验的行因素对观测值有显著影响。

若 $F_C>F_\alpha$，则拒绝原假设 $H_0:\mu_1=\mu_2=\cdots=\mu_j=\cdots=\mu_r$，表明 $\mu_j(j=1,2,\cdots,r)$ 之间的差异是显著的，也就是说，所检验的列因素对观测值有显著影响。

为了使计算过程更清晰，通常将上述过程的内容列成方差分析表，其一般形式如表 9-10 所示。

**表 9-10　双因素方差分析表**

| 误差来源 | 平方和（SS） | 自由度（df） | 均方（MS） | 检验统计量（F） |
|---|---|---|---|---|
| 行因素 | $SSR$ | $k-1$ | $MSR=\frac{SSR}{k-1}$ | $F_R=\frac{MSR}{MSE}$ |
| 列因素 | $SSC$ | $r-1$ | $MSC=\frac{SSC}{r-1}$ | $F_C=\frac{MSC}{MSE}$ |
| 误差 | $SSE$ | $n-k-r+1$ | $MSE=\frac{SSE}{n-k-r+1}$ | |
| 总和 | $SST$ | $n-1$ | | |

【例 9.3】在上例中，若引入性别变量，在研究广告形式（列因素）对购买意向的影响时，还想探究性别（行因素）对购买意向的影响。假如在所划分的三个组里，一半为男性，一半为女性。

假如得到的测试结果如表 9-11 所示，不考虑交互作用，试对其进行双因素方差分析。

**表 9-11　购买意向—三种广告方案与性别**

| | 方案 1 | 方案 2 | 方案 3 |
|---|---|---|---|
| 男性 | 15 | 17 | 12 |
| | 16 | 14 | 18 |
| | 12 | 16 | 14 |
| | 11 | 18 | 15 |
| | 15 | 17 | 9 |
| 女性 | 14 | 15 | 10 |
| | 14 | 16 | 11 |
| | 17 | 15 | 10 |
| | 16 | 18 | 13 |
| | 15 | 16 | 12 |

解：

(1)提出假设。

对行因素提出的假设：

$H_0:\mu_1=\mu_2$，即男生与女生的购买意愿没有显著差别；

$H_1:\mu_1\neq\mu_2$，即男生与女生的购买意愿有显著差别。

对列因素提出的假设：

$H_0:\mu_1=\mu_2=\mu_3$，即三种广告方案对购买意愿没有显著差别；

$H_1:\mu_1,\mu_2,\mu_3$ 不全等，即三种广告方案对购买意愿有显著差别。

(2)计算检验统计量。由于此处手工计算较复杂，我们直接介绍如何用 SPSS 进行双因素方差分析。

**第 1 步：打开主对话框。**单击【分析】——【一般线性模型】——【单变量】，打开双因素方差分析的主对话框。

**第 2 步：设置自变量和因变量。**将“购买意愿”点选入【因变量】下的方框，将“性别”和“广告方案”变量点选入【固定因子】下的方框，如图 9-7 所示。

**第3步：主效应设置。**单击【模型】，进入子对话框。点击【设定】，将“性别”“广告方案”点选入【模型】下的方框，更改【构建项】下的选项，选为【主效应】，如图9-8。点击【继续】，返回主对话框。

**第4步：描述性方差分析与方差齐性检验。**单击主对话框上的【选项】打开对话框，勾选【描述统计】和【方差齐性检验】，如图9-9所示。

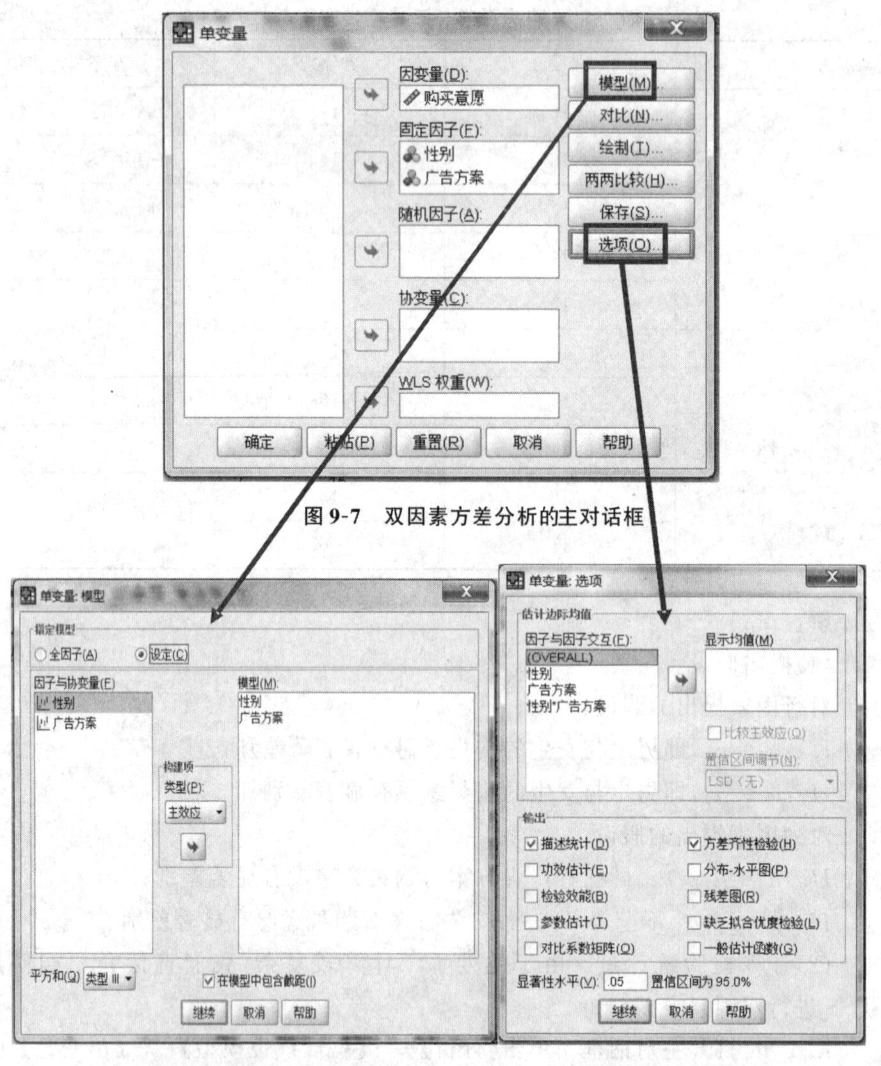


**图9-7 双因素方差分析的主对话框**

**图9-8 模型设置对话框** **图9-9 选项对话框**

**第5步：多重比较设置。**自变量达到三个水平的，一般可以在方差分析中同时进行多重比较。单击对话框的【两两比较】，将要进行两两比较的自变量“广告方案”置入到【两两比较检验】下面的方框中，并勾选【LSD】，单击【继续】按钮返回主对话框。如图 9-10 所示.

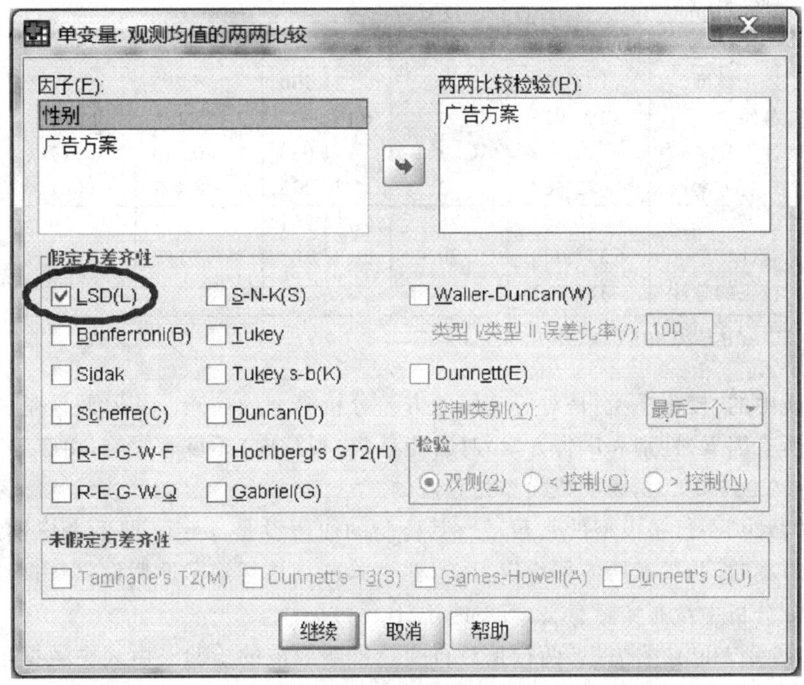


图 9-10　多重比较设置

**第 6 步：单击主对话框上【确定】按钮输出分析结果。**输出结果主要有以下几个部分：

(1)描述性统计分析结果。给出了各个数据样本的平均数、标准差。

(2)方差齐性检验。如表 9-12 所示，显著水平 $p=0.117>0.05$，接受原假设，即方差齐性假设成立。

**表 9-12　方差齐性检验**

误差方差等同性的Levene检验[3]

因变量购买意愿

| F | df1 | df2 | Sig. |
|---|---|---|---|
| 1.988 | 5 | 24 | 0.117 |

检验零假设，即在所有组中因变量的误差方差均相等。

(3)方差分析结果。输出的方差分析结果如表 9-13 所示。

**表 9-13　无交互作用双因素方差分析表**

主体间效应的检验

因变量购买意愿

| 源 | Ⅲ型平方和 | df | 均方 | F | Sig. |
|---|---|---|---|---|---|
| 校正模型 | 74.100[a] | 3 | 24.700 | 5.793 | 0.004 |
| 截距 | 6 192.033 | 1 | 6 192.033 | 1 452.130 | 0.000 |
| 性别 | 1.633 | 1 | 1.633 | 0.383 | 0.541 |
| 广告方案 | 72.467 | 2 | 36.233 | 8.497 | 0.001 |
| 误差 | 110.867 | 26 | 4.264 | | |
| 总计 | 6 377.000 | 30 | | | |
| 校正的总计 | 184.967 | 29 | | | |

a.R方=0.401（调整R方=0.331）

表中的“校正模型”是对所使用的方差分析模型的检验。其原假设是：模型中的所有因素(性别和广告方案)对因变量(购买意向)无显著影响，由于显著水平 $p=0.004<0.01$，表明该模型是显著的。

“截距”一行是模型的常数项。其检验的原假设是：$\mu=0$，即不考虑性别和广告方案时，购买意愿的平均值为 0。虽然检验结果拒绝了原假设，但由于截距在实际分析中没有实际意义，可忽略不计。

“性别”和“广告方案”两行是对自变量影响效应的检验。由表中数据可知，性别变量显著性水平 $p=0.541>0.05$，不具有统计上的显著性，不能拒绝原假设，也就是性别在购买意愿上没有显著差异；而广告方案变量的显著性水平 $p=0.001<0.05$，可拒绝原假设，表明广告方案对购买意愿有显著影响。

在表的最下方还给出了模型的判定系数 $R$ 方以及调整后的判定系数，它反映了性别和广告方案联合起来对购买意愿的影响程度，其平方根则是性别和广告方案与购买意愿之间的相关系数。

(4)多重比较结果。将三种广告方案所具有的影响进行两两比较，与例 9.2 结果相同，如表 9-10 所示。

**第 7 步：根据分析结果，整理双因素方差分析表，得出结论。**本例只研究行因素和列因素对因变量的影响，所以可综合 SPSS 的分析编制如下表格(表 9-14)。

表 9-14　双因素方差分析表

| 变异来源 | 平方和 | 自由度 | 均方 | $F$ |
|---|---|---|---|---|
| 性别 | 1.63 | 1 | 1.63 | 0.42 |
| 广告方案 | 72.47 | 2 | 36.23 | 9.37 * |
| 误差 | 110.867 | 26 | 4.264 | |
| 全体 | 184.97 | 29 | | |

* 表示在 $\alpha=0.05$ 的显著水平上有显著意义

(3)假设检验的结果

综上结果，广告方案对购买意愿存在显著影响，性别对购买意愿并未呈现显著差异。方案 1 和方案 2 之间没有显著差异，方案 1 和方案 3、方案 2 和方案 3 之间存在显著差异。

**【你知道吗】**

(1)大家知道，SPSS 中 $t$ 检验用于两个群体的均值差异的检验，而方差分析则是用于两个以上群体的均值差异检验。大家可能会问，那么两个群体的均值差异检验可以用方差分析吗？答案是肯定的，方差分析功能更强大，可以包括独立样本的 $t$ 检验功能。在两个群体的方差分析中，$F$ 值等于 $t$ 检验中的 $t$ 值的平方，即 $F=t^2$。

(2)为什么 SPSS 的输出结果为“方差的单变量分析”(univariate analysis of variance)呢？这是因为分析中只有一个被解释变量(因变量)——在我们的案例中就是购买意愿。如果我们的研究问题中不止一个因变量，还包括效果指标“广告态度”和“品牌态度”，则就要采用多元方差分析(multivariate analysis of variance)了。

(3)与独立样本 $t$ 检验一样，方差分析的前提条件之一要求“观测值之间相互独立”，但是当观测值之间并非相互独立时，例如重复测量时，且不只两组数据时(两组相关数据用配对 $t$ 检验)，则要应用重复测量的方差分析方法(analysis of variance of repeated data measured)。

## 二、有交互作用的双因素方差分析

在上面的分析中，假定两个因素对因变量的影响是独立的，但如果两个因素搭配在一起会对因变量产生一种新的效应，就需要考虑交互作用对因变量的影响，这就是有交互作用的双因素方差分析。

我们需了解两个术语：主效应（main effect）和交互效应（interaction）。主效应是某因素不依赖于其他因素及交互作用因素的效应，所有的双因素方差分析都具有两个主效应：行因素的主效应和列因素的主效应。每个主效应可能是统计显著的，也可能是不显著的。因而会有四种可能的结果：(1)行因素主效应统计显著；(2)列因素主效应统计显著；(3)行因素和列因素同时统计显著；(4)行因素和列因素主效应都不显著。

交互效应是指当一个变量对因变量的效应依赖于另一个变量的存在与否或者量的大小时，这两个因素就有交互效应。例如，广告方案是否对销售量产生影响依赖于该广告投放的媒体类型，可能A方案投放在平面媒体如报纸上效果最好，而B方案则投放在电视媒体上最佳，这时我们就可以说广告方案和媒体类型发生交互作用，进而对销售量产生影响，或者说媒体类型调节了广告方案与销售量之间的关系。在这种情形中，每个因素可能有显著的主效应，也可能没有显著的主效应，但是当它们组合起来时，则产生显著效应，如上例中广告方案和媒体类型的主效应可能不显著，但两者的交互作用则产生显著效应。

与无交互作用的方差分析类似，有交互作用的双因素方差分析也需要提出假设、构造检验的统计量、统计决策等步骤。不过，对于有交互作用的方差分析，除了考虑行因素、列因素两个因素的主效应外，还要考虑两个因素搭配所产生的交互作用，所以要检验以下假设：

对行因素提出的假设为：

$H_0:\mu_1=\mu_2=\cdots=\mu_i=\cdots=\mu_k$　　行因素（自变量）对因变量没有显著影响

$H_1:\mu_i\ (i=1,2,\cdots,k)$不完全相等　　行因素（自变量）对因变量有显著影响

式中，$\mu_i$ 为行因素（因素A）的第 $i$ 个水平的均值。

对列因素提出的假设为：

$H_0:\mu_1=\mu_2=\cdots=\mu_j=\cdots=\mu_r$　　列因素（自变量）对因变量没有显著影响

$H_1:\mu_j\ (j=1,2,\cdots,r)$不完全相等　　列因素（自变量）对因变量有显著影响

式中，$\mu_j$ 为列因素（因素B）的第 $j$ 个水平的均值。

检验交互作用的假设：

$H_0:\mu_{11}=\mu_{21}=\cdots=\mu_{ij}=\cdots=\mu_{kr}$　　交互项对因变量没有显著影响

$H_1:\mu_{ij}\ (j=1,2,\cdots,r)$不完全相等　　交互项对因变量有显著影响

式中，$\mu_{ij}$ 为行因素的第 $i$ 个水平和列因素的第 $j$ 个水平组合而得的样本均值。

检验上述假设时，总误差的分解过程如图9-11所示。

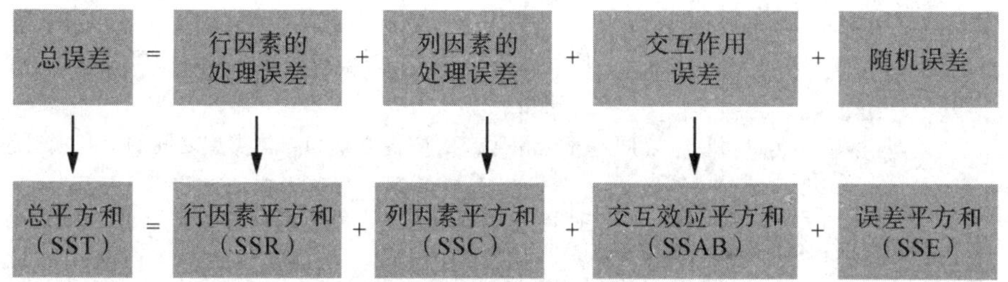


**图 9-11　交互作用的误差分解**

有交互作用的双因素方差分析表如下表 9-15 所示。

**表 9-15　有交互作用的双因素方差分析表**

| 误差来源 | 平方和（$SS$） | 自由度（$df$） | 均方（$MS$） | 检验统计量（$F$） |
| --- | --- | --- | --- | --- |
| 行因素 | $SSR$ | $k-1$ | $MSR=\dfrac{SSR}{k-1}$ | $F_R=\dfrac{MSR}{MSE}$ |
| 列因素 | $SSC$ | $r-1$ | $MSC=\dfrac{SSC}{r-1}$ | $F_C=\dfrac{MSC}{MSE}$ |
| 交互作用 | $SSRC$ | $(k-1)(r-1)$ | $MSRC=\dfrac{SSRC}{(k-1)(r-1)}$ | $FRC=\dfrac{MSRC}{MSE}$ |
| 误差 | $SSE$ | $n-kr$ | $MSE=\dfrac{SSE}{n-kr}$ | |
| 总和 | $SST$ | $n-1$ | | |

**【例 9.4】**为检验广告媒体和广告方案对产品销售量的影响，一家营销公司做了一项试验，考察两种广告方案（A 方案和 B 方案）和两种广告媒体（报纸和电视）对销售量的影响作用。数据见例 9.4.sav。试检验广告方案、广告媒体或其交互作用对销售量的影响是否显著（$\alpha=0.01$）。

解：

(1)提出假设

对行因素提出的假设为：

$H_0:\mu_1=\mu_2$　　广告媒体对销售量没有显著影响

$H_1:\mu_1\neq\mu_2$　　广告媒体对销售量有显著影响

对列因素提出的假设为：

$H_0:\mu_1=\mu_2$　　广告方案对销售量没有显著影响

$H_1:\mu_1\neq\mu_2$　　广告方案对销售量有显著影响

检验交互作用的假设：

$H_0:\mu_{11}=\mu_{21}=\mu_{22}=\mu_{12}$　　广告方案和媒体类型之间的交互项对销售量没有显著影响

$H_1:\mu_{11},\mu_{21},\mu_{22}$ 和 $\mu_{12}$ 之间不完全相等　　广告方案和媒体类型之间的交互项对销售量有显著影响

(2)计算各个检验的统计量

由于计算过于复杂，此时请 SPSS 来帮忙。

在利用 SPSS 进行交互作用的双因素方差分析时，只需在第 3 步【模型】中选择【全因子】，如图 9-12 所示。其余与例题 9.3 的操作相同。

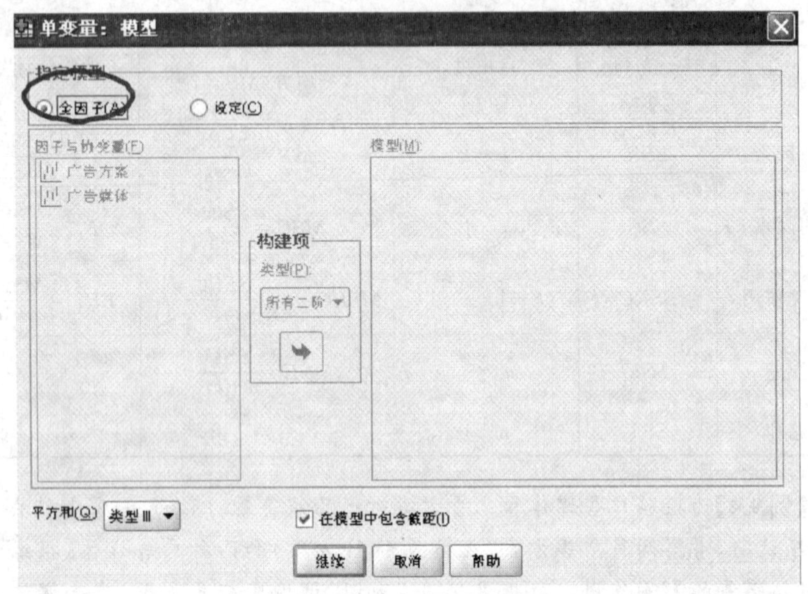


图 9-12　考虑交互效应的子对话框

因为是双因素方差分析，为了直观地表达变量之间的交互作用关系，可以设置制作交互作用图。在本例中，可以制作自变量广告媒体和广告方案的交互作用图。在双变量方差分析的主对话框中，点击【绘制】，将【广告媒体】【广告方案】分别置入【水平轴】和【单图】下的方框中，单击【添加】按钮，将【广告媒体 * 广告方案】置入【图】下的方框中，如图 9-13 所示。然后单击【继续】，返回主对话框。

考虑交互作用的方差分析的输出结果如下表 9-16 所示，而交互作用图如图 9-14 所示。

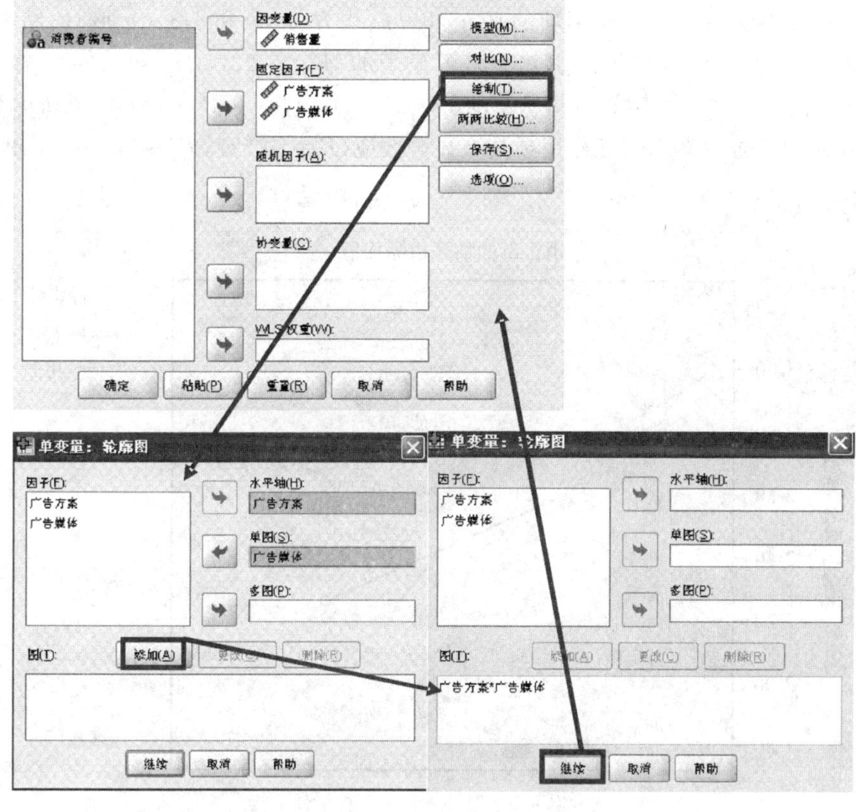


**图 9-13　绘制交互作用图**

**表 9-16　有交互作用的双因素方差分析表**

主体间效应的检验

因变量销售量

| 源 | Ⅲ型平方和 | df | 均方 | F | Sig. |
|---|---|---|---|---|---|
| 校正模型 | 3.586[a] | 3 | 1.195 | 21.730 | 0.000 |
| 截距 | 121.525 | 1 | 121.525 | 2 209.536 | 0.000 |
| 广告方案 | 2.812 | 1 | 2.812 | 51.136 | 0.000 |
| 广告媒体 | 0.013 | 1 | 0.013 | 0.227 | 0.640 |
| 广告方案*广告媒体 | 0.760 | 1 | 0.760 | 13.827 | 0.002 |
| 误差 | 0.880 | 16 | 0.055 | | |
| 总计 | 125.990 | 20 | | | |
| 校正的总计 | 4.466 | 19 | | | |

a.R方=0.803（调整R方=0.766）

与无交互作用的方差分析表相比（见表 9-15），具有交互作用的双因素方差分析表中多了一行交互作用项的平方和、$df$、均方、$F$ 值和 $Sig.$（$p$ 值）的结果。从表 9-16 看出广告媒体的主效应是不显著的（$F=0.227, df=1, P=0.64>0.05$），而广告方案的主效应是显著的（$F=51.136, df=1, P=0.000<0.05$），广告媒体和广告方案的交互作用项具有显著效应（$F=13.827, df=1, P=0.002<0.05$）。

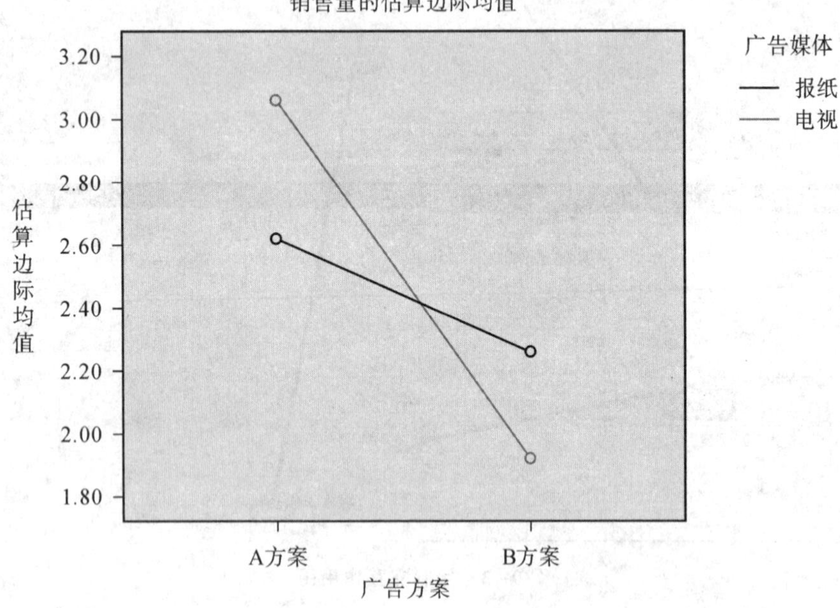


**图 9-14　广告方案与广告媒体的交互作用图**

从交互作用图可以看出，A 方案无论在报纸还是电视上投放，其效果都比 B 方案高，呈示出该因素的主效应。除此之外，我们可看出两条线相交叉，在报纸上投放的话，A 方案和 B 方案的效果之间差别较小，但在电视上投放的话，两方案的效果差异较大，说明广告方案对销售量的影响效果受制于广告媒体，即广告方案与广告媒体产生了交互作用。

(3)假设检验的结果

综上所述，广告方案对产品的销售量具有显著影响，广告媒体对销售量则没有显著影响。而广告媒体与广告方案之间具有交互作用，共同对销售量产生影响，当投放在报纸媒体时，两个方案的效果差别较小，当投放在电视媒体时两个方案的效果差别较大。

**【小结与要点】**

(1)双因素方差分析的基本思路和流程与单因素方差分析的一致,双因素方差分析也是将总体方差分为两个基本项——组间方差和组内方差。组内方差表示在实验数据中不能被自变量(因素)解释的那部分差异,也称为残差,因而,组内方差代表着样本误差。而组间方差描述了由自变量引起的系统方差,包括每个自变量因素以及这些因素的交互作用引起的方差。如图 9-15 所示。

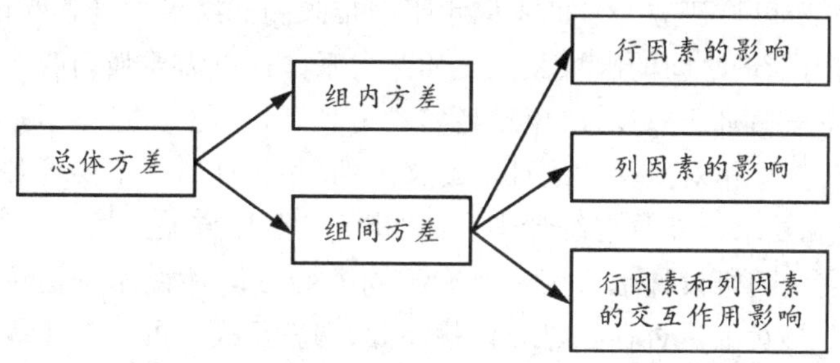


**图 9-15　双因素方差分析的方差分解示意图**

(2)研究设计时,如果研究者能够抓住影响因变量的主要因素,则总体方差中的大部分变异将来源于组间方差,组内方差就将变小,从而会减小样本误差,这样我们的研究设计是成功的;反之,如果没有抓住影响因变量的主要因素,则组间方差的比重将很小,组内方差将变得很大,这样该研究设计是失败的。

# 第五节　实验设计

方差分析最初是来自对实验设计数据的分析。所谓实验(experiment),是指收集样本数据的过程。实验设计(experiment design)则是指收集样本数据的方案,它是通过科学地安排实验,以便用尽可能少的实验获得尽可能多的信息。本节主要是概念性地介绍完全随机化设计、随机化区组设计、析因设计的一些基础知识。

## 一、完全随机化设计

完全随机化设计(completely randomized design)是将 $k$ 种"处理"随机地指

派给实验单元的设计。处理(treatment)是指可控制因素的各个水平；接受处理的对象或实体称为实验单元(experiment unit)或称抽样单元。

例如，某研究将来自一个班级的18名大学生随机分成了相等的三个组，每组6人，然后在积极、中性、消极三种不同的情绪氛围下插播广告，随后分别要求三组实验对象对广告内容进行回忆。这样的实验便是完全随机化设计：实验对象随机分组形成可比的相等组，控制其他无关变量，让每组实验对象都只在研究变量的一个水平上接受测试，于是获得不同条件下的数据组，数据组之间不存在相互关联性，所以该研究变量的不同水平会带来测试结果的显著变化，由此验证研究变量与因变量之间的因果关系或相关关系。这里需要强调两点：

第一，完全随机研究设计，要求各实验组具有相等性。这里不是绝对意义上的"相等性"，而是相对意义和统计学意义上的"相等性"，并不要求各组实验对象数完全相等和要求方差具有统计学上的"相等性"，即方差齐性。

第二，完全随机设计也可用于研究不同人群总体是否存在差异的问题。例如，研究男生与女生是否存在媒介依赖差异；初一至高三的六个年级间的农民工子弟是否存在身份认同的差异等等。在这类研究中，可以建立虚无假设：媒介依赖不存在性别差异；身份认同不存在年级差异等。那么，对于媒介依赖来说，男生样本与女生样本就可被看成来自同一总体的两个样本；对于新生代农民工子弟的身份认同来说，初一到高三的六个样本也可被看成是来自同一总体的六个样本。在虚无假设下进行方差分析，如果组间差异达到显著性水平，就可拒绝虚无假设，接受研究假设。

## 二、随机化区组设计

分析组内变异量，便可发现还可将其分解为两个部分：一部分是组内实验对象本身个体差异带来的数据变异量；另一部分是测量过程中的随机误差带来的变异量。因为随机误差作为方差分析中计算 $F$ 值的分母，所以它与 $F$ 值的显著性水平息息相关。如果将实验对象间的差异混淆在组内变异中就会降低方差分析的敏感性。在上例实验对象对广告内容回忆的研究中，所抽取的18名实验对象本身的记忆水平就存在差异。那么，怎样才能将实验对象间的变异从组内变异中分离出来，仅以随机误差造成的变异量作为计算 $F$ 值的分母呢？随机区组实验设计可达到这一目的。

随机化区组设计(randomized block design)的基本方法是：先分析实验对象个体间的主要差异，以及哪些方面的差异可能会造成他们在实验中测量数据的不同；再据此制定一定的标准将实验对象划分为不同的区组(block)，使得每个区组内实验对象的差异性尽可能降到最小，以使区组内的实验对象具有同质性。在上例中，研究者可依据年龄、性别与广告记忆有关的因素将实验对象划分6个区组：青年男性组、青年女性组、中年男性组、中年女性组、老年男性组和老年女性组，这样每个区组内的差异将变小，使具有同质性。最后将每个区组内的实验对象随机、均等地分配到各种实验处理中接受测量。

随机区组设计的基本模式是：有 $k$ 个实验处理、实验对象被划分为 $a$ 个区组，其中每个区组内的实验对象个数必须是实验处理的整数倍(至少为1倍，即至少保证每一个区组能向每个实验处理分配一个实验对象)，以便将每个区组中的实验对象随机、均等地分配到每个实验处理中去。可以将其实验设计模式表示成表9-17的形式(以 $k=4$，$a=5$ 且每个区组有8个实验对象为例)。

**表9-17 随机区组实验设计的一般形式**

| 区组实验处理 | 处理1 | 处理2 | 处理3 | 处理4 |
|---|---|---|---|---|
| 区组1 | $S_{11}$ | $S_{12}$ | $S_{13}$ | $S_{14}$ |
| | $S_{11}$ | $S_{12}$ | $S_{13}$ | $S_{14}$ |
| 区组2 | $S_{21}$ | $S_{22}$ | $S_{23}$ | $S_{24}$ |
| | $S_{21}$ | $S_{22}$ | $S_{23}$ | $S_{24}$ |
| 区组3 | $S_{31}$ | $S_{32}$ | $S_{33}$ | $S_{34}$ |
| | $S_{31}$ | $S_{32}$ | $S_{33}$ | $S_{34}$ |
| 区组4 | $S_{41}$ | $S_{42}$ | $S_{43}$ | $S_{44}$ |
| | $S_{41}$ | $S_{42}$ | $S_{43}$ | $S_{44}$ |
| 区组5 | $S_{51}$ | $S_{52}$ | $S_{53}$ | $S_{54}$ |
| | $S_{51}$ | $S_{52}$ | $S_{53}$ | $S_{54}$ |

在这种实验设计中，同一区组的实验对象重复出现在各种实验处理中，换句话说，就是在同一个区组内实验对象差异得到了一定程度的控制。同时，不同区组的数据被区分开来，形成了以不同区组划分的数据组，按照前一节计算组间误差和自由度的方法同样可以计算区组间误差和自由度，从而将此部分误差从组内误差中分离出去，使 $F$ 值计算时的分母项降低，这时的分母项主要是反映从总误差中分离了组间变异和区组变异之后的变异，所以将此部分的变异量称为残差，一般用 $SSE$ 表示。

**【例9.5】**为提高农业技术普及，某地区政府研究了四种不同的宣传方案。为研究四种方案中哪种方案更有效，该机构选择了36名农民，在实验前根据其农业知识掌握情况划分为优良、中等、一般三个水平，每个水平有12名农民，并且这12名农民被随机均分到各实验处理。经三个月的知识技术宣传后进行农业知识测试，计算出每位农民的得分比前一次测试提高的分数，结果如表9-18所示。试分析四种宣传方案在提高农民知识技能上是否存在显著差异。

**表 9-18　接受不同宣传方案后的农业知识提升**

| 区组＼实验处理 | 方案 1 | 方案 2 | 方案 3 | 方案 4 |
|---|---|---|---|---|
| 区组 1：优良 | 15 | 10 | 20 | 12 |
| | 9 | 6 | 18 | 15 |
| | 12 | 11 | 25 | 17 |
| 区组 2：中等 | 10 | 15 | 25 | 20 |
| | 18 | 19 | 30 | 15 |
| | 12 | 12 | 18 | 18 |
| 区组 3：一般 | 2 | 6 | 10 | 6 |
| | 6 | 3 | 7 | 8 |
| | 5 | 7 | 13 | 11 |

解：区组随机实验设计的方差分析可按照无交互作用的双因素方差分析的步骤，在SPSS中完成。输出结果如表9-19所示。

**表 9-19　双因素方差分析表**

主体间效应的检验

因变量成绩提高

| 源 | Ⅲ型平方和 | df | 均方 | F | Sig. |
|---|---|---|---|---|---|
| 校正模型 | 1 153.222[a] | 5 | 230.644 | 21.444 | 0.000 |
| 截距 | 6 032.111 | 1 | 6 032.111 | 560.837 | 0.000 |
| 区组 | 709.556 | 2 | 354.778 | 32.986 | 0.000 |
| 宣传方案 | 443.667 | 3 | 147.889 | 13.750 | 0.000 |
| 误差 | 322.667 | 30 | 10.756 | | |
| 总计 | 7 508.000 | 36 | | | |
| 校正的总计 | 1 475.889 | 35 | | | |

a.R方=0.781（调整R方=0.745）

方差分析结果显示，不同的方案对测试成绩的提高有非常显著的差异（$F=13.750$，$df=3$，$p=0.000$）。同时，区组变量对测量结果也具有显著影响（$F=32.986$，$df=2$，$p=0.000$）。

不过，就研究目的来说，因为研究者对划分区组的变量（例 9.5 中为农业知识掌握的情况）并不感兴趣，所以区组变量的影响是否显著没有直接意义，但在方差分析表中最好还是给出其检验的结果，它可以证明是否有必要采用区组设计。当区组变量的效应显著时，说明区组差异确实会带来测量结果的差异。如果不对研究对象进行区组划分而直接采取随机分组，这些变异就会和随机误差引起的变异混淆在一起，方差分析的敏感性就会下降，所以采取区组设计是非常必要和有实际意义的。如果区组效应不显著，说明区组间的差异并不明显，这可能是区组划分不成功或研究对象本身就具有较高的同质性造成的，区组设计可能是不必要的。

**【你知道吗】**

随机区组设计的原则是同一区组内的实验对象应尽量同质，不同区组之间尽量异质。这种设计是否能够控制个别差异给因变量测量造成的影响，关键是区组划分标准是否合理。区组划分标准的选择和测量往往存在难度，如果划分标准不好，不仅不能有效地控制误差，反而会引入新的误差。判断划分标准选择是否合理，主要考虑划分区组的因素对因变量测量的影响大小，如果影响较大，则需要采用该标准将实验对象区分成不同区组，如果影响较小，则没必要。而方差分析结果也是对是否需要采用该因素进行区组划分的事后检验。

## 三、析因设计

析因设计（factorial design）是两个因素（可推广到多个因素）的搭配实验设计。析因设计主要用于分析两个因素及其交互作用对实验结果的影响，采用的分析方法则是考虑交互效应的双因素方差分析。

析因设计的目的是研究两个变量如何组合产生交互效应，从而对实验结果产生影响。交互效应在统计上是否显著，对于我们理解数据是非常重要的。如果每个变量对解释因变量都很重要，但是每个变量又不能独自完整地解释所要研究的现象，这时就要通过析因实验设计来达到我们的目的。回顾主效应与交互效应的概念，数据的变异量可以分解为行因素的主效应、列因素的主效应、二者的交互效应和残差四个部分。

## 【小结与要点】

1.在完全随机化实验设计中，实验单元被随机地指派给“处理”（水平）。其中，“处理”是指可控制的因子的各个水平；“实验单元（experiment unit）”是接受“处理”的对象或实体的数据；完全随机化设计的数据采用单因素方差分析。

2.当实验对象并非同质时需要采取区组设计。比如，因为大学生同质性强，实验研究中常常以他们作为实验对象，但即便是大学生群体，他们的性格、学习成绩、专业及性别等差异也可能造成学生群体的异质性，这时我们就需要考虑采用随机化区组实验设计。

3.当我们感兴趣的因素有两个时，我们需要考虑这两个因素是否有可能发生交互作用，进而对因变量产生显著影响。在例 9.4 中，我们感兴趣于广告方案和广告媒体对销售量的影响作用，此时我们需要考虑广告方案和广告媒体可能发生交互作用进而对销售量产生影响。此时可以考虑采用析因设计。

## 【复习与练习】

思　考：

1.什么是方差分析？其基本原理是什么？

2.要检验多个总体均值是否相等时，为什么不作两两比较，而用方差分析？

3.方差分析中有哪些基本假定？

4.三种实验设计各适用于什么情况？分别用何种方差分析方法？

**牛刀小试：**

根据《受众广告态度调查》所得数据，用本章所学知识，选取合适变量，对其进行方差分析。例如：

(1)请检验来自农村、城镇、中小城市和大城市四组受访者在广告素养上是否有显著差异。

(2)请检验专业和班级（年级）对广告素养的影响作业，请分析哪个自变量的影响作用更大，两个自变量间是否有交互作用。

(3)请分别用 T 检验和方差分析两种方法来检验性别对广告总体态度是否具有显著影响作用，并对比两种结果的异同和两种方法的优劣。

以上检验不要忘记事前分析方差分析的三个前提条件是否符合。

**本章学习重点：**

- 了解相关的意义
- 学会运用积差相关解决问题
- 学会运用等级相关解决问题
- 了解其他重要的相关系数

宇宙间的事物总是相互关联，反映到社会科学研究中，就是变量之间会存在诸多共变或因果的关系。比如，人们有时会说，“这个孩子个子越来越高，人也变得更懂事了”。显然，“个子高低”与“懂事程度”之间具有某种数据上的一致性，但二者不是因果关系，只能算得上是相关关系。在统计学上，研究这种数量上共变关系的技术就叫做相关分析(correlation)。

## 第一节　相关的概念

### 一、相关概念的提出

“相关”概念最早来自生物统计学，其提出要归功于英国的遗传学家高尔顿(Galton)及其弟子皮尔逊(Pearson)：高尔顿提出“相关”概念，皮尔逊完成了积差算法的建立。高尔顿和皮尔逊在进行遗传学的研究中，系统考察了许多家庭中父亲与儿子的身高关系。研究的样本是家庭，研究中的两个变量分别是父亲的身高和儿子的身高。在对样本进行测量的过程中，得到一组天然成对的数据。在对这些数据进行分析和描述时，他们发现这对变量的取值一同起伏波动，表明两者之间具有较强的联系，从而提出了“相关”的概念并推动了“相关”技术的发展。

相关就是考察两组观测值之间联系的强度，而这两组观测值，必须来自对同一总体或同一样本的测量。比如，在学校中，对学生进行智力测验和学业成绩考试，可以发现智力水平与学业成绩具有一定程度的联系。一般来说，智力水平很低的学生，存在学业困难、成绩较差的问题；智力水平较高者，学业成绩也好一些——这种关系就是相关关系。

相关关系不等同于因果关系。相关的两个变量之间可能具有因果关系，也可能不存在因果关系。具有相关关系的两个变量之间可能存在以下两种关系：一种是因果关系，即一个变量为某种现象或事件的原因，一个变量为某种现象或事件的结果，原因发生了变化，结果自然也就随之改变。例如智商与学业成绩之间的关系，智商是因，而学业成绩是果；另一种是共因关系，即两个变量的变化是同一个潜在的原因引起的，那个潜在的原因发生变化，这两个结果自然都随之改变，所以会表现出共同变化的关系。典型的例子就是春天出生的婴儿和春天栽种的小树，表面看起来，小树长高了，婴儿也跟着长高，其实两者都是受到时间这个潜在因素的影响，它们彼此之间并没有直接关联。在相关关系分析的过程中，不能简单地由变量间的相关推出因果关系的结论。

## 二、相关的性质

要描述两个变量之间的相关性，需要把握三个方面：相关的方向、相关的强度和相关的形式。

### （一）相关方向：正相关、负相关和零相关

根据两个变量在变化方向上的关系，可以将相关划分为正相关、负相关和零相关。

正相关(positive correlation)是指两个变量在数值上的变化方向一致。即两列变量的数值变化方向是相同的：一个变量的数据由大而小地变化时，另一个变量的数据也随着由大而小地变化。如儿童的身高和体重，一般地讲，越高的儿童越重。虽然这并不绝对，但这种趋势还是能够观察得到的。对于两个正相关的变量，一个设为 $X$，一个设为 $Y$，对许多个案测量得到 $X$ 和 $Y$ 的两列数据。如果用 $X$ 作为横坐标，$Y$ 作为纵坐标，就可以在二维坐标系中画出每一个个案的坐标点。这些点在坐标系中构成了一个散点图，并借此直观地反映 $X$ 和 $Y$ 的两列数据之间的关系。下图 10-1$a$ 反映了正相关关系，在这个坐标系中，可以看到散点的分布趋势是左边低、右边高。也就是，$X$ 比较小，$Y$ 就可能相对比较小；$X$ 比较大，$Y$ 就可能相对比较大。

负相关(negative correlation)是指两个变量在数值上的变化方向相反。即两列变量的数值变化方向是相反的:一个变量的数据由大而小变化时,另一个变量的数据却是由小而大地变化。图 10-1b 反映的就是负相关关系。在这个坐标系中,可以看到散点的分布趋势是左边高,右边低。换句话说,就是 $X$ 变大,$Y$ 却可能变小;$X$ 变小,$Y$ 却变大。

零相关(naught correlation),又称无相关,即两列变量的变化没有关联性。一个变量的变大或变小与另一个变量没有任何关系。图 10-1c 就是零相关条件下的一个散点图。

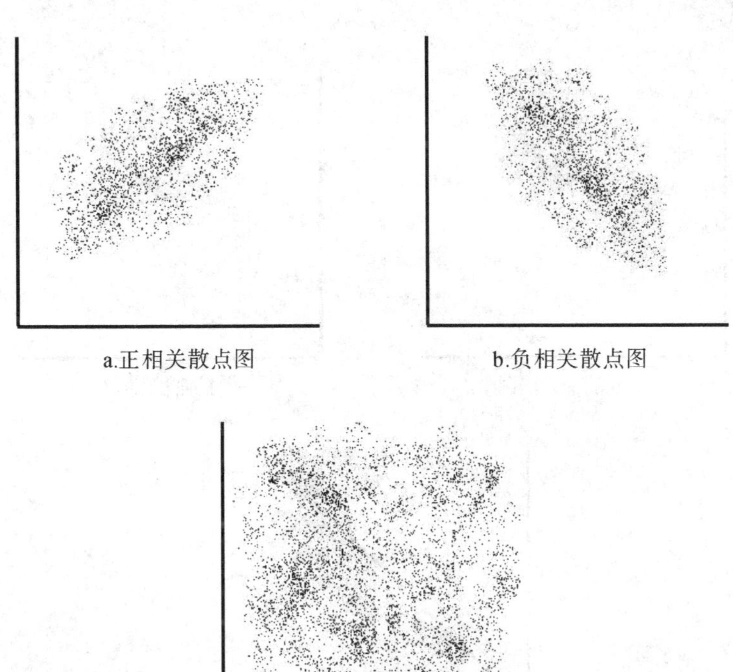

a.正相关散点图

b.负相关散点图

c.零相关或弱相关散点图

**图 10-1　相关的三种方向**

(二)相关强度:强相关、弱相关和完全相关

从变量关联的紧密程度上,可以将相关划分为弱相关、强相关和完全相关。

弱相关又称为低相关,是指两个变量之间虽然有一定的关系,但联系的强度较低。即一个变量变化时,与之对应的另一个变量变化的可能性较小,或者说跟随其变化的程度不太明显,如图 10-2a 所示。例如,数学成绩和英语成绩可能便是低相关的。

强相关又称高度相关。当一个变量变化时，与之对应的另一个变量也随之变化的可能性较大，或者说跟随其变化的程度比较紧密。在散点图上表现为坐标点较为集中地分布在某一直线的附近，如图 10-2b 所示。例如，身高与体重的关系、数学成绩与统计成绩的关系等，一般呈现强正相关。

完全相关是指两个变量在取值上具有一一对应或完全确定的关系，两个变量之间的关系也可以表示成一个直线方程式。在散点图上表现为各坐标点都处在某一条直线上，如图 10-2c 所示。例如，圆半径和圆周长的关系就是这种完全相关关系。

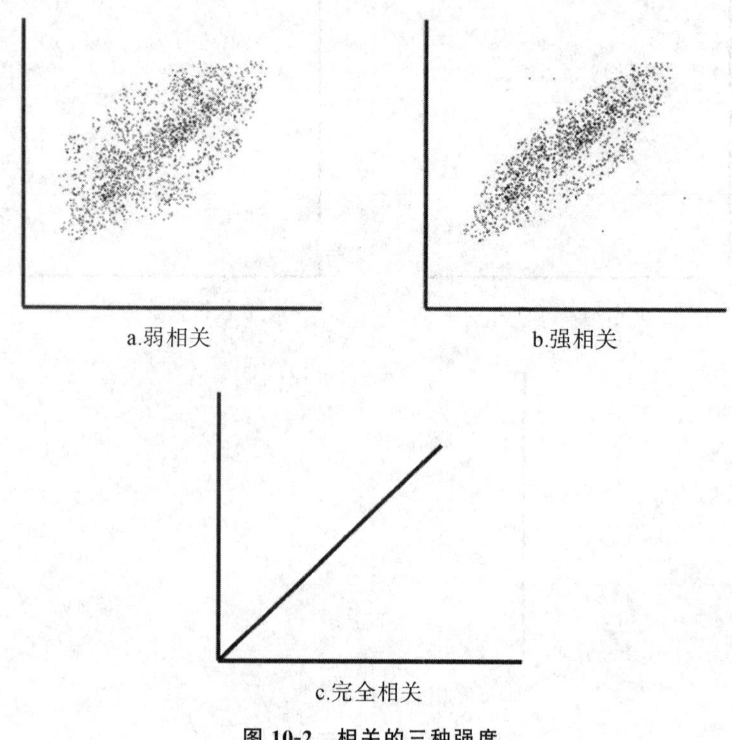


**图 10-2　相关的三种强度**

（三）相关形式：直线相关和曲线相关

根据变量在数值上的变化关系或散点的分布形式，可以将相关划分为直线相关和曲线相关。直线相关是指两个变量中的一个变量在增加或减少时，另一个变量也随之增加或减少，它们之间存在一种直线或线性相关的关系。直线相关其散点可以用直线拟合，呈椭圆分布，我们接下来要讨论的积差相关和等级相关都属于直线相关。

曲线相关也叫非线性相关，是指如果两个变量相伴随的变化未能形成直线相关，其相关就是曲线的。对数、指数、幂函数等均属于曲线相关关系。

需要注意的是，不是所有的相关都是用直线表明 $X$ 值和 $Y$ 值的关系。相关关系可能不是线性的，而且也可能不是由直线反映的。如年龄和记忆力之间的相关，在少年时期，相关可能是很强的正相关——儿童的年龄越大，他们的记忆力越好；接着，到了青年和中年时期，随着年龄的增长，记忆力没有多大的变化，因为大多数青年人和中年人保持了良好的记忆力，年龄与记忆力之间表现零相关；到了老年时期，随着年龄的增长，记忆力不断消退，记忆力和年龄是负相关的关系。这样看来，人的一生，其记忆力和年龄之间的相关更像是曲线相关，随岁数的增加，刚开始记忆力不断增长，过了一段年月，保持在一定水平，到后期，就不断下降。有时候，对类似关系最好的描述就是曲线。

## 三、相关的直观表示法：散点图

变量之间相关的强弱可以量化，也可以用直观的方法表示出来。在量化之前，最好先用直观的方法，看看变量之间的大体关系如何，比如相关程度是否强，是否为线性相关等。此外，我们还能很容易、很直观地发现是否有反常的数据值，这些反常值会对相关的量化——相关系数产生很大的影响。

对相关的直观表示一般是利用散布图。散布图就是一个直角坐标，横坐标代表一个变量，纵坐标代表一个变量。在坐标内用一个个点来表示相关变量的一对对观测值，这些点所形成的形状就可以体现变量之间的相关情况。图 10-1 所示的三种情况的散点图便直观地反映了数据之间的关系。

## 四、相关的量化：相关系数

散点图可以判断两个变量之间有无相关关系，并对关系形态做出大致描述，但要准确度量变量间的关系强度，则需要计算相关系数。

### （一）相关系数的种类

相关系数(correlation coefficient)是度量两个变量之间线性关系强度的统计量，记为 $r$。皮尔逊(Pearson)积差相关系数是最常用的指数，适用于两个数值型变量；对于两个顺序变量，通常采用斯皮尔曼(Spearman)等级相关系数；此外，对于多个顺序变量，则要采用肯德尔(Kendall)等级相关系数进行测量；如果想要控制第三变量或其他多个变量的影响，一般通过计算偏相关(partial correlation)系数实现。

**【你知道吗】**

$r$ 仅仅是 $X$ 与 $Y$ 之间线性关系的一个度量，它不能用于描述非线性关系。所以，r=0 只表示两个变量之间不存在线性相关关系，并不表明变量之间没有任何关系，它们之间可能存在非线性相关关系，如曲线关系。

（二）相关系数的解释

相关系数不但显示了变量间的关系强度，还显示了相关性的方向。相关系数可以是正值也可以是负值，正值说明随机变量之间是正相关关系；负值说明是负相关关系。0 表明变量之间无线性相关关系。

相关系数是变量间关系的量化指标，相关系数的绝对值越大，相关关系就越强。由于 $r$ 的取值介于 $-1$ 至 1 之间，判断相关关系强弱时一般参考下表 10-1 的解释，当然判断相关强弱时还需要建立在对相关系数的显著性检验的基础之上。

**表 10-1　解释相关系数**

| $r$ 绝对值的大小 | 一般解释 |
|---|---|
| 0.8～1.0 | 高度相关 |
| 0.5～0.8 | 中度相关 |
| 0.3～0.5 | 低度相关 |
| 0.0～0.3 | 弱相关或不相关 |

相关系数 $r$ 的平方 $R^2$ 称为决定系数或判定系数(coefficient of determination)，它表示变量 $Y$ 的总变异(或方差)中，有多少比例可以被 $X$ 变量所解释。比如，我们计算 100 个初三学生的智商和数学成绩的相关系数为 0.7，则决定系数便是 0.49，即数学成绩的变异中，有 49%可以由智商来解释的。这样，49%的方差可以被解释，意味着 51%的方差不能被解释，这叫做非决定系数(coefficient of nondetermination)，代表了数学成绩变异中不能被智商所解释的比例。

$X$ 与 $Y$ 两个变量共享的特征越多，它们就越相关，决定系数就越大。表 10-2 用两个圆的重合部分表示了 $X$ 和 $Y$ 变量共享方差的多少。

**表 10-2　相关变量如何共享方差的示意图**

| 相关系数 | 决定系数 | 变量 $X$ 与变量 $Y$ |
| --- | --- | --- |
| $r=0$ | $R^2=0$ | 共享 0% |
| $r=0.5$ | $R^2=0.25$ | 共享 25% |
| $r=0.8$ | $R^2=0.64$ | 共享 64% |

**【你知道吗】**

(1)什么叫做两个变量具有“好”的相关关系呢？一般我们依赖相关系数的大小来判断两个变量之间的紧密程度，如表 10-1 所示的方法。但是有时候还要取决于研究的种类、数据收集的环境和基于统计结果所做出的决定，例如一个相关系数为 0.2，也许对一般研究来说根本不值一提，因为其决定系数只有 0.04，说明两个随机变量之间关系非常微弱。但对于某类研究来说却非常重要，例如在新药的有效性研究中，意味着 100 人中有 4 人因为服用该药而病情得到改善。

(2)决定系数是另一种解释两个变量相关程度的方法，它比相关系数更能说明两个随机变量之间关联程度的大小，关于这一点，大家在学习了方差分析之后是不是更好地理解了决定系数的意义呢？

## 五、需要注意的几点

### (一)假性相关

进行相关分析时，有一些地方需要注意。一些很重要的因素会导致相关系数人为地升高或者降低，这些极端的相关性有时被称为假性相关(spurious correlations)，因为它们并不代表随机变量间的真实关系，也可能是由一些容易引起混淆的因素造成。有时候一个相关系数可能很小或者接近零，但是这两个变量之间缺乏明显的相关性可以由很多原因来解释；同样很多情况可以导致两变量之间有很强的相关性，虽然这与它们真实的关系是无关的。下列因素可能会导致假性相关的出现。

1.随机变量之间缺乏线性关系

本章所介绍的几种相关系数仅反映了两个随机变量之间的线性关系，对于非线性的相关并不适用。在计算相关系数前，我们可以先通过散点图来检查变量间的关系是否较大地偏离于线性关系。一些小的线性偏离不会显著影响相关系数的大小，但是大的偏离却会对其产生影响。具有显著曲线型关系的数据不再适用于计算 Pearson 系数，所以，相关系数较小时，应检查数据是否能够计算线性相关，考虑是不是存在非线性的相关关系。

2.样本容量

很多时候假性相关是由于样本容量太小。但是也不要认为，小的样本容量就会导致小的相关系数，或者大的样本容量会导致大的相关系数。事实上，样本容量与关系的强度是独立的。一般的准则是，样本容量的大小应能足够代表需要描述的总体。

3.离群点

当样本容量很小时，存在一个严重问题，那就是 $X$ 或 $Y$ 测量值中，只要有一个非常大或非常小的值就会导致相关系数发生很大的变化。这种问题源于相关性的计算公式是基于观察值与均值之差的计算。在前面的描述统计中我们已经了解，均值对于极值是非常敏感的，特别是观测结果很少的时候。对于相关系数来说，也存在同样的问题，一对与均值有较大偏离的数值会极大地影响相关系数。

随着样本容量的增大，极值的影响会减弱，但通过观察散点图的分布来确定离群数值是非常重要的。在研究中，我们应仔细研究极端值来确定是否将它们包含在研究中。

（二）相关性是可靠性的一种测量

可靠性或信度（reliability）是社会科学研究中的一个非常重要的概念。可靠性是指一种测量方法在重复测量时能够产生相同结果，即多次测量结果的一致性。一种测试如果在标准条件下进行多次测量能够得到一致的结果，说明它是可靠的。可靠性经常用相关系数来评估。

测试可靠性的概念非常简单。如果一项测试是可靠的，那么每个个体在第一次测试中的相对位置与在第二次测试中的相对位置应该相似，例如对一个班级的学生进行两次智力测验中，如果该智力测验是可靠的，则前一次测试中名列前茅的同学在后一次测试中其名次也应该排在前面，而第一次名次排在后面的同学在第二次测试中其成绩也处于下游。也就是说，如果两次测试所得的相关系数数值较大，则说明测试是可靠的；如果所得的相关系数较小，则表明该测试不可靠。试想一下某个智力测验，你第一次测试时处于前 10%的位置，第二次测试时却处于后10%的位置,你会认为这个测验是可靠的吗?

(三)相关系数集:相关矩阵

如果有两个以上的变量怎么办?如何说明相关?相关矩阵是简单而有效的解决方法。相关矩阵展示着多个随机变量彼此间的相关系数,最左边一列的变量与最上一行的变量相同,沿着对角线的值都是1。例如,在某次政治竞选调查中,某智库调查了选民收入、教育水平、对选举的态度、参政意识、以及是否曾参与过选举之间的关系,下表10-3显示了调查结果的相关矩阵。

**表10-3 相关矩阵、**

| | 收入 | 教育 | 态度 | 参政意识 | 参与行为 |
|---|---|---|---|---|---|
| 收入 | 1.00 | 0.574 | −0.08 | −0.223 | −0.291 |
| 教育 | | 1.00 | −0.149 | −0.205 | −0.199 |
| 态度 | | | 1.00 | 0.402 | 0.369 |
| 参政意识 | | | | 1.00 | 0.754 |
| 参与行为 | | | | | 1.00 |

**【小结与要点】**

(1)变量之间不精确、不稳定的变化关系称为相关关系;用来描述两个变量相互之间变化方向及密切程度的数字特征量称为相关系数,一般用 $r$ 表示。总体参数一般用 $\rho$ 表示。

(2) $r$ 具有对称性,即 $r_{xy}=r_{yx}$。

(3) $r$ 的数值大小与 $x$ 和 $y$ 的平均值及单位无关,即改变 $x$ 和 $y$ 的数据单位和平均值,并不改变 $r$ 数值大小。

(4)相关不等于因果:相关系数只能描述两个变量之间的变化方向及密切程度,并不能揭示二者之间的内在本质联系。

# 第二节 皮尔逊积差相关系数

积差相关(Pearson Product Moment Correlation Coefficient)是Pearson建立起来的、应用最广泛的相关分析技术。它以相关系数的形式较为准确地反应了两个变量之间的线性相关程度。一般来说，用积差相关计算相关系数的数据要满足以下条件：

(1)两个变量都是由测量获得的连续型数据；

(2)两个变量的总体都是呈正态分布，或接近正态分布，至少是单峰对称分布；

(3)必须是成对的数据，即两个变量应来自对同一总体或样本的测量；

(4)两个变量之间呈线性关系；

(5)大样本，$n \geqslant 30$。

## 一、相关系数的计算

协方差(covariance)是积差相关系数的基础。协方差表示两个随机变量在多大程度上拥有相同的方差，是两个变量的离差乘积之和除以 $n$ 所得之商。其计算公式如下：

$$\text{cov} = \frac{\sum_{i=1}^{n}(X_i - \overline{X})(Y_i - \overline{Y})}{n} \quad \text{（式 10.1）}$$

当 $X$ 与 $Y$ 存在严格的线性关系时，数据的协方差可能达到最大值；当 $X$ 与 $Y$ 之间没有关系或它们的关系不能用一条直线来描述时，协方差等于 0。协方差本身没有实际的意义，将它作为一个描述性的统计量，除以两个变量的标准差，便可算得相关系数 $r$：

$$r = \frac{\sum_{i=1}^{n}(X_i - \overline{X})(Y_i - \overline{Y})}{nS_XS_Y} = \frac{\sum Z_XZ_Y}{n} \quad \text{（式 10.2）}$$

其中，$S_x$ 是变量 $X$ 的标准差，$S_Y$ 是变量 $Y$ 的标准差。

从公式 10.2 也可看出，$r$ 其实就是两个随机变量的标准分数 $Z$ 相乘后累加，最后再除以 $n$。这正好说明了 $r$ 含义，一个较大的 $r$ 值说明每一个个体或者事件在两个随机变量上获得大约相等 $Z$ 值，也就是 $X$ 和 $Y$ 变量在各自的分布中大致位于相同的位置。

**【你知道吗】**

(1)相关系数不是等距或等比变量，它是顺序变量。因此它只能比较大小，但不能直接做加、减、乘、除运算。比如，不能认为 $r=0.90$ 的相关强度是 $r=0.45$ 的两倍，或者直接进行加减运算。

(2)相关系数反映了变量间共变关系的密切程度，介于 −1 到 1 之间。正负号代表相关的性质，绝对值大小则反映了变量间的相关程度。

## 二、相关系数的显著性检验

相关系数的显著性检验的目的是用样本相关系数 $r$ 推断总体是否相关。由于相关系数 $r$ 是根据样本数据计算出来的，它会受到样本波动的影响。能否根据样本相关系数来说明总体的相关系数 $\rho$ 呢？这就需要考察样本相关系数的可靠性，也就是进行显著性检验。

就 Pearson 相关系数来说，它符合自由度为 $n-2$ 的 t 分布，该检验可用于小样本，也可用于大样本，检验的具体步骤如下：

第 1 步：提出假设：

$H_0:\rho=0$　　即总体相关系数等于 0

$H_1:\rho\neq 0$　　即总体相关系数不等于 0

第 2 步：计算检验的统计量：

$$t=\frac{r\sqrt{n-2}}{\sqrt{1-r^2}}\sim t(n-2) \qquad \text{(式 10.3)}$$

第 3 步：进行决策。

求出统计量的 $p$ 值，如果 $p<\alpha$，则拒绝 $H_0$，表明总体的两个变量之间存在显著的线性关系。

**【例 10.1】**某机构想了解影响网络购物满意度的一些因素，便从产品信息、购物网站设计、客户服务和产品配送四个方面对 340 名消费者进行了调查，要求他们根据最近的一次购物经历对此进行评分，并测量他们是否乐于向他人推荐此网站的商品(口碑传播意向)、是否愿意再次购买(再次购买意向)、以及整体上的满意情况。试对所得数据进行相关分析。

解：

该调查机构所得的数据均为连续型数据，且是针对同一批样本所得数据，样本量远大于 30，一般情况下，各变量都是正态分布。所以可用计算 Pearson 积差相关系数。

在 SPSS 中，操作步骤如下：

**第 1 步：运行相关分析程序。**单击【分析】——【相关】——【双变量】，打开相关分析对话框，如图 10-3 左图所示。

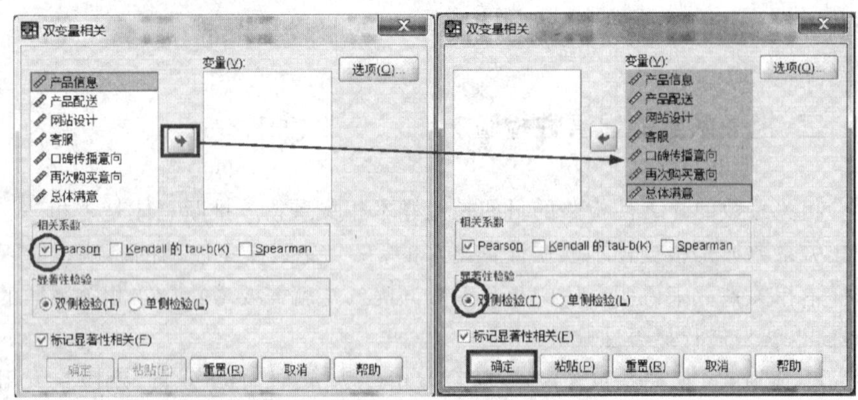


**图 10-3　Pearson 相关分析对话框**

**第 2 步：计算积差相关。** 从对话框左边变量列表中选择七个连续变化的变量，点击选中置入右侧的变量框中。在相关系数一栏选择【Pearson】项，在不确定是正相关还是负相关时，选择【双侧检验】(一般为默认选项)。如图 10-3 右图所示。

**第 3 步：输出计算结果。** 单击【确定】，输出分析表格 10-4。

**表 10-4　相关分析输出表格**

相关性

| | | 口碑传播意向 | 再次购买意向 | 网站设计 | 客服 | 产品配送 | 产品信息 | 总体满意 |
|---|---|---|---|---|---|---|---|---|
| 口碑传播意向 | Pearson 相关性 | 1 | 0.681** | 0.262** | 0.436** | 0.422** | 0.369** | 0.646** |
| | 显著性(双侧) | | 0.000 | 0.000 | 0.000 | 0.000 | 0.000 | 0.000 |
| | N | 340 | 340 | 340 | 340 | 340 | 340 | 340 |
| 再次购买意向 | Pearson 相关性 | 0.681** | 1 | 0.330** | 0.537** | 0.451** | 0.439** | 0.773** |
| | 显著性(双侧) | 0.000 | | 0.000 | 0.000 | 0.000 | 0.000 | 0.000 |
| | N | 340 | 340 | 340 | 340 | 340 | 340 | 340 |
| 网站设计 | Pearson 相关性 | 0.262** | 0.330** | 1 | 0.431** | 0.360** | 0.607** | 0.359** |
| | 显著性(双侧) | 0.000 | 0.000 | | 0.000 | 0.000 | 0.000 | 0.000 |
| | N | 340 | 340 | 340 | 340 | 340 | 340 | 340 |
| 客服 | Pearson 相关性 | 0.436** | 0.537** | 0.431** | 1 | 0.539** | 0.479** | 0.578** |
| | 显著性(双侧) | 0.000 | 0.000 | 0.000 | | 0.000 | 0.000 | 0.000 |
| | N | 340 | 340 | 340 | 340 | 340 | 340 | 340 |

续表

| | | 口碑传播意向 | 再次购买意向 | 网站设计 | 客服 | 产品配送 | 产品信息 | 总体满意 |
|---|---|---|---|---|---|---|---|---|
| 产品配送 | Pearson 相关性 | 0.422** | 0.451** | 0.360** | 0.539** | 1 | 0.445** | 0.580** |
| | 显著性(双侧) | 0.000 | 0.000 | 0.000 | 0.000 | | 0.000 | 0.000 |
| | N | 340 | 340 | 340 | 340 | 340 | 340 | 340 |
| 产品信息 | Pearson 相关性 | 0.369** | 0.439** | 0.607** | 0.479** | 0.445** | 1 | 0.525** |
| | 显著性(双侧) | 0.000 | 0.000 | 0.000 | 0.000 | 0.000 | | 0.000 |
| | N | 340 | 340 | 340 | 340 | 340 | 340 | 340 |
| 总体满意 | Pearson 相关性 | 0.646** | 0.773** | 0.359** | 0.578** | 0.580** | 0.525** | 1 |
| | 显著性(双侧) | 0.000 | 0.000 | 0.000 | 0.000 | 0.000 | 0.000 | |
| | N | 340 | 340 | 340 | 340 | 340 | 340 | 340 |

** 在 0.01 水平(双侧)上显著相关。

根据上表的相关矩阵，我们可读取七个变量两两之间的相关系数。可以看到，所有变量两两之间都有一个积差相关系数，以及对应的显著性水平和观测样本的容量 N。本例中可得到：所有变量两两之间的相关系数的显著性水平均为 $p=0.01$，表明总体的两变量之间存在显著的线性关系。如果将上表进行整理，可得表 10-5 所示的相关矩阵。因为中间的对角线将相关四方矩阵分成上下对称的两个三角解矩阵，这两个矩阵是完全一样的，所以在写报告时只需要报告一个三角矩阵就可以。

**表 10-5　消费满意度调查中各变量的相关矩阵**

| | 产品信息 | 产品配送 | 网站设计 | 客服 | 口碑传播意向 | 再次购买意向 | 总体满意度 |
|---|---|---|---|---|---|---|---|
| 产品信息 | 1 | 0.44 | 0.61 | 0.48 | 0.37 | 0.44 | 0.53 |
| 产品配送 | | 1 | 0.36 | 0.54 | 0.42 | 0.45 | 0.58 |
| 网站设计 | | | 1 | 0.43 | 0.26 | 0.33 | 0.36 |
| 客服 | | | | 1 | 0.44 | 0.54 | 0.58 |
| 口碑传播意向 | | | | | 1 | 0.68 | 0.65 |
| 再次购买意向 | | | | | | 1 | 0.77 |
| 总体满意度 | | | | | | | 1 |

注：以上相关系数均在 $\alpha=0.01$ 水平上达到显著。

由上表可得出，产品信息、产品配送和客服均与总体满意有中度相关关系（$r$值分别为0.53、0.58和0.58，$p<0.01$），网站设计的影响口碑传播意向与再次购买意向也存在中度相关（$r=0.68$，$p<0.01$）；同时，口碑传播意向和再次购买意向也从一定程度上反映着消费者对购物经历的满意程度（$r=0.65$，$p<0.01$；$r=0.77$，$p<0.01$）。

**【你知道吗】**

(1)如何解释$r=0.77$，$p<0.01$？$r=0.77$表示样本计算所得的相关系数值，而$p<0.01$表示对原假设的检验来说，两个变量之间的相关是由于随机因素引起的可能性小于1%。0.01在统计学中是个小概率事件，因而我们推断两个变量之间的相关并非由随机因素导致。在上例中，这意味着随着再次购买意向的提高，总体满意程度上升，二者具有显著的相关。

(2)上一节介绍了如何使用决定系数来理解相关系数的意义。即使相关系数$r$具有显著意义，这并不意味着$X$变量可以解释$Y$变量总体方差的程度是有意义的。比如，上例中网站设计与总体满意的相关程度是0.36，其决定系数为0.1296，这表明网站设计可以解释总体满意方差的12.96%，而还有87%的方差不能被其解释。

因此，即使我们知道网站设计的好坏与消费者的总体满意有正向的关系，这两个变量可能“走”在一起，但是这么小的决定系数表明在这两个变量的关系中还有其他很重要的因素在发挥作用。因此，我们再次印证了统计学中的一句谚语，“你看到的并不总是你得到的”。

(3)我们再次强调，仅仅因为两个变量的相互相关，并不表示一个变量变化就引起另一个变量的变化。这两个变量可能是因为共同为某些因素所左右而相关，而并非存在因果关系。

## 第三节　等级相关分析

在研究中，有时会出现以下两种情况：一是搜集到的数据不是连续型数据，而是具有等级或顺序的间断数据；二是搜集到的数据是顺序数据，但不能确定是否来自于正态总体，且为小样本。此时，如果计算两列或两列以上变量的相关，就不能再计算积差相关了，而是要用到等级相关。因为等级相关对变量的总体分布不做要求，故又称为非参数的相关方法。本节所讨论的等级相关，同样是针对线性关系的相关分析方法。

本节主要介绍适用于计算两列变量等级相关的斯皮尔曼相关方法，以及适合于计算多列变量相关的肯德尔和协系数。

## 一、斯皮尔曼等级相关

斯皮尔曼等级相关系数(rank correlation coefficient)，也叫做Spearman $r$系数，对顺序数据的情况非常适合。即使数据偏度较大，Spearman $r$也能度量变量之间的相关程度。可见，斯皮尔曼相关系数对数据的整体分布状态和样本容量不做要求。不管数据是不是正态分布、是否是大样本都可以用等级相关计算相关系数。因此，等级相关的适用范围比积差相关大，这是它的优点。但是等级相关也有缺点，它的精确度不如积差相关：一组能计算积差相关的数据若改用等级相关计算，就会损失一部分信息，导致精确度降低。因此，凡是符合积差相关计算条件的数据，不要用等级相关系数计算。

Spearman $r$ 与 Pearson $r$ 本质的不同是它们处理数据的方法不同。Pearson $r$是将数据转换为 $z$ 值，因此，结果所得的数据表示各观察值与均值之间的离差。相应地，Spearman $r$将数据转换为等级数据，因此，变形后的数据表示从低到高的等级顺序。其计算公式为：

$$r_s = 1 - \frac{6\sum_{i=1}^{n} D_i^2}{n(n^2-1)} \qquad \text{(式 10.4)}$$

式中，$D$ 表示各对数据在等级上的差异量，$n$ 表示观测样本的容量。

有时候，我们在将原始数据转换为等级数据时，会发现两个或更多的并列的数值。在这种情况下，通常将并列的等级数值的均值赋予每个并列数值。在并列等级后面的数值将被正常地赋予等级序数。因此，数据 18，12，5，5，5，3，2 七个数据等级排序的结果应为 1，2，4，4，4，6，7，其中顺序值 4 是由公式(3＋4＋5)/3＝4 得来。而数据 3，7，12，12，15，19 六个数据等级排序的结果应为 1，2，3.5，3.5，5，6，其中顺序值 3.5 由公式(3＋4)/2＝3.5 得来。

斯皮尔曼相关计算的步骤为：

步骤 1：数据转换，即将两列数据按由小到大或由大到小的顺序排列，以便将其转换为等级变量 $R_X$ 与 $R_Y$；

步骤 2：计算等级差数，即计算每一成对数据的等级差 $D=R_X-R_Y$，并计算 $\sum D^2$；

步骤 3:将数据代入公式 10.4,得到等级相关系数;

步骤 4:进行显著性检验,方法与积差相关显著性检验相同。

【例 10.2】在某次广告大赛中两名评委对 10 则广告的创意程度按好坏程度进行评价。最好的为第 1 名,最差的为第 10 名,以下为所得数据(表 10-6)。那么两位评委对这 10 则广告的排位是否有一致性?

**表 10-6 广告创意排名**

| 广告编号 | $R_X$ | $R_Y$ | $D=R_X-R_Y$ | $D^2$ |
|---|---|---|---|---|
| 1 | 7 | 5 | 2 | 4 |
| 2 | 5 | 5 | −1 | 1 |
| 3 | 2 | 3 | −1 | 1 |
| 4 | 8 | 7 | 1 | 1 |
| 5 | 1 | 2 | −1 | 1 |
| 6 | 10 | 8 | 2 | 4 |
| 7 | 9 | 10 | −1 | 1 |
| 8 | 4 | 4 | 0 | 0 |
| 9 | 6 | 9 | −3 | 9 |
| 10 | 3 | 1 | 2 | 4 |
| 合计 | | | | 26 |

解:

两列数据为等级数据,样本数 $n=10$,采用斯皮尔曼等级相关系数来评估。将以上数据代入公式 10.4,可得相关系数为

$$r_s=1-\frac{6\sum_{i=1}^{n}D_i^2}{n(n^2-1)}=1-\frac{6\times 26}{10\times(100-1)}=0.842$$

由显著性计算公式 10.3 可得:

$$t=\frac{r\sqrt{n-2}}{\sqrt{1-r^2}}=\frac{0.84\times\sqrt{10-2}}{\sqrt{1-0.84^2}}=4.40$$

查 $t$ 分布表可知,$df=n-2=10-2=8$ 时,0.01 显著水平对应的 $t$ 的临界值为 2.90,$t=4.40>2.90$,因而拒绝原假设,接受研究假设,表明两位评委对 10 则广告的评价具有强相关性。

此外，我们也可以通过 SPSS 进行分析。

**第 1 步：运行等级相关分析程序。**点击【分析】——【相关】——【双变量】，打开等级相关分析主对话框，如图 10-4 左图所示。

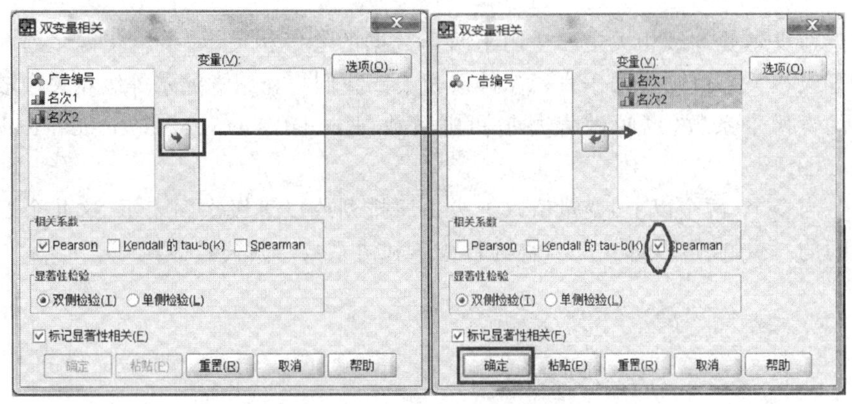


**图 10-4　等级相关分析主对话框**

**第 2 步：计算等级相关。**将对话框左侧的【名次 1】和【名次 2】点中，选入右侧的【变量】对话框。在相关系数一栏，选择【Spearman】项，默认为【双侧检验】，如图 10-4 右图所示。

**第 3 步：输出计算结果。**表 10-7 显示了等级间的等级相关系数。

**表 10-7　等级相关系数输出表格**

相关系数

| | | | 名次1 | 名次2 |
|---|---|---|---|---|
| Spearman的rho | 名次1 | 相关系数 | 1.000 | 0.857** |
| | | Sig.(双侧) | | 0.002 |
| | | N | 10 | 10 |
| | 名次2 | 相关系数 | 0.857** | 1.000 |
| | | Sig.(双侧) | 0.002 | |
| | | N | 10 | 10 |

**.在置信度（双侧）为0.01时，相关性是显著的。

由表中数据可发现，两位评委对广告作出的排位存在强相关关系（$r=0.857, p<0.01$），与手工计算的结果相接近。那么 SPSS 生成的等级相关系数与手工计算的等级相关系数为何不完全一致呢？这与计算过程中小数点保留的位数有关。

上例是由两位评委进行评价，那么，如果是三位或更多评委呢？这时应如何分析相关关系？接下来我们来介绍肯德尔和协系数。

## 二、肯德尔和协系数

斯皮尔曼等级相关主要适用于两列数据的等级相关；如果想获得多列变量间等级相关系数则要采用肯德尔等级相关。我们将介绍肯德尔等级相关中较常用的肯德尔系数，也叫做肯德尔和协系数（Kendall's concordance coefficient，Kendall'W）。

当多个（两个以上）变量值以等级次序排列或以等级次序表示，这几个变量之间的一致性程度（即相关），称为肯德尔和协系数。其公式为：

$$r_w = \frac{\sum_{i=1}^{n} R_i^2 - (\sum_{i=1}^{n} R_i)^2 / n}{\frac{1}{12} K^2 (n^3 - n)} \qquad \text{（式 10.5）}$$

仍以广告评价为例，上式中，$n$ 代表被评价对象的数目（广告数）；$k$ 代表评价者的数目（评委数）；$R_i$ 代表每一广告在所有 $k$ 个评价者中获得的评级之和。

**【例 10.3】**下表 10-8 显示了广告大赛中 10 位评委对 7 则广告的名次排列，最喜欢的排名为 1，最不喜欢的排名为 7。请分析这 10 位评委评分的一致性。

**表 10-8　10 位评委对 7 则广告的评定**

| | 评委1 | 评委2 | 评委3 | 评委4 | 评委5 | 评委6 | 评委7 | 评委8 | 评委9 | 评委10 | $R$ | $R^2$ |
|---|---|---|---|---|---|---|---|---|---|---|---|---|
| 广告 1 | 3 | 5 | 2 | 3 | 4 | 4 | 3 | 2 | 4 | 3 | 33 | 1 089 |
| 广告 2 | 6 | 6 | 7 | 6 | 7 | 5 | 7 | 7 | 6 | 6 | 63 | 3 969 |
| 广告 3 | 5 | 4 | 5 | 7 | 6 | 6 | 4 | 4 | 5 | 4 | 50 | 2 500 |
| 广告 4 | 1 | 1 | 1 | 2 | 2 | 2 | 2 | 1 | 1 | 2 | 15 | 225 |
| 广告 5 | 4 | 3 | 4 | 4 | 3 | 3 | 5 | 6 | 3 | 5 | 40 | 1 600 |
| 广告 6 | 2 | 2 | 3 | 1 | 1 | 1 | 1 | 3 | 2 | 1 | 17 | 289 |
| 广告 7 | 7 | 7 | 6 | 5 | 5 | 7 | 6 | 5 | 7 | 7 | 62 | 3 844 |
| 合计 | | | | | | | | | | | 280 | 13 516 |

解：

此类多列顺序型数据可采用 Kendall'W 系数进行评估。

将上列数据代入肯德尔和协系数公式 10.5，可得

从所得相关系数值来看,10 位评委对 7 则广告的评价具有较高的一致性。

同样,此题也可通过 SPSS 进行分析。

**第 1 步:打开 Kendall' W 主对话框。**单击【分析】——【非参数检验】——【k 个相关样本】,进入 Kendall'W 相关分析主对话框,如图 10-5 左图所示。

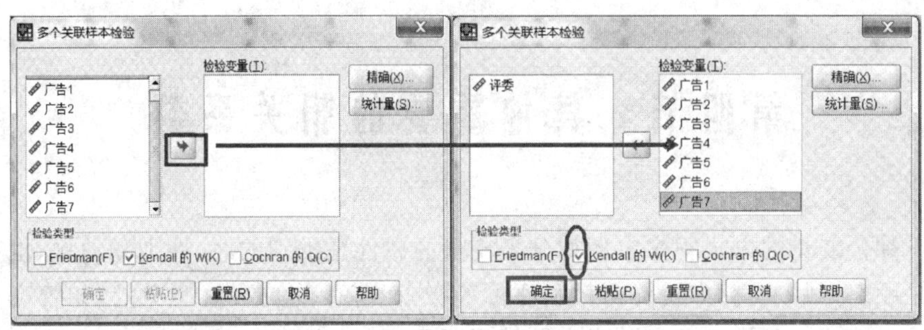


**图 10-5 Kendall'W 相关分析主对话框**

**第 2 步:计算相关系数。**将对话框左侧的【广告 1】到【广告 7】选入右侧的【检验变量】方框,同时将【检验类型】下的选项改为【Kendall 的 W(K)】,如图 10-5 右图所示。

**第 3 步:输出结果。**单击【确定】,读取肯德尔和协系数。该结果显示比较简单,就本例来说,其输出的结果如表 10-9 所示。由表可知,10 位评委评分的一致性肯德尔和协系数为 $W=0.827$,其显著性水平 $p=0.000<0.01$,达到了非常显著的水平,说明评委评分具有很高的一致性。

**表 10-9 Kendall 的 W 的相关检验结果**

检验统计量

| | |
|---|---|
| N | 10 |
| Kendall W[a] | 0.827 |
| 卡方 | 49.629 |
| df | 6 |
| 渐近显著性 | 0.000 |

a.Kendall协同系数

**【你知道吗】**

在 SPSS 中运行双变量相关性检验时,你会发现主对话框中还有 Kendall 的 tau 系数检验。这个系数检验也是针对两个顺序变量,只不过它所利用的信息与 Spearman 等级相关检验所利用的信息不同，前者利用的是秩的顺序，后者利用的则是秩差[秩(rank)，是一组数据按照从小到大的顺序排列后，每一个观测值所在的位置]。同时二者的结果也是不同的。因此，不能将二者的数值进行比较来说明相关程度的高低；尽管它们的数值不同，在假设检验上，它们往往会在相同的显著性水平上拒绝或不拒绝 $H_0$。

## 第四节　其他重要的相关系数

评价变量的方式很多。例如分类变量的属性是类别的，如性别和地域，也有些是顺序型的变量，如比赛名次和评价等级，而有些则是数值型变量，如智商和学业成绩等。分类变量和顺序变量是间断型变量，而数值型数据分布在具有相等间距的连续体上，是连续型变量。我们在研究时，会遇到不同类型变量，如果我们想要了解这些变量之间的相关程度，如何计算这些变量的相关呢？第二节我们介绍了两个数值型变量的相关——积差相关，第三节我们介绍了两个及两个以上顺序变量的相关，这节我们将介绍更多的相关方法。表 10-10 汇总了各种变量类型及其相应的相关方法。

**表 10-10　变量类型和相关方法**

| 变量 $X$ | 变量 $Y$ | 相关类型 | 要计算的相关 |
|---|---|---|---|
| 分类（搜索引擎偏好：百度、谷歌与搜狗） | 分类（城市级别：一线、二线与三四线） | 卡方系数 | 搜索引擎偏好和城市级别之间的相关 |
| 二分变量（性别：男性与女性 | 顺序（舆论立场：支持、中立与反对） | 等级二列相关 | 性别和舆论立场之间的相关 |
| 二分变量（家庭结构：双亲与单亲） | 数值（在校成绩） | 点二列相关 | 家庭结构和学习成绩之间的相关 |
| 分类（地区：东部、中部和西部） | 数值（互联网素养） | 多列相关 | 地域和互联网素养之间的相关 |
| 顺序（文化水平：高中及以下、大学本科、研究生及以上） | 顺序（网络问政次数：0 次，1～2 次，3～4 次，5 次及以上） | 斯皮尔曼等级相关 | 文化水平和网络问政次数之间的相关 |
| 数值（儿童年龄） | 数值（对暴力卡通片的反应） | 皮尔逊相关（积差相关） | 儿童年龄和对暴力卡通片的反应之间的相关 |

【例 10.4】表 10-11 为随机抽取的 15 名儿童(男 8 名,女 7 名)对暴力卡通片反应方面的测量数据,其中 1 表示最不强烈的反应,11 为最强烈的反应。试分析性别与暴力卡通片反应之间是否有关联。

**表 10-11　男女儿童对暴力卡通片的反应**

| | | | | | | | | |
|---|---|---|---|---|---|---|---|---|
| 男孩对暴力卡通片的反应 $Y_1$ | 3 | 2 | 4 | 5 | 4 | 2 | 3 | 4 |
| 女孩对暴力卡通片的反应 $Y_2$ | 4 | 5 | 7 | 8 | 5 | 9 | 10 | |

解:此题数据中性别为分类变量,且为只有两个类别的二分变量,对暴力卡通片的反应为数值型变量,所以应计算点二列相关系数。

在处理此类问题时,为了便于应用现有软件及比较的方便性,常近似地用一般的相关系数 $r$ 来代替上述的点二列相关 $r_b$,通常误差很小。在 $X$ 变量中令男性=1,女性=2,那么此题的点二列相关系数就是 $X$ 与 $Y$ 的积差相关系数。根据题中数据整理成如下表 10-12 所示的 SPSS 数据。

**表 10-12　数据的整理**

| | 性别 | 反应 |
|---|---|---|
| 1 | 1 | 3 |
| 2 | 1 | 2 |
| 3 | 1 | 4 |
| 4 | 1 | 5 |
| 5 | 1 | 4 |
| 6 | 1 | 2 |
| 7 | 1 | 3 |
| 8 | 1 | 4 |
| 9 | 2 | 4 |
| 10 | 2 | 5 |
| 11 | 2 | 7 |
| 12 | 2 | 8 |
| 13 | 2 | 5 |
| 14 | 2 | 9 |
| 15 | 2 | 10 |

计算点二列相关系数:

按照例题 10.1 的步骤,运行【分析】——【相关】——【双变量】,将【性别】和

【反应】选入【变量】下的方框，在【相关系数】中选择【Pearson】，如图 10-6 所示。设置完成后点击【确定】，生成相关系数表格，如表 10-13 所示。

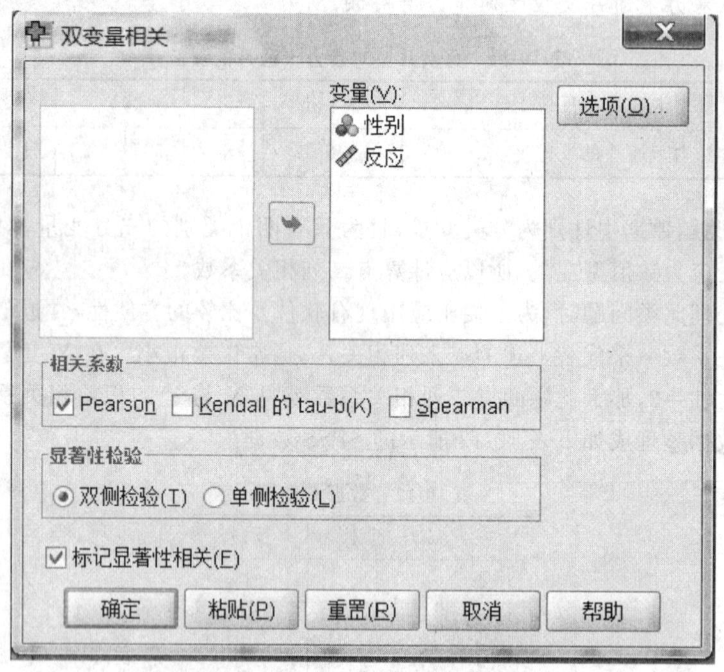


**图 10-6　SPSS 中计算点二列相关系数**

**表 10-13　相关系数输出表格**

相关性

| | | 性别 | 反应 |
|---|---|---|---|
| 性别 | Pearson 相关性 | 1 | 0.734** |
| | 显著性（双侧） | | 0.002 |
| | N | 15 | 15 |
| 反应 | Pearson 相关性 | 0.734** | 1 |
| | 显著性（双侧） | 0.002 | |
| | N | 15 | 15 |

由表中数据可知，性别与对暴力动画片的反应之间的关系是显著的，并且二者存在中等程度的相关性（$r=0.734, p<0.01$）。儿童的性别与对暴力卡通的反应呈明显的正相关，由于 $x_1=1$ 表示男孩，$x_2=2$ 表示女孩，可见女孩的反应更激烈。

## 【小结与要点】

(1)了解一个变量和另一个变量如何相关以及它们共有什么特征是非常有意义的,也是非常有用的描述统计。要记住的是,相关表明的关系仅仅是关联的,但不一定是因果,因为还有另一种两者之间可能是共因的关系。

(2)相关系数是测量两个随机变量在多大程度上相互关联以及这种联系的方向性。相关系数两个重要的因素是它的符号和大小,符号说明这种关系的方向,大小说明关系的强弱。至于相关系数要多大才能说明两个变量之间具有较强的关联呢,除了参考他人的研究经验规律外,还要参照决定系数,以及考虑研究的种类、收集数据的环境和基于统计结果所做出的决定。

(3)相关矩阵用来表示多个随机变量间的相互关系。一般在撰写调查研究报告或学术文章时,需要提供一个很重要的描述统计表,这就是我们所调查的重要变量间的相关矩阵。相关矩阵可以使读者对各个变量之间的关系有个总体印象,同时也有利于同类研究进行结果比对。

(4)由于变量的类型不同,所采用的相关系数计算方法也不同,所以我们在计算随机变量之间的相关系数时,首先判断两个变量是处于什么测量水平(即数据类型),再选择相应的相关计算方法,表 10-10 汇总了各种变量类型及其相应的相关方法。我们较详细地介绍了积差相关和等级相关的计算方法,它们分别适用于数值型变量和顺序变量。

## 【复习与练习】

思　考:

1.相关分析主要解决哪些问题?

2.简述相关系数的性质。

3.积差相关和等级相关各适用于哪些变量?

4.Spearman 秩相关系数与 Kendall 秩相关系数各有什么不同?

**牛刀小试:**

1.根据《受众广告态度调查》数据,选取有意义的变量进行相关分析,例如,计算以下几种情况的相关,注意依据不同类型的变量选择与之相对应的相关方法。

(1)广告总体态度与广告素养之间相关程度。

(2)男性和女性在广告素养上的关联程度。

2.《练习 10.2 三个评委》的数据是三位评委对 46 则新闻进行优、良、中、合格和差的评定。

(1)请评估三个评委两两之间的评价一致性程度。

(2)请评估三个评委之间的评价一致性程度。

# 第十一章 一元线性回归

**本章学习重点：**

- 了解一元线性回归方程及其应用
- 学会评估回归直线的拟合优度
- 学会如何利用回归方程进行预测
- 掌握残差分析

如果你是第一次遇到诸如相关和回归这类术语，你可能觉得这是一个崭新和陌生的领域，让人不好把握。不过你可能已经不自觉地通过相关分析和回归分析做出了判断，只是你没有用这些专业术语来表述你正在做的事情。其实你就是一个天生的统计学家：常使用过去的经验预测未来。世界杯足球比赛之前你是否对结果进行了预测？报纸、电视、网络上不断回顾着每两支球队历年来交战记录，并分析着双方近几天的备战状态，以估计哪支球队将取得胜利。知道了交战历史，你就能做出关于世界杯结果的推测。

来看一个例子。临近期末，小红同学已经完成了所有的统计学作业，只是还没有参加期末考试。她想估计出她能在期末考试中得多少分。在询问了老师之后，她知道统计学这门课程期末考全班的平均分将在 80 分左右。如果这是唯一可知的信息，那么小红最好的预测应该是她将会在期末考试中得 80 分（我们接下来将介绍为什么在信息量不足的情况下均值是最好的估计量）。然而，小红其实还知道更多有用的信息，她知道自己在期中考时得了 78 分，而那时全班的平均成绩是 74 分。她可以利用这个信息更好地预测自己的期末成绩。她是这样推理的：期中考时她的成绩比全班平均分高，那么期末考试中她的成绩应该也会高于全班的平均成绩。在此基础上，她似乎越来越接近对她期末成绩的精确估计。但是，单凭她期中成绩比全班平均分高这个简单的信息并不能清楚地说明她在那次考试中在全班的相对排名情况。她怎样才能更加精确地描述自己在期中考试的表现呢？

通过进一步的调查，她发现期中成绩的标准差为 $s=4$，经过标准化处理后可以得到她期中成绩的 $z$ 值为 $z=(78-74)/4=1$。这个值说明她的分数高出均值一个标准差。如果期末考试中全班统计学分数的标准差也是 4,那么,我们可以预测她的期末成绩为 $80+1\times4=84$ 分。

实际上,小红的推理在一定程度上是相当有道理的。让我们一起来看看她推测的步骤和在这些步骤中她所做的假设:首先,她确定了期中考的成绩高出全班平均分 1 个标准差;其次,她试着找出在期末考试中高出均值 1 个标准差意味着什么,以及她的老师在先前经验的基础上做出的关于期末考试成绩的预测:均值为 80 分且标准差为 4。在这种预测的基础上,她做出估计:自己的成绩比期末成绩的均值高出 1 个标准差,即为 84 分。

以上小红的两步推导是否能得出她在期末考试成绩较好的结论?我们还需要知道哪些其他的信息?这里有一个重要信息我们还不知道,那就是期中成绩和期末成绩之间到底有什么样的关系?换句话说,也就是两次考试成绩之间是否存在着一些系统的相关关系?这种相关关系的程度越高,她的预测就会越准确。我们在上一章已了解到,相关系数表示两个变量间的相对关系,$r$ 越大表示每个样本在第一个变量的相对位置与第二个变量中的相对位置应该越相似。因此,如果期中成绩和期末成绩之间是完全正相关的(也就是 $r=1$),那么小红所做的对期末成绩的预测将会完全正确。

如果两次考试成绩之间没有这种相关关系(也就是 $r=0$)时,她就不能用期中成绩去预测期末成绩,这时她的期末成绩在全班平均分之上或之下的概率是完全相等的。因此,这时她对期末成绩的最好的预测应是均值 80 分。

这个例子说明了回归分析的价值:透过一些已知信息,我们可以预测另一件未知的事情。在高考前,常会进行模拟考试,模拟考试考得好,我们可能会舒口气;如果考得不好,临近高考的我们会更加紧张。这里运用的也是回归分析的道理—模拟考试与高考的相关性较大,模拟考试成绩是我们预测高考表现的依据之一。在这一章,我们将正式地介绍这种方法。

## 第一节　一元线性回归的估计和检验

回归分析(regression analysis)重点考察一个特定的变量(因变量),而把其他变量(自变量)看作影响这一变量的因素,并通过适当的数学模型将变量间的关系表达出来,进而通过一个或几个自变量的取值来预测因变量的取值。让我们从一个例子出发开始下面的学习。

这个例子只包含两个完全相关的变量：月收入和年收入。在回归分析理论中，我们首先需要确定自变量和因变量。如果一个变量在时间上先于另一个变量发生，那么先发生的变量称为自变量，用 $x$ 轴表示。月收入（$x$）和年收入（$y$）之间的关系可以表示为：

$$y=12x$$

我们可以把任意的 $x$ 取值代入方程来直接计算 $y$ 值。例如，如果一名员工的每月工资为 5 000 元，那么其年收入应该是：

$$y=12\times 5\,000=60\,000 \text{ 元}$$

如果我们考虑将年终奖 3 000 元加进去，那么此时方程变为：

$$y=12x+3\,000$$

回想我们学过的数学知识，上式实际上是直线方程的一个特例：

$$y=a+bx \qquad \text{（式 11.1）}$$

在方程 11.1 中，$x$ 和 $y$ 是一一对应的变量，a 和 b 在特定的数据背景下是常数。b 是线性方程的斜率（slope），在上面的例子中，直线斜率为 12，意味着 $x$ 变化一个单位会引起 $y$ 变化 12 个单位；字母 a 表示的是当 $x=0$ 时 $y$ 的值，我们把它叫做截距（intercept），截距是回归方程与 $y$ 轴相交的点。理解了直线方程，我们便开始学习回归直线的概念。

1.一元线性回归模型

一元线性回归是最简单的回归模型（regression model），它所揭示的是一个自变量与一个因变量之间的线性关系，可大致表示成如下形式：

$$y=\alpha+\beta x+\varepsilon \qquad \text{（式 11.2）}$$

在回归模型中，$y$ 是 $x$ 的线性函数（$\alpha+\beta x$ 部分）加上误差项 $\varepsilon$。$\alpha+\beta x$ 反映了由于 $x$ 的变化而引起的 $y$ 的线性变化；$\varepsilon$ 是被称为误差项的随机变量，反映了除 $x$ 和 $y$ 之间的线性关系之外的随机因素对 $y$ 的影响，是不能由 $x$ 和 $y$ 之间的线性关系所解释的变异。式中 $\alpha$ 和 $\beta$ 称为模型的参数。

式 11.2 称为理论回归模型，对这一模型，有以下几个主要假定：

(1)因变量 $y$ 与自变量 $x$ 之间具有线性关系。当确定某一个 $x_i$ 时，相应的就有 $y_i$ 值与之对应。$y_i$ 是一个随机变量，这些 $y_i$ 构成一个在 $x$ 取值为 $x_i$ 条件下的抽样分布，该分布被假设为服从正态分布。

(2)在重复抽样中，自变量 $x$ 的取值是固定的，即假定 $x$ 是非随机的。它没有测量误差，尽管在实际观测中可能产生观测误差，但假设其误差可以忽略不计。

(3)误差项 $\varepsilon$ 具有方差齐性。对于所有的 $x$ 值,$\varepsilon$ 的方差 $\sigma^2$ 和均值都相同。

(4)误差项 $\varepsilon$ 是一个期望值为 0,服从正态分布的随机变量,且误差项 $\varepsilon$ 间相互独立。即对于一个特定的 $x_i$ 值,它所对应的 $\varepsilon_i$ 与其他 $x_j$ 值所对应的 $\varepsilon_j$ 不相关。

简单概括地说,线性回归的四个基本条件或假定就是:“线性”、“正态”、“独立”和“方差齐性”。

2.一元线性回归方程

根据回归模型中的假定,$\varepsilon$ 的期望值等于 0,因此 $y$ 的期望值 $E(y)=\alpha+\beta x$,也就是说,$y$ 的期望值是 $x$ 的线性函数。描述因变量 $y$ 的期望值如何依赖于自变量 $x$ 的方程称为回归方程(regression equation),一元线性回归方程的形式为:

$$E(y)=\alpha+\beta x \qquad (式\ 11.3)$$

由于总体回归参数 $\alpha$ 和 $\beta$ 是未知的,必须利用样本数据去估计它们。用样本统计量 $\hat{\alpha}$ 和 $\hat{\beta}$ 代替回归方程中的未知参数 $\alpha$ 和 $\beta$,这时就得到了估计的回归方程(estimated regression equation)。它是根据样本数据求出的回归方程的估计。对于一元线性回归,估计的回归方程形式为:

$$\hat{y}=\hat{\alpha}+\hat{\beta}x \qquad (式\ 11.4)$$

这个方程被称为 $y$ 对 $x$ 的一元线性回归方程,换句话说,$y$ 将依据 $x$ 被估计。这里,请注意一个新的符号:$\hat{y}$,读作“$y$ 尖”或“$y$ 帽”,通常它被叫做 $y$ 的预测值或 $y$ 的估计值。这个符号通常用来表示该值为预测值或者估计值而不是真实值。$\hat{\alpha}$ 表示截距,是估计的回归直线在 $y$ 轴上的截距;$\hat{\beta}$ 是直线的斜率,也称为回归系数,它表示 $x$ 每变动一个单位时,$y$ 的平均变动量。

3.回归直线

我们在进行研究时,很少有能够真正呈现线性分布的数据。由于很多数据点都不很精确地在同一直线上散布着(这就是为什么称为散点图),所以通常我们需要找到一条最适合描述这些数据点的直线,并用这条直线去做较为精确的预测。这条直线称为最优拟合直线(line of best fit),也就是上面我们所说的回归直线(regression line),如图 11-1 所示。

回归直线是对数据的最优拟合,因为这条线将每个数据点与回归线的距离最小化。回归线是距离各观测点最近的那条直线,用它来代表 $x$ 与 $y$ 之间的关系,所产生的与实际数据的误差比其他任何直线都小。德国科学家 Karl Gauss

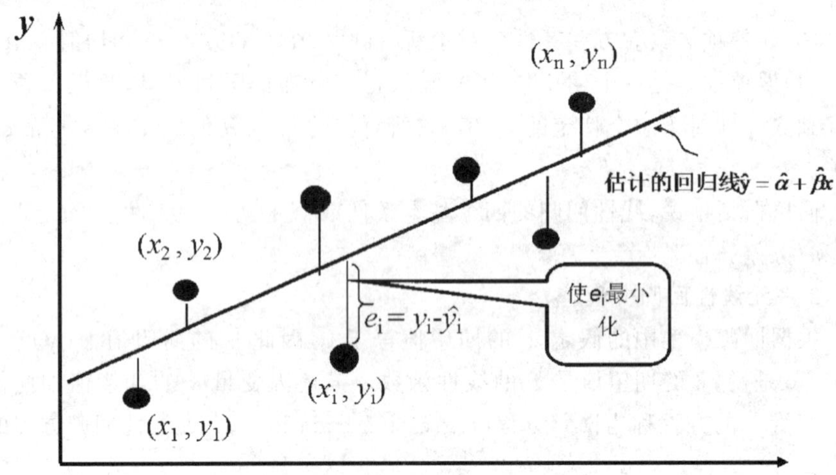


图 11-1　最小二乘法示意图

提出了最小平方法(method of least squares),也称最小二乘法来确定回归直线,它是使因变量的观测值与估计值之间的离差平方和达到最小来估计 $\alpha$ 和 $\beta$,因此也称最小二乘估计,其思想是让因变量的观测值与估计值之间的离差平方和最小,如公式 11.5 所示。

$$\sum(y_i-\hat{y}_i)^2=\sum(y_i-\hat{\alpha}-\hat{\beta}x_i)^2=\min \qquad (式 11.5)$$

现在回忆一下,我们在讨论均值和标准差的时候定义均值是指分布中使得偏差平方和最小的那个值。我们之所以把它叫做最小偏差平方和是因为每个点到均值 $\bar{x}$ 的距离的平方和 $\sum(x-\bar{x})^2$ 是最小的。在回归分析中,我们也试图做类似的事情。如果 $y$ 表示真实值,$\hat{y}$ 表示预测值,那么我们希望所作的直线会使 $y$ 与 $\hat{y}$ 的偏差平方和最小。所以,当我们使用最小二乘法进行回归处理时,所定义的最优拟合直线就是使 $\sum(y-\hat{y})^2$ 最小的直线,$\sum(y-\hat{y})^2$ 在本质上也是一种偏差平方和。

**【你知道吗】**

你知道回归分析中的"回归"一词的由来吗?"回归"一词最早由英国统计学家高尔顿在 19 世纪末期研究孩子和他们父母身高关系时提出。这个研究发现一个趋势:孩子的身高总是趋于他们父母身高的平均值。身材较高的父母,他们的孩子也较高,但平均起来不像他们的父母那样高。身材矮的情况也类似,即比身材矮的父母要高,比身材高的父母要矮,这种趋于中间值的趋势称作回归效应，而他提出的研究两个数值型变量关系的方法称作回归分析。

【**例 11.1**】某中学为预测学生的高考数学成绩，想建立高考数学成绩 $Y$ 对平时数学成绩 $X$ 的线性回归方程。现随机抽取 10 名考生的数据列于表 11-1，求该一元线性方程。

**表 11-1　10 名学生平时考试数学均分和高考成绩**

| 学生编号 | 平时考试均分($X$) | 高考成绩($Y$) |
|---|---|---|
| 01 | 89 | 92 |
| 02 | 75 | 82 |
| 03 | 77 | 76 |
| 04 | 73 | 78 |
| 05 | 68 | 70 |
| 06 | 78 | 84 |
| 07 | 81 | 83 |
| 08 | 90 | 85 |
| 09 | 70 | 75 |
| 10 | 74 | 80 |
| 总计 | 775 | 805 |

解：一元线性回归分析涉及一个自变量、一个因变量，其数据文件至少包括这两列变量的数据。因为要建立的是以平时成绩预测高考成绩的回归方程，所以将平时成绩记为自变量 $X$，高考成绩记为因变量 $Y$，由此输入题中的数据建立 SPSS 文件，如图 11-2 所示。

**第 1 步：运行一元线性回归程序。**单击【分析】——【回归】——【线性】，打开如图 11-3 所示对话框。

**第 2 步：设置对话框。**将对话框左边变量列表中的【高考数学成绩 $Y$】置入【因变量】下的方框中，将【平时数学成绩 $X$】置入【自变量】下的方框中，在【方法】框中，默认选择【进入】选项，表示所选自变量全部进入回归方程。如图 11-4 所示。

**第 3 步：回归方程显著性检验。**单击主对话框上的【统计量】按钮，进入【线性回归：统计量】对话框，如图 11-5 所示。根据需要，勾选对话框上的【估计】和

| | 学生编号 | x | y |
|---|---|---|---|
| 1 | 1 | 89 | 92 |
| 2 | 2 | 75 | 82 |
| 3 | 3 | 77 | 76 |
| 4 | 4 | 73 | 78 |
| 5 | 5 | 68 | 70 |
| 6 | 6 | 78 | 84 |
| 7 | 7 | 81 | 83 |
| 8 | 8 | 90 | 85 |
| 9 | 9 | 70 | 75 |
| 10 | 10 | 74 | 80 |

图 11-2　一元线性回归分析的数据文件

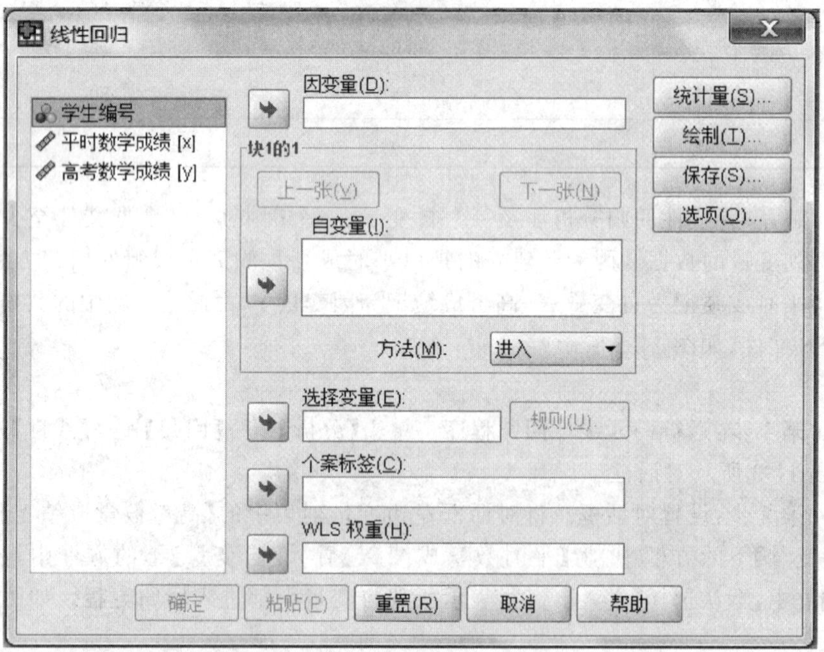


图 11-3　一元线性回归主对话框

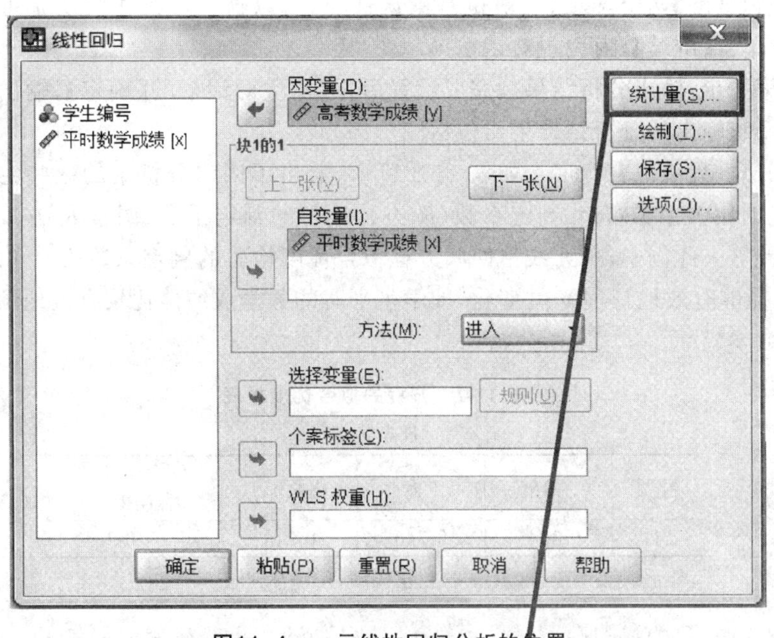


图11-4 一元线性回归分析的位置

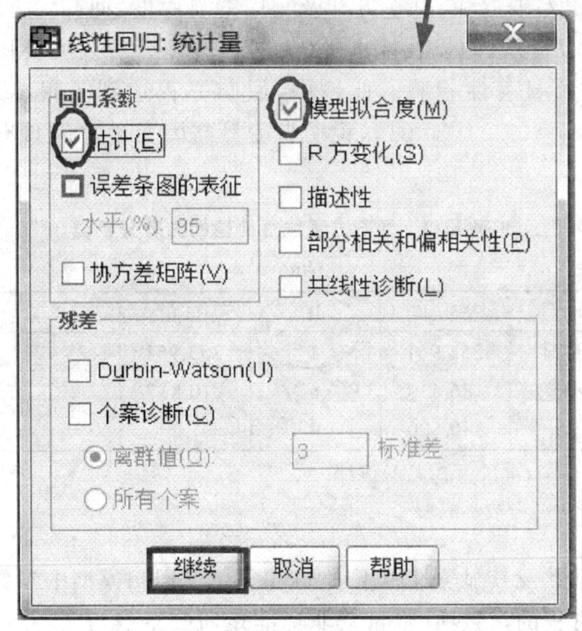


图 11-5 一元线性回归方程有效性检验对话框

【模型拟合度】两个选项(一般也是默认选项,所以这一步操作其实是可以省略的)。单击【继续】,返回主对话框。

**第 4 步:输出分析结果**。完成设置后,点击主对话框的【确定】,输出分析结果。系统输出的分析结果主要包括三个部分:

(1)方程的拟合优度。如表 11-2 所示,给出了回归分析中的一些主要统计量,包括相关系数($R$)、判定系数($R$ 方)、调整的判定系数(调整 $R$ 方)、估计标准误差等。此例中,一元线性回归方程拟合优度检验的判定系数 $R^2=0.746$,说明 $X$ 能够有效地预测 $Y$ 的变化,即学生平时的数学成绩能比较有效地预测其高考的数学成绩。

**表 11-2　方程的拟合优度报表**

模型汇总

| 模型 | R | R方 | 调整R方 | 标准估计的误差 |
|---|---|---|---|---|
| 1 | 0.864[a] | 0.746 | 0.714 | 3.289 |

a.预测变量:(常量)平时数学成绩。

(2)回归分析的方差分析。如表 11-3 所示,回归分析的方差分析表包括回归平方和、残差平方和、总平方和及相应的自由度、回归均方和残差均方、检验统计量($F$)、$F$ 检验的显著性水平($sig.$)。方差分析表主要用于对回归模型的线性关系进行显著性检验。此例中,回归方程达到了很显著的水平($F=23.48$,$df=1$,$p=0.001<0.01$),说明自变量与因变量之间具有很显著的线性相关关系。

**表 11-3　回归方程线性检验的方差分析表**

Anova[b]

| 模型 | | 平方和 | df | 均方 | F | Sig. |
|---|---|---|---|---|---|---|
| 1 | 回归 | 253.961 | 1 | 253.961 | 23.477 | 0.001[a] |
| | 残差 | 86.539 | 8 | 10.817 | | |
| | 总计 | 340.500 | 9 | | | |

a.预测变量:(常量)平时数学成绩。

b.因变量:高考数学成绩。

(3)回归系数及其显著性。下表 11-4 显示了回归模型中参数估计的有关内容,包括回归方程的常数项(常量)、非标准化回归系数($B$)、常数项和回归系数检验的统计量($t$)、检验的显著性水平($sig.$)。本例中的回归常数 $\alpha=24.506$,回归系数 $\beta=0.723$。回归系数的显著性检验结果是 $t=4.845$,显著性水平 $p=$

0.001<0.01，达到了很显著的水平。

**表 11-4　回归系数及其显著性检验**

系数[a]

| 模型 | | 非标准化系数 | | 标准系数 | t | Sig. |
|---|---|---|---|---|---|---|
| | | B | 标准误差 | 试用版 | | |
| 1 | （常量） | 24.506 | 11.603 | | 2.112 | 0.068 |
| | 平时数学成绩 | 0.723 | 0.149 | 0.864 | 4.845 | 0.001 |

a.因变量：高考数学成绩

因此，由上表 11-4 可知，平时数学成绩与高考数学成绩的估计方程为 $\hat{y}=24.506+0.723x$。回归系数 $\hat{\beta}=0.723$ 表示，平时数学成绩每变动（增加或减少）1 分，高考成绩将平均变动（增加或减少）0.723 分。在回归分析中，对截距 $\alpha$ 通常不作实际意义上的解释（除非 $x=0$ 时有意义）。在本例中，当 $x=0$ 时，$y$ 是有意义的，所以截距 $\alpha=24.506$ 可解释为：当平时数学成绩为 0 时，高考成绩将得 24.506 分。

对于一元线性回归分析中所呈现的三个表格，我们将在下一节进行更为详细的介绍。

**【你知道吗】**

大家有没有发现相关分析和回归分析有许多相似之处？事实的确如此，二者都是研究和衡量两个或两个以上变量之间关系的统计方法。广义地说，相关分析包括回归分析。但两者又有所差别，它们的区别在于：回归分析是以数学方式表示变量间的关系，而相关分析则是检验或度量这些关系的密切程度，两者相辅相成。如果通过相关分析显示出变量间的关系非常密切，则通过所求得的回归模型可获得相当准确的推算值；此外，两者的侧重点不一样，相关分析是分析变量之间关系的密切程度，回归分析是分析变量之间数量关系的可能形式（数学模型），以便通过已知数据（变量）来预测未知数据（变量）。

# 第二节　回归直线的拟合优度

回归直线在一定程度上描述了变量 $x$ 与 $y$ 之间的关系，根据回归方程，可用自变量 $x$ 的取值来预测因变量 $y$ 的取值。但预测的信效度将取决于回归直线对观测数据的拟合程度。可以想象，如果各观测数据的散点都落在这一直线上，那么这条直线就是对这批数据的完全拟合，直线充分代表了各个点，此时用 $x$ 来估计 $y$ 是没有误差的。各观测点越是紧密围绕直线，说明直线对观测数据的拟合程度越好，反之则越差。回归直线与各观测点的接近程度称为回归直线对数据的拟合优度(goodness of fit)。评价拟合优度的一个重要统计量就是判定系数(coefficient of determination)。

## 一、判定系数

判定系数是对估计的回归方程拟合优度的度量。为说明它的含义，需要考察因变量 $y$ 取值的误差。

因变量 $y$ 的取值是不同的，$y$ 取值的波动称为变异(方差分析中称之为“方差”)。变异的产生来自两个方面：一是由于自变量 $x$ 的取值不同造成的；二是由 $x$ 以外的其他随机因素造成的。对一个具体的观测值来说，变异的大小可以用实际观测值 $y$ 与其均值 $\bar{y}$ 之差 $(y-\bar{y})$ 表示，如图 11-6 所示。而 $n$ 次观测值的总变异可由这些离差的平方和来表示，称为总平方和(total sum of squares)，记为 $SST$，即 $SST=\sum(y_i-\bar{y})^2$。从图 11-6 可以看出，每个观测点的离差都可以分解为：$y-\bar{y}=(y-\hat{y})+(\hat{y}-\bar{y})$，两边平方并对所有 $n$ 个点求和，有：

$$\underbrace{\sum_{i=1}^{n}(y_i-\bar{y})^2}_{\substack{\text{总平方和}\\(SST)}}=\underbrace{\sum_{i=1}^{n}(\hat{y}_i-\bar{y})^2}_{\substack{\text{回归平方和}\\(SSR)}}+\underbrace{\sum_{i=1}^{n}(y_i-\hat{y})^2}_{\substack{\text{残差平方和}\\(SSE)}} \qquad (\text{式 } 11.6)$$

式左边称为总平方和 $SST$，它被分解为两部分：

$\sum(\hat{y}_i-\bar{y})^2$ 是回归值与均值离差的平方和，称为回归平方和(regression sum of squares)，记为 $SSR$。回归平方和反映着由于自变量 $x$ 的变化引起的 $y$ 的变化，它是可以由回归直线来解释的 $y_i$ 的变异部分。

$\sum(y_i-\hat{y}_i)^2$ 是实际观测点与回归值的离差平方和，称为残差平方和(residual sum of squares)，记为 $SSE$。它是除了 $x$ 对 $y$ 的线性影响之外的其他随机因素对 $y$ 的影响，是不能由回归直线来解释的 $y_i$ 的变异部分。

由图 11-6 可以直观地看出，回归直线拟合的好坏取决于回归平方和 $SSR$ 占总平方和 $SST$ 的比例大小，即 $\frac{SSR}{SST}$ 的大小。各观测点越是靠近直线，$\frac{SSR}{SST}$ 则

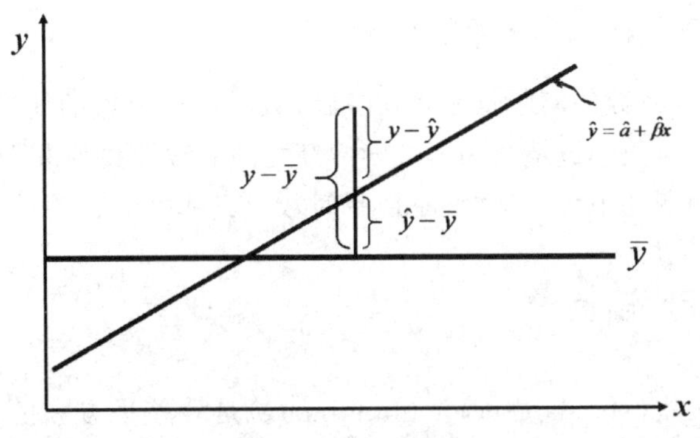


**图 11-6　变异分解图**

越大，直线拟合得就越好。回归平方和占总平方和的比例称为判定系数或决定系数，记为 $R^2$。其计算公式为

$$R^2=\frac{SSR}{SST}=\frac{\sum(\hat{y}_i-\bar{y})^2}{\sum(y_i-\bar{y})^2} \qquad \text{（式 11.7）}$$

判定系数 $R^2$ 测度了回归直线对观测数据的拟合程度。若所有观测点都落在直线上，残差平方和 $SSE=0$，$R^2=1$，拟合是完全的；如果 $y$ 的变化与 $x$ 无关，此时 $\hat{y}=\bar{y}$，则 $R^2=0$。可见 $R^2$ 的取值范围是[0,1]。$R^2$ 越接近 1，回归直线的拟合程度就越好；$R^2$ 越接近 0，回归直线的拟合程度就越差。

在一元线性回归中，相关系数 $r$ 是判定系数的平方根，它可以帮助我们进一步理解相关系数的含义。实际上，相关系数 $r$ 也从另一个角度说明了回归直线的拟合优度。$|r|$ 越接近 1，表明回归直线对观测数据的拟合程度就越高。但用 $r$ 说明回归直线的拟合优度需要慎重，因为 $r$ 的值总是大于 $R^2$ 的值，除非 $r=0$ 或 $|r|=1$。比如，当 $r=0.5$ 时，表面上看似乎有一半的相关了，但 $R^2=0.25$，表明自变量 $x$ 只能解释因变量 $y$ 的总变异的 25%。当 $r=0.7$ 时才能解释近一半的变异，而 $r<0.3$ 时意味着只有很少一部分变异可由回归直线来解释。

**【例 11.2】**根据例 11.1，试计算高考数学成绩对平时数学成绩的判定系数，并解释其意义。

解：例 11.1 的 SPSS 生成的报表中，表 11-2 的方程拟合优度报表提供了 $R^2=0.746=74.6\%$。同时从 11-3 方差分析表提供的信息也能计算出 $R^2$。

$$R^2=\frac{SSR}{SST}=\frac{253.961}{340.500}=0.746=74.6\%$$

此题中，判定系数的实际意义是：在高考数学成绩取值的变异中，有 74.6％的变异可以由平时数学成绩与高考数学成绩之间的线性关系来解释，或者说，在高考数学成绩的变动中，有 74.6％是由平时数学成绩决定的。

## 二、估计标准误差

估计标准误差（standard error of estimate）是残差平方和的均方根，用 $S_e$ 来表示。它反映了实际观测值 $y_i$ 与回归估计值 $\hat{y}_i$ 之间的差异程度，可以看作在排除了 $x$ 对 $y$ 的线性影响后，$y$ 随机波动大小的一个估计量。其计算公式为：

$$S_e=\sqrt{\frac{\sum(y_i-\hat{y}_i)^2}{n-2}}=\sqrt{\frac{SSE}{n-2}} \qquad \text{（式 11.8）}$$

从实际意义看，$S_e$ 反映了用估计的回归方程预测因变量 $y$ 时预测误差的大小。各观测点越靠近直线，回归直线对各观测点的代表性就越好，$S_e$ 就会越小。若各观测点全部落在直线上，则 $S_e$ 等于 0，此时用自变量来预测因变量是没有误差的。可见 $S_e$ 也从另一个角度说明了回归直线的拟合优度。

**【例 11.3】**根据例 11.1 的有关结果，计算高考成绩对平时数学成绩的估计标准误差，并解释其意义。

解：例 11.1 的 SPSS 生成的报表 11-3 中，得出残差平方和 $SSE=86.539$，根据公式 11.7 可算得其估计标准误差：

$$S_e=\sqrt{\frac{SSE}{n-2}}=\sqrt{\frac{86.539}{8}}=3.289$$

其实，在方程的拟合优度报表 11-2 中，SPSS 已经直接给出了估计标准误差，其值与我们用公式计算所得值相等。

这意味着，根据平时数学成绩来估计高考数学成绩时，平均的估计误差为 3.289分。

### 【小结与要点】

（1）$y$ 取值的变异来源于两个方面：由于自变量 $x$ 的取值不同造成的；除 $x$ 以外的其他因素的影响，如 $x$ 对 $y$ 的非线性影响，其他干扰变量对 $y$ 的影响及测量误差等。

(2)记住如何分解变异：$SST$(总平方和)$=SSR$(回归平方和)$+SSE$(误差平方和)。

(3)回归直线与各观测点的接近程度称为回归直线对数据的拟合优度。判定系数 $R^2$ 反映了回归直线对观测数据的拟合程度。$R^2$ 的取值范围是$[0,1]$，它越接近1，回归直线的拟合程度就越好；越接近0，回归直线的拟合程度就越差。

(4)估计标准误差用 $S_e$ 表示，反映了实际观测值 $y_i$ 与回归估计值 $\hat{y}_i$ 之间的差异程度，可以看作在排除了 $x$ 对 $y$ 的线性影响后，$y$ 随机波动大小的一个估计量。

## 第三节　回归分析中的显著性检验

在建立回归模型之前，已经假定 $x$ 与 $y$ 之间是线性关系，但这种假定是否成立，需要检验后才能证实。回归分析中的显著性检验主要包括线性关系检验和回归系数检验两个方面的内容。

### 一、线性关系检验

线性关系检验简称为 $F$ 检验，它用于检验自变量 $x$ 和因变量 $y$ 之间的线性关系是否显著，或者说它们之间能否用一个线性模型 $y=\alpha+\beta x+\varepsilon$ 来表示。检验统计量的构造是以回归平方和 $SSR$ 以及残差平方和 $SSE$ 为基础的。将 $SSR$ 除以其相应的自由度(即自变量的个数 $k$，在一元线性回归中，$SSR$ 的自由度是1)，得到回归均方(mean square)，记为 $MSR$；将 $SSE$ 除以相应的自由度(即 $n-k-1$，在一元线性回归中，$SSE$ 的自由度是 $n-2$)，得到残差均方，记为 $MSE$。线性关系的检验主要是通过计算 $F$ 值来完成：

$$F=\frac{MSR}{MSE}\sim F(1,n-2) \qquad \text{(式 11.9)}$$

当原假设 $H_0:\beta=0$ 成立时，$\frac{MSR}{MSE}$ 的值应接近于1；但如果原假设不成立，$\frac{MSR}{MSE}$ 的值将变得无穷大。较大的 $\frac{MSR}{MSE}$ 值将导致拒绝原假设，此时就可以断定

$x$ 与 $y$ 之间存在显著的线性关系。线性关系检验的具体步骤如下：

**第 1 步：提出假设。**

$H_0$：$F \leqslant 1$（两个变量之间的线性关系不显著）

$H_1$：$F > 1$（两个变量之间的线性关系显著）

**第 2 步：计算检验统计量 $F$。**

**第 3 步：做出决策。**确定显著性水平 $\alpha$，并根据分子自由度和分母自由度求出临界值 $F$。若 $F > F_\alpha$，则拒绝 $H_0$，表明两个变量之间的线性关系是显著的；如果 $F < F_\alpha$，则不拒绝 $H_0$，意味着没有证据表明两个变量之间的线性关系显著。或者，根据检验统计量的 $p$ 值进行决策，若 $p < \alpha$，则拒绝 $H_0$，表明两个变量之间的线性关系显著。

回顾例题 11.1 中的显著性检验表格（表 11-3），报表给出了各个平方和、均方以及检验的统计量 $F$。由于实际显著水平 $p = 0.001 < 0.01$，故拒绝原假设，表明平时数学成绩与高考数学成绩的线性关系显著。

## 二、回归系数的检验和判断

回归系数检验简称为 $t$ 检验，它用于检验自变量对因变量的影响是否显著。在一元线性回归中，由于只有一个自变量，因此回归系数检验与线性关系检验是等价的（在多元线性回归中，这两种检验不再等价）。如果回归系数 $\beta = 0$，则回归线是一条水平线，表明因变量 $y$ 的取值不依赖于自变量 $x$，即两个变量之间没有线性关系；如果回归系数 $\beta \neq 0$，不能就说自变量对因变量产生了影响，而这要看这种关系是否具有统计意义上的显著性。回归系数的显著性检验就是检验回归系数 $\beta$ 是否等于 0。为检验原假设 $H_0$：$\beta = 0$ 是否成立，需要构造用于检验的统计量。为此，需要研究回归系数 $\beta$ 的抽样分布，研究表明回归系数 $\beta$ 的抽样分布为自由度为 $n-2$ 的 t 分布。回归系数的检验步骤为：

**第 1 步：提出假设。**

$H_0$：$\beta = 0$（自变量对因变量的影响不显著）

$H_1$：$\beta \neq 0$（自变量对因变量的影响显著）

**第 2 步：计算检验统计量 $t$。**

$$t = \frac{\hat{\beta}}{S_{\hat{\beta}}} \sim t(n-2) \qquad \text{（式 11.10）}$$

式中，$\hat{\beta}$ 表示估计的回归系数；$S_{\hat{\beta}}$ 表示 $\hat{\beta}$ 的估计的标准差。

**第3步：做出决策。**确定显著性水平 $\alpha$，并根据自由度 $df=n-2$ 查 $t$ 分布表，找到相应的临界值 $t_{\alpha/2}$。若 $|t|>t_{\alpha/2}$，则拒绝 $H_0$，回归系数等于0的可能性小于 $\alpha$，表明自变量 $x$ 对因变量 $y$ 的影响是显著的，换言之，两个变量之间存在着显著的线性关系；若 $|t|<t_{\alpha/2}$，则不拒绝 $H_0$，没有证据表明 $x$ 对 $y$ 的影响显著，或者说，二者之间尚不存在显著的线性关系。同样地，我们也可以根据检验的 $p$ 值做出决策：如果 $p<\alpha$，则拒绝 $H_0$，表明自变量是影响因变量的一个显著因素。

**【例11.4】**根据例题11.1的有关结果，检验回归系数的显著性($\alpha=0.05$)。

解：

**第1步：提出假设。**

$$H_0:\beta=0\ ;H_1:\beta\neq 0$$

**第2步：计算检验的统计量 $t$。**从回归系数检验表11-4已知，$\hat{\beta}=0.723$，$s_{\hat{\beta}}=0.149$

$$t=\frac{\hat{\beta}}{S_{\hat{\beta}}}=\frac{0.723}{0.149}=4.852$$

**第3步：做出决策。**根据给定的显著水平 $\alpha=0.05$，自由度 $df=n-2=10-2$。查 $t$ 分布表，得 $t_{\alpha/2}=t_{0.025}=1.96$。由于 $t=4.852>t_{0.025}=1.96$，故拒绝原假设，这意味着平时数学成绩是影响高考数学成绩的一个显著性因素。

实际上，表11-4已经给出了检验统计量 $t=4.845$(与我们公式计算的 $t$ 值略有差异，这是由于两种计算过程中所保留的小数位数不同的缘故)，以及实际显著水平 $p=0.001<0.01$，故依据这些结果，我们同样可拒绝原假设。

## 三、回归分析结果的评价

前面讨论了建立一元线性回归模型的方法。现在的问题是：已经建立的模型是否合适？或者说，这个拟合的模型有多好？要回答这个问题，可以从以下几个方面入手。

(1)所估计的回归系数 $\hat{\beta}$ 的符号是否与理论或事先预期相一致。在例11.1中，在高考数学成绩对平时数学成绩的回归中，平时数学成绩越高，高考成绩就可能越高，也就是说，回归系数 $\hat{\beta}$ 的值应该是正的。

(2)如果理论上认为 $y$ 与 $x$ 之间的关系不仅是正的，而且在统计上显著的，那么所建立的回归方程也应该如此。在例11.1中，理论上平时数学成绩对高考数学成绩具有正向的预测作用，在实际回归分析中，二者之间为正的线性关系，

而且对回归系数 $\hat{\beta}$ 的 $t$ 检验结果表明，二者之间的线性关系在统计上是显著的。回归分析结果验证了理论假设。

(3)回归模型在多大程度上解释了因变量 $y$ 取值的差异？我们可以用判定系数 $R^2$ 来回答这一问题。例 11.1 中，在平时数学成绩与高考数学成绩的回归中，得到的 $R^2=74.6\%$，表明平时数学成绩可以解释 2/3 以上的高考数学成绩，这说明拟合的效果还是不错的。

(4)考察关于误差项 $\varepsilon$ 的正态性假定是否成立。在对线性关系进行 $F$ 检验和对回归系数进行 $t$ 检验时，都要求误差项 $\varepsilon$ 服从正态分布，否则，所用的检验程序将是无效的。检验 $\varepsilon$ 正态性的简单方法是画出残差的直方图或正态概率图。SPSS 的回归程序中有提供这两种图形。

**【小结与要点】**

(1)回归分析中的显著性检验主要包括线性关系检验和回归系数检验。对线性关系进行 $F$ 检验，回归系数检验则通过 $t$ 检验来完成。

(2)一元线性回归中，回归系数检验与线性关系检验是等价的。在多元线性回归中，这两种检验不再等价。

# 第四节　利用回归方程进行预测

回归模型经过各种检验并表明符合预定的要求后，就可以利用它来预测因变量了。所谓预测(predict)是指通过自变量 $x$ 的取值来预测因变量 $y$ 的取值，例如，根据例 11.1 建立的估计回归方程，在给出一个学生的平时数学成绩时，就可以预测他的高考数学成绩。

## 一、点估计

利用估计的回归方程，对于 $x$ 的一个特定值 $x_0$，求出 $y$ 的一个估计值就是点估计。点估计可分为两种：一是平均值的点估计，二是个别值的点估计。

平均值的点估计是利用估计的回归方程，对于 $x$ 的一个特定值 $x_0$，求出 $y$ 的平均值的一个估计值 $E(y_0)$。例如，我们在例题 11.1 中得到的估计的回归方程为 $\hat{y}=24.506+0.723x$。如果要估计平时数学成绩为 90 分的所有同学的高考数学成绩的平均值，根据回归方程，得到估计的高考数学成绩的平均值为：

$E(y_0)=24.506+0.723\times 90=89.576$(分)

个别值的点估计是利用估计的回归方程，对于 $x$ 的一个特定值 $x_0$，求出 $y$ 的一个个别值的估计值 $\hat{y}_0$。例如，如果只想知道平时数学成绩为 70 分的某位同学的高考数学成绩是多少，则属于个别值的点估计。根据估计的回归方程，得

$\hat{y}=24.506+0.723\times 70=75.116$(分)

这就是说，平时数学成绩为 70 分的那位同学的高考数学成绩为 75.116 分。

在点估计的条件下，对于同一个 $x_0$，平均值的点估计和个别值的点估计的结果是一样的，但在区间估计中则有所不同。

## 二、区间估计

利用估计的回归方程，对于 $x$ 的一个特定值 $x_0$，求出 $y$ 的一个估计值的区间就是区间估计。区间估计也有两种类型：一是置信区间估计，它是对 $x$ 的一个给定值 $x_0$，求出 $y$ 的平均值的估计区间，这一区间称为置信区间(confidence interval)；二是预测估计区间，它是对 $x$ 的一个给定值 $x_0$，求出 $y$ 的一个个别值的估计区间，这一区间称为预测区间(prediction interval)。

1. $y$ 的平均值的置信区间估计

置信区间估计(confidence interval estimate)是对 $x$ 的一个给定值 $x_0$，求出 $y$ 的平均值的区间估计。

设 $x_0$ 为自变量 $x$ 的一个特定值或给定值，$E(y_0)$ 为给定 $x_0$ 时因变量 $y$ 的平均值或期望值。当 $x=x_0$ 时，$E(y_0)$ 的估计值为：

$\hat{y}_0=\hat{\alpha}+\hat{\beta}x_0$

一般来说，不能期望估计值 $\hat{y}_0$ 精确地等于 $E(y_0)$。因此，要想用 $\hat{y}_0$ 推断 $E(y_0)$，必须考虑根据估计的回归方程得到的 $\hat{y}_0$ 的方差。对于给定的 $x_0$，统计学家给出了估计 $\hat{y}_0$ 标准差的公式，用 $S_{\hat{y}0}$ 表示 $\hat{y}_0$ 标准差的估计量，其计算公式为：

$$S_{\hat{y}0}=s_e\sqrt{\frac{1}{n}+\frac{(x_0-\bar{x})^2}{\sum_{i=1}^{n}(x_i-\bar{x})^2}} \qquad \text{(式 11.11)}$$

有了 $\hat{y}_0$ 的标准差之后，对于给定的 $x_0$，$E(y_0)$ 在 $1-\alpha$ 置信水平下的置信区间为：

$$\hat{y}_0 \pm t_{\alpha/2}(n-2)s_e\sqrt{\frac{1}{n}+\frac{(x_0-\bar{x})^2}{\sum_{i=1}^{n}(x_i-\bar{x})^2}} \quad (式 11.12)$$

2. y 的个别值的预测区间估计

预测区间估计(prediction interval estimate)是对 $x$ 的一个给定值 $x_0$，求出 $y$ 的一个个别值的区间估计。假如我们不是估计平时数学成绩为 90 分的所有同学的高考数学成绩均值，而是希望估计平时成绩为 80 分的某一位学生的高考数学成绩的区间是多少，那么这个区间称为预测区间。

为求出预测区间，首先必须知道用于估计的标准差。统计学家已给出了 $y$ 的一个个别估计值 $y_0$ 的标准差的估计量，用 $S_{ind}$ 表示，其计算公式为：

$$S_{ind} = S_e\sqrt{1+\frac{1}{n}+\frac{(x_0-\bar{x})^2}{\sum_{i=1}^{n}(x_i-\bar{x})^2}} \quad (式 11.13)$$

因此，对于给定的 $x_0$，$y$ 的一个个别值 $y_0$ 在 $1-\alpha$ 置信水平下的预测区间为：

$$\hat{y}_0 \pm t_{\alpha/2}(n-2)s_e\sqrt{1+\frac{1}{n}+\frac{(x_0-\bar{x})^2}{\sum_{i=1}^{n}(x_i-\bar{x})^2}} \quad (式 11.14)$$

与式 11.11 相比，式 11.13 的根号内多了一个 1。因此，即使是对同一个 $x_0$，这两个区间的宽度也是不一样的，预测区间要比置信区间宽一些。二者的关系如图 11-7 所示。

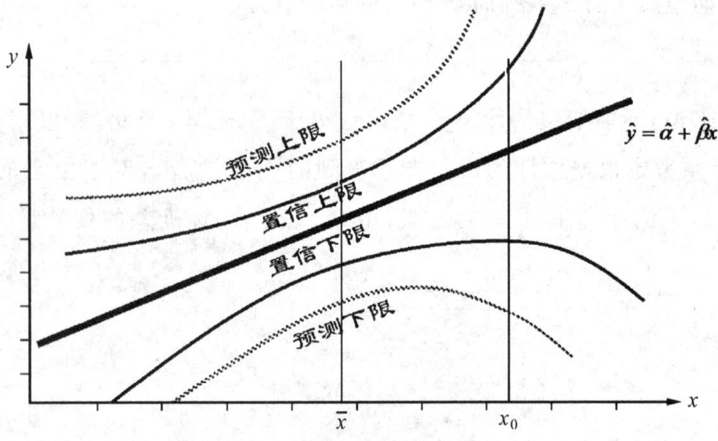


图 11-7　置信区间与预测区间的关系

【例 11.5】根据例题 11.1 的数据，取 $x_0=90$ 时，建立高考数学成绩 95%的置信区间和预测区间。

解：在实际研究中，我们可通过 SPSS 完成置信区间和预测区间的设置。

**第 1 步：运行一元线性回归分析程序。**与例题 11.1 的操作相同，单击【分析】——【回归】——【线性】，打开主对话框，设置自变量和因变量。

**第 2 步：设置置信区间和预测区间。**单击【保存】，进入【线性回归：保存】对话框，如图 11-8 所示。在【预测值】下选中【未标准化】，从而输出点预测值；在【预测区间】下选中【均值】和【单值】，从而输出置信区间和预测区间；在【置信区间】中设置题中所要求的置信水平（默认值为 95%，一般不需要改变）。设置完成后，点击继续，返回主对话框。

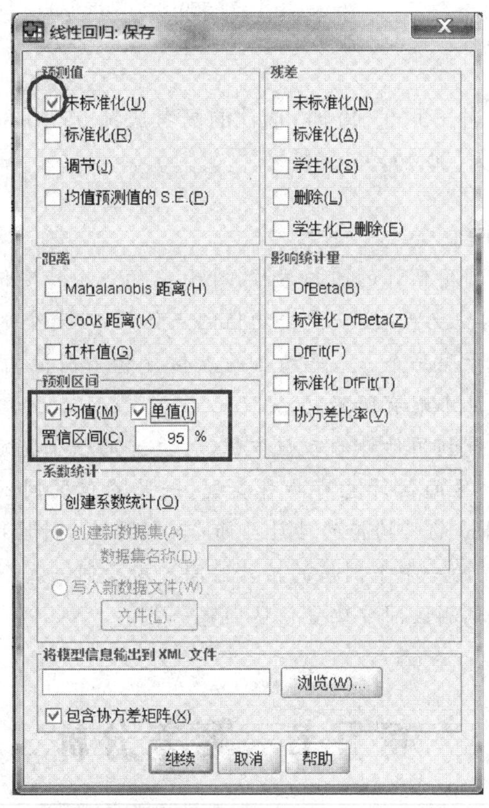


**图 11-8　置信区间和预测区间的设置**

**步骤 3：点击【确定】，输出预测结果。**SPSS 给出的 95%的置信区间和预测区间如表 11-5 所示。其中，【PRE_1】是点估计值；【LMCI_1】和【UMCI_1】分别表示平均值的置信区间的下限和上限；【LICI_1】和【UICI_1】分别表示个别值的预测区间的下限和上限。从结果可以看出，预测区间要比置信区间宽一些。

**表 11-5　置信区间与预测区间输出表**

| 学生编号 | x | y | PRE_1 | LMCI_1 | UMCI_1 | LICI_1 | UICI_1 |
|---|---|---|---|---|---|---|---|
| 1 | 89 | 92 | 88.80884 | 84.18399 | 93.43369 | 79.92560 | 97.69208 |
| [illegible] | 75 | 82 | 78.69373 | 76.14593 | 81.24153 | 70.69285 | 86.69461 |
| 3 | 77 | [illegible] | [illegible] | 77.73420 | [illegible] | [illegible] | 88.09516 |
| 4 | 73 | [illegible] | [illegible] | 74.39449 | [illegible] | [illegible] | 85.35238 |
| 5 | 68 | 70 | [illegible] | [illegible] | 77.68874 | [illegible] | [illegible] |
| 6 | 78 | 84 | [illegible] | [illegible] | 83.26580 | [illegible] | [illegible] |
| 7 | 81 | 83 | 83.02878 | 80.34537 | 85.71219 | 74.98369 | 91.07387 |
| 8 | 90 | 85 | 89.53135 | 84.60926 | 94.45343 | 80.48979 | 98.57290 |
| 9 | 70 | 75 | 75.08119 | 71.55938 | 78.60300 | 66.71902 | 83.44336 |
| 10 | 74 | 80 | 77.97122 | 75.28781 | 80.65463 | 69.92613 | 86.01631 |



由上表可知，当 $x$ 取值 90 时，估计的高考成绩 95% 的置信区间为[84.61，94.45]，预测区间为[80.49，98.57]。

**【小结与要点】**

(1)点估计是利用估计的回归方程，对于 $x$ 的一个特定值 $x_0$，求出 $y$ 的一个估计值。点估计可分为两种：一是平均值的点估计，二是个别值的点估计。在点估计的条件下，对于同一个 $x_0$，平均值的点估计和个别值的点估计的结果是一样的，但在区间估计中则有所不同。

(2)区间估计是利用估计的回归方程，对于 $x$ 的一个特定值 $x_0$，求出 $y$ 的一个估计值的区间。区间估计也有两种类型：一是置信区间估计，它是对 $x$ 的一个给定值 $x_0$，求出 $y$ 的平均值的估计区间；二是预测估计区间，它是对 $x$ 的一个给定值 $x_0$，求出 $y$ 的一个个别值的估计区间。对于同一个 $x_0$，这两个区间的宽度也是不一样的，预测区间要比置信区间宽一些。

# 第五节　残差分析

在回归模型 $y=\alpha+\beta x+\varepsilon$ 中，假定 $\varepsilon$ 是期望值为 0、方差相等且服从正态分布的一个随机变量。但是，如果关于 $\varepsilon$ 的假定不成立，那么，此时所做的检验以及估计和预测是站不住脚的。确定有关 $\varepsilon$ 的假定是否成立的方法之一就是进行残差分析(residual analysis)。

## 一、残差与残差图

残差(residual)是因变量的观测值 $y_i$ 与根据估计的回归方程求出的预测值 $\hat{y}_i$ 之差,用 $e$ 表示。它反映了用估计的回归方程去预测 $y_i$ 而引起的误差。第 $i$ 个观测值的残差可以写为:

$$e_i = y_i - \hat{y}_i \quad \text{(式 11.15)}$$

检验误差项 $\varepsilon$ 的假定是否成立,可以通过残差图的分析来完成。常用的残差图有关于 $x$ 的残差图、标准化残差图等。关于 $x$ 的残差图是用横轴表示自变量 $x_i$ 的值,纵轴表示对应的残差 $e_i$,每个 $x_i$ 的值对应的残差 $e_i$ 用图中的一个点来表示。图 11-9 给出了几种不同形态的残差图。

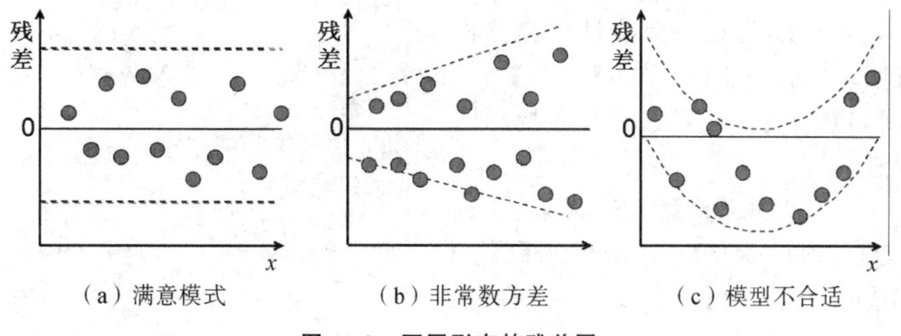


**图 11-9　不同形态的残差图**

如果对所有的 $x$ 值,$\varepsilon$ 的方差都相同,而且假定描述变量 $x$ 和 $y$ 之间关系的回归模型是合理的,那么残差图中的所有点都应落在一条水平带中间,如图 11-9(a)所示。但如果对所有的值,$\varepsilon$ 的方差是不同的,例如,对于较大的 $x$ 值,相应的残差也较大,如图 11-9(b)所示,这就意味着违背了 $\varepsilon$ 的方差相等的假设。如果残差图如图 11-9(c)所示的那样,表明所选择的回归模型不合理,这时应考虑曲线回归或多元回归模型。

## 二、标准化残差

对 $\varepsilon$ 正态性假定的检验,也可以通过对标准化残差的分析来完成。标准化残差(standardized residual)是残差除以它的标准差后得到的数值,也称为 Pearson 残差或半学生化残差(semi-studentized residuals),用 $z_e$ 表示。第 $i$ 个观察值的标准化残差可以表示为：

$$z_{e_i}=\frac{e_i}{s_e}=\frac{y_i-\hat{y}_i}{s_e} \qquad \text{（式 11.16）}$$

式中，$s_e$ 是残差的标准差的估计。

如果误差项 $\varepsilon$ 服从正态分布这一假定成立，那么标准化残差的分布也应服从正态分布。因此，在标准化残差图中，大约有 95％的标准化残差在－2～＋2 之间。

**【例 11.6】**根据例 11.1 的数据，求 10 名同学高考数学成绩回归的残差和标准化残差，判断所建立的一元线性回归模型中关于 $\varepsilon$ 等方差和正态分布的假定是否成立。

解：我们可利用 SPSS 进行残差分析，过程如下：

**第 1 步：运行一元线性回归分析程序。**与前例相同，单击【分析】——【回归】——【线性】，选定自变量和因变量。

**第 2 步：残差设置。**单击【保存】，进入【线性回归：保存】子对话框。在【残差】下选中【未标准化】，输出残差；选中【标准化】，输出标准化残差，如图 11-10 所示。点击【继续】，返回主对话框。

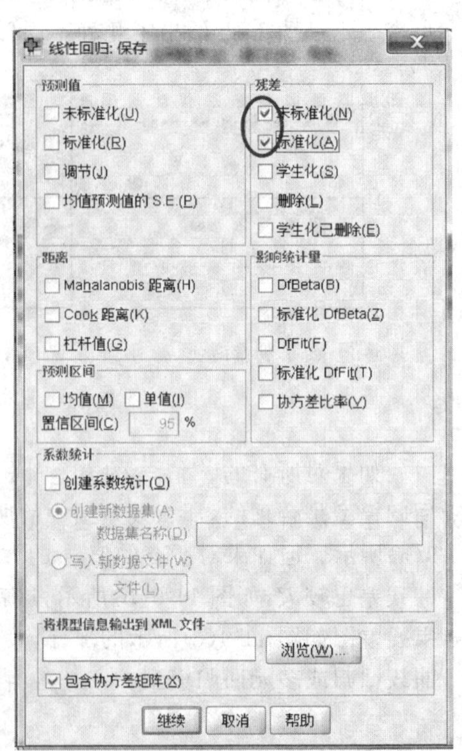


**图 11-10　残差分析设置**

**第 3 步：残差图绘制。**点击【绘制】，进入【线性回归：图】对话框。在【标准化残差图】下选中【直方图】【正态概率图】，如图 11-11 所示。如有需要，也可绘制线性回归的散点图。左侧的源变量窗口中列出了可选择的 7 个变量：

DEPENDNT 是因变量；

ZPRED 是标准化估计值；

ZRESID 是标准化残差；

DRESID 是剔除残差；

ADJPRED 是调整的预测值；

SRESID 是学生化残差；

SDRESID 是学生化剔除残差。

设置完成后点击【继续】，返回主对话框。

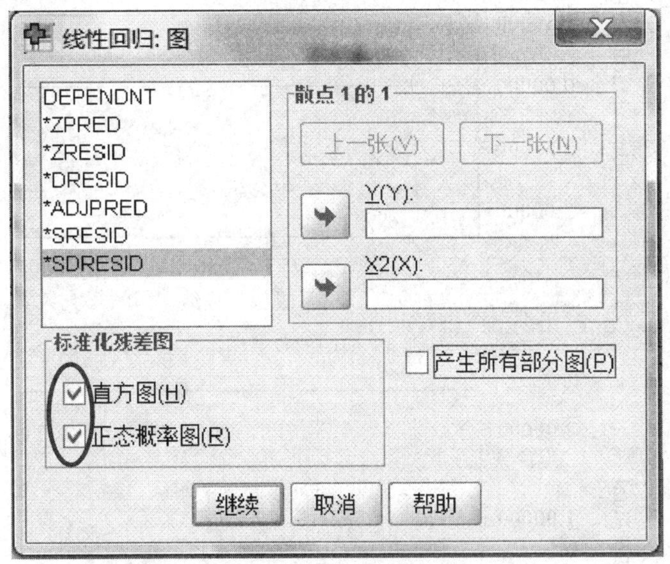


图 11-11　标准化残差图的设置

**第 4 步：输出图表。**点击【确定】，输出残差分析表，如表 11-6 所示。

表 11-6　残差分析表

| 学生编号 | x | y | RES_1 | ZRE_1 |
|---|---|---|---|---|
| 1 | 89 | 92 | -0.37151 | -0.09450 |
| 2 | 75 | 82 | [illegible] | -1.02979 |
| 3 | 77 | 76 | [illegible] | 1.05444 |
| 4 | 73 | 78 | -1.91924 | -0.48819 |
| 5 | 68 | 70 | 1.33921 | 0.34065 |
| 6 | 78 | 84 | -3.11307 | -0.79186 |
| 7 | 81 | 83 | 0.91924 | 0.23382 |
| 8 | 90 | 85 | 7.85463 | 1.99794 |
| 9 | 70 | 75 | -1.82232 | -0.46353 |
| 10 | 74 | 80 | -2.98385 | -0.75899 |

（表中标注：残差；标准化残差）

表中，【RES_1】一列表示残差，【ZRE_1】一列表示标准化残差。我们可根据表中数据绘制残差和标准化残差的散点图，如图 11-12 所示。

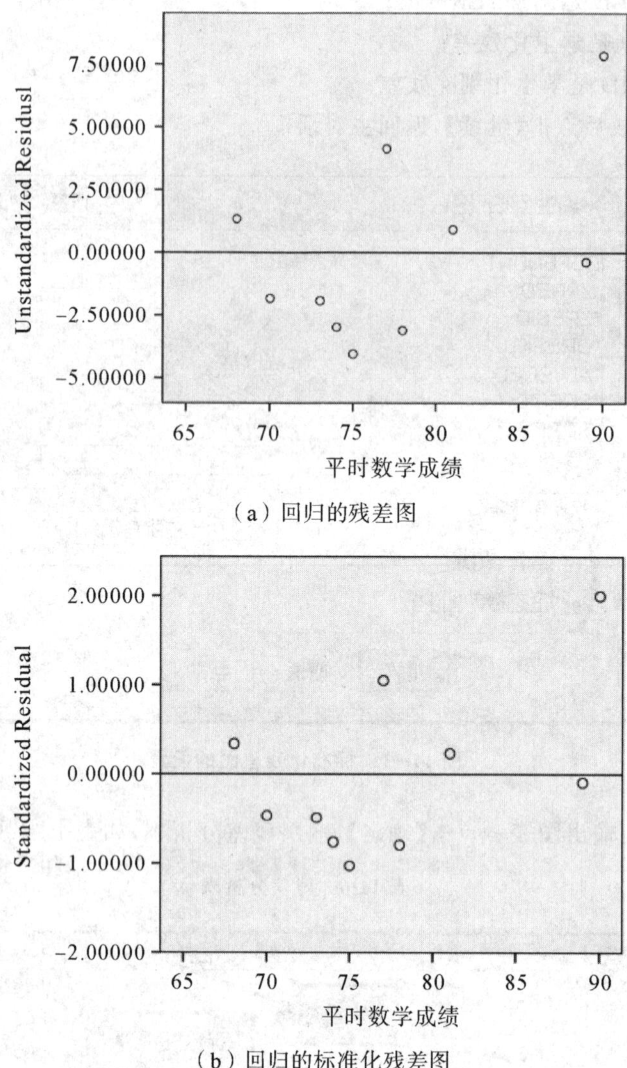


（a）回归的残差图



（b）回归的标准化残差图

**图 11-12　平时数学成绩与高考数学成绩的残差分析图**

由图 11-12(a)可以看出，各残差基本上位于一条水平带中间，而且没有任何固定的模式。这表明在高考数学成绩与平时数学成绩的一元线性回归中，线性假定以及对 ε 等方差的假定都是成立的。

图 11-12(b)是标准化残差的分布图。可以看到，所有的标准化残差都落在 $-2 \sim +2$ 之间，这表明关于 ε 服从正态分布的假定成立。通过高考数学成绩与平时数学成绩的标准化残差的直方图和正态概率图也可以检验残差的正态性假

定。由图 11-13 和 11-14 可以看出，ε 服从正态分布的假定是成立的。

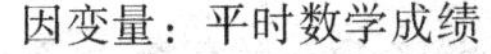


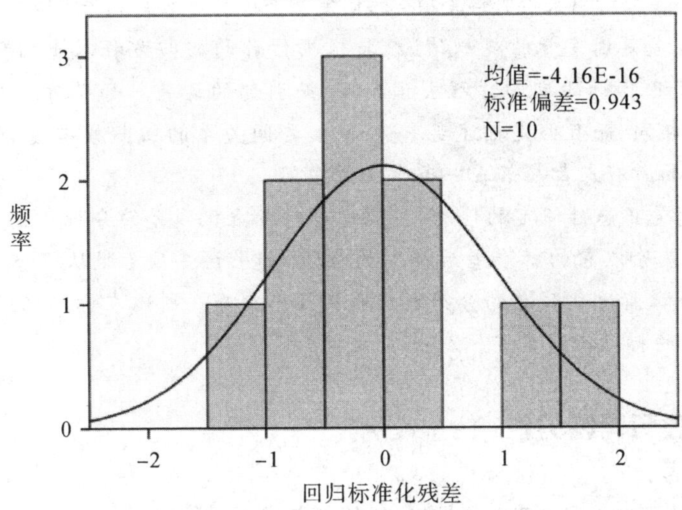


**图 11-13　标准化残差的直方图**

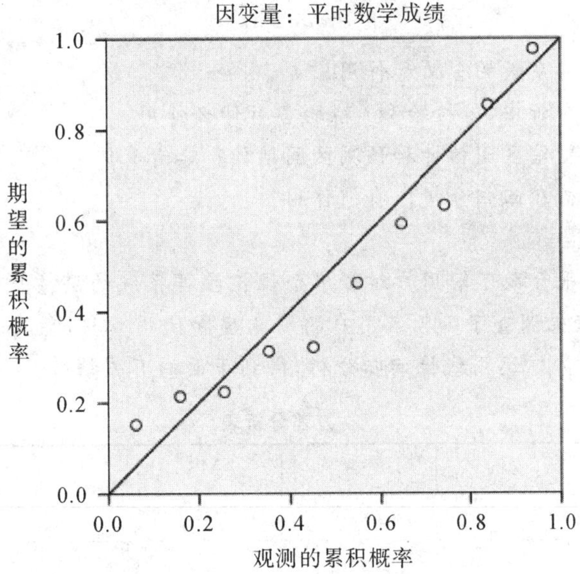


**图 11-14　标准化残差的正态概率图**

## 【小结与要点】

(1)残差分析用来检验误差项 ε 的假定是否成立：ε 方差相等且服从正态分布。

(2)残差是因变量的观测值 $y_i$ 与根据估计的回归方程求出的预测值 $\hat{y}_i$ 之差，反映了用估计的回归方程去预测 $y_i$ 而引起的误差。如果对所有的 $x$ 值，ε 的方差都相同，而且假定描述变量 $x$ 和 $y$ 之间关系的回归模型是合理的，那么残差图中的所有点都应落在一条水平带中间。

(3)对 ε 正态性假定的检验，可以通过对标准化残差的分析来完成。标准化残差是残差除以它的标准差后得到的数值，如果误差项 ε 服从正态分布这一假定成立，那么标准化残差的分布也应服从正态分布。所以在标准化残差图中，大约有 95％的标准化残差在－2～＋2 之间。

## 【复习与练习】

**思　考：**

1.解释回归模型、回归方程、估计的回归方程的含义。

2.一元线性回归模型中有哪些基本的假定？

3.简述最小二乘估计的基本原理。

4.解释总平方和、回归平方和、残差平方和的含义，并说明它们之间的相互关系。

5.简述判定系数的含义和作用。

6.在回归分析中，$F$ 检验和 $t$ 检验各有什么作用？

7.什么是置信区间估计和预测区间估计？二者有何区别？

8.残差分析在回归分析中有何作用？

**牛刀小试：**

1.某音乐平台欲了解用户对音乐个性化推荐系统的满意度($x$)对使用意愿($y$)的影响，随机调查了 145 名用户的满意度和使用意愿，数据在《练习 11.1 音乐个性化推荐》中，运用线性回归分析，得到下面的有关结果：

**方差分析表**

| 变差来源 | df | SS | MS | F | Significance F |
| --- | --- | --- | --- | --- | --- |
| 回归 | | | | | 0.027 |
| 残差 | | 20.074 | | — | — |
| 总计 | 144 | 20.778 | — | — | — |

**系数[a]**

| 模型 | | 非标准化系数 | | 标准系数 | t | Sig. |
|---|---|---|---|---|---|---|
| | | B | 标准 误差 | 试用版 | | |
| 1 | (常量) | 3.391 | .185 | | 18.296 | .000 |
| | 满意度 | .116 | .052 | .184 | 2.238 | .027 |

a. 因变量: 使用意愿

要求：

(1)完成上面的方差分析表。

(2)写出估计的回归方程并解释回归系数的实际意义。

(3)通过上表的数据，检验音乐个性化推荐系统的满意度是否对使用意愿具有显著的预测作用，写出假设检验的过程。

(4)计算判定系数，并解释其意义。

2.根据《受众广告态度调查》数据选取适合的变量进行回归分析，并作出恰当的解释。例如：

建立起广告素养(因变量)对广告总体态度(自变量)的回归方程，并通过残差分析来检验线性回归的基本假设是否符合。

# 第十二章 卡方($\chi^2$)检验

**本章学习重点：**

- 了解$\chi^2$统计量
- 理解拟合优度检验与期望频数
- 学会对两个分类变量进行$\chi^2$独立性检验
- 学会通过$\varphi$系数、Cramer's $v$系数、列联系数解释变量的相关性

1912年4月15日，豪华巨轮泰坦尼克号与冰山相撞而沉没。1985年，泰坦尼克号的沉船遗骸被发现。美国探险家在船舱里看见了一幅画，102岁高龄的罗斯声称她就是画中的少女。罗斯开始叙述她当年的故事：1912年4月10日，被称为"世界工业史上的奇迹"的泰坦尼克号从英国的南安普顿出发驶往美国纽约。富家少女罗丝与母亲及未婚夫卡尔一道上船，另一边，不羁的少年画家杰克靠在码头上的一场赌博赢得了船票。罗丝不愿嫁给卡尔，打算投海自尽，被杰克抱住。很快，美丽活泼的罗丝与英俊开朗的杰克相爱了。然而，始料未及的悲剧降临了。泰坦尼克号与冰山相撞，杰克把生存的机会让给了爱人罗丝，自己则在冰海中被冻死。老态龙钟的罗丝讲完这段爱情后，把那串价值连城的珠宝沉入海底，让它陪着杰克和这段爱情长眠海底。我们在后来看到的电影《泰坦尼克号》就是根据罗丝的回忆拍摄的。

据记载，当时船上有1 316名乘客和892名船员共2 208人，事故发生后幸存718人，约2/3的人在海难中丧生。有学者做了以下统计：

**表 12-1**

| | 性别 | | 年龄 | | 所在舱位 | | | |
|---|---|---|---|---|---|---|---|---|
| | 男 | 女 | 成年人 | 儿童 | 一等舱 | 二等舱 | 三等舱 | 船员舱 |
| 乘坐人数 | 1 738 | 470 | 2 099 | 109 | 325 | 285 | 706 | 892 |
| 幸存人数 | 374 | 344 | 661 | 57 | 203 | 118 | 178 | 219 |

以上都是分类数据。数据是枯燥的，但讲述的问题却是鲜活的。死亡与性别是否有关？与年龄是否有关？与所在舱位是否有关？如何解释这些关系？与当时人们的价值观和对待死亡的态度有什么联系？通过本章的学习，我们来了解如何对分类数据进行分析。

# 第一节　分类数据与$\chi^2$统计量

## 一、分类数据

在社会科学研究中，除了借助于等距、等比量表获得一些数值型数据外，还常常会借助于分类量表或等级量表获得一些计数资料。例如，在民意调查中，将公众的意见分为“赞成”、“反对”、“不确定”三类，然后可以得到三类选择的人数及所占比例；在研究青少年家庭情况与行为之间的关系时，青少年家庭状况是一个分类数据，可以分为“完整家庭”和“离异家庭”，青少年的行为也可以分为“犯罪”和“未犯罪”两类，这些都是分类数据。在前面泰坦尼克号的例子中，所统计的也均是分类变量，并以频数的方式来表现。

另外，根据研究的需要，一些连续变化的数据资料也可以转换为计数资料，比如按照一定的分数线将学生的考试成绩划分为“优”“良”“及格”和“不及格”四个类别，这样就将计量资料转换成计数资料。

下面，我们通过几个例子来具体了解一下研究中的分类变量，以及这类数据所面临的统计分析问题。

### （一）品牌与产品偏好调查

**【例 12.1】**某广告公司为一种商品设计了 A、B、C 和 D 四种不同类型的外包装。为了解哪一种设计效果更能够引起消费者的购买欲，公司将相同的产品采用这四种包装，并排陈列在超市的货架上，一段时间后，统计到一共有 200 位顾客购买了该种产品，不同包装的选择人数如表 12-2 所示。那么，能否借此推断顾客对四种包装设计的喜好度确实存在差异？

**表 12-2　四种不同包装的同一种产品的购买人数**

| 包装类型 | A | B | C | D | 合计 |
|---|---|---|---|---|---|
| 购买人数 | 42 | 59 | 48 | 51 | 200 |

此例研究的是产品选择问题，可以是对同一品牌不同包装设计的选择，也可以是对同一种产品的不同品牌的选择，总而言之，是通过消费者对不同产品购买的发生频率来分析何种营销策略更为有效，或者研究消费者的心理活动规律，这种方法是市场调查中最为常用的手段。这个例子只涉及一个分类维度，是单变量的研究。资料分析的统计任务就是通过样本频数的分布对样本所在总体的分布做出推断。

（二）态度取向评估

**【例 12.2】**为了解受众对儿童节目中广告管理的态度，某机构随机访问了100 名电视受众，其中男性 40 人，女性 60 人。调查的问题是：

您认为在儿童节目中，电视广告是否应该被禁止？请从下列三个备选选项中选择一项最符合您想法的选项：

A.赞成　　B.反对　　C.无所谓

调查结果汇总如表 12-3 所示。那么电视受众对儿童节目广告管理的态度存在性别差异吗？

**表 12-3　男性、女性对儿童节目广告的态度**

| | 赞成 | 反对 | 无所谓 | 合计 |
|---|---|---|---|---|
| 男 | 21 | 13 | 6 | 40 |
| 女 | 29 | 17 | 14 | 60 |
| 合计 | 50 | 30 | 20 | 100 |

这一问题涉及社会民意调查中最常见的资料类型，即态度偏好。这里的态度类别具有等级性质，它统计的数据反映的是受调查者人数在各态度等级上的分布。这类调查还往往涉及两个分类或等级变量：一个是态度偏好，另一个是人群特征，本例中为性别。这种情况下我们的任务主要有两个：一是分析调查对象总体的主要态度偏向，二是比较不同被试群体的态度偏向是否存在差异。

（三）成绩等级评定

**【例 12.3】**在高校教学管理中，往往采用学生评价教师的方法促进教学。比如，某一学期末，有三个班的学生对同一位英语教师进行了评价，结果如表 12-3 所示。那么这三个班级的学生对这位教师的评价是否存在明显差异呢？

表 12-4　三个班的学生对某位教师的评估结果

| | | 很好 | 一般 | 较差 | 合计 |
|---|---|---|---|---|---|
| 班级 | 1 | 22 | 12 | 15 | 49 |
| | 2 | 30 | 10 | 6 | 46 |
| | 3 | 35 | 12 | 3 | 50 |
| 合计 | | 87 | 34 | 24 | 145 |

这一问题涉及到对人、事、物的评价问题，也是我们在研究中常见的问题。像表 12-4 中的数据资料，也往往涉及两个分类或等级变量：一个是态度偏好，另一个是人群特征，我们的任务主要也是两个：一是分析各个等级的人数分布及其差异性问题，二是分析不同的被试评价取向的差异性问题。

上述例子中的数据资料都是计数资料，一般都是借助于分类量表或顺序量表获得的，不是数值型数据，不能采用前面介绍的 T 检验、方差分析和回归分析等各种参数检验方法来处理，只能采用非参数检验方法之一——卡方检验来进行分析和推断。

**【你知道吗】**

上面提到参数检验与非参数检验两种概念，那什么是非参数检验，与参数检验之间有何区别呢？参数检验是在总体分布已知的情况下对未知的参数进行估计和推断，如前面介绍过 $t$ 检验、方差分析和回归分析就是参数检验。当总体分布未知，不满足参数检验的条件时，可以使用非参数检验方法来处理。非参数检验与参数检验相比，应用范围更广泛（任何数据类型都可以，尤其适用于偏态分布、数据分布情况不明确、数据一端或者两端无固定数值、等级数据），计算更简便，但是由于不能充分利用资料所提供的所有信息，所以检验效能低一些。

## 二、$\chi^2$ 统计量

我们在第六章已经简单介绍了卡方分布，它是一种正偏态分布，其自由度不同时，分布曲线的偏斜程度也会不同，自由度越大，越接近正态分布。卡方分布的统计量用希腊字母 $\chi^2$ 表示。

这里，结合本章研究的问题，我们将讨论$\chi^2$统计量的应用。$\chi^2$可以用于测定两个分类变量之间的相关程度。若用 $f_0$ 表示观察值频数（observed frequency），用 $f_e$ 表示期望值频数（expected frequency），则$\chi^2$统计量可以写为：

$$\chi^2 = \sum \frac{(f_o - f_e)^2}{f_e} \qquad (式 12.1)$$

$\chi^2$统计量服从自由度为 $k-1$ 的$\chi^2$分布，$k$ 为类别个数。$\chi^2$统计量有如下特征：

(1)$\chi^2 \geqslant 0$，因为它是对平方结果的汇总；

(2)$\chi^2$统计量的分布与自由度有关：自由度越小，分布越偏向左倾斜；自由度越大，分布形态越趋于对称；其极限分布为正态分布，即当自由度趋于无穷时，卡方分布即为正态分布，如图 12-1 所示。

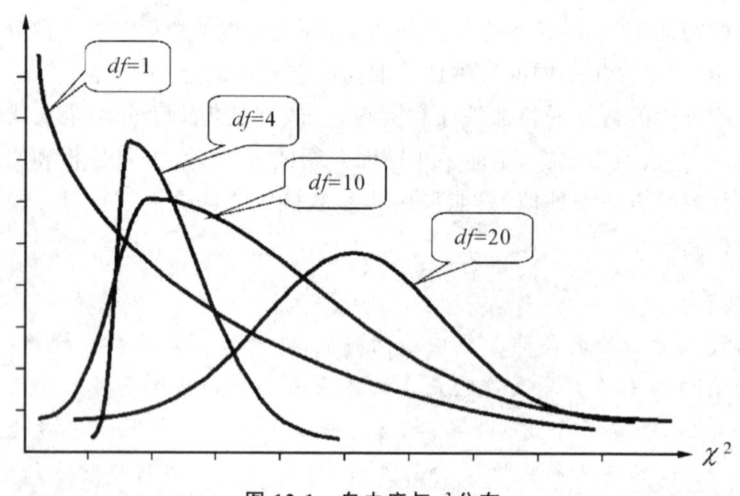


**图 12-1　自由度与$\chi^2$分布**

$\chi^2$统计量描述了观察值与期望值的接近程度。两者越接近，即 $f_o - f_e$ 的绝对值越小，计算出的$\chi^2$值就越小；反之，$f_o - f_e$ 的绝对值越大，计算出的$\chi^2$值就越大。$\chi^2$检验正是通过对$\chi^2$的计算结果与$\chi^2$分布中的临界值进行比较，做出是否拒绝原假设的统计决策。

卡方检验其主要用途有两个：一是用于一个变量多项分类的数据，检验各类别的观察频数与期望值是否吻合，即拟合优度检验，如 12.1 所示的例子；二是用于两个或两个以上变量，每个变量又有多项分类，检验这两个或两个以上变量之间是否独立，即独立性检验，如例 12.2 和 12.3。

# 第二节　拟合优度检验

当只研究一个分类变量时,可利用$\chi^2$统计量来判断各类别的观察频数与某一期望频数是否一致,从而达到对分类变量进行分析的目的。如不同地区的离婚率是否有显著差异和不同包装的产品销售额是否有显著差异等,这就是$\chi^2$拟合优度检验(goodness of fit test)。在泰坦尼克号的例子中,我们关注在这次海难中,幸存者的性别是否有显著差异。当时船上共有 2 208 人,其中男性 1 738 人,女性 470 人。海难发生后,幸存者共 718 人,其中男性 374 人,女性 344 人。也就是说,海难后存活比率为 718/2 208=0.325。如果是否存活下来与性别没有关系,按照这个比率,在 1 738 位男性中应该存活 1 738×0.325=565 人,女性应该存活 470×0.325=153 人。565 和 153 就是期望频数,而实际存活结果就是观察频数。通过期望频数和观察频数的比较,就能够从统计角度做出存活与性别是否有关的判断。

## 一、期望频数相等

为更好地理解拟合优度检验,我们先看例 12.1。包装类型就是分类变量,共有 A、B、C、D 四个类别,每个类别的偏好人数称为观察频数(observed frequency),即分类变量各取值的实际频数。如果消费者对不同的包装类型没有明显偏好,则各观察频数应该是相等或近似相等的,也就是 4 类包装的购买人数都是 50 人(200/4),这就是各类别的期望频数(expected frequency)。如果调查者想分析消费者对不同包装的偏好是否有显著差异,实际上也就是检验观察频数和期望频数是否一致,因此,拟合优度检验也称为一致性检验(test of homogeneity),这种检验所使用的就是$\chi^2$分布。

根据$\chi^2$统计量公式(式 12.1),如果统计量$\chi^2$等于 0,表明观察频数与期望频数完全一致;如果显著不同于 0,则表明观察频数与期望频数之间存在显著差异,$\chi^2$值越大,差异就越显著。

下面我们来检验消费者对不同包装的偏好是否有显著差异($\alpha=0.05$)。具体步骤如下:

**第 1 步:提出假设。**

$H_0$:观察频数与期望频数无显著差异(无明显偏好)

$H_1$:观察频数与期望频数有显著差异(有明显偏好)

**第 2 步：计算检验统计量$\chi^2$。**如果消费者对不同的包装没有明显偏好，意味着各期望频数相等，即不同包装的期望频数均为 50。统计量$\chi^2$的计算过程如表 12-5 所示。

**表 12-5　例 12.1 的$\chi^2$统计量计算**

| 包装设计 | 观察频数 $f_o$ | 期望频数 $f_e$ | $(f_o-f_e)^2/f_e$ |
|---|---|---|---|
| A | 42 | 50 | 1.28 |
| B | 59 | 50 | 1.62 |
| C | 48 | 50 | 0.08 |
| D | 51 | 50 | 0.02 |
| 合计 | 200 | 200 | 3.00 |

**第 3 步：做出决策。**由于自由度 $df=4-1=3$，查$\chi^2$分布表可知，当 $df=3$ 时，$\chi^2_{0.025}=7.81$，实际值 3.00 小于临界值，故不拒绝原假设，即顾客对四种包装设计不存在特别偏爱，对各种包装设计的选择无显著差异。

另外，我们也可以通过 SPSS 完成拟合优度的检验。

**第 1 步：建立数据文件并作加权处理。**本例包含两个变量、四个个案行，每一行代表了一个包装设计类别。

由于本例中“人数”是汇总后数据，要对其进行加权处理。加权处理的方式是：单击【数据】——【加权个案】，打开对话框。勾选【加权个案】，激活对应的【频率变量】方框，将左侧方框内的变量【人数】选中置入到【频率变量】方框中，如图

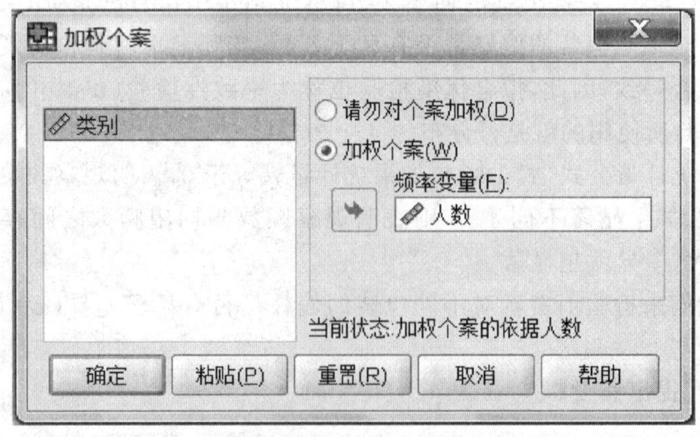


**图 12-2　加权变量**

12-2 所示。单击【确定】完成对加权变量的设置。

**第 2 步:打开卡方分析对话框。**单击【分析】——【非参数检验】——【卡方】,打开卡方分析主对话框,如图 12-3 左图所示。

**第 3 步:进行变量设置。**从对话框左边的变量列表中选中分类变量名【类别】置入【检验变量列表】下面的对话框中,勾选【所有类别相等】选项(此选项也是系统的默认项),如图 12-3 右图所示。单击【确定】即可输出结果。

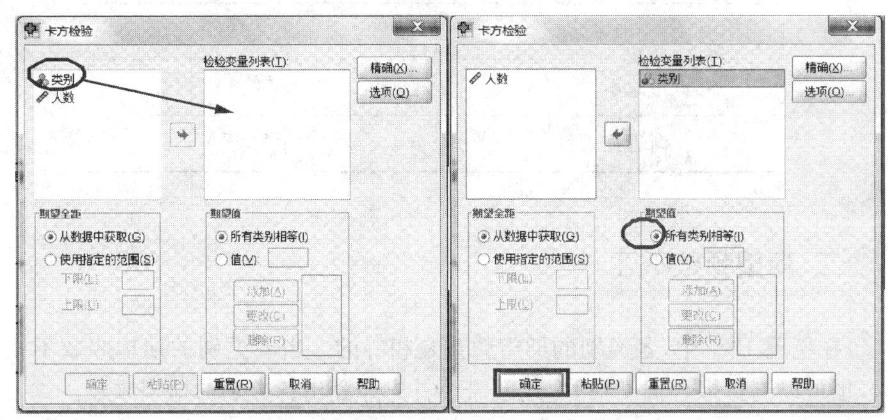


**图 12-3　拟合优度卡方检验主对话框**

**第 4 步:读取并解释结果。**此形式的卡方检验,主要有两个输出表格。第一个表格输出的是实际观察频数分布、期望频数分布,以及二者的差异量(残差),如表 12-6 所示。

**表 12-6　频数分布表**

类别

| | 观察数 | 期望数 | 残差 |
|---|---|---|---|
| 1 | 42 | 50.0 | −8.0 |
| 2 | 59 | 50.0 | 9.0 |
| 3 | 48 | 50.0 | −2.0 |
| 4 | 51 | 50.0 | 1.0 |
| 总数 | 200 | | |

第二个表格输出的是卡方检验的结果,包括卡方值($\chi^2$)、自由度($df$)和实际显著性水平(sig.)如表 12-7 所示。结合两个表格显示的结果,可见本例中的

人数分布虽然存在一些差异，但是这种差异并未达到显著性水平（$\chi^2=3.00$，$df=3$，$p=0.392>0.05$），所以可以认为顾客对四种包装设计产品的选择并未表现出特别的偏好。

**表 12-7　卡方检验结果**

检验统计量

| | 类别 |
|---|---|
| 卡方 | 3.000[a] |
| df | 3 |
| 渐近显著性 | 0.392 |

## 二、期望频数不等

在例题 12.1 中，各类别的期望频数是相等的。当各类别的期望频数不相等时，也可以进行拟合优度检验，这就需要首先计算出各类别的期望频数。

**【例 12.4】**某高校教务处统计了多年来全校本科毕业生毕业论文成绩的等级分布情况，如表 12-8 所示。今年某学院 150 名本科毕业生的论文成绩也见下表，试分析该学院毕业论文的成绩评定是否符合全校多年来的成绩分布模式？

**表 12-8　毕业论文成绩等级分布**

| | 成绩评定等级 | | | | 合计 |
|---|---|---|---|---|---|
| | 优 | 良 | 及格 | 不及格 | |
| 全校成绩分布比例（%） | 10% | 76% | 10% | 4% | 100 |
| 某学院学生在各等级分布人数 | 20 | 100 | 27 | 3 | 150 |

解：由于各等级人数所占比例不同，所以此题各类别的期望频数并不相等，分析步骤如下：

**第 1 步：提出假设。**

$H_0$：该学院学生毕业论文成绩等级分布符合全校的分布模式。

$H_1$：该学院学生毕业论文成绩等级分布不符合全校的分布模式。

**第 2 步：计算期望频数和检验统计量。**

由于全校的成绩分布比例是已知的，但期望频数需要计算。如果该学院的成绩分布与全校一样的话，那么，在 150 名毕业生中，他们所得成绩的观察频数所占比例与全校的期望比例应该一致。因此，用期望比例乘以总的观察频数(即样本量)即得期望频数。计算结果如表 12-9 所示。有了期望频数，我们就可以计算检验的$\chi^2$统计量了。

**表 12-9　某学院学生毕业成绩的期望频数**

| 成绩等级 | 观察频数 $f_o$ | 期望比例(%) | 期望频数 $f_e$ | $(f_o-f_e)^2/f_e$ |
|---|---|---|---|---|
| 优 | 20 | 10 | 15 | 1.67 |
| 良 | 100 | 76 | 114 | 1.72 |
| 及格 | 27 | 10 | 15 | 9.6 |
| 不及格 | 3 | 4 | 6 | 1.5 |
| 合计 | 150 | 100 | 150 | $\chi^2=14.49$ |

**第 3 步：做出决策。**由于自由度为 $4-1=3$，查$\chi^2$分布表可得，当 $\alpha=0.05$ 时，$\chi^2=7.81$，实际值 14.49 大于临界值，故拒绝原假设，即该学院学生毕业论文成绩等级分布不符合全校的分布模式。

同样，我们也可以通过 SPSS 进行卡方检验。

**第 1 步：建立数据文件并作加权处理。**根据已知信息，该数据文件包含两个变量：成绩等级和观察分布。由于【观察分布】是汇总后的次数，所以要作加权处理，方法与例 12.3 相同。单击【数据】——【加权个案】，将【观察分布】选入【加权个案】下的【频率变量】，点击【确认】完成加权变量的设置。

**第 2 步：打开卡方分析对话框。**单击【分析】——【非参数检验】——【卡方】，进入卡方分析主对话框。此步骤与上例相同。

**第 3 步：进行变量设置。**从对话框左边的变量列表中选择分类变量名【成绩等级】并将其置入【检验变量列表】下的方框中。设置期望值的次数分布模式：勾选【期望值】下的【值】项，激活其后边的方框，将各等级的期望值填入方框。依次输入【15】、【114】、【15】和【6】，点击【添加】，如图 12-4 所示。点击【确认】输出结果。

**第 4 步：读取并解释结果。**此形式的卡方检验主要输出两个数据表格。第一个表格输出的是实际观察频数分布、期望次数分布以及二者的差异量，如表 12-10 所示。

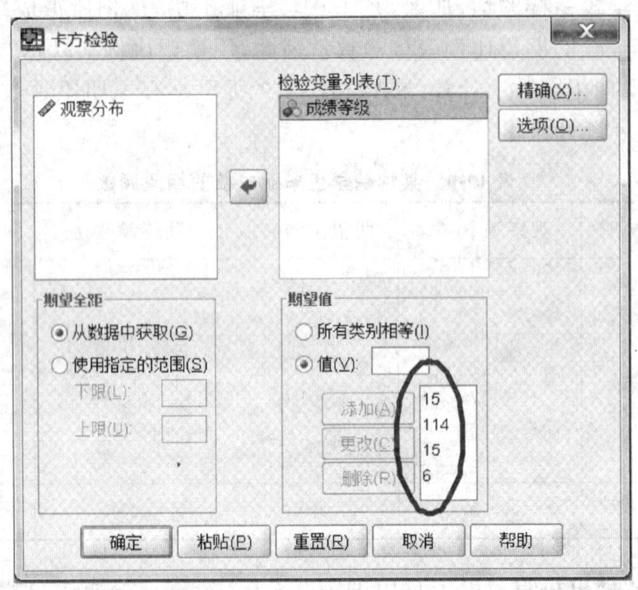


**图 12-4　拟合优度卡方检验的变量设置**

**表 12-10　频次分布表**

成绩等级

| | 观察数 | 期望数 | 残差 |
|---|---|---|---|
| 优 | 20 | 15.0 | 5.0 |
| 良 | 100 | 114.0 | −14.0 |
| 及格 | 27 | 15.0 | 12.0 |
| 不及格 | 3 | 6.0 | −3.0 |
| 总数 | 150 | | |

第二个表格显示了卡方检验的结果，呈现了卡方值、自由度和显著性值，如表 12-11 所示。结合两个表格数据，可见该学院学生的毕业成绩等级分布与全校的成绩等级分布存在显著性差异（$\chi^2=7.81, df=3, p=0.002<0.05$），故拒绝原假设。检验结果与上面的计算结果一致。

**表 12-11　$\chi^2$ 检验的结果**

检验统计量

| | 成绩等级 |
|---|---|
| 卡方 | 14.486[a] |
| df | 3 |
| 渐近显著性 | 0.002 |

**【小结与要点】**

(1)拟合优度检验是当只研究一个分类变量时,通过$\chi^2$统计量来判断各类别的观察频数与某一期望频数是否一致,从而对分类变量进行分析。

(2)分类变量各取值的实际频数称为观察频数(observed frequency),相应地,期望频数(expected frequency)是指当原假设为真时的理论数值。期望频数可能是各类别相等,也可能不等,这取决于实际情况。

# 第三节　列联分析:独立性检验

拟合优度检验是对一个分类变量的检验,有时我们会遇到两个分类变量的问题,看这两个分类变量是否存在联系。例如男性与女性对手机有不同的依赖程度,性别和手机依赖度就是两个分类变量。我们关心这两者是否有关联,是不是女性比男性更加依赖手机。对于两个分类变量的推断,称为$\chi^2$独立性检验($\chi^2$ test of independence),分析过程可以通过列联表的方式呈现,故有人把这种分析称为列联分析。

## 一、列联表

列联表(contingency table)是由两个以上的变量进行交叉分类的频数分布表。例如欲分析在广告态度方面是否存在性别差异,就可通过本章开篇中表12-2 的形式展现出来:

表中的行(row)是性别变量,这里划分为两类:男性和女性;表中的列(column)是态度变量,这里划分为三类:赞成、反对和无所谓。因此,表 12-2 是一个

2×3 列联表,表中的每个数据都反映了性别和态度两个方面的信息。由于列联表中的每个变量都可以有两个或两个以上的类别,列联表会有多种形式。将横向变量(行)的划分类别视为 R,将纵向变量(列)的划分类别视为 C,则可以把每一个具体的列联表称为 R×C 列联表。

## 二、独立性检验

独立性检验就是分析列联表中行变量和列变量是否相互独立,在表 12-2 中,也就是检验性别和态度之间是否存在相关关系。我们继续以 12.2 为例,分析性别与对待儿童节目广告的态度是否相互独立。

解:

**第 1 步:提出假设。**

$H_0$:性别与态度之间是独立的(不存在依赖关系)

$H_1$:性别与态度之间不独立(存在依赖关系)

**第 2 步:计算检验统计量。**

这里分析的关键是获得期望值。在第一行,男性的合计为 40,用 40/100 作为男性比例的估计值。在第一列,持赞成态度的合计为 50,用 50/100 作为赞成态度比例的估计值。如果性别与态度之间是独立的,则可以用下面的公式估计第一个单元格(男性中持赞成态度)的期望比例:

$$P=P(AB)=P(A)P(B) \quad \text{(式 12.2)}$$

$$P\ 中立=P(A)P(B)=\frac{40}{100}\times\frac{50}{100}=0.2$$

0.20 是第一个单元中的期望比例,其相应的频数期望值为:

0.20×100=20

一般地,可以采用下式计算任何一个单元中频数的期望值:

$$fe=\frac{RT}{n}\times\frac{CT}{n}\times n=\frac{RT\times CT}{n} \quad \text{(式 12.3)}$$

式中,$f_e$ 为给定单元中的频数期望值;$RT$ 为给定单元所在行的合计;$CT$ 为给定单元所在列的合计;$n$ 为观察值的总个数,即样本量。

由表 12-2 和公式 12.3,可得以下计算结果:

表 12-12　2×3 列联表期望值及$\chi^2$计算结果

| 行 | 列 | 观察频数 $f_o$ | 期望频数 $f_e$ | $(f_o-f_e)^2/f_e$ |
|---|---|---|---|---|
| 男 | 赞同 | 21 | 20 | 0.05 |
| 男 | 反对 | 13 | 12 | 0.08 |
| 男 | 中立 | 6 | 8 | 0.5 |
| 女 | 赞同 | 29 | 30 | 0.03 |
| 女 | 反对 | 17 | 18 | 0.06 |
| 女 | 中立 | 14 | 12 | 0.33 |
| 合　计 | | 100 | 100 | $\chi^2=1.05$ |

**第 3 步:做出判断。**由于$\chi^2$的自由度$=(R-1)(C-1)=2$,当 $\alpha=0.05$ 时,临界值$\chi^2=5.99$。可见统计值 1.05<临界值 5.99,故不拒绝原假设。即性别与态度之间是相互独立的,也就是说,男性和女性对待儿童节目插播广告的态度是相同的。

同样,我们也可以在 SPSS 中完成两个分类变量独立性的检验。

**第 1 步:建立数据文件并作加权处理。**根据 12－2 中的已知信息,该数据文件包含三个变量:受众性别、态度取向和汇总的人次数,建立 SPSS 数据如图 12-5 所示。由于“人数”是汇总后次数,需要进行加权处理。单击【数据】——【加权个案】,将【人数】置入【加权个案】下的【频率变量】中,点击【确认】完成加权变量的设置。

| | 性别 | 态度 | 人数 |
|---|---|---|---|
| 1 | 1 | 1 | 21 |
| 2 | 1 | 2 | 13 |
| 3 | 1 | 3 | 6 |
| 4 | 2 | 1 | 29 |
| 5 | 2 | 2 | 17 |
| 6 | 2 | 3 | 14 |

图 12-5　独立性卡方检验的数据文件示意图

**第 2 步：打开独立性检验对话框。**单击【分析】——【描述统计】——【交叉表】，打开列联表主对话框，如图 12-6 所示。

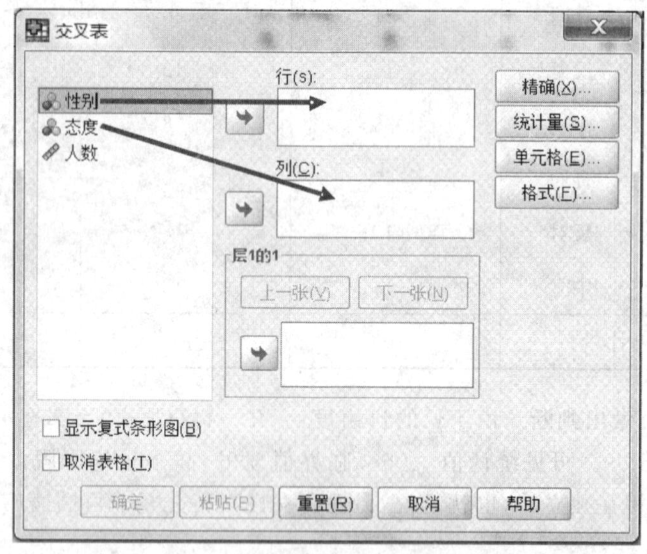


**图 12-6　交叉表分析主对话框**

**第 3 步：设置变量。**从对话框左侧的变量列表中选择分类【性别】置入【行】下面的变量框中，选择【态度】置入【列】下面的变量框中。如图 12-7 所示。

单击【统计量】，进入【交叉表：统计量】子对话框，选择【卡方】项，如图 12-8 所示。设置完成后，单击【继续】返回主对话框。

若需要系统输出观察值、期望值、百分比等，单击【单元格】，选择所需统计量，如图 12-9 所示。

完成设置后，单击【确定】，输出分析结果。

**第 4 步：读取并解释结果。**输出结果如表 12-13、表 12-14 所示，可见男性受众与女性受众对儿童节目插播广告的态度未达到显著的性别差异（$\chi^2=1.056$，$df=2$，$p=0.590>0.05$），与前面的计算结果相同。

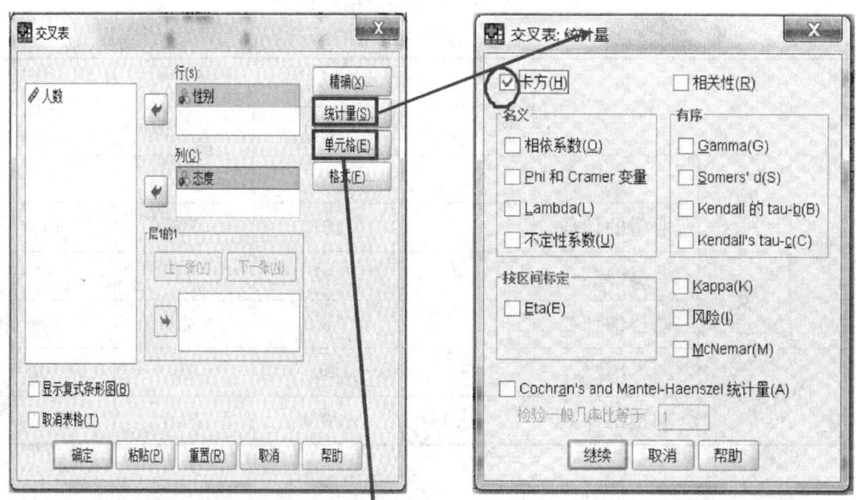


图12-7　交叉表分析主对话框

图12-8　交叉表子对话框

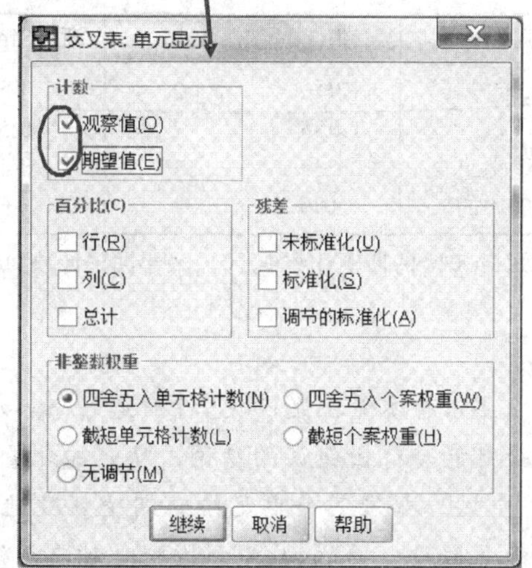


图12-9　设置期望值、百分比等

表 12-13　性别与态度的列联表

性别 * 态度交叉制表

| | | | 态度 | | | 合计 |
|---|---|---|---|---|---|---|
| | | | 赞成 | 反对 | 无所谓 | |
| 性别 | 男 | 计数 | 21 | 13 | 6 | 40 |
| | | 期望的计数 | 20.0 | 12.0 | 8.0 | 40.0 |
| | 女 | 计数 | 29 | 17 | 14 | 60 |
| | | 期望的计数 | 30.0 | 18.0 | 12.0 | 60.0 |
| 合计 | | 计数 | 50 | 30 | 20 | 100 |
| | | 期望的计数 | 50.0 | 30.0 | 20.0 | 100.0 |

表 12-14　性别与广告态度的独立性卡方检验

卡方检验

| | 值 | df | 渐进Sig.(双侧) |
|---|---|---|---|
| Pearson 卡方 | 1.056[a] | 2 | 0.590 |
| 似然比 | 1.085 | 2 | 0.581 |
| 线性和线性组合 | 0.609 | 1 | 0.435 |
| 有效案例中的N | 100 | | |

a.0单元格(.0%)的期望计数少于5。最小期望计数为8.00。

【你知道吗】

在应用$\chi^2$检验时，要求样本量应足够大，特别是每个单元格的期望频数不能太小，否则应用$\chi^2$检验可能会得出错误的结论。从$\chi^2$统计量的公式可以看出，期望频数 $f_e$ 在公式的分母上，如果某个单元格的期望频数过小，$\chi^2$统计量的值就会变大，从而导致拒绝原假设。因此，应用$\chi^2$检验时对单元格的期望频数有以下要求：

(1)如果只有 2 个单元格，则所有期望值$\geqslant$5；

(2)如果有 2 个单元格以上，则期望值$\leqslant$5 的单元格不能超过 20%。

## 【小结与要点】

(1)列联分析往往涉及两个分类或等级变量：一个是态度偏好，另一个是人群特征，列联分析的任务就是要比较不同被试群体的态度偏向是否存在差异。

(2)对于两个分类或等级变量相关性的推断，称为$\chi^2$独立性检验（$\chi^2$ test of

independence)。之所以称为独立性检验，是因为检验的目的是分析列变量和行变量之间是独立还是相互依赖。又因其分析过程可以通过列联表的方式呈现，故也称之为列联分析。

(3)在列联表中，当两个变量($X$、$Y$)存在因果关系时，原因($X$)放在列的位置，结果($Y$)放在行的位置。

# 第四节　列联表中的相关测量

如果$\chi^2$独立性检验拒绝了原假设，则表明两个变量不独立，这意味着它们之间存在一定的相关。接下来的问题是，如果变量之间存在联系，它们之间的相关程度有多大？这一节主要讨论这个问题。

对两个变量之间相关程度的测定，主要用相关系数表示。正如前面所言，列联表中的变量通常是分类变量，它们所展现的是研究对象的不同品质类别。所以，可以把这种分类数据之间的相关称为品质相关。经常用到的品质相关系数主要有 $\varphi$ 系数($\varphi$ coefficient)、Cramer's $v$ 系数(Cramer's $v$coefficient)、列联系数 $c$(contingency coefficient)等。

## 一、$\varphi$ 相关系数

$\varphi$ 相关系数是描述 2×2 列联表数据相关程度最常用的一种相关系数。它的计算公式为：

$$\varphi=\sqrt{\chi^2/n} \qquad (式 12.4)$$

式中，$\chi^2$是按式 12.1 计算出的$\chi^2$值；$n$ 为列联表中的总频数，也即样本量。说 $\varphi$ 系数适合 2×2 列联表，是因为对于 2×2 列联表中的数据，计算出的 $\varphi$ 系数可以控制在 0～1 这个范围内。$\varphi$ 相关系数与 *Pearson* 相关系数 $r$ 的作用相同，它用来测量通过$\chi^2$检验后的两个相关变量之间的关联程度。$\varphi$ 的绝对值越接近于 1，表明两个变量之间的关系越强，越接近 0 表明关系越弱。但是，当列联表的行数或列数大于 2 时，$\varphi$ 系数会随着行数或列数增加而变大，而且没有上限。这时，$\varphi$ 系数的含义就不容易解释。

## 二、列联系数

列联相关系数又称列联系数(coefficient of contingency)，简称 c 系数，主要用于大于 2×2 列联表的情况。c 系数的计算公式为：

$$c=\sqrt{\frac{\chi^2}{\chi^2+n}} \qquad \text{(式 12.5)}$$

当列联表中的两个变量相互独立时，系数 c=0。c 系数的特点是，其可能的最大值依赖于列表的行数和列数，且随着 R 和 C 的增大而增大；但是，列联系数不可能大于 1，这从公式中也能看出，即使两个变量完全相关，列联系数也不可能等于 1。

此外，根据不同的行数和列数所计算的列联系数不便于比较，除非两个列联表中行数和列数一致，这是列联系数的局限性。但由于其计算简便，且对总体的分布没有任何要求，所以列联系数仍是一个适应性较广的测度值。

## 三、Cramer's *v* 系数

鉴于 $\varphi$ 系数无上限，c 系数小于 1 的情况，Cramer 提出来了 $v$ 相关系数。其计算公式为：

$$v=\sqrt{\frac{\chi^2}{n\times\min[(R-1),(C-1)]}} \qquad \text{(式 12.6)}$$

它的计算也是以$\chi^2$为基础的，式中的 $\min[(R-1),(C-1)]$表示取$(R-1)$和$(C-1)$中较小的一个。当两个变量相互独立时，$v=0$；当两个变量完全相关时，$v=1$。所以 v 的取值在 0～1 之间。如果列联表中有一个维度只有 2 个分类，即 $\min[(R-1),(C-1)]=1$，则 $v$ 值就等于 $\varphi$ 值。

**【例 12.5】**利用例题 12.2 的数据，试计算性别与态度的 $\varphi$ 系数、Cramer's$v$ 系数、列联系数 $c$。

解：我们可以通过 SPSS 计算分类数据的相关系数，在对数据进行加权处理后，我们可进行如下操作：

点击【分析】——【描述】——【交叉表】，进入列联表主对话框。点击【统计量】，在【名义】下选中【相依系数】和【Phi 和 Cramer 变量】，点击【继续】。如图 12-10 所示。点击【确定】，输出分析结果。

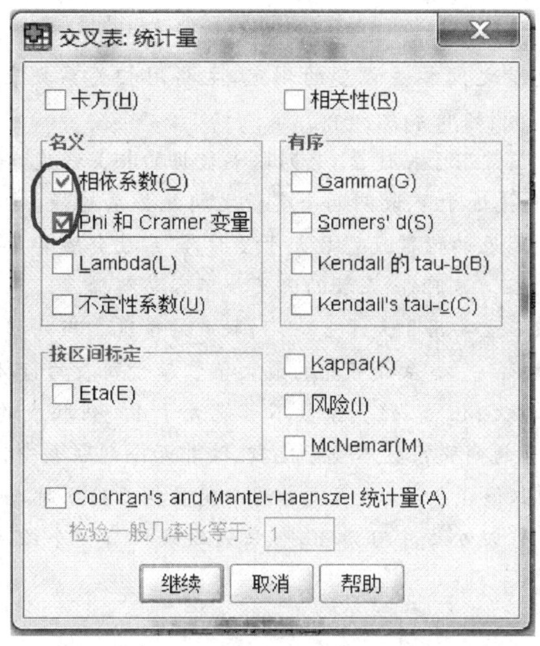


**图 12-10　设置分类变量的相关系数**

此例题的输出表格如表 12-15 所示。

**表 12-15　相关测量的系数**

| | | 值 | 近似值 Sig. |
|---|---|---|---|
| 按标量标定 | $\varphi$ | 0.103 | 0.590 |
| | Cramer 的 V | 0.103 | 0.590 |
| | 相依系数 | 0.102 | 0.590 |
| 有效案例中的 N | | 100 | |

首先看相关系数的显著性检验结果均不显著，表明性别与广告态度两个变量独立，它们之间不存在相关性。当显著性检验结果显著时，对于 $\varphi$ 系数，若是测量两个相关变量之间的关联关系，$\varphi$ 值越接近于 1，表明两个变量之间的关系越强，越接近 0 表明关系越弱；若 $R>2$ 或 $C>2$，$\varphi$ 系数则有可能大于 1。对于 $v$ 系数和列联系数 $c$ 而言，越接近于 1 两个变量越相关。

## 【小结与要点】

(1)对两个变量之间相关程度的测定，主要用相关系数表示，主要有 $\varphi$ 系数、Cramer's $v$ 系数、列联系数 $c$ 等。

(2)$\varphi$ 相关系数常用于描述 2×2 列联表数据的相关程度，其取值在 0～1 这个范围内。$\varphi$ 值越接近于 1，表明两个变量之间的关系越强，越接近 0 表明关系越弱。但是，当列联表的行数或列数大于 2 时，$\varphi$ 系数会随着行数或列数增加而变大，而且没有上限。这时，$\varphi$ 系数的含义就不容易解释。

(3)列联系数 c 主要用于大于 2×2 列联表的情况。当列联表中的两个变量相互独立时，系数 c=0。c 系数可能的最大值依赖于列表的行数和列数，且随着 R 和 C 的增大而增大；但是，列联系数不可能大于 1。列联表的局限性是：根据不同的行和列计算的列联系数不便于比较，除非两个列联表中行数和列数一致。

(4)$v$ 系数的取值在 0～1 之间。当两个变量相互独立时，$v=0$；当两个变量完全相关时，$v=1$。从公式中可看出，如果列联表中有一个维度为 2，这时 $v$ 值就等于 $\varphi$ 值。

## 【复习与练习】

**思　考：**

1.$\chi^2$ 拟合优度检验和独立性检验各适用于什么场合？

2.简述列联表的构造与列联表的分布。

3.测量两个分类变量相关性的统计量有哪些？它们各自有什么特点？

**牛刀小试：**

根据《受众广告态度调查》所得数据，选取合适的分类变量，运用本章所学知识对其进行卡方检验（拟合优度检验、独立性检验以及对相关程度的测量），并做出恰当的解释。例如：

(1)检验来自不同地域的人数比例是否相等；

(2)检验男女同学在观看有趣广告后的反应是否具有显著差异；

(3)检验性别与分类专业之间是否具有关联性，并计算性别与分类专业的相依系数 $\varphi$；

(4)检验性别是否独立于来自地域；并计算性别与来自地域的列联系数 $c$；

(5)计算性别与来自地域的 $v$ 系数以及性别与家庭月收入的 $v$ 系数，并比较性别与哪个变量的关系更密切。

# 第十三章 量表的信效度检验

**本章学习重点:**

- 了解效度的不同类型
- 掌握如何对量表进行效度检验
- 掌握如何对量表进行信度检验
- 了解信度和效度之间的关系

到目前为止,我们所介绍的内容都与收集、分析和解释数据有关。实际上,在做任何分析前,我们要确保数据正是我们想要的——数据显示的就是我们想知道的内容。换句话说,如果我们研究媒体暴力问题,我们要确保用于评估媒体暴力的测量工具是能够发挥作用的。为了保证整个数据收集过程以及所收集的数据都是有用的,我们首先要保证测量媒体暴力的量表能发挥作用。本章将要回答的基本问题是"我怎么知道我们每一次使用的量表都能发挥作用?"(这就是信度),以及"我怎么知道我们每一次使用的量表都能够测量我想测量的内容?"(这就是效度)。

无论是对消费行为的简单观察还是测量复杂的心理状态,都需要首先保证测量工具的信度和效度。如果收集数据的工具无效或不可靠,则建立在此基础上的研究"大厦"就会倒塌。例如,如果你的测量工具缺乏信效度,那么任何假设检验的结果都不会得出可靠的结论,因为你不知道拒绝原假设是由于测量工具存在问题还是真的是能够在一定可接受的误差范围内拒绝原假设。你是否想要一个"纯净的"原假设检验?如果是,那么现在就开始关注信度和效度吧。

## 第一节 效度检验

效度(validity)是指一个工具实际能够测出所要测的内容的程度。有效的工具就是要探测出研究者期待测量的内容。例如，如果世界史考试是考察学生对世界历史知识的掌握程度，那么就要测量世界历史知识；如果媒体素养量表是评估受众理解信息的能力，那么有效的量表就是测量受众对媒体信息的理解力。

效度有不同的类型，下面我们将介绍最重要也是最常用的三种类型。这几种类型都总结在表 13-1 中。

**表 13-1　效度的不同类型**

| 效度的类型 | 含　义 | 如何计算 | 举　例 |
| --- | --- | --- | --- |
| 内容效度 | 指测验或量表内容或题目的适切性与代表性，即测验内容能否反映所要测量的特质，能否达到测量的目的。 | 请教专家，让专家判断测试的项目是否反映将要测量的主题。 | 英语阅读能力测试，让专家判断这些考题是不是考察学生的英文阅读速度和理解水平，而不是知识丰富程度。 |
| 效标关联效度 | 指测验与外在效标间关系的程度（外在效标本身必须具有良好的信度与效度，如标准化的学业成绩、智力测验）。 | 计算测试成绩和其他有效的测量之间的相关系数，相关系数越高，表示此测验的效标关联效度越高。 | 收集公务员行政职业能力测试的效标效度，往往是通过计算其与考生今后工作成绩的相关程度。 |
| 建构效度 | 指能够测量出理论的特质或概念的程度，亦即实际的测验分数能解释多少某一心理特质。 | 因素分析。如果因素分析所抽取的公共因子与理论架构的结果甚为接近，则可说此测验工具或量表具有建构效度。 | 理论上表明智力包括认知和语言两大方面，则对智力测验结果进行因素分析，证明其包含这两个因素。 |

## 一、内容效度

内容效度（content validity）就是测试项目能够代表设计测试时所要测量的总体项目的性质。内容效度常用于成绩测验，但不限于成绩测验。例如，如果中国历史考试不单单评估学生的中国近代史知识，还应该包括中国古代史和现代史；如果我们要测量的是一般性“偏见”，那么，我们的测量就应该能够反映种族偏见、宗教偏见、对女性和老年人的偏见及其他偏见。

建立内容效度实际上非常容易，所需要做的就是确定合作专家。例如，某学院要设计物理入门考试，所需要做的就是寻找物理学方面的专家，告诉他我们想测试的主题是什么，然后他看了具体题目之后再判断这些题目是否符合我们建立的考察标准。如果答案是肯定的，我们就完成了题目设计；如果答案是否定的，就要重新开始建立新的题目标准或者修正现存的题目。

## 二、效标关联效度

效标关联效度(criterion-related validity),是以经验性的方法来研究测验分数与外在效标之间的关系。效标(criterion),又称为准则,它本身必须具备良好的信度与效度。效标根据使用时间间隔的长短又分为预测效度(predictive validity)与同时效度(concurrent validity)。

同时效度,就是测验分数与目前效标数据之间关系的程度。比如,你想测量某个厨师技校学生的烹饪技能,便设计了一个测试量表,现在你想建立同时效度水平,于是请了另一组裁判对学生的整体技能进行从 1 到 10 的等级排序。接着只需要计算烹饪量表得分和裁判的排序之间的相关系数。如果效度系数高,你的测试工具就很理想,否则就要进行修正。

又例如,在一项互联网使用影响因素的调查中,设计了开放性量表,以测量该地区人民的开放性程度。同时,又以"接触传播新媒介"的程度作为效标,即以新媒体接触程度作为因变量,如果开放性量表得分与新媒体接触程度得分具有显著相关,则该量表具有较高的同时效度。

预测效度,就是测验分数与将来的效标之间关系的程度。较高的预测效度意味着量表能够较好地反映未来的能力。例如你想通过烹饪技能测试来预测正在应聘的厨师是否能够胜任工作,这就需要建立烹饪技能测试的预测效度。你用烹饪技能测试对应聘者进行测试,工作一段时间后(例如工作半年或一年后),评价这些新厨师的工作绩效(包括是否成为主厨、薪资水平等)。如果烹饪技能的测试成绩与新厨师的工作绩效显著相关,表明测试量表具有较高的预测效度。

**【你知道吗】**

内容效度一般采用专家定性评估的方法,因而不需要应用统计分析方法。而效标关联效度一般计算两个变量的相关系数,各种相关系数的计算方法和适用条件在本书的第十章已经介绍过了。在此我们需要做的是判断两个变量分别是什么类型的变量或数据,适合采用哪种相关系数。

## 三、建构效度的统计分析方法——因素分析

建构效度(construct validity)是最有趣也是最难建立的效度,因为建构效度体现着基于测试或测量工具背后的基本结构或概念。由于建构效度以理论的逻

辑分析为基础，同时又根据实际所得的资料来检验理论的正确性，因此是一种相当严谨的效度检验方法。建构效度检验步骤通常包括：(1)根据文献探讨、前人研究结果、实际经验等建立假设性理论建构；(2)根据建构的假设性理论编制适切的测验工具；(3)选取适当的受试者进行测量；(4)通过统计检验的实证方法去检验此份测验工具是否可以有效解释预建构的心理特质。统计学中，检验建构效度最常用的方法是因素分析，研究者用因素分析去检验工具的效度，通过有效地抽取公共因子，并将公共因子与理论架构进行对比，若所抽取的公共因子与理论架构甚为接近，则可说此测验工具或量表具有建构效度。

### （一）因素分析的基本原理

在社会科学研究中，研究变量的减缩（reduction）与量表的编制常用主成分分析法（principal component analysis，简称为 PCA）和公共因子分析（common factor analysis）两种方法抽取成分或因素。在本书中主要介绍因素分析方法在量表编制中的应用。

1.因素分析的基本目的和基本思想

因素分析是伴随着心理学的研究而发展起来，最初应用于智力结构和人格特质的研究，后来广泛应用到社会学、经济学、医学、物理学及分类学等领域。它是基于相关关系而进行的数据分析技术，是一种建立在众多观测数据基础上的降维处理方法，其最主要目的是探索隐藏在大量观测数据背后的某种潜在结构，寻求一组变量变化的“公共因子”。因素分析作为检验建构效度的主要方法，它可通过探索量表或测量所得观测数据背后所隐藏的潜在心理特质，并根据出现的公共因子而确定该量表或测验的结构成分，进而知悉测验或量表有效测量的特质或态度是什么。

因素分析的基本思想：在众多的可观测变量中，根据相关性大小将变量进行分组，使同组内的变量间的相关性较高，不同组的变量间的相关性较低，从而使每组变量能够代表一种基本结构。每一种基本结构表示为一种公共因子，即“因子”。因此，因素分析的目的在于用少量的“因子”概括大量的观测“变量”，从而建立起简洁的、更具有一般意义的概念系统。在量表的建构效度检验中，就是要检验因素分析中所抽取的因子（基本结构）是否接近量表所测概念的理论架构。

2.因素分析的基本模型

因素分析是一种潜在结构分析法，在模型理论中，假定每个指标（题项、观察值、问卷问题）均由两个部分所构成，一为公共因子（common factor），一为独特因素（unique factor）。公共因子的数目会比指标数（原始观察变量数）少，而每个指标或原始观察变量皆有一个独特因子，即如果一份量表共有 $n$ 个项目，则也会有 $n$ 个独特因子，而公共因子的数目通常少于变量的数目。因素分析最常用的理论模型如下：

$$Z_j = a_{j1}F_1 + a_{j2}F_2 + a_{j3}F_3 + \cdots + a_{jm}F_m + U_j \quad \text{（式 13.1）}$$

式中，

$Z_j$ 表示第 $j$ 个变量的标准化分数；

$F_i$ 为公共因子；

$m$ 为所有变量公共因子的数目；

$U_j$ 为变量 $Z_j$ 的独特因子；

$\alpha_{ij}$ 为因素载荷，表示第 $i$ 个公共因子对第 $j$ 个变量的变异量贡献。

因素载荷（factor loadings），指原始变量与因素分析时抽取出的公共因子之间的相关系数。因素分析的理想情况是，个别因素载荷 $\alpha_{ij}$ 不是很大就是很小，这样每个变量才能与较少的公共因子产生密切关联，如果想要以最少的公共因子来解释变量间的关系程度，则 $U_j$ 彼此间以及与公共因子间就不能存在关联。

在因素分析中，有两个重要指标：一为共同度（communality），二为特征值（eigenvalue）。为便于说明，以三个变量抽取两个公共因子为例，三个变量的线性组合分别为：

$$\begin{aligned} Z_1 &= a_{11}F_1 + a_{12}F_2 + U_1 \\ Z_2 &= a_{21}F_1 + a_{22}F_2 + U_2 \\ Z_3 &= a_{31}F_1 + a_{32}F_2 + U_3 \end{aligned} \quad \text{（式 13.2）}$$

转化成因素矩阵如表 13-2：

**表 13-2　因素分析矩阵**

| 变量 | $F_1$（公共因子一） | $F_2$（公共因子二） | 共同度 $h_j^2$ | 独特因子 $d_j^2$ |
|---|---|---|---|---|
| $X_1$ | $\alpha_{11}$ | $\alpha_{12}$ | $a_{11}^2 + a_{12}^2$ | $1-h_1^2$ |
| $X_2$ | $\alpha_{21}$ | $\alpha_{22}$ | $a_{21}^2 + a_{22}^2$ | $1-h_2^2$ |
| $X_3$ | $\alpha_{31}$ | $\alpha_{32}$ | $a_{31}^2 + a_{32}^2$ | $1-h_3^2$ |
| 特征值 | $a_{11}^2 + a_{21}^2 + a_{31}^2$ | $a_{12}^2 + a_{22}^2 + a_{32}^2$ | — | — |
| 解释总变异量 | $(a_{11}^2 + a_{21}^2 + a_{31}^2)/3$ | $(a_{12}^2 + a_{22}^2 + a_{32}^2)/3$ | — | — |

所谓的共同度，就是每个变量在每个公共因子上的载荷的平方总和（表 13-

2 中，每行中所有因素载荷的平方和），也就是每个变量可以被公共因子所解释的变异量的百分比，共同度 $h_j^2$ 所代表的是所有公共因子对 $j$ 个变量的变异量所能解释的部分。$h_j^2$ 的值越大，说明提取出的公共因素对原始变量的解释能力就越强。而各变量的独特因子大小就是 1 减去该变量的共同度的值。

特征值是每个变量在某一公共因子的因素载荷的平方总和（表 13-2 中，每列所有因素载荷的平方和）。在因素分析的公共因子抽取中，特征值最大的公共因子会最先被抽取，其次是次大者，最后抽取的公共因子的特征值最小，通常会接近 0。将每个公共因子的特征值除以因子总体数为此公共因子可以解释的变异量。因素分析的目的，即在于将因素结构简单化，希望以最少的公共因子对总变异量做最大的解释，因而抽取的因素应越少越好，并且抽取因素的累积解释的变异量则越大越好。

因此，因素分析具有简化数据变量的功能，以较少的维度或层面（facet）来表示原来的数据结构，它根据变量间彼此的相关，找出变量间潜在的关系结构，变量间简单的结构关系称为成分（components）或因素（factors）。

**【你知道吗】**

（1）因素分析分为探索性因素分析（exploratory factor analysis，EFA）和验证性因素分析（confirmatory factor analysis，CFA），本书介绍的为前者。EFA 侧重于探索和寻求变量之间的基本结构，以少量因子来取代众多变量，从而简化数据，解决变量间强相关问题，因而对于编制量表的初级阶段作用较大。在量表所测量的因子结构不是很清晰的情况下，可通过 EFA 探索出量表的因子结构。而 CFA 侧重于验证量表的因子结构和因子阶层关系，评估量表的信度和效度。

（2）当然 EFA 和 CFA 的功能不是绝对的，EFA 也可用于验证量表的因子结构，评估量表的信度效度；而 CFA 也可以在因子结构模型不清楚的情况下，通过不断的模型修正和比较，探索和寻找到一个最理想的模型。在实际的量表编制或修订过程中，常常将两种方法结合运用，量表编制的初级阶段用 EFA 进行题项的筛选和量表因子结构的探索，在量表编制的后期阶段，采用 CFA 检验 EFA 所探寻的因子结构是否适合。

接下来本书用一个案例来介绍如何采用探索性因素分析来验证一个量表的建构效度。

### （二）因素分析的主要步骤

因素分析的主要步骤可简述成以下几个步骤：

1.因素分析的适合度检验

适合度检验用于判断手头的数据是否适合做因素分析。因素分析的目的是要把原始变量降维,如果原始变量都是独立的,意味着每个变量的作用都是不可替代的,也就根本无法降维。因此,用于因子分析的变量必须是相关的。

检验变量之间是否足够相关,可以计算各变量之间的相关系数矩阵,并观察各相关系数。一般来说,若相关矩阵中的大部分相关系数小于 0.3,就不适合做因子分析了。

此外,还可以用 Kaiser-Meyer-Olkin 检验(简称 KMO 检验)和 Bartlett 球度检验(Bartlett's test of sphericity)来判断(SPSS 将这两种检验称为 KMO and Bartlett's test of sphericity)。

Bartlett 球度检验是以变量的相关系数矩阵为基础,提出原假设 $H_0$:"相关系数矩阵是一个单位阵",即相关系数矩阵对角线上的所有元素都为 1,非对角线上的元素均为 0。其检验统计量是根据相关系数矩阵的行列式计算得到,并且近似地服从卡方分布。如果检验统计量较大,且其对应的概率 $p$ 值小于给定的显著性水平,则应拒绝原假设 $H_0$,认为原有变量的相关系数矩阵不是单位阵,变量间存在显著的相关关系,可以进行因素分析。反之,则接受原假设 $H_0$,认为变量的相关矩阵是单位阵,变量之间的相关度很低或没有相关,不适合做因素分析。

KMO 检验用于检验变量间的偏相关性,用 KMO 统计量来衡量,取值在 0～1 之间,如果统计量取值接近 1,变量间的偏相关性越强,因子分析的效果就越好。一般来说,KMO 统计量在 0.7 以上时因子分析效果较好,在 0.5 以下时因子分析效果就很差了。

从样本量来看,因子分析要求样本的个数要足够多。一般要求样本的个数至少是变量个数的 5 倍以上。同时,样本的总数据量也不能太小,理论要求应该在 100 个以上。

接下来本书就以案例来讲解如何操作上述步骤。

**【例 13.1】**《网络消费者满意度调查》的研究中,研究者想编制一个网络消费者满意度量表,经过文献探讨、前人研究结果、定性访谈所得的资料表明网络消费者满意度分别包括客户服务、网站易用性、网页设计、信息沟通和产品配送五个维度或层面。依据前人研究和定性访谈内容,研究者编制了 20 个项目来测量这五个维度。其中"售后服务及时"等 5 个项目测量客户服务维度;"注册过程简单"等 3 个项目测量网站易用性维度;"符合浏览习惯"等 3 个项目测量网页设计维度;"信息真实可靠"等 5 个项目测量信息沟通维度;配送地区等 4 个项目测量产品配送维度。

第一步,检验这 20 个观测变量是否适合采用因素分析方法进行建构效度检验。

我们可直接在 SPSS 中检验数据，过程如下：

**第 1 步：打开因子分析对话框。** 单击【分析】——【降维】——【因子分析】，进入因子分析对话框。

**第 2 步：选入分析变量。** 将所要分析的原始变量点选入【变量】下的方框中，均为数值型变量，共 20 个原始变量，如图 13-1 所示。

**第 3 步：进行 KMO 和 Bartlett 球形检验。** 单击【描述】，进入【因子分析：描述统计】对话框，点击【相关矩阵】下的【KMO 和 Bartlett 的球形检验】选项，如图 13-2 所示。单击【继续】，返回主对话框，点击【确认】即可得到检验结果。

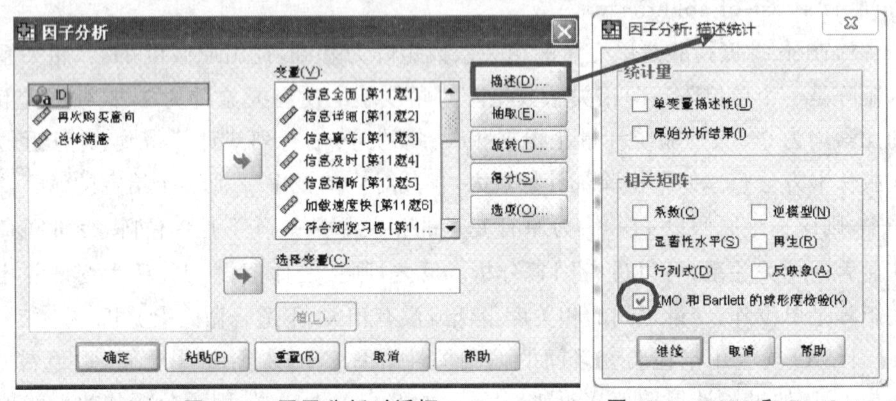


**图 13-1　因子分析对话框**　　**图 13-2　KMO 和 Bartlett 的球形检验**

此例中的检验结果如表 13-3 所示。KMO＝0.899＞0.70，表明变量间有公共因子存在，变量适合进行因素分析；Bartlett 球形检验的卡方值为 2994.302（$df=190$），$p=0.000<0.05$，应拒绝原假设，即总体的相关矩阵间有公共因子存在，各变量并非相互独立，适合进行因素分析。

**表 13-3　KMO 和 Bartlett 的检验**

| 取样足够度的 Kaiser-Meyer-Olkin 度量 | | 0.899 |
|---|---|---|
| Bartlett 的球形度检验 | 近似卡方 | 2 994.302 |
| | df | 190 |
| | Sig. | 0.000 |

2.因子提取和因子数的确定

因子提取（extraction）是根据原始变量提取出少数几个因子，使得少数几个因子能够反映原始变量的绝大部分信息，从而达到变量降维的目的。因子的提取方法有主成分分析法、主轴法、不加权最小平方法、加权最小平方法、最大似然法等。研究者最常使用的为主成分分析法和主轴法，其中，又以主成分分析法的使用最为普遍，这也是SPSS的默认选项。

主成分法(principal components)是以线性方程式将所有变量加以合并，计算所有变量共同解释的变异量，该线性组合称为主要成分。第一次线性组合所解释的变异量最大，分离此变异量后剩余的变异量经第二个方程式的线性组合，可以抽离出第二个主成分，其所包含的变异量即属于第二个主成分的变异量，以此类推，每一成分的解释变异量依次递减。主成分分析适用于单纯简化变量成分，以及作为因素分析的先前预备过程。以主成分分析法来进行因素分析时，变量共同度起始估计值设为1，假设要提取全部的公共因子，最后的共同度估计值则依据所提取的公共因子数目而定。

因子数量的确定可以根据因子方差的贡献率来选择。一般情况下，累积贡献率达到80%以上的前几个因子可以作为最后的公共因子。从特征值角度看，一般要求因子对应的特征根要大于1，因为特征根小于1说明该共同因子的解释力度太弱，还不如使用原始变量的解释力度大。实际应用中，因子的提取要结合具体问题而定，在某种程度上，取决于研究者自身的知识和经验。

接下来我们继续以【例13.1】为例，介绍用SPSS进行因子提取的操作步骤。

进入因子分析主对话框后(如图13-1所示)。单击【抽取】，进入【因子分析：抽取】子对话框，如图13-3所示，在【方法】中选择【主成分】(也是默认选项)。

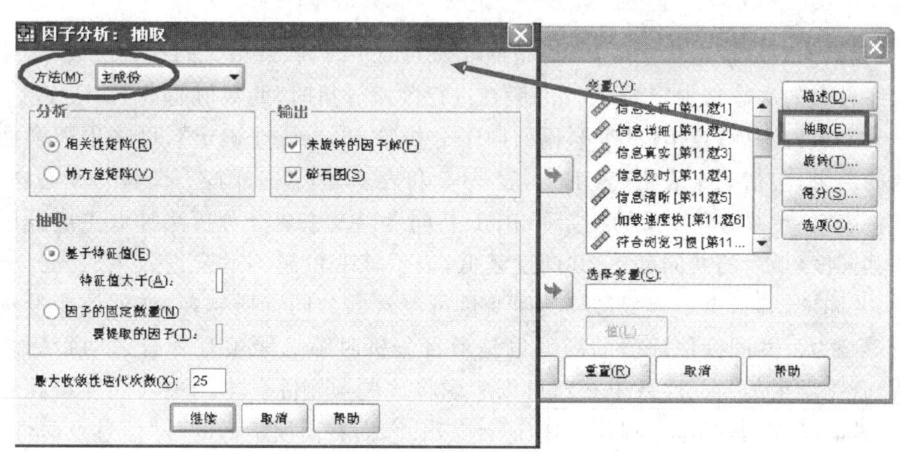


图13-3 抽取因子对话框

【分析】选项方框：

(1)相关矩阵：以相关矩阵(correlation matrix)来抽取因素，选择此选项才能输出标准化后的特征值，此为 SPSS 的默认选项。一般在执行因素分析程序时，均使用原始数据文件而非变量间协方差矩阵，因而【分析】方框中直接选用内定的【相关矩阵】即可。

(2)协方差矩阵：以共变量矩阵【covariance matrix】来抽取因素。协方差矩阵的对角线为变量的方差，而相关矩阵的对角线为变量与变量自身的相关系数，其数值为 1.00。

【输出】选项方框：

(1)未旋转的因子解：输出未旋转时因素载荷、特征值及共同度，此为 SPSS 预设选项。【未旋转的因子解】可以与【旋转后的因子解】的结果作一比较，一般在研究论文中只需要呈现旋转后的结果数据，此选项也可以不用勾选。

(2)碎石图：碎石图也可以作为确定公共因子数目的依据。

【提取】选项方框：

(1)特征值：后面的空格默认为 1，表示因子抽取时，只抽取特征值大于 1 者。使用者可随意输入 0 至变量总数之间的值，在因素分析时此数值通常不要随意更改，此为 SPSS 预设选项。使用者若要抽取特征值大于某一数值，此特征值数值的界定必须要有相关的理论或文献支持，或要经验法则支持。

(2)要提取的因子个数：选取此项时，后面的空格内输入特定的因子个数。例如，研究者在编制问卷时依照四个维度编制，希望因素分析时也能抽取四个因素，那在【因子个数】后面的数字就应填入 4，表示强迫计算机进行因素分析时抽取四个因素。

【最大收敛性迭代次数】一栏是抽取公共因子时，收敛最大的迭代次数(运算程序最大的次数)，内定为 25。一般在进行因素分析时，此数值通常不用更改。

完成设置后，点击【继续】，返回因子分析窗口。点击【确定】，可输出因素抽取的结果，包括三个表格(表 13-4、表 13-5 和表 13-6)和一个碎石图(图 13-4)：

表 13-4 为每个变量的初始(initial)共同度以及主成分分析法抽取主成分后的共同度(最后的共同度)。共同度越低，表示该变量越不适合进入主成分分析中；共同度越高，表示该变量与其他变量可测量的共同特质越多，亦即该变量越有影响力。共同度估计值的高低也是项目分析时筛选题项是否合适的指标之一，若是题项的共同度低于 0.2，可以考虑将该题项删除。本例中共同度最高的是“及时解决问题”这个测量变量($h^2=0.749$)，而共同度最低的是“信息及时性”($h^2=0.420$)，说明“及时解决问题”这个项目的影响力最大，而“信息及时性”的影响力最小。不过总体看来，该量表的 20 项题目的共同度都还比较高，都适合进入主成分分析中。

表 13-4　因子抽取输出表—共同度(部分)

| | 初始 | 提取 |
|---|---|---|
| 信息全面 | 1.000 | 0.707 |
| 信息详细 | 1.000 | 0.701 |
| 信息真实 | 1.000 | 0.530 |
| 信息及时 | 1.000 | 0.420 |
| 信息清晰 | 1.000 | 0.545 |
| 加载速度快 | 1.000 | 0.475 |
| 符合浏览习惯 | 1.000 | 0.589 |
| 页面布局 | 1.000 | 0.469 |
| 使用不费力 | 1.000 | 0.647 |
| 注册过程简单 | 1.000 | 0.539 |
| 操作过程易懂 | 1.000 | 0.546 |
| 及时解决问题 | 1.000 | 0.749 |
| 配送时间 | 1.000 | 0.593 |

表 13-5 为主成分分析法抽取主成分的结果。表格中有三大列,第一部分为"成分",第二部分为"初始特征值",第三部分为"提取平方和载入"。"初始特征值"中的"合计"列的数字为每一主成分的特征值,特征值越大表示该主成分在解释原始变量时越重要;第二列"方差的%"为每一个抽取因素可解释所有变量变异的比例;第三列"累积%"是几个因子可解释变异量的累积百分比。

表 13-5　解释的总方差(部分)

| 成份 | 初始特征值 | | | 提取平方和载入 | | |
|---|---|---|---|---|---|---|
| | 合计 | 方差的% | 累积 % | 合计 | 方差的% | 累积 % |
| 1 | 7.324 | 36.622 | 36.622 | 7.324 | 36.622 | 36.622 |
| 2 | 2.042 | 10.208 | 46.829 | 2.042 | 10.208 | 46.829 |
| 3 | 1.309 | 6.545 | 53.374 | 1.309 | 6.545 | 53.374 |
| 4 | 1.150 | 5.750 | 59.124 | 1.150 | 5.750 | 59.124 |
| 5 | 0.865 | 4.324 | 63.448 | | | |
| 6 | 0.838 | 4.188 | 67.635 | | | |
| 7 | 0.750 | 3.752 | 71.388 | | | |
| 8 | 0.687 | 3.436 | 74.824 | | | |

提取方法:主成分分析。

因 SPSS 内设值是以特征值大于 1 以上作为主成分保留的标准，上表中特征值大于 1 的共有 4 个，这也是因素分析时所抽出的公共因子个数。由于特征值是由大到小排列，所以第一个公共因子的解释变异量通常最大，其次是第二个，随后是第三个……4 个公共因子共可解释 59.124%的变异量。可见本例抽取的 4 个因子在解释所有变量变异时还不够理想。

SPSS 将内设特征值大于 1 以上的因子作为最后的公共因子，实际上有其局限性。因为在决定抽取多少个公共因子时除考虑每个因子所能解释的变异量外，还需要考虑很多其他因素，如每个因子所包含的题项是否与研究者原先编制的差不多，因子所包含的题项与所要测量的心理或行为特质是否同质，因子是否可以命名，因子所包含的题项数是否在三个题项以上等等。因而单单把特征值大于 1 作为选择因子的唯一标准是不够严谨的，研究者还须参考碎石图来综合判断因子是否该保留。其中一个重要的判断依据是同一因子所包含题项的同质性，即这些项目所要测量的特质是否是同一个，只有这样，因子的命名才有实质意义。

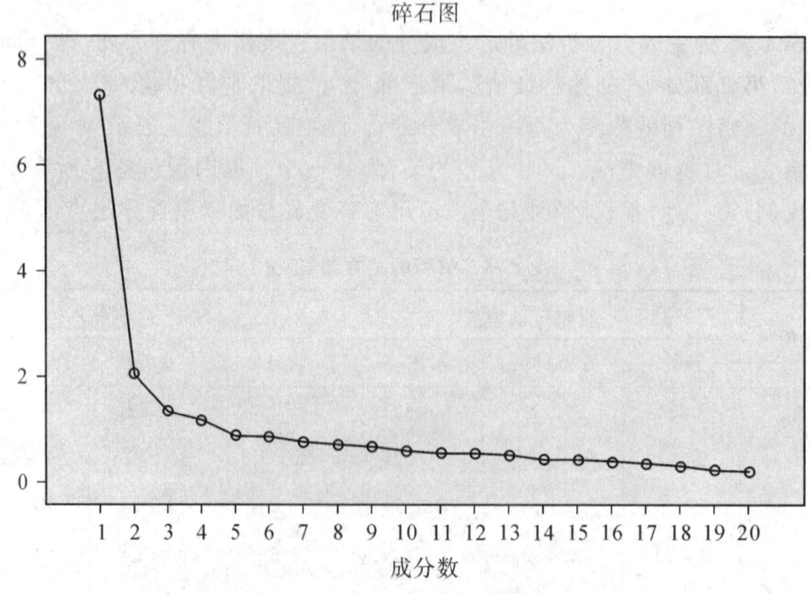


**图 13-4　因子抽取的碎石图**

图 13-4 为碎石图检验的结果，碎石图检验可以帮助使用者决定因素的数目。碎石图是将每一主成分的特征值由高至低排序所绘制而成的一条坡线，越向右边的特征值越小，图中的横坐标是因子数目、纵坐标是特征值。碎石图检验

的判断标准是取坡线突然上升的因子，删除坡线平坦的因子。从图中可以看到，在第四个因素以后，坡度线甚为平坦，表示无特殊因素值得抽取。从碎石图中看出第四个公共因子以后的因子可以删除。因此依据碎石图可取 4 个因子，而这一结果与依据特征值大小所取因子数量是一样的。表 13-6 显示了 20 个原始变量在 4 个公共因子上的因素载荷，因素载荷类似于回归分析中的回归系数，因素载荷数值越大表示题项变量与公共因子间的关联越大。由此，矩阵可以计算每一变量的共同度（即每个变量在各主成分上的载荷的平方和）、每个因素（主成分）的特征值（所有变量在该因子上的载荷的平方和）及再制相关矩阵。

**表 13-6　未旋转的成分矩阵（部分）**

| | 成分 | | | |
|---|---|---|---|---|
| | 1 | 2 | 3 | 4 |
| 有效解决问题 | 0.705 | −0.428 | | |
| 售后服务很及时 | 0.679 | −0.467 | | |
| 售后服务质量高 | 0.666 | −0.489 | | |
| 及时解决问题 | 0.663 | −0.477 | | |
| 信息全面 | 0.659 | 0.316 | | 0.304 |
| 操作过程易懂 | 0.648 | | | |
| 信息详细 | 0.630 | 0.336 | −0.315 | 0.303 |
| 信息及时 | 0.604 | | | |
| 服务态度友好 | 0.602 | −0.352 | | |
| 使用不费力 | 0.599 | 0.399 | | |

3.决定因子旋转的方法

你可能发现，如果直接提取因子，有时会出现原始变量在每个因素上的载荷都差不多，各因子的意义不是很明显，这时便无法对因子进行有效的解释。为了使因子载荷矩阵中的系数更加显著，可对初始因子载荷矩阵进行旋转，根据题项与因子结构关系的密切程度，调整各因子载荷的大小，使因子和原始变量间的关系进行重新分配，相关系数从 0—1 分化，从而使因子更加容易被解释。

因子旋转的方法有正交旋转和斜交旋转两种。正交旋转是指坐标轴始终保持垂直 90 度旋转，这样新生成的因子之间仍可保持不相关；斜交旋转时坐标轴的夹角可以是任意的，因此无法保证新生成的因子之间不相关。在实际应用中，由于斜交旋转的结果太容易受研究者主观意愿的左右，所以建议尽量采用正交旋转。SPSS 中提供了 5 种旋转方法：

(1)方差最大正交旋转(Varimax)：这是最常用的旋转方法。使各因子保持正交状态，但尽量使各因子的方差达到最大，即相对的载荷平方和达到最大，从而方便对因子的解释。

(2)四次方最大正交旋转(Quartimax)：该方法倾向于减少与每个变量有关的因子数，从而简化对原始变量的解释。

(3)平方最大正交旋转(Equamax)：该方法介于方差最大正交旋转和四次方最大正交旋转之间。

(4)斜交旋转(Direct Oblimin)：该方法需要事先指定一个因子映像的自相关范围。

(5)Promax：该方法在方差最大正交旋转的基础上进行斜交旋转。

接下来我们继续以【例 13.1】为例，继续介绍 SPSS 如何进行因子提取的操作步骤。

进入因子分析主对话框后(如图 13-1 所示)。点击【旋转】，进入【因子分析：旋转】子对话框。点击选择【最大方差法】，如图 13-5 所示。点击【继续】，完成对因子旋转的设置，回到因子分析主对话框。

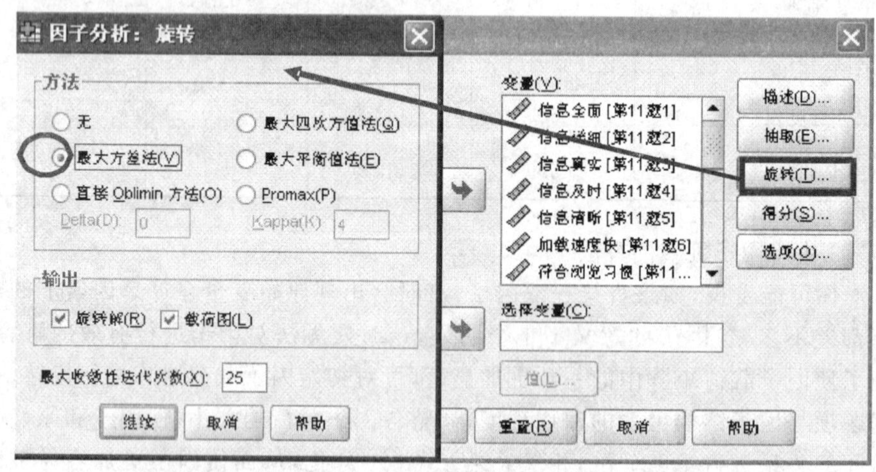


图 13-5　因子旋转

为了让我们更容易发现各变量与因子之间的对应关系，我们可在因素分析中设置因子载荷矩阵输出格式。在因子分析的主对话框中，单击【选项】，打开如图 13-6 的对话框，在该对话框上设置因子载荷矩阵的排列。勾选【按大小排序】，尽量使载荷按由大到小的顺序自上而下的排列；勾选【取消小系数】可以设置载荷的显示下限，即要求系统不要显示低于某一值的载荷。本例设置的显示下限为 0.30，如图 13-6 所示。

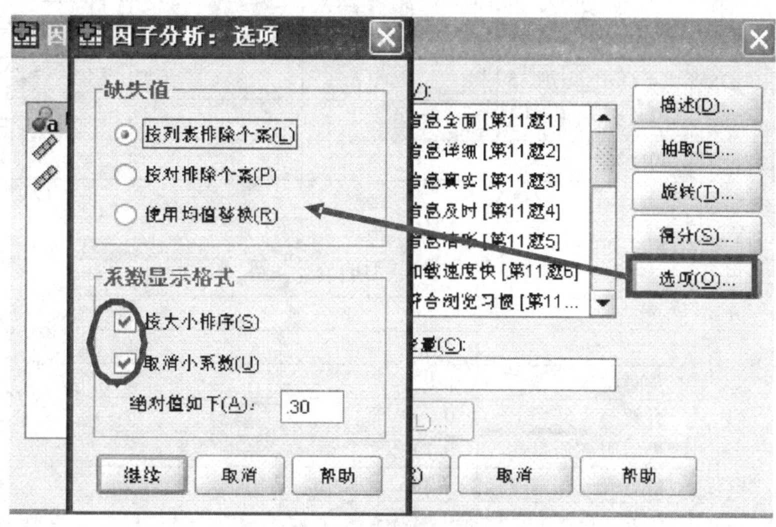


图 13-6　因子载荷矩阵输出格式

完成设置后，点击【继续】，返回主对话框。点击【确定】，可输出因子旋转前和旋转后的解释总方差，如表 13-7 所示。由表中可见，每一因子的特征值和所解释的总方差在因子旋转前后发生了较大的变化。因子旋转前四个成分(因子)的特征值和可解释总体方差的比例分配非常不均，第一个成分(因子)的特征根和可解释总体方差占了大头，分别为 7.324 和 36.622%，后面三个成分的特征根和所解释的总方差的比例明显减小，到最后一个成分，特征根递减为 1.150，所解释的总方差为 5.7%；而旋转后的特征根和所解释的总方差比例在四个成分之间分配较均匀，第一个成分的特征值 3.498，所解释的总方差为 17.489%，最后一个成分的特征值为 2.952，所解释的总方差为 11.744，头尾两成分之间的相差不大。

**表 13-7　因子旋转前后解释的总方差对比**

| 成分 | 初始特征值 | | | 提取平方和载入 | | | 旋转平方和载入 | | |
|---|---|---|---|---|---|---|---|---|---|
| | 合计 | 方差的% | 累积% | 合计 | 方差的% | 累积% | 合计 | 方差的% | 累积% |
| 1 | 7.324 | 36.622 | 36.622 | 7.324 | 36.622 | 36.622 | 3.498 | 17.489 | 17.489 |
| 2 | 2.042 | 10.208 | 46.829 | 2.042 | 10.208 | 46.829 | 3.027 | 15.133 | 32.622 |
| 3 | 1.309 | 6.545 | 53.374 | 1.309 | 6.545 | 53.374 | 2.952 | 14.758 | 47.380 |
| 4 | 1.150 | 5.750 | 59.124 | 1.150 | 5.750 | 59.124 | 2.349 | 11.744 | 59.124 |
| 5 | 0.865 | 4.324 | 63.448 | | | | | | |
| 6 | 0.838 | 4.188 | 67.635 | | | | | | |
| 7 | 0.750 | 3.752 | 71.388 | | | | | | |
| 8 | 0.687 | 3.436 | 74.824 | | | | | | |

提取方法：主成分分析。

**表 13-8　旋转后的成分矩阵**

| | 成分 | | | |
|---|---|---|---|---|
| | 1 | 2 | 3 | 4 |
| 及时解决问题 | 0.825 | | | |
| 有效解决问题 | 0.799 | | | |
| 售后服务质量高 | 0.792 | | | |
| 售后服务很及时 | 0.765 | | | |
| 服务态度友好 | 0.625 | | | |
| 使用不费力 | | 0.738 | | |
| 符合浏览习惯 | | 0.720 | | |
| 注册过程简单 | | 642 | | 0.324 |
| 操作过程易懂 | | 0.636 | | |
| 页面布局 | 0.321 | 0.563 | | |
| 加载速度快 | | 0.527 | 0.431 | |
| 信息详细 | | | 0.787 | |
| 信息全面 | | | 0.779 | |
| 信息真实 | | | 0.652 | |
| 信息清晰 | | | 0.631 | |
| 信息及时 | | | 0.505 | |
| 配送地区 | | | | 0.719 |
| 产品没有损坏 | | | | 0.692 |
| 配送时间 | | | | 0.684 |
| 配送方式 | | | | 0.580 |

提取方法：主成分分析法；旋转法：具有Kaiser标准化的正交旋转法。

客户服务
网站因素
信息沟通
产品配送

表 13-8 显示了旋转后的成分矩阵，相比于旋转前的成分矩阵(如表 13-6)，载荷大小进一步分化，变量与因子的对应关系更加清晰，可以很容易地标识出各个因子所影响的主要变量。本例中，第一个因子影响的主要变量是：及时解决问题、有效解决问题、售后服务质量高、售后服务很及时和服务态度友好；第二个因子影响的变量主要是：使用不费力、符合浏览习惯、注册过程简单、操作过程易懂、页面布局和加载速度快；第三个因子影响的主要变量是：信息详细、信息全面、信息真实、信息清晰和信息及时；最后一个因子影响的主要变量为配送地区、产品没有损坏、配送时间和配送方式。

注册过程简单、页面布局和加载速度快三个题项除了在其对应的因子上有较大的负荷外，还分别在其他因子上有大于 0.3 的负荷，例如"加载速度快"个这题除在第二个因子上有较大的载荷外(0.527)，还在第三个因子上也有不小的载荷(0.431)。这种情况表明该题项测量的概念或心理特质不够单纯，可能不只测量一种概念或特质，这提醒我们需要把这些题项调出来，检验其陈述是否含糊，是否有多重含义等。

4.检验量表是否具备建构效度

从因素分析得到的成分矩阵来看，变量与因子的对应关系大多数符合原来的假设(如表 13-8 的标注所示)，只有一个方面稍微不同，即原来"使用不费力"、"符合浏览习惯"、"注册过程简单"、"操作过程易懂"、"页面布局"和"加载速度快"6 个项目(变量)是分别用来测量"页面设计"和"网站易用性"两个维度的，而从这批实际观测数据的因素分析结果来看，这两个维度被合并成一个维度——我们将之命名为"网站因素"。在实际操作中，因素分析的结果不可能完成与量表的理论框架一模一样，本例的结果是较理想的了，说明本例的量表具有较理想的建构效度。

## 【小结与要点】

(1)效度包括内容效度、效标关联效度和建构效度，在量表的效度检验中较常用到的是建构效度，而建构效度常常通过因素分析的方法进行检验。

(2)因子分析属于多元统计中处理降维的一种统计方法，其目的就是要减少变量的个数，用少数几个不相关的因子代表多个原始变量。

(3)因子分析要找出少数几个新的变量来代表原始变量，其做法是事先找几个成分(即因子)，然后将原始变量综合为少数的几个因子，以再现原始变量与因子之间的关系。因此，因子分析中因子的个数会远远少于原始变量的个数。

(4)采用因子分析来检验量表的建构信度，步骤包括数据适合度的检验、因子提取、因子旋转方法的选取和检验量表是否具备建构效度几个环节。

## 第二节 信度检验

信度(reliability)是指测验或其他任何测量工具所得结果的稳定性(stability)和一致性(consistency)。新闻传播学领域的研究常常采用内容分析方法，在内容分析过程中，我们需要测量几位编码员之间对相同样本编码的一致性程度，这就是对编码员之间的信度测试；再者，为了确保不同评分者之间评分的稳定性，我们常常测量评分者之间的一致性程度，这就是评分者信度检验；再者，一批专家对几则广告进行评分，接着一个月后这些专家重新对这些广告评分，从而计算这两次评分的相关系数，这就是对前后评分者时间稳定性的信度检验；又如计算量表的题项得分与量表总分之间的相关系数，这就是保证量表内部一致性的信度检验……下表(表 13-9)罗列了不同类型信度的含义、计算方法和案例。

**表 13-9 信度的不同类型**

| 信度的类型 | 含 义 | 如何计算 | 举 例 |
| --- | --- | --- | --- |
| 再测信度(test-retest reliability) | 测试在不同时间的测量是否可信 | 计算时期 1 和时期 2 同一测验在两次测量之间的相关系数 | 新生代农民工在不同时期的身份认同测试 |
| 内在一致性信度(internal consistency reliability) | 一个量表的所有项目是否都是测量同一个概念或心理特质 | 折半法或题项分析法(即计算每一个项目的得分与总得分之间的相关系数) | 网络消费者满意度量表的各个题项是否测量同一概念 |
| 等价性信度 | 不同测量工具之间、或是不同评分者之间对观察结果判断的一致程度 | 采用不同的问卷、量表在同一时间、对同一组被调查者进行测量，计算不同测量结果之间的相关系数；测量两个以上研究者得出一致结论的百分比 | 考试中的 A 卷和 B 卷之间要有很高的等价性；不同编码员之间要具备信度 |

接下来本书介绍两种新闻传播领域较常应用到的信度检验方法：内容一致性信度和编码者信度。

### 一、内在一致性信度

在李克特态度量表中常常需要证明同质性信度(homogeneity reliability)，

也称为内在一致性信度，它是指量表内部所有题项间的一致性程度。这里，题项间的一致性含有两层意思：其一是指所有题目都测的是同一种概念或心理特质；其二是指所有题项得分之间都具有较高的正相关。当一个量表具有较高的内在一致性信度时，说明量表主要测的是某一单个概念或心理特质，实测结果就是该概念或特质水平的反映。如果一个量表内在一致性信度不高，则说明量表可能测量了几种概念或特质。这时，测验结果不好解释。一种好的办法是把一个异质的测验分解成多个具有同质性的分量表，再根据受测者在分量表上的得分分别做出解释。

内在一致性信度的计算方法包括分半信度、克朗巴赫 α 系数和荷伊特信度等，接下来逐一介绍这三种信度的计算方法和适用条件。

### （一）内在一致性信度的计算方法

1.分半信度（split halve reliabilities）

分半信度就是将一次测量所用到的指标（或量表中的题项）分成两半，然后计算这两部分的相关系数。这样可计算出所有可能的分半信度，用其平均值来估计内在一致性。相关系数的平均值越大，则测量的分半信度越高。在将指标分类时，可以按照题项的单双号分组，也可以按照题项的前后顺序分组，还可以随机分组。分半法的优点在于不需要重复进行测量，因而节省了时间和人力。但是，如果测量所用到的指标（或量表里的题项）非常少的话，分半法不是一种好的分析测量信度的方法。

2.克朗巴赫 $\alpha$（Cronbach alpha）系数

上面提到当测量所用的指标过少时，不适合计算分半信度，此时应该采用题项分析法，该方法比分半法应用更加广泛，但是二者在逻辑和道理上是一样的，都是通过对测量指标或题项的分析来检测它们是否具有内在一致性。题项分析法就是分析被调查者对每个题项的回答与对其他题项的回答之间是否具有同质性，常用到的是克朗巴赫 $\alpha$ 系数。如果题项分析法发现某个测量的同质性不高，那么研究者可以分析每个指标（或题项）与其他所有指标（或题项）之间的相关系数，去掉那些与其他所有指标（或题项）相关程度低的指标（或题项），从而提高整个测量的同质性。正常情况下，$\alpha$ 系数受到题数多少的影响。题数越大，相应的 $\alpha$ 系数也会越高，反之亦然。因此，因素分析完成后每个构念层面的内在信度 $\alpha$ 系数通常总会比总量表的信度值低。

3.荷伊特信度

荷伊特信度是用方差分量比来描写量表内部一致性的方法。设有 $n$ 名受测者参加一个有 $K$ 个项目的测试，测试分数的总变异可分解为受测者间变异

$SS_{人}$，题项间变异 $SS_{题}$ 和人与题项交互作用 $SS_{人\times题}$ 三个部分，可用 $MS_{人}$ 作为受测者方差的估计值，用 $MS_{人\times题}$ 作为误差方差的估计值。量表信度就等于 1 减去误差方差与受测者方差比例，如公式 13.3 所示：

$$r_{xx}=1-\frac{MS_{人\times题}}{MS_{人}} \quad (式 13.3)$$

（二）内在一致性信度的判别标准

由于在社会科学研究领域中，每份量表包含多个维度或层面(facet)，由多个分量表来测量各个维度。因而使用者除提供总量表的信度系数外，也应提供各分量表的信度系数。对于一般的研究而言，总量表的信度系数最好在 0.80 以上，如果在 0.70 至 0.80 之间，也算是可以接受的范围。如果是分量表，其信度系数最好在 0.70 以上，如果是在 0.60 至 0.70 之间，也可以接受；如果分量表的内部一致性在 0.60以下或是总量表的信度系数在 0.70 以下，应考虑重新修订量表或增删题项。综合多位学者的看法，内部一致性信度系数指标判断原则见表 13-10。

**表 13-10　内部一致性信度系数评判标准**

| 内部一致性信度系数值 | 分量表 | 整个量表 |
|---|---|---|
| $\alpha$ 系数$<0.50$ | 不理想，舍弃不用 | 非常不理想，舍弃不用 |
| $0.50\leqslant\alpha$ 系数$<0.60$ | 可以接受，增删题项或修改语句 | 不理想，重新编制或修订 |
| $0.60\leqslant\alpha$ 系数$<0.70$ | 尚佳 | 勉强接受，最好增删题项或修改语句 |
| $0.70\leqslant\alpha$ 系数$<0.80$ | 佳(信度高) | 可以接受 |
| $0.80\leqslant\alpha$ 系数$<0.90$ | 理想(甚佳，信度很高) | 佳(信度高) |
| $\alpha$ 系数$\geqslant0.90$ | 非常理想(信度非常好) | 非常理想(甚佳，信度很高) |

**【你知道吗】**

一般来讲，估计内部一致性系数，用克朗巴赫 $\alpha$ 系数优于折半法。首先，$\alpha$ 系数适用面更加广泛；其次，无论量表(测验)的题项数有多少个，同一量表都有很多种分半的方式，所以同一批测量数据，用不同的分半方式求得的信度也有差异。最后，所有分半信度的平均值就等于克朗巴赫 $\alpha$ 系数。

**【例 13.2】**计算例 13.1《网络消费者满意度调查》量表的总量表信度和分量表的内在一致性信度。前面的建构信度检验表明该量表测量了四个维度：客户服务、信息沟通、网站因素和产品配送。这四个维度包含的题项别如下。

"信息沟通"：第 11 题 1、第 11 题 2、第 11 题 3、第 11 题 4、第 11 题 5

"网站因素"：第 11 题 6、第 11 题 7、第 11 题 8、第 11 题 9、11 题 10、第 11 题 11

"客户沟通"：第 12 题 1、第 12 题 2、第 12 题 3、第 12 题 4、第 12 题 5

"产品配送"：第 13 题 1、第 13 题 2、第 13 题 3、第 13 题 4

解：以总量表的信度检验为例，现说明 SPSS 的操作过程：

**第 1 步：运行信度分析。**点击【分析】——【度量】——【可靠性分析】，进入信度分析主对话框。

**第 2 步：选入变量。**将要分析的变量选入右侧的【项目】方框下。然后选择检验方式。在主对话框的【模式】中，可选择【α】选项（克朗巴赫 α 系数）（也为默认选项），也可选择【半分】（分半信度）来作为内在一致性信度的指标。本例中选择【α】选项，如图 13-7 所示。

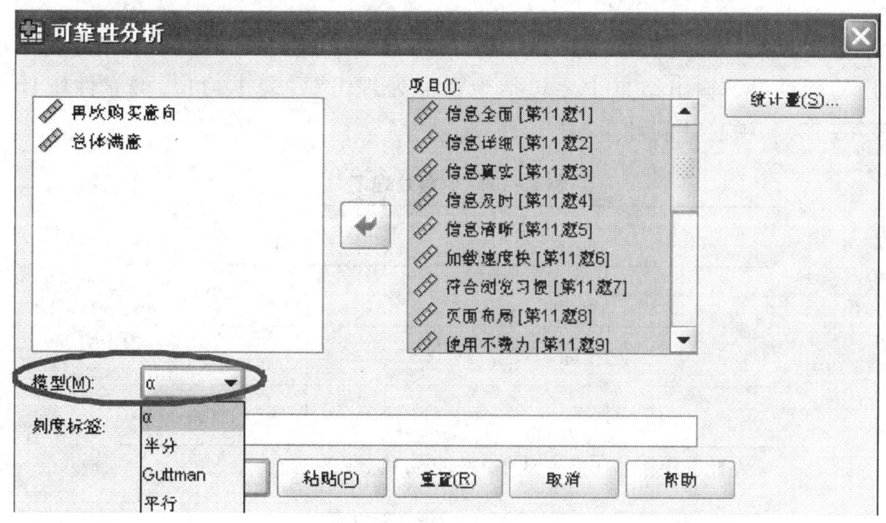


**图 13-7　信度检验对话框**

**第 3 步：**点击【统计量】，进入【可靠性分析：统计量】子对话框，勾选【如果项已删除则进行度量】，如图 13-8 所示。勾选这个选项后，SPSS 将输出每个题项删除后的相关统计量的变化，包括每个题项删除后的平均数、方差、修正的题项总相关、每个题项删除后的克朗巴赫 α 系数。

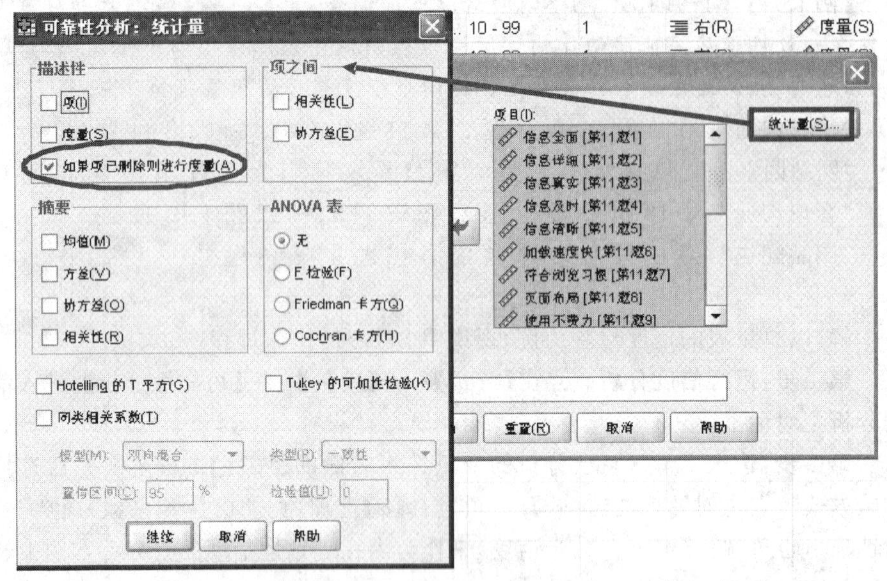


图 13-8　信度检验一统计量设置

**第 4 步**：设置完【统计量】子菜单后，点击【继续】进入主菜单。点击【确定】，输出检验结果。输出结果主要包括观察值处理汇总（表 13-11）、可靠性统计量（表 13-12）和项总计统计量（表 13-13）。

**表 13-11　个案处理汇总**

| | | N | % |
|---|---|---|---|
| 案例 | 有　效 | 340 | 100.0 |
| | 已排除[a] | 0 | 0.0 |
| 总　计 | | 340 | 100.0 |

a.在此程序中基于所有变量的列表方式删除。

**表 13-12　可靠性统计量**

| Cronbach's Alpha | 项数 |
|---|---|
| 0.907 | 20 |

表 13-13　项总计统计量

| | 项已删除的刻度均值 | 项已删除的刻度方差 | 校正的项总计相关性 | 项已删除的 Cronbach's Alpha 值 |
|---|---|---|---|---|
| 信息全面 | 69.41 | 86.284 | 0.596 | 0.901 |
| 信息详细 | 69.43 | 86.948 | 0.565 | 0.902 |
| 信息真实 | 69.75 | 86.990 | 0.532 | 0.903 |
| 信息及时 | 69.49 | 86.864 | 0.546 | 0.902 |
| 信息清晰 | 69.36 | 87.352 | 0.530 | 0.903 |
| 加载速度快 | 69.57 | 86.304 | 0.502 | 0.904 |
| 符合浏览习惯 | 69.46 | 87.682 | 0.505 | 0.903 |
| 页面布局 | 69.67 | 86.363 | 0.508 | 0.903 |
| 使用不费力 | 69.48 | 86.770 | 0.543 | 0.902 |
| 注册过程简单 | 69.42 | 87.159 | 0.515 | 0.903 |
| 操作过程易懂 | 69.31 | 86.547 | 0.587 | 0.901 |
| 及时解决问题 | 69.82 | 84.555 | 0.608 | 0.901 |
| 有效解决问题 | 69.91 | 83.642 | 0.654 | 0.899 |
| 服务态度友好 | 69.61 | 86.818 | 0.548 | 0.902 |
| 售后服务很及时 | 69.91 | 84.130 | 0.624 | 0.900 |
| 售后服务质量高 | 69.91 | 84.420 | 0.615 | 0.901 |
| 产品没有损坏 | 69.38 | 88.024 | 0.480 | 0.904 |
| 配送地区 | 69.23 | 88.527 | 0.509 | 0.903 |
| 配送方式 | 69.74 | 87.091 | 0.409 | 0.907 |
| 配送时间 | 69.71 | 85.565 | 0.541 | 0.903 |

个案处理汇总表中会输出有效观察值个数、缺失值个数及全部观察值个数。由表 13-11 可知，本例中有效观察值个数为 340 个，没有缺失值个数。

可靠性统计量为总量表 20 个题项的内部一致性 $\alpha$ 系数。由表 13-12 可知，$\alpha=0.911$，表示此量表的内部一致性非常理想。

表 13-13 显示了项目总体统计量情况及删除题项后的 $\alpha$ 值，即表示该题删除后，其余题项变量构成的量表的内部一致性 $\alpha$ 系数的改变情况。以变量“信息全面”为例，未删除此题时，总量表的 $\alpha$ 值 = 0.911，而删除该题后，其余 19 题的 $\alpha$ 系数值 = 0.901，整体系数值降低。一般而言，题项越多，内部一致性 $\alpha$ 系数会越高，若是题项的内部一致性较高，则删除某个题项后的新 $\alpha$ 系数会比原来的低。如果刚好相反，$\alpha$ 系数不降反而大幅度地提升，说明该题项与其余题项的内部一致性较差，是质量比较差的题项，可以考虑修改或删除。纵观表中数据，每个题项删除后的 $\alpha$ 值总是小于完整量表的 $\alpha$ 值，说明本量表的 20 个题项的内部一致性皆较高。

分量表的信度检验过程与总量表相同。除此之外，你也可以在【模式】下选择【半分】，计算量表的分半信度。快去试试吧！

### （三）如何提高测量信度

由于测量误差的存在，实现绝对的测量信度是不可能的，但是，我们可以通过一些方法来提高测量信度，改进测量设计。

1.使用多个指标测量概念或心理特质。由于每个指标都只能代表概念或特质的某一个方面，为了全面测量概念或特质，我们应该增加测量的指标或量表的题项。测量时所用到的指标越多或量表的题项越多，则不同指标的随机误差可能会相互抵消，提高测量的同质性。而且，多指标测量结果比单一指标测量结果具有更高的稳定性，因此，增加测量指标能够提高测量信度。当然题项也不能过多，否则可能花费受测者或施测者过多的时间或精力，反而影响测量的精确度。

2.依据测量水平，从低到高可分为分类量表、顺序量表、等距量表和等比量表。在测量中尽量采用更高级别的量表。比起低级别的量表，更高级别的量表能够收集关于测量对象更详细、更准确的信息，因而其结果具有更高的可信性。一般来说，我们应当在力所能及的最高级别上进行测量，如果能够进行等距或等比测量，就不要进行分类或顺序测量。如果能够进行顺序测量，那么不要进行分类测量。

3.进行试测。信度意味着测量结果的稳定性，所以，为了提高信度，我们可以在正式的大规模测量开始之前进行小规模的试测（pilot test），以此来检测自己的测量工具是否可信，并且根据试测的结果来做出相应的改进。比如，在对媒体报道进行内容分析时，若是想把英语国家的量表“移植”到我们的研究中，就需要重复进行试测，因为英文新闻写作和表达习惯与中文有很大差异，为了引进的量表适合我们的研究，就需要针对量表的内容进行修正。此外，从外国引进的量表还存在翻译是否准确和适切的问题，这也构成了试测的必要性。

## 二、内容分析中的编码者信度

从抽样到分析数据，内容分析也会面临一系列的信度问题，主要就是编码员间信度(inter-coder reliability)，即不同编码员之间一致性的程度。如果编码员对同一个研究样本的编码高度一致，这意味着编码是可重复的，内容分析结果的信度就高；反之，如果不同编码员的编码差异太大，就认为其信度低，研究者需要重新调整编码类目和培训编码员，否则结果是无用的。计算编码者信度系数的方法主要有以下三种：

(一)Holsti 公式

Holsti 公式是最简单的信度计算方法，其公式如下：

$$信度系数=\frac{2M}{N_1+N_2} \qquad (式 13.4)$$

式中，$M$ 代表编码员彼此之间看法一致的次数，$N_1$ 代表第一个编码员编码的次数，$N_2$ 代表第二个编码员编码的次数。例如，两位编码员对同一指标各编码了 50 个研究样本，两人编码一致的有 40 个，那么，

$$信度系数=\frac{2\times 40}{50+50}=0.80$$

Holsti 公式计算简单，但是它的缺陷在于没有考虑分类系统的数量对编码结果准确性的影响。分类系统所含类别的数量越少，计算出的编码员间信度可能越高。一般情况下，Holsti 公式得出的结果大于 0.9 时，我们才相信内容分析结果具有可接受的信度。

(二)Scott 指数

针对 Holsti 公式的缺陷，Scott 提出了 *Pi* 指数，公式如下：

$$\pi=\frac{\pi_0-\pi_e}{1-\pi_e} \qquad (式 13.5)$$

式中，$\pi_0$ 表示观察到的一致性或实际一致性的百分比，$\pi_e$ 是纯粹由于偶然性而造成的一致性或期望一致性的百分比，也就是在两位编码员达成一致的项目中，每一类别出现的百分比的平方和，即

$$\pi_e = \sum_{i=1}^{k}\pi_i^2 \qquad (式 13.6)$$

式中，$k$ 是互斥类目的数量，$\pi_i$ 为第 $i$ 个分类项目出现的百分比。我们可通过下面例题了解 Scott 公式的运用。

**【例 13.3】**2012 年 11 月 17 日凌晨，5 名男童被发现冻死在贵州毕节的垃圾箱中，此事件引发了网民对儿童监护问题的讨论和关注。有研究者对微博网民关于此事件的情感倾向进行了分析，并形成了以下四个编码项目：

**表 13-14　编码项目**

| 情感倾向：网民对事件流露的情感和态度。 |
|---|
| 1.关爱型：出于对儿童的怜爱，包括心痛、默哀、祝愿等，记作 1； |
| 2.批判型：出于对责任方或制度的失望，包括谴责、感叹、愤恨和对网民非理性行为的批判，记作 2； |
| 3.二者均有，记作 3； |
| 4.无情感显露：如对事件真实性的质疑、不涉及情感显露的事件反思，记作 4。 |

在正式编码之前，两位编码员对 10 条微博进行试编码，结果如下。试计算 Scott 指数。

**表 13-15　编码结果**

| 样本编号 | 01 | 02 | 03 | 04 | 05 | 06 | 07 | 08 | 09 | 10 |
|---|---|---|---|---|---|---|---|---|---|---|
| 编码员甲 | 2 | 1 | 2 | 1 | 1 | 2 | 1 | 2 | 3 | 4 |
| 编码员乙 | 2 | 2 | 2 | 1 | 1 | 1 | 1 | 2 | 3 | 4 |

解：根据题意，10 个样本中有 8 个编码一致，所以 $\pi_0=80\%$。在达成一致的八个样本中，两个编码员都选择 1 这个分类项目的情况有 3 次，所占的百分比为 37.5%(3/8)；都选择 2 的情况有 3 次，所占的百分比也是 37.5%(3/8)；都选择 3 和 4 的情况各有 1 次，所占的百分比各为 12.5%(1/8)。由此可得 $k=4$，$\pi_1=37.5\%$，$\pi_2=37.5\%$，$\pi_3=12.5\%$，$\pi_4=12.5\%$。所以

$$\pi_e=\sum_{i=1}^{k}\pi_i^2=0.375^2+0.375^2+0.125^2+0.125^2=0.3125$$

代入公式 13.4 可得：

$$\pi=\frac{\pi_0-\pi_e}{1-\pi_e}=\frac{0.8-0.3125}{1-0.3125}=0.7091$$

即 scott 指数为 0.7091。

（三）Krippendorf 的 $\alpha$ 系数

Scott 指数的缺陷在于仅仅只能应用于两名编码员的情况，如果编码员多于两人则不适用了，这时，一般采用 Krippendorf 的 $\alpha$ 系数计算：

$$\alpha=1-\frac{D_0}{D_e} \quad \text{（式 13.7）}$$

式中，$D_0$ 为编码员之间观察到的不一致的分类的百分比，在上例中 $D_0=0.2(2/10)$；$D_e$ 为编码员之间期望的不一致的百分比，计算公式为：

$$D_e=1-\frac{1}{n(n-1)}\sum n_i(n_i-1) \quad \text{（式 13.8）}$$

其中，$n$ 为所有编码员共做了多少次分类，一般为编码的样本数量乘以编码员的数量，上例中每位编码员都做了 10 次分类（有 10 个样本），所以 $n=2\times10=20$；$n_i$ 为第 $i$ 个分类项目被选择的次数，上例中 1 这个分类项目共出现了 8 次，2 总共被选择了 8 次，3 和 4 分别被选择了 2 次，所以

$$D_e=1-\frac{1}{n(n-1)}\sum n_i(n_i-1)=1-\frac{1}{20\times19}\times(8\times7+8\times7+2\times1+2\times1)$$
$$=1-\frac{116}{380}=0.6947$$

进而根据公式 13.7 可计算得出 $\alpha$ 系数：

$$\alpha=1-\frac{D_0}{D_e}=1-\frac{0.2}{0.6947}=0.712$$

由于纠正了编码员随机编码所引起的误差，所以 Scott 系数和 Krippendorf 的 $\alpha$ 系数可能会低于 Holsti 公式计算的结果，当它们大于 0.75 时，内容分析的结果就可以接受了；当结果在 0.6 和 0.75 之间时，结果勉强接受；低于 0.6 则不接受，这时需要修正编码表。

**【你知道吗】**

信度是效度的必要条件，而非充分条件。如果信度低，那么研究的效度一定低，因为当重复测量时，每次得到的数据都不一样，那么每次测量的数据都不能有效地说明所研究的对象。如果信度高，那么研究的效度可能高也可能低，就如一杆准星不准的秤，每次都能得到相同的结果，但是其结果离真实结果差距甚远，因而这样的结果就具有低效度。反过来，如果效度低，那么信度有可能高也有可能低，但是当效度高的时候，信度必定很高。这是因为，信度追求“同样的”结果，重复研究过程仅仅消除了随机误差，而效度追求“正确的”结果，所以高效

度的研究不仅消除了随机误差，还会降低部分系统误差。由此可见，效度比信度更加难得。

## 【小结与要点】

(1)效度是指一个工具实际能够测出所要测的内容的程度。有效的工具就是要探测出研究者期待测量的内容。本书介绍了内容效度、效标关联效度和建构效度。其中建构效度是一种相当严谨的效度检验方法。研究者常常用因素分析的方法来检验这种效度。本书介绍了用探索性因素分析来检验建构效度。

(2)内在一致性信度是指量表内部所有题项间的一致性程度。其计算方法包括分半信度、克朗巴赫 $\alpha$ 系数和荷特信度。分半信度和克朗巴赫系数可通过 SPSS 计算所得，而且 SPSS 还提供了【如果项已删除则进行度量】功能，以供我们评价每个测量题项的质量。一般而言，总量表的内在一致性信度要在 0.80 以上，而分量表的信度要在 0.70 以上。

(3)一般而言，在正式进行内容分析前需要完成编码者信度的检验，内容分析报告里必须报告编码员间信度，否则无法判断分析结果的可信性。在实际应用中，Holsti 公式受分类数目的影响较大，Scott 系数仅适用于两位编码员的情况，而 Krippendorf 的 $\alpha$ 系数应用较为广泛。通常情况下，Scott 系数和 Krippendorf 的 $\alpha$ 系数要大于 0.75，Holsti 的信度系数要在 0.90 以上，内容分析的结果才可以接受。

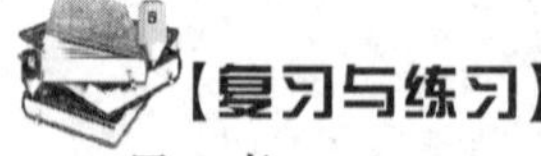

## 【复习与练习】

思　考：

1.什么是测量的信度？它包括哪几个方面？各用什么方法检验？

2.什么是测量的效度？它包括哪几个方面？各用什么方法检验？

3.如何检验量表的建构效度？分为几个步骤？

4.如何测量量表的内在一致性？

5.如何提高量表的信度？

6.效度和信度之间存在着什么关系？

**牛刀小试：**

在《受众广告态度调查》中，其中有个《广告素养》量表，一共有 10 个题项：分别为 No5.1 至 No5.10。这 10 个题项分别测量"策略行为"（从 No5.1 至 No5.4）、"现实差距辨识"（No5.5 至 No5.7）和"说服技巧辨识"（No5.8 至 No5.10）三个维度。完成以下三项任务：

(1)试采用因素分析方法检验《广告素养》量表的建构效度；

(2)检验广告素养的总量表和三个分量表的内在一致性信度，看是否符合相应的标准；

(3)依据因素分析的因子载荷和SPSS在计算克朗巴赫$\alpha$系数时提供的【如果项已删除则进行度量】功能，检验各题项的质量，并加以修订。

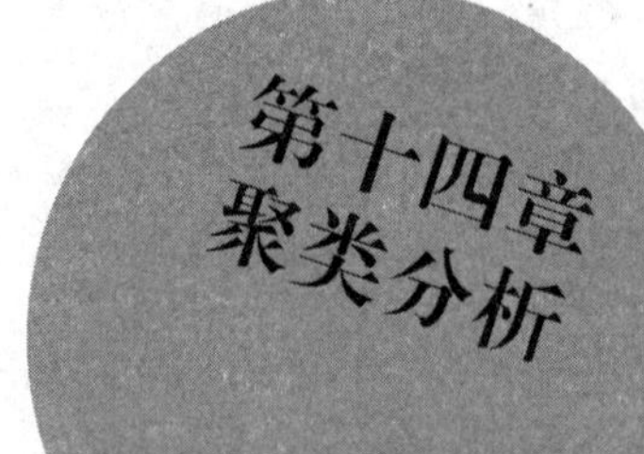

# 第十四章 聚类分析

**本章学习重点：**

- 了解聚类分析的基本原理
- 掌握个案间和类别间距离的计算方法
- 学会运用层次聚类法进行数据分析
- 学会运用 K—均值聚类法进行数据分析

一个牧民赶着羊群在草原上走，正冥思苦想着如何经营他的牧场，恰好迎面碰到一个统计学家。牧民问道，羊群共有 1460 只羊，仅有 10 只公羊，其余为母羊，可以繁殖的母羊有 1 000 只，剩下的是羊仔。这么多羊，怎样经营？

统计学家提出，首先要根据一些特征，对羊群进行分类。他观察了一会儿羊群，用卫星定位技术和网络技术将信息发到总部的数据库……片刻后，他根据返回的数据资料，将羊群分为“肯吃型”、“疯跑型”和“活蹦乱跳小仔型”，并告诉牧羊人，根据对市场的预估，5 月份每卖掉一只羊将比 4 月份多赚 150 元，因此，必须把握先机，对于“肯吃型”羊，4 月前育肥，5 月清栏；对于“疯跑型”羊，有必要采取两条腿绑绳的方法限制其大范围跑动；对于“活蹦乱跳小羊”应采取与成年羊隔离放养的方式，这样，才能促进特定羊群的生长。

你觉得这位统计学家分析得有道理吗？在现实生活中，分类问题十分常见。比如，根据人的身体特征，将人类分为白色人种、黄色人种、黑色人种和棕色人种；在市场细分研究中，按照消费者的特征将消费者分为时尚型、自保型、领袖型、上进型、迷茫型和平庸型；在微博用户研究中，根据用户特征分为群众、学生、打拼族、达人和权威五类；在广告投放研究和媒介策略研究中，也会依据经济指标、收视指标对城市进行分类。在这些分类中，有的事先并不知道存在什么类别，完全按照反映对象特征的数据将对象进行分类，这在统计上称为聚类分析(cluster analysis)；有的则是在事先有了某种分类标准之后，判定一个新的研究对象应该归属到哪一类别，这在统计上称为判别分析(discriminant analysis)。本章主要介绍聚类分析方法。

# 第一节　聚类分析的基本原理

## 一、什么是聚类分析

"物以类聚，人以群分"，科学研究在揭示对象特点及其相互作用的过程中，不惜花费时间和精力进行对象分类，以揭示对象相同和不同的特征。这里的"对象"可以是所观察的多个样本，也可以是针对每个样本测得的多个变量。如果是根据变量对所观察的样本进行分类，称为 Q 型聚类（Q-type cluster）；如果是根据样本对多个变量进行分类，则称为 R 型聚类（R-type cluster）。比如，根据多种收视行为指标（变量）对不同的电视受众（样本）进行分类就是 Q 型聚类，如果根据不同受众对多种收视行为进行分类，就是 R 型聚类。这两种聚类没有什么本质区别，在实际中人们更感兴趣的通常是根据变量对样本进行分类。

分类的时候，自然会把相似的东西放在一起，从而使得类别内部的差异尽可能小，而类别之间的差异尽可能大，这就是物以类聚。聚类分析正是按照这样的思路进行的，它是根据对象之间的"相似"程度将对象进行分类。

为了便于说明，我们以《网络消费者满意度调查》为例。在因子分析中，共归结出 6 个因子，这 6 个因子就是 6 个变量。如果只有一个变量，分类就很简单了，只要按照数据的大小分类就可以了。比如，假定每人只测得对"产品配送"的满意度这一个变量，只要按产品配送满意度的得分多少分类就可以了。现在的问题是每个样本测得 6 个变量，怎样按 6 个变量对所有样本进行分类呢？这就需要把 6 个变量"相似"的样本分为一类。

这里的"相似"是指对象之间关系或距离的远近。在聚类分析中，相似系数（similarity coefficient）常用来描述测量指标（变量）之间的亲疏程度，计算方法有夹角余弦、Pearson 相关系数等；而距离（distance）则可用以衡量样本之间的相似程度。分类时把离得比较近的归为一类，而离得比较远的放在不同的类。由此可见，聚类分析就是根据对象之间的相似程度把对象分成不同的类别。

## 二、相似性的度量

聚类分析中是用“相似系数”或“距离”来度量对象之间的相似性。

(一)距离

在对样本进行分类时，常用点间距离来度量样本之间的相似性。计算方法主要有欧基里德距离(Euclidean distance)、欧基里德距离平方(Squared Euclidean distance)、街道距离或曼哈顿距离(city-block or Manhattan distance)、柴比雪夫距离(Chebychev distance)、敏可斯基距离(Minkovski distance)、幂距离(power or customized distance)和马哈兰诺距离(Mahalanobis distance)等。在聚类分析中最常用的是欧基里德距离平方，SPSS将之设置为默认的距离计算方法。

假定原始数据中包含 $p$ 个变量，那么每个样本就是 $p$ 维空间中的一个点。用 $x=(x_1,x_2,\cdots,x_p)$ 和 $y=(y_1,y_2,\cdots,y_p)$ 分别表示两个样本，那么，$x_i$ 是样本 $x$ 的第 $i$ 个变量的观测值，$y_i$ 是样本 $y$ 的第 $i$ 个变量的观测值。两个样本 $p$ 个变量之间距离 $d(x_i,y_i)$ 的计算公式如表14-1所示。

表14-1　样本间距离的计算方法

| 名　称 | 公　式 |
| --- | --- |
| 欧基里德距离 | $\sqrt{\sum_{i=1}^{p}(x_i-y_i)^2}$ |
| 欧基里德距离平方 | $\sum_{i=1}^{p}(x_i-y_i)^2$ |
| 街道距离或曼哈顿距离 | $\sum_{i=1}^{p}\lvert x_i-y_i\rvert$ |
| 柴比雪夫距离 | $\max\lvert x_i-y_i\rvert$ |
| 敏可斯基距离 | $\sqrt[q]{\sum_{i=1}^{p}\lvert x_i-y_i\rvert^q}$ |
| 幂距离 | $\sqrt[n]{\sum_{i=1}^{p}\lvert x_i-y_i\rvert^q}$ |
| 马哈兰诺距离 | $\sqrt{(x_i-y_i)'S^{-1}(x_i-y_i)}$ |

只有聚类分析的变量均为连续变量时，方可选用上述距离的计算方法。如果这些变量中有顺序变量时，则宜采用$\chi^2$距离(*chi-square distance*)和 $\varphi^2$ 距离(phi—square distance)；如果变量中有二分变量，即多以 0、1 两种记分的变量，这时可以使用欧基里德距离、欧基里德距离平方、规模差距离(size difference distance)、模式差距离(pattern difference distance)、变异距离(variance distance)、形状距离(shape distance)和 Lance 和 Williams 距离(Lance and Williams distance)等。在使用 SPSS 进行聚类分析中，可根据需要设置这些方法，在此不介绍具体的计算公式。

(二)相似系数

相似系数(similarity coefficient)一般用来测量变量之间的相似性，其取值范围是 {—1,1} 。只有当两个指标的每一对应值之比为同一个常数时，才会出现极端值—1 或 1。

相似系数的计算方法也很多，最常用的是计算皮尔逊积差相关系数。

在容量为 $n$ 的样本中，对指标体系进行测评，$x_i$ 是变量 $x$ 的第 $i$ 个样本的观测值，$y_i$ 是变量 $y$ 的第 $i$ 个样本的观测值，那么对于变量 $x_i$ 和 $y_i$ 来说，测量值可以表示为：

$$x=\{x_1, x_2, \cdots, x_n\}$$

$$y=\{y_1, y_2, \cdots, y_n\}$$

两个测量指标分别具有了一组数据，并且这两组数据是一一对应的，所以最直接的方法就是利用皮尔逊积差相关计算它们之间的相似性系数。此外，余弦系数(cosine)也是常用的相似系数的计算方法。这两种相似系数的计算公式如表 14-2 所示。

**表 14-2　变量间相似系数的计算方法**

| 名称 | 公式 |
|---|---|
| 余弦系数 | $\cos\theta xy = \dfrac{\sum\limits_{i=1}^{p}(x_i y_i)}{\sum\limits_{i}^{p} x_i{}^2 \sum\limits_{i}^{p} y_i{}^2}$ |
| 皮尔逊相关系数 | $r_{xy} = \dfrac{\sum\limits_{i=1}^{p} Zx_i Zy_i}{p-1}$ |

**【你知道吗】**

(1)请记得：皮尔逊积差相关系数的计算要求两组数据是连续变化或可以近似地看作连续变化的数值型资料。

(2)聚类分析中，用于描述被分类事物间关系亲疏程度的各种指标，无论是距离还是相似系数，都必须是定义合理、计算简便的，要能突出事物间的主要差异性。选择指标时还要与聚类分析的目的相适应。测量指标不同，反映事物间的差异性也不同，聚类分析的结果也不会是完全相同的。所以应该慎重选择距离或相似性系数指标，使分类尽量合理或符合实际。

**【小结与要点】**

(1)聚类分析是根据对象之间的"相似"程度将对象进行分类，以达到类别之间的差异较大，类别内部的差异较小的效果。

(2)聚类分析可分为Q型聚类和R型聚类。如果是根据变量对所观察的样本进行分类，称为Q型聚类；如果是根据样本对多个变量进行分类，则称为R型聚类。

(3)在聚类分析中，指标(变量)之间的亲疏程度常用相似系数来描述测量，计算方法有余弦系数、皮尔逊相关系数等。

(4)而样本之间的相似程度可用距离来衡量。分类时把离得比较近的归为一类，而离得比较远的放在不同的类。度量距离远近的计算方法主要有欧基里德距离、欧基里德距离平方、街道距离或曼哈顿距离、柴比雪夫距离、敏可斯基距离、幂距离和马哈兰诺距离等，最常用的是欧基里德距离平方。以上距离计算都假设：作为聚类分析的变量均为连续变量，但是如果变量中有顺序变量、等级变量时，则宜采用$\chi^2$距离和$\varphi^2$距离；如果变量中有二分变量，这时可以使用欧基里德距离、规模差距离和变异距离等。

# 第二节　层次聚类分析

## 一、什么是层次聚类

层次聚类又称系统聚类(hierarchical cluster)，它事先不确定要分多少类，而是先把每一个对象作为一类，然后一层一层进行聚类。具体原理是，把观测样本中的每一个个案或指标体系中的每一变量看作是一个独立的小类，计算它们所有的两两之间的距离，在比较这些距离后把距离最小的两个聚为一个小类。然后计算这个新类与其他各类之间的距离，再把其中距离最小的聚为一类，如此不断地进行下去，直到所有个案或变量聚为一个大类为止。所以，层次聚类方法是一个由多到少的聚类过程，它不仅可以将个案或变量分为若干类，而且可以形成一个类属间的层次关系，还可以根据分类的过程绘制个案或变量的谱系关系图。

可见，层次聚类法总是先把离得最近的两个类别合并，这意味着合并越晚的类，距离越远。这种聚类方法事先不会指定最后要分成多少类，而是把所有可能的分类结果都列出，研究者视具体情况选择一个合适的分类结果。

## 二、类别间距离的计算

前文所述的距离及其计算方法是聚类分析的基础，也是聚类分析的前期阶段。个案两两间的距离计算完成后，距离最近的两个个案聚合在一起会形成一个小类，接下来还要继续计算剩余的个案与已聚成的小类之间以及小类与小类之间的距离，该计算贯穿在聚类分析的整个过程中，直到所有个案汇聚在一起形成一个大类为止。个案与小类以及小类与小类之间距离的计算方法主要有以下几种：

(1)最短距离法(nearest neighbor)：以某一个案与小类中各个案之间距离中的最小值作为该个案与这一小类之间的距离。

(2)最长距离法(furthest neighbor)：以某一个案与小类中各个案之间距离中的最大值作为该个案与这一小类之间的距离。

(3)组间平均距离法(between-groups linkage)：将两个小类之间的所有个案间的距离计算出来，再计算这些距离的平均值。这是 SPSS 默认的距离的计算方法。

(4)重心法(centroid clustering)：先确定两个小类各自的重心坐标，然后计算这两个重心之间的距离作为两个小类之间的距离。

计算出小类之间的距离后，一般也是采用最近距离方法进行小类聚合。层层推进，完成聚类分析，也正好形成一个有层次的类属关系。也正因为如此，这一过程叫做层次聚类分析。

## 三、层次聚类的应用

在用统计软件进行聚类分析时，不用太关心点间距离和类间距离的计算方法，计算机将会轻松完成这一繁杂的任务。对多数使用者而言，重要的不是计算问题，而是理解聚类的思想和原理，读懂统计软件输出的结果，并对这些结果做出合理的解释和分析。下面以《网络消费者满意度》量表为例，对所得数据进行Q型聚类分析。

【例 14.1】在《网络消费者满意度》调查中，共得到信息广度、信息深度、网站设计、易用性、客户服务、产品配送等影响满意度的六个变量。试根据所得数据对消费者进行层次分类。

解：本例共有30个样本，6个变量。因为是依据变量对样本进行聚类，因而采用Q型聚类分析，其SPSS过程主要包括以下几个步骤：

**第1步：打开主对话框。**单击【分析】——【分类】——【系统聚类】，打开层次聚类分析的主对话框，如图14-1所示。

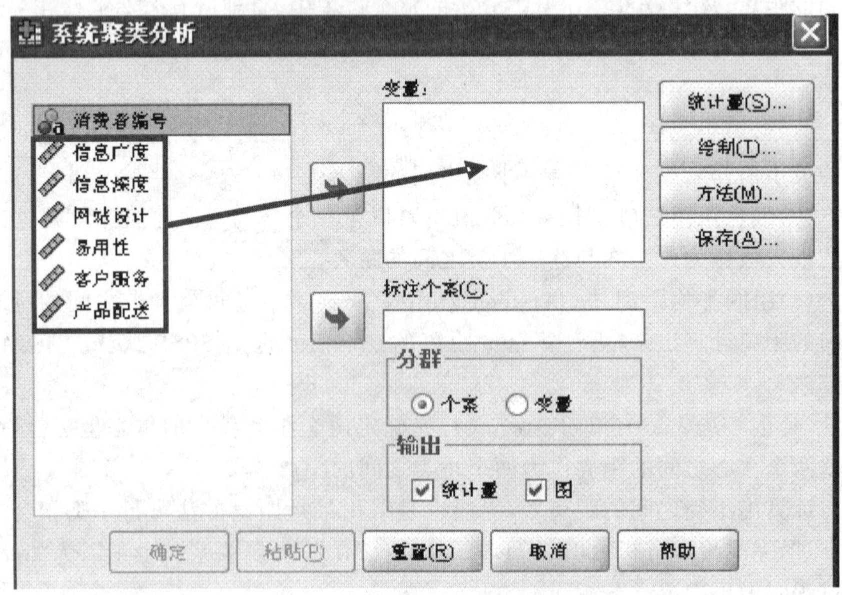


图 14-1 层次聚类分析的主对话框

**第 2 步：选入变量。**将 6 个变量选入【变量】下的方框中。因为是要做 Q 型聚类分析，所以在【分群】下勾选【个案】(SPSS 默认选项)；为了输出需要的统计量和图形，【输出】下的【统计量】和【图】都要处于被勾选的状态(这是 SPSS 的默认状态)。如图 14-2 所示。

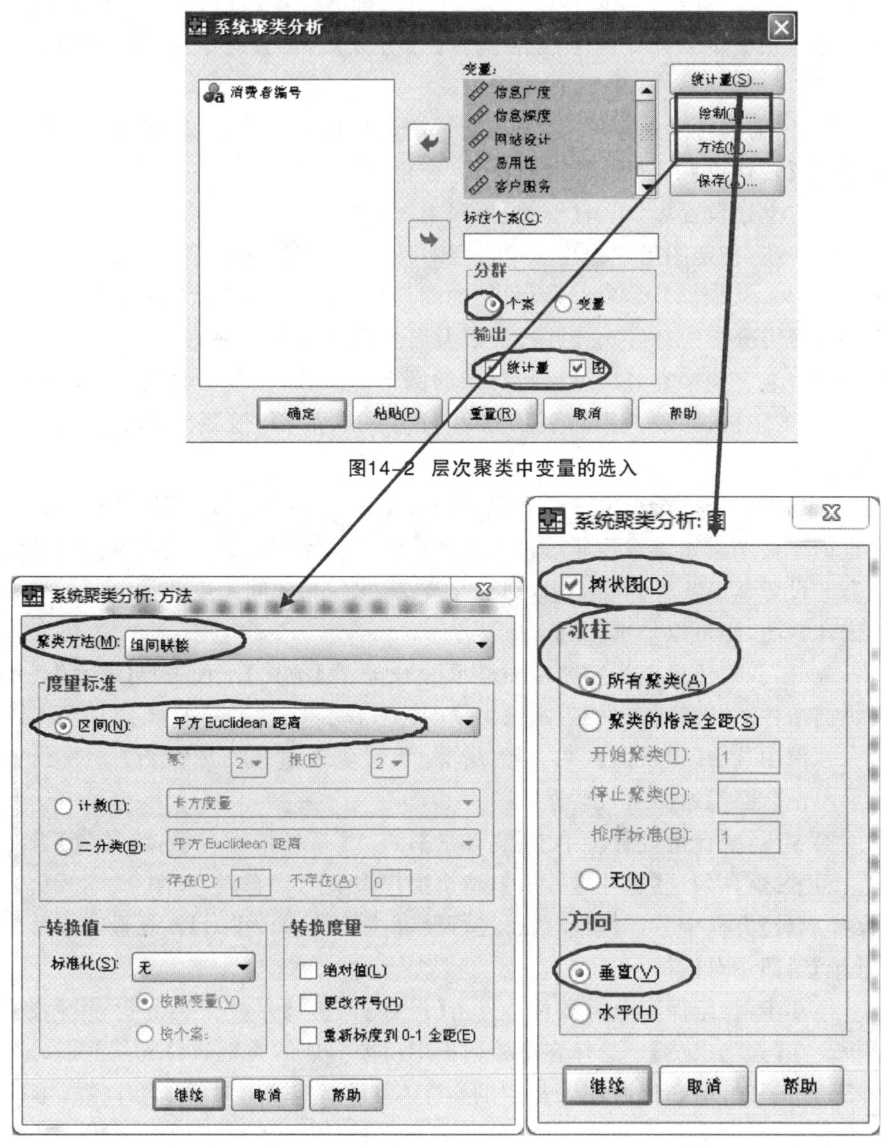


图14-2　层次聚类中变量的选入

图14-3　层次聚类分析的方法设置

图14-4　层次聚类分析的图选项

**第 3 步：计算方法的设置。**单击主对话框上的【方法】，进入【系统聚类分析：方法】子对话框。【方法】后的选项对应着小类之间的距离计算方法，本例中选择其默认方法【组间联接】。由于本例中的变量都是连续变量，个案间的计算方法就选择【欧基里德距离平方】，这也是【度量标准】下的【区间】选项的默认标准，如图 14-3 所示。如果指标体系中是顺序变量，则需勾选【计数】后的计算方法；如果指标体系中是二分变量，则需要选择【二分类】后再其对应的下拉框中选择算法。

另外，需要特别注意的是，当各变量测量单位不一致时，需要进行量纲的统一，即在【转换值】下对原始数据进行标准化处理。

完成上述设置后，单击【继续】返回主对话框。

**第 4 步：指定图形的输出。**单击主对话框【绘制】，进入【系统聚类分析：图】子对话框。SPSS 层次聚类分析输出的图形有两种形式：树状图和冰柱图。树状图展现聚类分析的每一次合并过程以及各类间的谱系关系，是聚类分析结果中最为直观地表现聚类分析过程与结果的图形。SPSS 系统会将类间距离转换为“0－25”的范围，即最大距离表示成 25 个单位长度，其他距离按比例标定在图上。

冰柱图由于外形很像冬天房屋下的冰柱，故得其名。SPSS 默认输出聚类全过程的冰柱图。如果想要显示聚类中某一阶段的冰柱图，则勾选【聚类的指定全距】，并设置从第几类开始显示，到第几类结束显示，中间跨度几类等。如果不想输出冰柱图，则可以勾选【无】。

此外，我们还可以指定冰柱图显示的方向，在【方向】下面选择【垂直】表示输出纵向冰柱图、选择【水平】表示输出横向冰柱图。

本例中选中【树状图】，并选择纵向输出聚类全过程的冰柱图，如图 14-4 所示。单击【继续】返回主对话框。

**第 5 步：统计量设置。**单击【统计量】，进入【系统聚类分析：统计量】子对话框。SPSS 默认勾选【合并进程表】，输出层次聚类的状态表，如图 14-5 所示。在【聚类成员】方框中，可对聚类数目进行设置，默认设置为【无】。设置完成后单击【继续】返回主对话框。

**第 6 步：设定保存分类数目。**点击【保存】，进入【系统聚类分析：保存】子对话框。在【聚类成员】下选择在原始数据中所要分成的类别数目或其范围。选择【单一方案】时，应在框内输入相应的数字（表示指定要分成 $m$ 类时各样本所属的类）；选择【方案范围】时，应在【最小聚类数】框内输入最小的类别数，在【最大聚类数】框内输入最大的类别数。此时，SPSS 会将分类的结果以变量的形式保存到原始数据窗口中。本例根据需要，选择保存 2～5 类的分类结果。所以，在

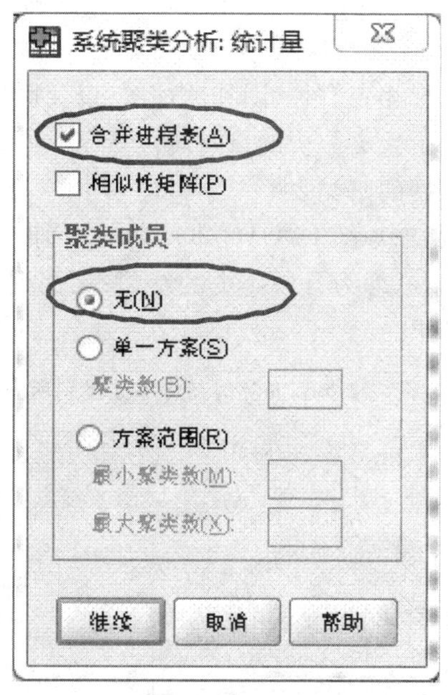


图 14-5　层次聚类分析的统计量设置图

【最小聚类数】后填写【2】,在【最大聚类数】后填写【5】,如图 14-6 所示。点击【继续】,返回主对话框。

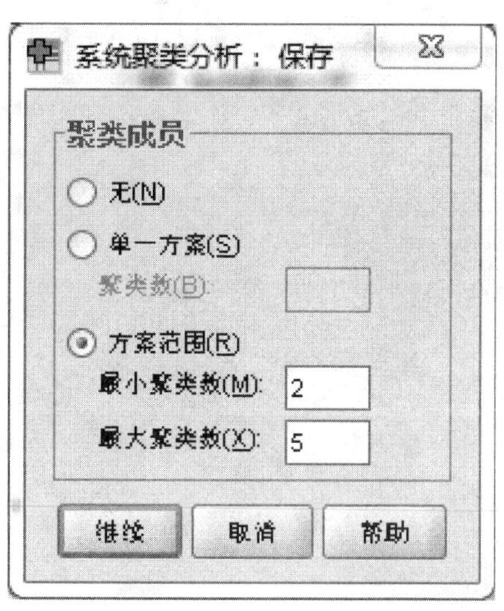


图 14-6　层次聚类分析中的保存选项

**第7步：输出分析结果。**完成上述设置后，单击【确定】，可输出层次聚类的分析结果。

输出结果主要包括聚类表、树状图和冰柱图、以及原始数据分类后的所属类别。聚类表系统地显示了聚类分析的每一阶段所完成的聚类，在研究中，我们主要分析树状图和原始数据的归类表。

表14-3显示了分成2类到5类时样本所属的类别。第二列为分为将30个样本分成5类的结果，第三列为分成4类的结果；第四列为分成3类的结果；最后一列为分成2类的结果。

**表14-3　分成2类到5类时各样本的类别所属(局部)**

| 消费者 | CLU5_1 | CLU4_1 | CLU3_1 | CLU2_1 |
|---|---|---|---|---|
| 1 | 1 | 1 | 1 | 1 |
| 2 | 2 | 2 | 2 | 1 |
| 3 | 2 | 2 | 2 | 1 |
| 4 | 2 | 2 | 2 | 1 |
| 5 | 3 | 3 | 3 | 2 |
| 6 | 4 | 4 | 1 | 1 |
| 7 | 2 | 2 | 2 | 1 |
| 8 | 5 | 3 | 3 | 2 |
| 9 | 2 | 2 | 2 | 1 |
| 10 | 2 | 2 | 2 | 1 |
| 11 | 2 | 2 | 2 | 1 |
| 12 | 2 | 2 | 2 | 1 |
| 13 | 2 | 2 | 2 | 1 |
| 14 | 2 | 2 | 2 | 1 |
| 15 | 2 | 2 | 2 | 1 |
| 16 | 2 | 2 | 2 | 1 |
| 17 | 2 | 2 | 2 | 1 |
| 18 | 2 | 2 | 2 | 1 |
| 19 | 2 | 2 | 2 | 1 |
| 20 | 2 | 2 | 2 | 1 |
| 21 | 2 | 2 | 2 | 1 |
| 22 | 2 | 2 | 2 | 1 |
| 23 | 2 | 2 | 2 | 1 |

SPSS 还提供了一张图形,可以直观地看出各样本所属的类别,这就是聚类的树状图,即图 14-7 所示。

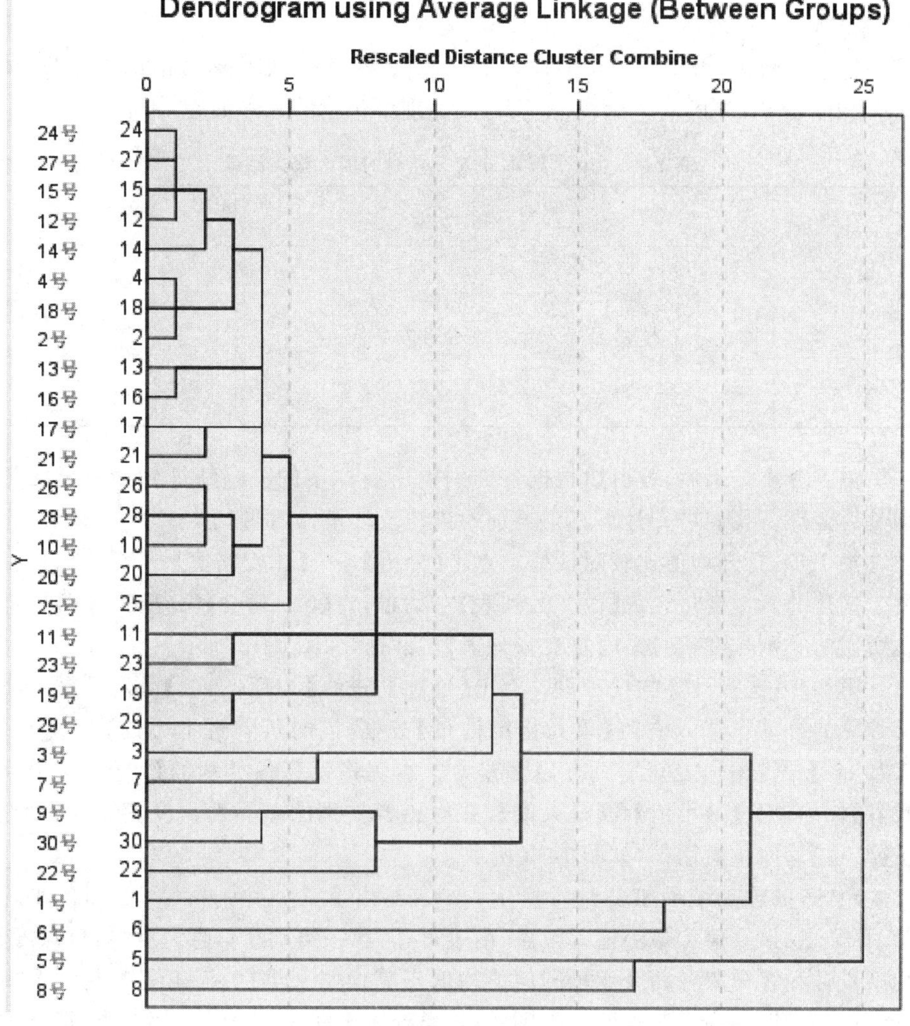


**图 14-7　层次聚类的树状图**

从上图中可以直观地观察整个聚类过程和结果。图中的第 1 行显示了计算类间距离的方法"组间平均距离",第 2 行给出了类间合并的相对距离,它是把类别间的最大距离作为相对距离 25,其余的距离都换算成与之相比的相对距离的大小。

图中左边一列是参加聚类的对象(即 30 名消费者),第二列是样本聚类时的编号,图中线的长短表示类别间的相对距离远近。该图提供了1～30个类别的所有分类结果,想要分为几类可根据实际情况而定。比如,要分成两类,把右边最长的两条横线纵向“切断”;想要分成三类,就把右边的3条横线“切断”,等等。

就本例而言,由于所选取的样本数量有限,聚类结果并不是很理想,结合表14-3和图14-7,分成三类比较合适,每一类别中包括的样本如表14-4所示。

**表14-4　30个样本分成三类时的层次聚类结果**

| 类别 | 消费者编号 | 样本个数 |
|---|---|---|
| 第一类 | 1号、6号 | 2 |
| 第二类 | 除1号、6号、8号、5号后的剩余样本 | 26 |
| 第三类 | 8号、5号 | 2 |

得到分类结果后,就可以根据各类别中所属样本的变量特征判断所分的类别是否合理。我们可先计算三个类别的描述统计量,过程如下:

**第1步:打开均值比较对话框。**点击【分析】——【比较均值】——【均值】,将用于描述的六个变量选入【因变量列表】对话框,将【CLU3_1】(分成3类时各样本所属的类别号变量)选入【自变量列表】对话框,如图14-8所示。

**第2步:选择计算的统计量。**点击【选项】,进入【均值:选项】子对话框。将要计算的统计量选入右侧【单元格统计量】方框,同时可勾选下方的【ANOVA表和eta】看各类别之间是否有显著差异。本例将计算各类别的【均值】、【个案数】、【标准差】、【最小值】和【最大值】,并检验各类别的差异性。设置完成后,点击【继续】返回主对话框,如图14-9所示。

SPSS的输出结果如表14-5所示。该表给出了三个类别中六个变量的平均值、标准差、最大值和最小值等信息,由表可知,第一类别在信息广度、信息深度、网站设计和客户服务四个变量的均值均低于其他两个类别,而第三类在六个指标上的满意度均高于其他两个类别,第二类处于中间水平,所以,第一类、第二类与第三类在总体满意度上基本呈现由低到高的趋势。

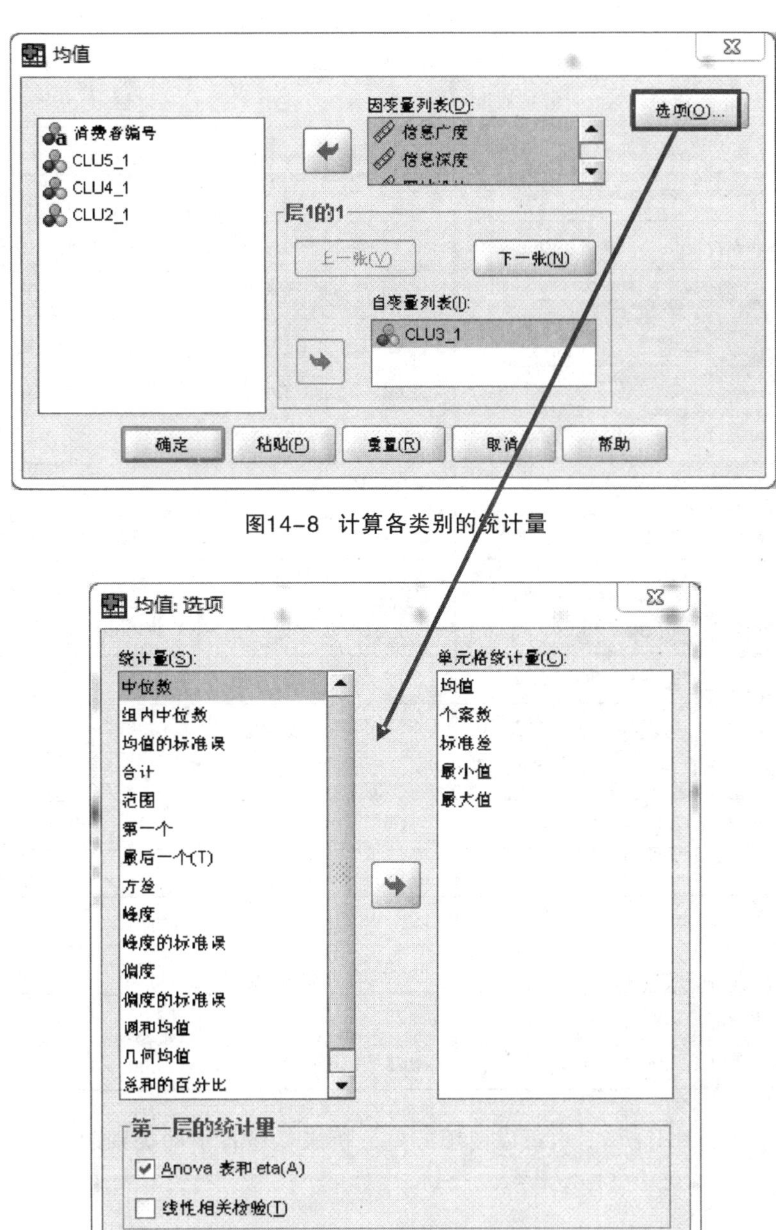


图14-8　计算各类别的统计量

图14-9 设置变量的描述统计量

表 14-5　三个类别的描述统计量

报告

| CLU3 1 | | 信息广度 | 信息深度 | 网站设计 | 易用性 | 客服 | 产品配送 |
|---|---|---|---|---|---|---|---|
| 1 | 均值 | 2.7500 | 2.6667 | 3.3750 | 3.8333 | 2.9000 | 4.0000 |
| | N | 2 | 2 | 2 | 2 | 2 | 2 |
| | 标准差 | 0.35355 | 0.47140 | 0.17678 | 0.23570 | 0.70711 | 1.06066 |
| | 极小值 | 2.50 | 2.33 | 3.25 | 3.67 | 2.40 | 3.25 |
| | 极大值 | 3.00 | 3.00 | 3.50 | 4.00 | 3.40 | 4.75 |
| 2 | 均值 | 3.9231 | 3.7564 | 3.6250 | 3.8077 | 3.3385 | 3.7500 |
| | N | 26 | 26 | 26 | 26 | 26 | 26 |
| | 标准差 | 0.30634 | 0.34715 | 0.45415 | 0.31514 | 0.47923 | 0.34641 |
| | 极小值 | 3.00 | 3.00 | 2.25 | 3.00 | 2.00 | 2.75 |
| | 极大值 | 4.50 | 4.67 | 4.00 | 4.00 | 4.00 | 4.25 |
| 3 | 均值 | 4.7500 | 3.8333 | 4.3750 | 4.5000 | 4.3000 | 4.7500 |
| | N | 2 | 2 | 2 | 2 | 2 | 2 |
| | 标准差 | 0.35355 | 0.23570 | 0.53033 | 0.70711 | 0.98995 | 0.00000 |
| | 极小值 | 4.50 | 3.67 | 4.00 | 4.00 | 3.60 | 4.75 |
| | 极大值 | 5.00 | 4.00 | 4.75 | 5.00 | 5.00 | 4.75 |
| 总计 | 均值 | 3.9000 | 3.6889 | 3.6583 | 3.8556 | 3.3733 | 3.8333 |
| | N | 30 | 30 | 30 | 30 | 30 | 30 |
| | 标准差 | 0.48066 | 0.43710 | 0.48014 | 0.36811 | 0.56990 | 0.45644 |
| | 极小值 | 2.50 | 2.33 | 2.25 | 3.00 | 2.00 | 2.75 |
| | 极大值 | 5.00 | 4.67 | 4.75 | 5.00 | 5.00 | 4.75 |

除描述统计分析外，也可以使用方差分析来检验各不同类别的变量之间是否有显著差异，如表 14-6 所示。

表 14-6 不同类别间 6 个变量的方差分析表

ANOVA表

| | | | 平方和 | df | 均方 | F | 显著性 |
|---|---|---|---|---|---|---|---|
| 信息广度*CLU3_1 | 组间 | （组合） | 4.104 | 2 | 2.052 | 21.340 | 0.000 |
| | 组内 | | 2.596 | 27 | 0.096 | | |
| | 总计 | | 6.700 | 29 | | | |
| 信息深度*CLU3_1 | 组间 | （组合） | 2.250 | 2 | 1.125 | 9.231 | 0.004 |
| | 组内 | | 3.291 | 27 | 0.122 | | |
| | 总计 | | 5.541 | 29 | | | |
| 网站设计*CLU3_1 | 组间 | （组合） | 1.217 | 2 | 0.608 | 3.003 | 0.066 |
| | 组内 | | 5.469 | 27 | 0.203 | | |
| | 总计 | | 6.685 | 29 | | | |
| 易用性*CLU3_1 | 组间 | （组合） | 0.891 | 2 | 0.446 | 3.959 | 0.031 |
| | 组内 | | 3.038 | 27 | 0.113 | | |
| | 总计 | | 3.930 | 29 | | | |
| 客服*CLU3_1 | 组间 | （组合） | 2.197 | 2 | 1.099 | 4.107 | 0.028 |
| | 组内 | | 7.222 | 27 | 0.267 | | |
| | 总计 | | 9.419 | 29 | | | |
| 产品配送*CLU3_1 | 组间 | （组合） | 1.917 | 2 | 0.958 | 6.273 | 0.006 |
| | 组内 | | 4.125 | 27 | 0.153 | | |
| | 总计 | | 6.042 | 29 | | | |

由上表 14-6 可见，三个类别在信息广度、信息深度、网站易用性、客服和产品配送五个变量中均呈现出显著差异（$p<0.05$），说明聚类在一定程度上是合理的。根据类别特征，我们可以对各类别进行命名。

第一类消费者在信息广度、信息深度和客服三个方面的满意度较低（得分小于 3），并且均远低于其他两类，而在网站易用性和产品配送两个方面满意度稍高于第二类，说明此类消费者并不苛求网站的视觉设计和快递的速度，但是对产品本身的信息、质量与网店的服务（客服）期待较高，由而产生较低的满意度。由于产品信息、网店服务均属于产品售前售后的范畴，直接涉及消费品的性能和商家服务水平，因此可将第一类消费者命名为“实实在在型”。

第二类消费者在六个指标上的满意度均在 3～4 分之间，低于第三类，但是大部分指标高于第一类。可见，这类消费者对网络购物的满意度持中间态度，既没有太大失望也没有万分惊喜，故命名为“随遇而安型”。这类消费者在总体样本中最多，可见大部分消费者对网络购物也是“差不多就行”的态度。

第三类消费者在六个指标上的满意度均较高（得分大于 3.8），高于其他两类消费者，可见此类消费者最容易得到满足。此类消费者更倾向于“随遇而安”的购物心态，对于网络购物的要求最低，故命名为“乐天消费型”。

在划分三类不同的消费者之后，我们可以对各类消费者的人口统计学特征进行描述，比如性别、年龄、来自地区、学历等，由此得到更为详尽的类别信息，从而对消费者群体的内部结构进行更详尽的了解。

**【小结与要点】**

（1）层次聚类方法是一个由多到少的聚类过程，它的基本原理是：首先计算观测样本中的每一个案或每一变量两两之间的距离，把距离最小的两个聚为一个小类；然后计算这个新类与其他各类之间的距离，再把其中距离最小的聚为一类，直到所有个体或变量聚为一个大类为止。

（2）计算类别之间距离的方法包括最短距离法、最长距离法、组间平均距离法（SPSS 默认的距离的计算方法）以及重心法等。计算出小类之间的距离后，一般也是将距离最近的小类进行聚合。层层推进，完成聚类分析，也正好形成一个有层次的类属关系。

（3）得到有层次的类属关系表和树状图后，接下来的任务还很艰巨。我们需要依据理论或实际情况判断到底要将样本分成几个类别，而决定分几个类别后，还要通过描述性分析和方差分析来检验我们的分类是否有效，以及分析和描述各个类别的特征，并为每个类别命名。

# 第三节 K—均值快速聚类分析

层次聚类事先不需要确定要分多少类，聚类过程一层层进行，最后得出所有可能的类别结果，研究者根据具体情况确定最后需要的类别。该方法可以绘制出树状聚类图，方便使用者直观选择类别，但其缺点是计算量较大，即使用计算机运算，也会造成某些配置相对较低的计算机资源不够，此时需要用到快速聚类（quick cluster），也就是 K—均值聚类（K-means cluster）。由于运用该方法得到的结果不仅比较简单易懂，而且可以省略大量的计算过程，所以应用也比较广泛。不过需要指出的是，快速聚类只适用于对个案的聚类，而不适用于对变量的聚类。

## 一、K—均值聚类的基本过程

K 均值聚类法不是把所有可能的聚类结果都列出来，而是要求研究者先制定需要划分的类别个数，然后确定各聚类中心，再计算出各样本到聚类中心的距离，最后按距离的远近进行分类。K 均值聚类分析中的距离计算与层次聚类分析中的算法是一样的，也要根据变量或数据的性质选择相应的算法。比如，如果变量都是连续变化的，则多用欧基里德距离或欧基里德距离平方；如果指标体系中包含顺序变量，则宜采用$\chi^2$距离和 $\varphi^2$ 距离；如果变量中有二分变量，这时可以使用规模差距离和变异距离等。这里不再重复各种距离算法，只重点介绍快速聚类分析的逻辑顺序。K－均值聚类法中的“K”就是事先指定要分的类别个数，而“均值”则是指聚类的中心，该方法的过程如下：

**第 1 步：确定要分的类别个数 K。**这需要研究者自己确定，在实际应用中，往往需要研究者根据实际问题和经验反复尝试，得到不同的分类并进行比较，最后得到要分的类别数量。

**第 2 步：确定 K 个类别的初始聚类中心。**这一步要求用于聚类的全部样本中，选择 K 个样本作为 K 个类别的初始聚类中心。与确定类别数目一样，原始聚类中心的确定也需要研究者根据实际问题和经验来综合考察（在使用 SPSS 进行聚类时，也可以由系统自动指定初始聚类中心）。

**第 3 步：计算距离并分类。**根据确定的 K 个初始聚类中心，依次计算每个样本到 K 个聚类中心的欧基里德距离，并根据距离最近的原则将所有的样本分到事先确定的 K 个类别中。

**第 4 步：再次分类。**根据所分成的 K 个类别，计算出各类别中的每个变量的均值，并以均值点作为新的 K 个类别中心。根据新的中心位置，重新计算每个样本到新中心的距离，并重新进行分类。

**第 5 步：继续分类，直至满足终止聚类的条件。**重复第 4 步，根据事先确定的 K 个类别反复迭代，直到满足终止聚类的条件为止。终止聚类的条件包括：(1)迭代次数达到研究者事先指定的最大迭代次数（SPSS 默认的迭代次数是 10 次）；(2)新确定的聚类中心点与上一次迭代形成的中心点的最大偏移量小于指定的量（SPSS 默认的是 0.02）。

K－均值聚类分析过程完成后，还需要确认聚类分析的结果是否合适。衡量的标准就是从定性和定量两个方面观察各类之间的样本是否存在明显差异，各类之内的样本是否较为相似。所以，除了可借助于专业知识对各类中的样本进行定性分析以鉴别异同外，还可以用方差分析进行定量检验。

方差分析的过程是：在接受分类结果的前提下，分类变量就成了一个分组变量，它将样本划分成了 k 个独立组，以分类变量为自变量，就可以对所有的观测变量进行单因素方差分析。如果所有的或绝大部分观测变量都存在显著性差异，说明分类有效，结果可以接受；如果观测变量中的多数差异不显著，意味着初始规定的分类数可能不合适，可以尝试其他的分类数，重新开始聚类过程。

另外，各类中所拥有的个案数是否较为均衡也是衡量聚类结果的一个标准。

在确认了分类结果以后，一般要呈现下列信息或聚类结果：(1)初始的类中心点坐标；(2)迭代过程，即进行了几次迭代，以及每次迭代的坐标调整距离和各个类中心点之间的距离；(3)样本归属情况，即每一个样本被划分到哪一类，各个样本到所在类中心点的距离、各类中的样本数量各是多少等；(4)方差分析结果，即以分类变量为自变量，以聚类所依据的指标体系中的所有观测变量为因变量进行方差分析，给出方差分析表，以说明各类间的定量差异性。

**【你知道吗】**

K—均值聚类法要研究者自行决定分类的类别数目。类别数目的确定具有一定的主观性，究竟分多少类合适，需要依据研究者对研究问题的了解程度、相关知识与理论以及经验而定。所以大家要记住统计分析方法只为你研究决策提供参考依据，它不是万能的，如何设计研究问题和研究假设、该采用哪种统计方法、如何解读 SPSS 分析结果、该采用哪种分析结果都依赖于研究者的主观意志，这些决策过程体现一个研究者理论素养和统计分析技术的高低。

## 二、K—均值聚类的应用

下面我们仍以 30 名消费者的 6 项消费满意指标为例，说明 K—均值聚类法的应用。

**【例 14.2】**沿用例题 14.1 的网络消费者满意度数据，采用 K—均值聚类法进行分类，并对结果进行分析。

解：例中共有 30 个样本、6 个变量，采用 K—均值聚类分析，其 SPSS 过程主要包括以下步骤：

**第 1 步：打开主对话框并选入变量。**点击【分析】——【分类】——【K—均值聚类】，进入【K 均值聚类分析】主对话框，将 6 个变量选入【变量】下的方框中，将【消费者编号】选入【个案标记依据】中，如图 14-10 所示。

**第 2 步：设置聚类数目与聚类方法。**更改主对话框【聚类数】后的数字，填写本例要分类的数据【3】；在【方法】框中选中【迭代与分类】(也是 SPSS 默认状态)，系统在进行聚类过程中，可以根据距离计算信息，自动对初始中心点坐标进行调整，可作多次迭代以获取更为满意的结果。

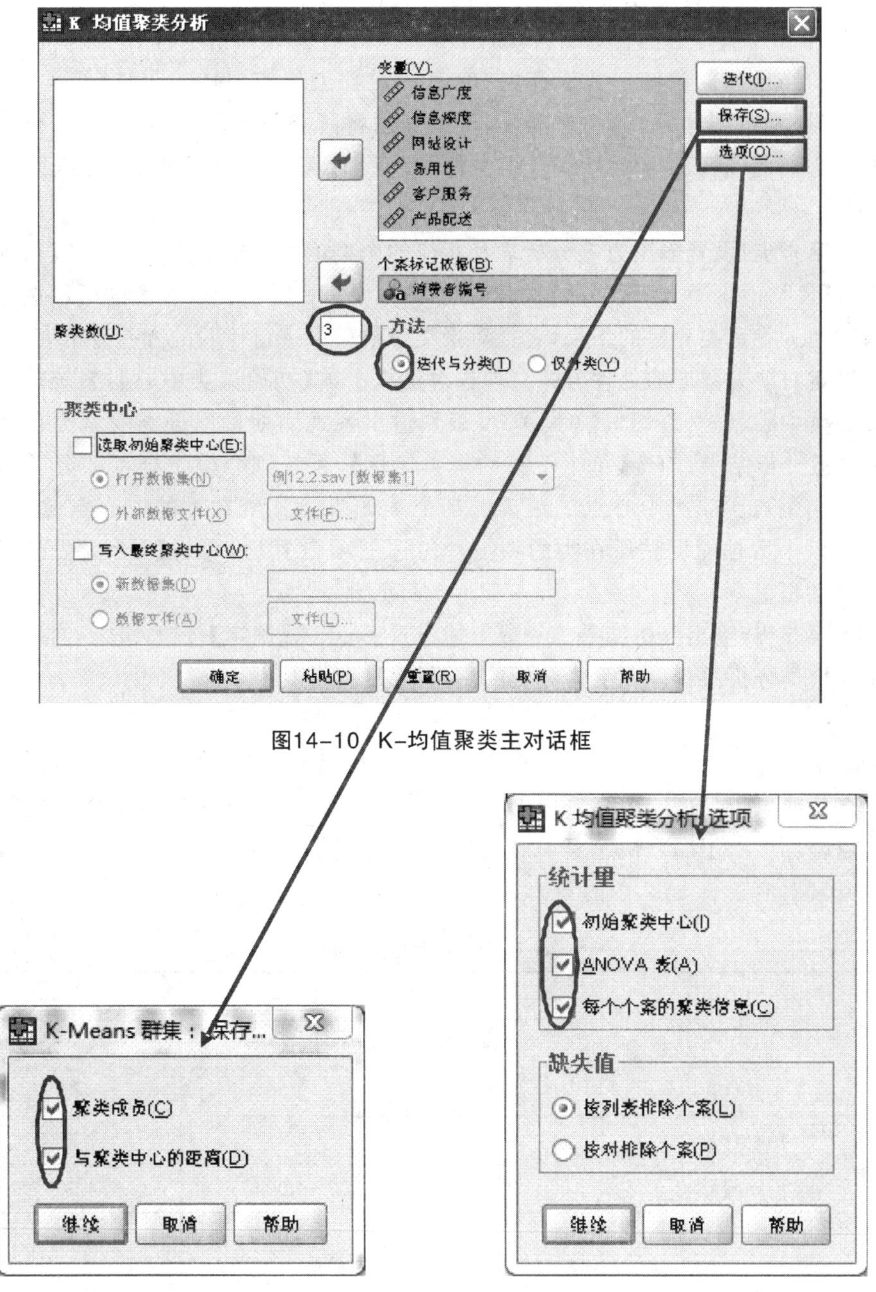


图14-10 K-均值聚类主对话框

图14-11 设置输出的对话框

图14-12 设置选项的对话框

**第3步：设置输出各类中个案的有关信息。**点击【保存】，进入【K-Means群集：保存】子对话框，如图14-11所示。该对话框可以指定将SPSS快速聚类分析的结果以变量的形式保存到SPSS的数据编辑窗口中。勾选【聚类成员】和【与聚类中心的距离】两个项目，可以分别将所有样本所属的类别号、距所属类中心点的欧氏距离保存到数据文件中。设置完成后，点击【继续】返回主对话框。

**第4步：设置输出方差分析表和相应的个案信息。**单击主对话框的【选项】，进入【K均值聚类分析：选项】子对话框，如图14-12所示。该对话框可以选择输出其他一些聚类分析的结果，包括对聚类分析效果进行检验的方差分析表，还可以设定对缺失数据的处理方式。勾选对话框上的【初始聚类中心】，系统输出初始的类中心点坐标；勾选【ANOVA表】，输出各观测变量以分类变量为自变量的方差分析结果；勾选【每个个案的聚类信息】，系统则会输出样本的分类信息和它们距离所属类中心点的距离。某个案如果离其所在类的中心点越近，则说明该个案越能反映所在类的特征。勾选三项设置后，单击【继续】按钮返回主对话框。

**第5步：输出分析结果。**完成上述设置后，点击【确定】按钮，SPSS自动完成快速聚类分析过程。以下为分析的主要结果：

（一）初始的类中心点坐标

快速聚类分析输出结果中的第一部分，主要是SPSS系统自动指定的类中心点坐标。由于需要快速聚类形成3类，因此指定了参个初始的类中心点，其坐标分别对应于表14-7中的1、2、3列。

**表14-7　初始的类中心点**

| | 聚　类 | | |
|---|---|---|---|
| | 1 | 2 | 3 |
| 信息广度 | 4.00 | 5.00 | 3.50 |
| 信息深度 | 3.67 | 3.67 | 3.67 |
| 网站设计 | 2.25 | 4.00 | 4.00 |
| 易用性 | 3.00 | 4.00 | 3.67 |
| 客　服 | 4.00 | 5.00 | 3.20 |
| 产品配送 | 4.00 | 4.75 | 2.75 |

(二)迭代次数及其调整距离

本例中,聚类分析过程中共进行了三次迭代,见表 14-8。其中第一次迭代后形成的新类的中心点坐标与初始中心点相比,有了一定的移动,比如:第一次迭代后第一类的中心点离初始的第一类中心点之间的距离是 0.899,直到第三次迭代后,新类中心点不需要再调整。

**表 14-8　快速聚类分析中的迭代过程**

| 迭代 | 聚类中心内的更改 | | |
|---|---|---|---|
| | 1 | 2 | 3 |
| 1 | 0.899 | 1.054 | 1.086 |
| 2 | 0.266 | 0.000 | 0.064 |
| 3 | 0.000 | 0.000 | 0.000 |

(三)各类所属的个案信息

输出结果给出了各类中的个案信息,如每一类中包含的个案数、包含的是哪些个案、每一个案与其所在类的中心点的距离是多少等,见表 14-9 所示。

**表 14-9　聚类成员信息(局部)**

| 案例号 | 消费者编号 | 聚类 | 距离 |
|---|---|---|---|
| 1 | 1 号 | 3 | 1.744 |
| 2 | 2 号 | 3 | 0.798 |
| 3 | 3 号 | 3 | 0.939 |
| 4 | 4 号 | 3 | 0.540 |
| 5 | 5 号 | 2 | 1.054 |
| 6 | 6 号 | 3 | 1.955 |
| 7 | 7 号 | 3 | 1.566 |
| 8 | 8 号 | 2 | 1.058 |
| 9 | 9 号 | 1 | 0.425 |
| 10 | 10 号 | 3 | 0.965 |
| 11 | 11 号 | 3 | 0.616 |

续表

| 案例号 | 消费者编号 | 聚类 | 距离 |
| --- | --- | --- | --- |
| 12 | 12 号 | 3 | 0.402 |
| 13 | 13 号 | 1 | 0.806 |
| 14 | 14 号 | 3 | 0.664 |
| 15 | 15 号 | 3 | 0.334 |
| 16 | 16 号 | 1 | 0.601 |
| 17 | 17 号 | 3 | 0.794 |
| 18 | 18 号 | 3 | 0.472 |
| 19 | 19 号 | 3 | 1.015 |
| 20 | 20 号 | 3 | 0.977 |
| 21 | 21 号 | 3 | 0.694 |
| 22 | 22 号 | 1 | 0.936 |
| 23 | 23 号 | 3 | 0.954 |
| 24 | 24 号 | 3 | 0.348 |
| 25 | 25 号 | 3 | 1.129 |

### （四）最终的类中心点坐标以及它们之间的距离

表 14-10(a)显示了聚类分析的最终类中心点坐标，反映了三类消费者的典型特征。比如，第二类在各个指标上的得分均较高，说明其网络购物满意度较高，对网购产品和服务的要求相对较低；第三类在各个指标上的得分处于中等水平(3～4 分)，既未出现非常满意情况，又未出现极度不满意情况，表明这类消费者的购物心态应该是“差不多就行”；第一类的消费者有高分(信息广度 4 分)、又有低分(网站设计 2.95 分)，表明这类消费者对网络购物的某一方面有较高的要求。与初始的中心点坐标相比(如表 14-7 所示)，发生了一些变化，说明在聚类分析过程中，它自动进行了调整。

另外，系统还输出了三个类中心点之间的距离。表 14-10(b)反映了 1 类与 2 类、2 类与 3 类、1 类与 3 类中心点间距。

**表 14-10　最终的类中心点坐标及距离**

最终聚类中心(a)

| | 聚类 | | |
|---|---|---|---|
| | 1 | 2 | 3 |
| 信息广度 | 4.00 | 4.67 | 3.77 |
| 信息深度 | 3.60 | 3.78 | 3.70 |
| 网站设计 | 2.95 | 4.25 | 3.74 |
| 易用性 | 3.40 | 4.33 | 3.89 |
| 客服 | 3.60 | 4.13 | 3.22 |
| 产品配送 | 3.75 | 4.50 | 3.76 |

最终聚类中心间的距离(b)

| 聚类 | 1 | 2 | 3 |
|---|---|---|---|
| 1 | | 1.971 | 1.036 |
| 2 | 1.971 | | 1.026 |
| 3 | 1.036 | 1.626 | |

(五)方差分析表

系统以新的分类变量为自变量,对各观测变量进行单因素方差分析并输出方差分析表。本例中方差分析的结果如表 14-11 所示。由表可知,三个类别在信息广度、网站设计、易用性、客服和产品配送这五个变量上均达到了显著差异水平($p<0.05$),而信息深度变量上并未出现显著差异。由于本例题只抽取了 30 个样本,总体而言,分类具有一定的合理性。

**表 14-11　快速聚类的方差分析表**

| | 聚类 | | 误差 | | F | Sig. |
|---|---|---|---|---|---|---|
| | 均方 | df | 均方 | df | | |
| 信息广度 | 1.085 | 2 | 0.168 | 27 | 6.466 | 0.005 |
| 信息深度 | 0.032 | 2 | 0.203 | 27 | 0.159 | 0.853 |
| 网站设计 | 1.850 | 2 | 0.111 | 27 | 16.739 | 0.000 |
| 易用性 | 0.877 | 2 | 0.081 | 27 | 10.894 | 0.000 |
| 客服 | 1.260 | 2 | 0.256 | 27 | 4.929 | 0.015 |
| 产品配送 | 0.741 | 2 | 0.169 | 27 | 4.388 | 0.022 |

(六)各类别的样本数

SPSS 输出结果中还包括了各个类别所包含的消费者数量,见表 14-12 所示。可见,第 1 类中包含 5 名消费者,第 2 类包含 3 名消费者,第 3 类包含 22 名消费者。完成聚类分析后,我们可以根据每一类消费者的特征,对消费者的类别进行命名,并对每个类别的人口统计学特征进行对比分析。我们还可对分类结果与层次聚类法的分类结果进行比较。当然，也可以尝试分成2类、4类等，并对不同分类结果进行比较。

**表 14-12　每个聚类中的案例数**

| | | |
|---|---|---|
| 聚类 | 1 | 5.000 |
| | 2 | 3.000 |
| | 3 | 22.000 |
| 有效 | | 30.000 |
| 缺失 | | 0.000 |

**【小结与要点】**

(1)快速聚类也称为K—均值聚类，对于大样本尤为适用。但是，快速聚类只适用于对个案的聚类，而不适用于对变量的聚类。

(2)K—均值聚类法要求研究者先制定需要划分的类别个数，然后确定各聚类中心，再计算出各样本到聚类中心的距离，最后按距离的远近进行分类。

(3)K—均值聚类分析过程完成后，还需要确认聚类分析的结果是否合适，如各类之间的样本应该差异明显(方差分析)，各类之内的样本应该较为相似。此外，各类中所拥有的个案数是否较为均衡也是衡量聚类结果的一个标准。

# 第四节　使用聚类方法的注意事项

从本质上说，聚类分析是一种探索性的数据分析方法。即便是相同的数据，采用不同的分类方法也会得到不同的分类结果。分类的结果没有对错之分，只是分类标准不同而已。所以，聚类分析的结果并不是唯一的，有时候需要研究者多尝试几次，以获得更好的分类结果。在使用聚类方法时，首先要明确分类的目的是什么，再考虑选择哪些变量(或数据)进行分类，最后才需要考虑分类方法的选择。至于分类结果是否合理，该如何解释，这已经不完全属于统计问题，更多地取决于研究者对研究问题的了解程度、相关的知识与理论背景和研究经验。总体上说，使用聚类方法时应该注意以下几点：

第一，从数据要求上看，参与分类的变量应符合三个要求：首先，要选择与分类目标有关的变量。比如，我们要对微博用户按地区分类，就不能选择活跃程度作为分类变量。也就是,定量分析的前提总是定性,弄清楚是哪些变量可将个案区分开来。其次,各变量的取值不应该有数量级上的过大差异,否则会对分类结果产生较大影响。必要时需要对变量进行标准化处理(SPSS 的层次聚类在聚类时可以选择对变量做标准化处理;而 K—均值聚类则需要事先做标准化处理,然后再进行聚类)。最后,各变量之间不应该有强的相关关系。如果两个强相关的变量同时参与聚类分析,在测度距离时,就增加了它们的贡献,而其他变量则相对被削弱。

第二,从聚类方法的选择上,首先要看数据的类型。如果参与分类的变量是连续变量,层次聚类和 K 均值聚类都是可以使用的;如果变量中包括离散变量,则需要先对离散变量进行连续化处理;当数据量较多时,则就不宜使用层次聚类法。其次,要看分类的对象。如果是对样本进行分类,层次聚类和 K—均值聚类都是可用的;如果是对变量进行分类,则应该选择层次聚类法。

第三,注意对分类结果的检验。分类结果是否合理取决于它是否"有用",但分类结果是否可靠和稳定,则需要反复聚类和比较。一般来说,在所分的类别中,各类所包含的对象(样本或变量)的数量应该大致相当;各类之间的观测变量多数应该存在显著差异;同时,同类别的样本应该较为相似。

第四,随着软件的不断进步,SPSS 提供了一种适用于分类变量的两步聚类法(Two-Step Cluster)。本章不再展开分析,有兴趣的读者可以尝试一下。

## 【复习与练习】

思 考:

1.聚类分析的基本思想是什么?聚类分析中"聚类"的依据是什么?

2.聚类分析的种类有哪些?

3.度量样本相似性和度量变量相似性各用什么方法?

4.层次聚类和 K—均值聚类有什么不同?

5.使用聚类分析应注意哪些问题?

牛刀小试:

依据《受众广告态度调查》结果,用看电视时间、放广告时行为、有趣广告反应和讨厌广告反应四个变量,分别采用层次聚类法和 K—均值聚类法对前 60 个个案(样本)进行聚类,对比两种聚类分析的结果,并借助经验判断、描述统计和方差分析来检验你选择的分类是否合理,并为每个类别命名。

# 附表 1 标准正态分布表

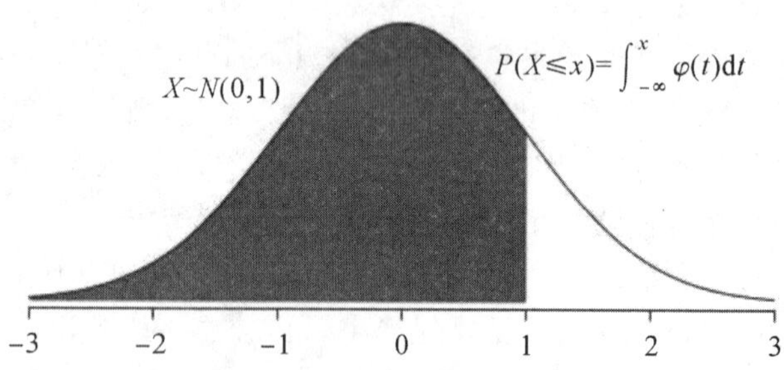


| $x$ | 0.00 | 0.01 | 0.02 | 0.03 | 0.04 | 0.05 | 0.06 | 0.07 | 0.08 | 0.09 |
|---|---|---|---|---|---|---|---|---|---|---|
| 0.0 | 0.5000 | 0.5040 | 0.5080 | 0.5120 | 0.5160 | 0.5199 | 0.5239 | 0.5279 | 0.5319 | 0.5359 |
| 0.1 | 0.5398 | 0.5438 | 0.5478 | 0.5517 | 0.5557 | 0.5596 | 0.5636 | 0.5675 | 0.5714 | 0.5753 |
| 0.2 | 0.5793 | 0.5832 | 0.5871 | 0.5910 | 0.5948 | 0.5987 | 0.6026 | 0.6064 | 0.6103 | 0.6141 |
| 0.3 | 0.6179 | 0.6217 | 0.6255 | 0.6293 | 0.6331 | 0.6368 | 0.6406 | 0.6443 | 0.6480 | 0.6517 |
| 0.4 | 0.6554 | 0.6591 | 0.6628 | 0.6664 | 0.6700 | 0.6736 | 0.6772 | 0.6808 | 0.6844 | 0.6879 |
| 0.5 | 0.6915 | 0.6950 | 0.6985 | 0.7019 | 0.7054 | 0.7088 | 0.7123 | 0.7157 | 0.7190 | 0.7224 |
| 0.6 | 0.7257 | 0.7291 | 0.7324 | 0.7357 | 0.7389 | 0.7422 | 0.7454 | 0.7486 | 0.7517 | 0.7549 |
| 0.7 | 0.7580 | 0.7611 | 0.7642 | 0.7673 | 0.7703 | 0.7734 | 0.7764 | 0.7794 | 0.7823 | 0.7852 |
| 0.8 | 0.7881 | 0.7910 | 0.7939 | 0.7967 | 0.7995 | 0.8023 | 0.8051 | 0.8078 | 0.8106 | 0.8133 |
| 0.9 | 0.8159 | 0.8186 | 0.8212 | 0.8238 | 0.8264 | 0.8289 | 0.8315 | 0.8340 | 0.8365 | 0.8389 |
| 1.0 | 0.8413 | 0.8438 | 0.8461 | 0.8485 | 0.8508 | 0.8531 | 0.8554 | 0.8577 | 0.8599 | 0.8621 |
| 1.1 | 0.8643 | 0.8665 | 0.8686 | 0.8708 | 0.8729 | 0.8749 | 0.8770 | 0.8790 | 0.8810 | 0.8830 |
| 1.2 | 0.8849 | 0.8869 | 0.8888 | 0.8907 | 0.8925 | 0.8944 | 0.8962 | 0.8980 | 0.8997 | 0.9015 |
| 1.3 | 0.9032 | 0.9049 | 0.9066 | 0.9082 | 0.9099 | 0.9115 | 0.9131 | 0.9147 | 0.9163 | 0.9177 |
| 1.4 | 0.9192 | 0.9207 | 0.9222 | 0.9236 | 0.9251 | 0.9265 | 0.9279 | 0.9292 | 0.9306 | 0.9319 |

续表

| $x$ | 0.00 | 0.01 | 0.02 | 0.03 | 0.04 | 0.05 | 0.06 | 0.07 | 0.08 | 0.09 |
|---|---|---|---|---|---|---|---|---|---|---|
| 1.5 | 0.9332 | 0.9345 | 0.9357 | 0.9370 | 0.9382 | 0.9394 | 0.9406 | 0.9418 | 0.9429 | 0.9441 |
| 1.6 | 0.9452 | 0.9463 | 0.9474 | 0.9484 | 0.9495 | 0.9505 | 0.9515 | 0.9525 | 0.9535 | 0.9545 |
| 1.7 | 0.9554 | 0.9564 | 0.9573 | 0.9582 | 0.9591 | 0.9599 | 0.9608 | 0.9616 | 0.9625 | 0.9633 |
| 1.8 | 0.9641 | 0.9649 | 0.9656 | 0.9664 | 0.9671 | 0.9678 | 0.9686 | 0.9693 | 0.9699 | 0.9706 |
| 1.9 | 0.9713 | 0.9719 | 0.9726 | 0.9732 | 0.9738 | 0.9744 | 0.9750 | 0.9756 | 0.9761 | 0.9767 |
| 2.0 | 0.9772 | 0.9778 | 0.9783 | 0.9788 | 0.9793 | 0.9798 | 0.9803 | 0.9808 | 0.9812 | 0.9817 |
| 2.1 | 0.9821 | 0.9826 | 0.9830 | 0.9834 | 0.9838 | 0.9842 | 0.9846 | 0.9850 | 0.9854 | 0.9857 |
| 2.2 | 0.9861 | 0.9864 | 0.9868 | 0.9871 | 0.9875 | 0.9878 | 0.9881 | 0.9884 | 0.9887 | 0.9890 |
| 2.3 | 0.9893 | 0.9896 | 0.9898 | 0.9901 | 0.9904 | 0.9906 | 0.9909 | 0.9911 | 0.9913 | 0.9916 |
| 2.4 | 0.9918 | 0.9920 | 0.9922 | 0.9925 | 0.9927 | 0.9929 | 0.9931 | 0.9932 | 0.9934 | 0.9936 |
| 2.5 | 0.9938 | 0.9940 | 0.9941 | 0.9943 | 0.9945 | 0.9946 | 0.9948 | 0.9949 | 0.9951 | 0.9952 |
| 2.6 | 0.9953 | 0.9955 | 0.9956 | 0.9957 | 0.9959 | 0.9960 | 0.9961 | 0.9962 | 0.9963 | 0.9964 |
| 2.7 | 0.9965 | 0.9966 | 0.9967 | 0.9968 | 0.9969 | 0.9970 | 0.9971 | 0.9972 | 0.9973 | 0.9974 |
| 2.8 | 0.9974 | 0.9975 | 0.9976 | 0.9977 | 0.9977 | 0.9978 | 0.9979 | 0.9979 | 0.9980 | 0.9981 |
| 2.9 | 0.9981 | 0.9982 | 0.9982 | 0.9983 | 0.9984 | 0.9984 | 0.9985 | 0.9985 | 0.9986 | 0.9986 |
| 3.0 | 0.9987 | 0.9987 | 0.9987 | 0.9988 | 0.9988 | 0.9989 | 0.9989 | 0.9989 | 0.9990 | 0.9990 |

# 附表2　标准正态分布分位数表

| p | 0.000 | 0.001 | 0.002 | 0.003 | 0.004 | 0.005 | 0.006 | 0.007 | 0.008 | 0.009 |
|---|---|---|---|---|---|---|---|---|---|---|
| 0.50 | 0.0000 | 0.0025 | 0.0050 | 0.0075 | 0.0100 | 0.0125 | 0.0150 | 0.0176 | 0.0201 | 0.0226 |
| 0.51 | 0.0251 | 0.0276 | 0.0301 | 0.0326 | 0.0351 | 0.0376 | 0.0401 | 0.0426 | 0.0451 | 0.0476 |
| 0.52 | 0.0502 | 0.0527 | 0.0552 | 0.0577 | 0.0602 | 0.0627 | 0.0652 | 0.0677 | 0.0702 | 0.0728 |
| 0.53 | 0.0753 | 0.0778 | 0.0803 | 0.0828 | 0.0853 | 0.0878 | 0.0904 | 0.0929 | 0.0954 | 0.0979 |
| 0.54 | 0.1004 | 0.1030 | 0.1055 | 0.1080 | 0.1105 | 0.1130 | 0.1156 | 0.1181 | 0.1206 | 0.1231 |
| 0.55 | 0.1257 | 0.1282 | 0.1307 | 0.1332 | 0.1358 | 0.1383 | 0.1408 | 0.1434 | 0.1459 | 0.1484 |
| 0.56 | 0.1510 | 0.1535 | 0.1560 | 0.1586 | 0.1611 | 0.1637 | 0.1662 | 0.1687 | 0.1713 | 0.1738 |
| 0.57 | 0.1764 | 0.1789 | 0.1815 | 0.1840 | 0.1866 | 0.1891 | 0.1917 | 0.1942 | 0.1968 | 0.1993 |
| 0.58 | 0.2019 | 0.2045 | 0.2070 | 0.2096 | 0.2121 | 0.2147 | 0.2173 | 0.2198 | 0.2224 | 0.2250 |
| 0.59 | 0.2275 | 0.2301 | 0.2327 | 0.2353 | 0.2379 | 0.2404 | 0.2430 | 0.2456 | 0.2482 | 0.2508 |
| 0.60 | 0.2534 | 0.2559 | 0.2585 | 0.2611 | 0.2637 | 0.2663 | 0.2689 | 0.2715 | 0.2741 | 0.2767 |
| 0.61 | 0.2793 | 0.2819 | 0.2845 | 0.2872 | 0.2898 | 0.2924 | 0.2950 | 0.2976 | 0.3002 | 0.3029 |
| 0.62 | 0.3055 | 0.3081 | 0.3107 | 0.3134 | 0.3160 | 0.3186 | 0.3213 | 0.3239 | 0.3266 | 0.3292 |
| 0.63 | 0.3319 | 0.3345 | 0.3372 | 0.3398 | 0.3425 | 0.3451 | 0.3478 | 0.3505 | 0.3531 | 0.3558 |
| 0.64 | 0.3585 | 0.3611 | 0.3638 | 0.3665 | 0.3692 | 0.3719 | 0.3745 | 0.3772 | 0.3799 | 0.3826 |
| 0.65 | 0.3853 | 0.3880 | 0.3907 | 0.3934 | 0.3961 | 0.3989 | 0.4016 | 0.4043 | 0.4070 | 0.4097 |
| 0.66 | 0.4125 | 0.4152 | 0.4179 | 0.4207 | 0.4234 | 0.4262 | 0.4289 | 0.4316 | 0.4344 | 0.4372 |
| 0.67 | 0.4399 | 0.4427 | 0.4454 | 0.4482 | 0.4510 | 0.4538 | 0.4565 | 0.4593 | 0.4621 | 0.4649 |
| 0.68 | 0.4677 | 0.4705 | 0.4733 | 0.4761 | 0.4789 | 0.4817 | 0.4845 | 0.4874 | 0.4902 | 0.4930 |
| 0.69 | 0.4959 | 0.4987 | 0.5015 | 0.5044 | 0.5072 | 0.5101 | 0.5129 | 0.5158 | 0.5187 | 0.5215 |
| 0.70 | 0.5244 | 0.5273 | 0.5302 | 0.5331 | 0.5359 | 0.5388 | 0.5417 | 0.5446 | 0.5476 | 0.5505 |
| 0.71 | 0.5534 | 0.5563 | 0.5592 | 0.5622 | 0.5651 | 0.5681 | 0.5710 | 0.5740 | 0.5769 | 0.5799 |
| 0.72 | 0.5828 | 0.5858 | 0.5888 | 0.5918 | 0.5948 | 0.5978 | 0.6008 | 0.6038 | 0.6068 | 0.6098 |

续表

| p | 0.000 | 0.001 | 0.002 | 0.003 | 0.004 | 0.005 | 0.006 | 0.007 | 0.008 | 0.009 |
|---|---|---|---|---|---|---|---|---|---|---|
| 0.73 | 0.6128 | 0.6158 | 0.6189 | 0.6219 | 0.6250 | 0.6280 | 0.6311 | 0.6341 | 0.6372 | 0.6403 |
| 0.74 | 0.6434 | 0.6464 | 0.6495 | 0.6526 | 0.6557 | 0.6588 | 0.6620 | 0.6651 | 0.6682 | 0.6714 |
| 0.75 | 0.6745 | 0.6776 | 0.6808 | 0.6840 | 0.6871 | 0.6903 | 0.6935 | 0.6967 | 0.6999 | 0.7031 |
| 0.76 | 0.7063 | 0.7095 | 0.7128 | 0.7160 | 0.7192 | 0.7225 | 0.7257 | 0.7290 | 0.7323 | 0.7356 |
| 0.77 | 0.7389 | 0.7421 | 0.7455 | 0.7488 | 0.7521 | 0.7554 | 0.7588 | 0.7621 | 0.7655 | 0.7688 |
| 0.78 | 0.7722 | 0.7756 | 0.7790 | 0.7824 | 0.7858 | 0.7892 | 0.7926 | 0.7961 | 0.7995 | 0.8030 |
| 0.79 | 0.8064 | 0.8099 | 0.8134 | 0.8169 | 0.8204 | 0.8239 | 0.8274 | 0.8310 | 0.8345 | 0.8381 |
| 0.80 | 0.8416 | 0.8452 | 0.8488 | 0.8524 | 0.8560 | 0.8596 | 0.8633 | 0.8669 | 0.8706 | 0.8742 |
| 0.81 | 0.8779 | 0.8816 | 0.8853 | 0.8890 | 0.8927 | 0.8965 | 0.9002 | 0.9040 | 0.9078 | 0.9116 |
| 0.82 | 0.9154 | 0.9192 | 0.9230 | 0.9269 | 0.9307 | 0.9346 | 0.9385 | 0.9424 | 0.9463 | 0.9502 |
| 0.83 | 0.9542 | 0.9581 | 0.9621 | 0.9661 | 0.9701 | 0.9741 | 0.9782 | 0.9822 | 0.9863 | 0.9904 |
| 0.84 | 0.9945 | 0.9986 | 1.0027 | 1.0069 | 1.0110 | 1.0152 | 1.0194 | 1.0237 | 1.0279 | 1.0322 |
| 0.85 | 1.0364 | 1.0407 | 1.0451 | 1.0494 | 1.0537 | 1.0581 | 1.0625 | 1.0669 | 1.0714 | 1.0758 |
| 0.86 | 1.0803 | 1.0848 | 1.0894 | 1.0939 | 1.0985 | 1.1031 | 1.1077 | 1.1123 | 1.1170 | 1.1217 |
| 0.87 | 1.1264 | 1.1311 | 1.1359 | 1.1407 | 1.1455 | 1.1504 | 1.1552 | 1.1601 | 1.1651 | 1.1700 |
| 0.88 | 1.1750 | 1.1800 | 1.1850 | 1.1901 | 1.1952 | 1.2004 | 1.2055 | 1.2107 | 1.2160 | 1.2212 |
| 0.89 | 1.2265 | 1.2319 | 1.2372 | 1.2426 | 1.2481 | 1.2536 | 1.2591 | 1.2646 | 1.2702 | 1.2759 |
| 0.90 | 1.2816 | 1.2873 | 1.2930 | 1.2988 | 1.3047 | 1.3106 | 1.3165 | 1.3225 | 1.3285 | 1.3346 |
| 0.91 | 1.3408 | 1.3469 | 1.3532 | 1.3595 | 1.3658 | 1.3722 | 1.3787 | 1.3852 | 1.3917 | 1.3984 |
| 0.92 | 1.4051 | 1.4118 | 1.4187 | 1.4255 | 1.4325 | 1.4395 | 1.4466 | 1.4538 | 1.4611 | 1.4684 |
| 0.93 | 1.4758 | 1.4833 | 1.4909 | 1.4985 | 1.5063 | 1.5141 | 1.5220 | 1.5301 | 1.5382 | 1.5464 |
| 0.94 | 1.5548 | 1.5632 | 1.5718 | 1.5805 | 1.5893 | 1.5982 | 1.6073 | 1.6164 | 1.6258 | 1.6352 |
| 0.95 | 1.6449 | 1.6546 | 1.6646 | 1.6747 | 1.6849 | 1.6954 | 1.7060 | 1.7169 | 1.7279 | 1.7392 |
| 0.96 | 1.7507 | 1.7624 | 1.7744 | 1.7866 | 1.7991 | 1.8119 | 1.8250 | 1.8384 | 1.8522 | 1.8663 |
| 0.97 | 1.8808 | 1.8957 | 1.9110 | 1.9268 | 1.9431 | 1.9600 | 1.9774 | 1.9954 | 2.0141 | 2.0335 |
| 0.98 | 2.0538 | 2.0749 | 2.0969 | 2.1201 | 2.1444 | 2.1701 | 2.1973 | 2.2262 | 2.2571 | 2.2904 |
| 0.99 | 2.3264 | 2.3656 | 2.4089 | 2.4573 | 2.5121 | 2.5758 | 2.6521 | 2.7478 | 2.8782 | 3.0902 |

# 附表3　t 分布临界值表

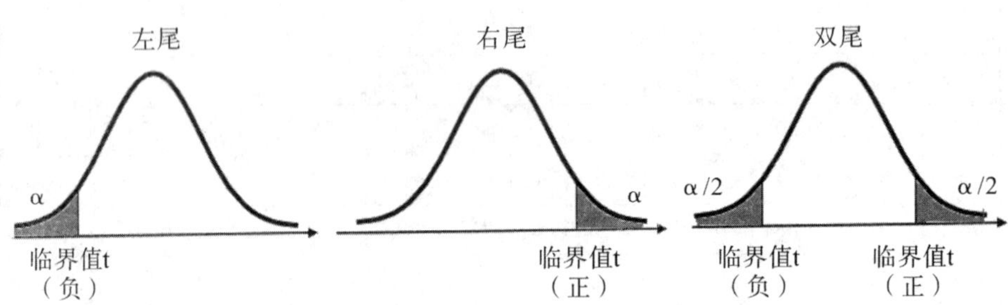


| α 双侧<br>df 临界值 t | 0.200 | 0.1000 | 0.0500 | 0.0250 | 0.0100 | 0.0050 | 0.0010 | 0.00050 |
|---|---|---|---|---|---|---|---|---|
| 单侧 | 0.100 | 0.0500 | 0.0250 | 0.0125 | 0.0050 | 0.0025 | 0.0005 | 0.00025 |
| 1 | 3.0777 | 6.3138 | 12.7062 | 25.4517 | 63.6567 | 127.3213 | 636.6192 | 1 273.213 |
| 2 | 1.8856 | 2.9200 | 4.3027 | 6.2053 | 9.9248 | 14.0890 | 31.5991 | 14.0890 |
| 3 | 1.6377 | 2.3534 | 3.1824 | 4.1765 | 5.8409 | 7.4533 | 12.9240 | 7.4533 |
| 4 | 1.5332 | 2.1318 | 2.7764 | 3.4954 | 4.6041 | 5.5976 | 8.6103 | 5.5976 |
| 5 | 1.4759 | 2.0150 | 2.5706 | 3.1634 | 4.0321 | 4.7733 | 6.8688 | 4.7733 |
| 6 | 1.4398 | 1.9432 | 2.4469 | 2.9687 | 3.7074 | 4.3168 | 5.9588 | 4.3168 |
| 7 | 1.4149 | 1.8946 | 2.3646 | 2.8412 | 3.4995 | 4.0293 | 5.4079 | 4.0293 |
| 8 | 1.3968 | 1.8595 | 2.3060 | 2.7515 | 3.3554 | 3.8325 | 5.0413 | 3.8325 |
| 9 | 1.3830 | 1.8331 | 2.2622 | 2.6850 | 3.2498 | 3.6897 | 4.7809 | 3.6897 |
| 10 | 1.3722 | 1.8125 | 2.2281 | 2.6338 | 3.1693 | 3.5814 | 4.5869 | 3.5814 |
| 11 | 1.3634 | 1.7959 | 2.2010 | 2.5931 | 3.1058 | 3.4966 | 4.4370 | 3.4966 |
| 12 | 1.3562 | 1.7823 | 2.1788 | 2.5600 | 3.0545 | 3.4284 | 4.3178 | 3.4284 |
| 13 | 1.3502 | 1.7709 | 2.1604 | 2.5326 | 3.0123 | 3.3725 | 4.2208 | 3.3725 |
| 14 | 1.3450 | 1.7613 | 2.1448 | 2.5096 | 2.9768 | 3.3257 | 4.1405 | 3.3257 |
| 15 | 1.3406 | 1.7531 | 2.1314 | 2.4899 | 2.9467 | 3.2860 | 4.0728 | 3.2860 |

续表

| df \ 临界值 t \ α | 双侧 0.200 | 0.1000 | 0.0500 | 0.0250 | 0.0100 | 0.0050 | 0.0010 | 0.00050 |
|---|---|---|---|---|---|---|---|---|
| | 单侧 0.100 | 0.0500 | 0.0250 | 0.0125 | 0.0050 | 0.0025 | 0.0005 | 0.00025 |
| 16 | 1.3368 | 1.7459 | 2.1199 | 2.4729 | 2.9208 | 3.2520 | 4.0150 | 3.2520 |
| 17 | 1.3334 | 1.7396 | 2.1098 | 2.4581 | 2.8982 | 3.2224 | 3.9651 | 3.2224 |
| 18 | 1.3304 | 1.7341 | 2.1009 | 2.4450 | 2.8784 | 3.1966 | 3.9216 | 3.1966 |
| 19 | 1.3277 | 1.7291 | 2.0930 | 2.4334 | 2.8609 | 3.1737 | 3.8834 | 3.1737 |
| 20 | 1.3253 | 1.7247 | 2.0860 | 2.4231 | 2.8453 | 3.1534 | 3.8495 | 3.1534 |
| 21 | 1.3232 | 1.7207 | 2.0796 | 2.4138 | 2.8314 | 3.1352 | 3.8193 | 3.1352 |
| 22 | 1.3212 | 1.7171 | 2.0739 | 2.4055 | 2.8188 | 3.1188 | 3.7921 | 3.1188 |
| 23 | 1.3195 | 1.7139 | 2.0687 | 2.3979 | 2.8073 | 3.1040 | 3.7676 | 3.1040 |
| 24 | 1.3178 | 1.7109 | 2.0639 | 2.3909 | 2.7969 | 3.0905 | 3.7454 | 3.0905 |
| 25 | 1.3163 | 1.7081 | 2.0595 | 2.3846 | 2.7874 | 3.0782 | 3.7251 | 3.0782 |
| 26 | 1.3150 | 1.7056 | 2.0555 | 2.3788 | 2.7787 | 3.0669 | 3.7066 | 3.0669 |
| 27 | 1.3137 | 1.7033 | 2.0518 | 2.3734 | 2.7707 | 3.0565 | 3.6896 | 3.0565 |
| 28 | 1.3125 | 1.7011 | 2.0484 | 2.3685 | 2.7633 | 3.0469 | 3.6739 | 3.0469 |
| 29 | 1.3114 | 1.6991 | 2.0452 | 2.3638 | 2.7564 | 3.0380 | 3.6594 | 3.0380 |
| 30 | 1.3104 | 1.6973 | 2.0423 | 2.3596 | 2.7500 | 3.0298 | 3.6460 | 3.0298 |
| 40 | 1.3031 | 1.6839 | 2.0211 | 2.3289 | 2.7045 | 2.9712 | 3.5510 | 2.9712 |
| 50 | 1.2987 | 1.6759 | 2.0086 | 2.3109 | 2.6778 | 2.9370 | 3.4960 | 2.9370 |
| 60 | 1.2958 | 1.6706 | 2.0003 | 2.2990 | 2.6603 | 2.9146 | 3.4602 | 2.9146 |
| 70 | 1.2938 | 1.6669 | 1.9944 | 2.2906 | 2.6479 | 2.8987 | 3.4350 | 2.8987 |
| 80 | 1.2922 | 1.6641 | 1.9901 | 2.2844 | 2.6387 | 2.8870 | 3.4163 | 2.8870 |
| 90 | 1.2910 | 1.6620 | 1.9867 | 2.2795 | 2.6316 | 2.8779 | 3.4019 | 2.8779 |
| 100 | 1.2901 | 1.6602 | 1.9840 | 2.2757 | 2.6259 | 2.8707 | 3.3905 | 2.8707 |
| 110 | 1.2893 | 1.6588 | 1.9818 | 2.2725 | 2.6213 | 2.8648 | 3.3812 | 2.8648 |
| 120 | 1.2886 | 1.6577 | 1.9799 | 2.2699 | 2.6174 | 2.8599 | 3.3735 | 2.8599 |
| 130 | 1.2881 | 1.6567 | 1.9784 | 2.2677 | 2.6142 | 2.8557 | 3.3669 | 2.8557 |
| 140 | 1.2876 | 1.6558 | 1.9771 | 2.2658 | 2.6114 | 2.8522 | 3.3614 | 2.8522 |
| 150 | 1.2872 | 1.6551 | 1.9759 | 2.2641 | 2.6090 | 2.8492 | 3.3566 | 2.8492 |

# 附表 4　卡方(χ2)分布临界值表

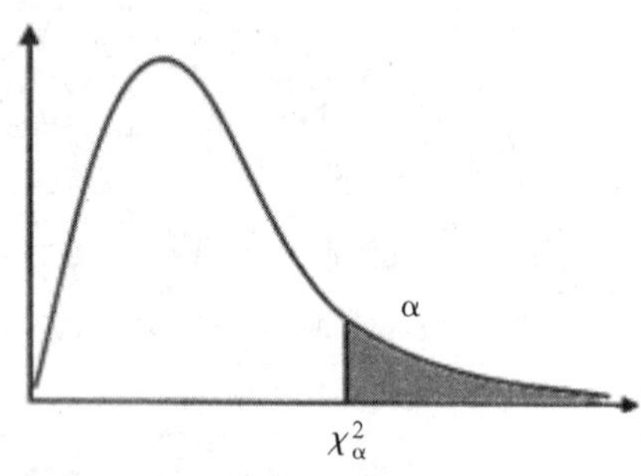


| a / df | 0.995 | 0.990 | 0.975 | 0.950 | 0.900 | 0.100 | 0.050 | 0.025 | 0.010 | 0.005 |
|---|---|---|---|---|---|---|---|---|---|---|
| 1 | 0.0000 | 0.0002 | 0.0010 | 0.0039 | 0.0158 | 2.7055 | 3.8415 | 5.0239 | 6.6349 | 7.8794 |
| 2 | 0.0100 | 0.0201 | 0.0506 | 0.1026 | 0.2107 | 4.6052 | 5.9915 | 7.3778 | 9.2103 | 10.5966 |
| 3 | 0.0717 | 0.1148 | 0.2158 | 0.3518 | 0.5844 | 6.2514 | 7.8147 | 9.3484 | 11.3449 | 12.8382 |
| 4 | 0.2070 | 0.2971 | 0.4844 | 0.7107 | 1.0636 | 7.7794 | 9.4877 | 11.1433 | 13.2767 | 14.8603 |
| 5 | 0.4117 | 0.5543 | 0.8312 | 1.1455 | 1.6103 | 9.2364 | 11.0705 | 12.8325 | 15.0863 | 16.7496 |
| 6 | 0.6757 | 0.8721 | 1.2373 | 1.6354 | 2.2041 | 10.6446 | 12.5916 | 14.4494 | 16.8119 | 18.5476 |
| 7 | 0.9893 | 1.2390 | 1.6899 | 2.1673 | 2.8331 | 12.0170 | 14.0671 | 16.0128 | 18.4753 | 20.2777 |
| 8 | 1.3444 | 1.6465 | 2.1797 | 2.7326 | 3.4895 | 13.3616 | 15.5073 | 17.5345 | 20.0902 | 21.9550 |
| 9 | 1.7349 | 2.0879 | 2.7004 | 3.3251 | 4.1682 | 14.6837 | 16.9190 | 19.0228 | 21.6660 | 23.5894 |
| 10 | 2.1559 | 2.5582 | 3.2470 | 3.9403 | 4.8652 | 15.9872 | 18.3070 | 20.4832 | 23.2093 | 25.1882 |
| 11 | 2.6032 | 3.0535 | 3.8157 | 4.5748 | 5.5778 | 17.2750 | 19.6751 | 21.9200 | 24.7250 | 26.7568 |
| 12 | 3.0738 | 3.5706 | 4.4038 | 5.2260 | 6.3038 | 18.5493 | 21.0261 | 23.3367 | 26.2170 | 28.2995 |
| 13 | 3.5650 | 4.1069 | 5.0088 | 5.8919 | 7.0415 | 19.8119 | 22.3620 | 24.7356 | 27.6882 | 29.8195 |
| 14 | 4.0747 | 4.6604 | 5.6287 | 6.5706 | 7.7895 | 21.0641 | 23.6848 | 26.1189 | 29.1412 | 31.3193 |

续表

| df \ a | 0.995 | 0.990 | 0.975 | 0.950 | 0.900 | 0.100 | 0.050 | 0.025 | 0.010 | 0.005 |
|---|---|---|---|---|---|---|---|---|---|---|
| 15 | 4.6009 | 5.2293 | 6.2621 | 7.2609 | 8.5468 | 22.3071 | 24.9958 | 27.4884 | 30.5779 | 32.8013 |
| 16 | 5.1422 | 5.8122 | 6.9077 | 7.9616 | 9.3122 | 23.5418 | 26.2962 | 28.8454 | 31.9999 | 34.2672 |
| 17 | 5.6972 | 6.4078 | 7.5642 | 8.6718 | 10.0852 | 24.7690 | 27.5871 | 30.1910 | 33.4087 | 35.7185 |
| 18 | 6.2648 | 7.0149 | 8.2307 | 9.3905 | 10.8649 | 25.9894 | 28.8693 | 31.5264 | 34.8053 | 37.1565 |
| 19 | 6.8440 | 7.6327 | 8.9065 | 10.1170 | 11.6509 | 27.2036 | 30.1435 | 32.8523 | 36.1909 | 38.5823 |
| 20 | 7.4338 | 8.2604 | 9.5908 | 10.8508 | 12.4426 | 28.4120 | 31.4104 | 34.1696 | 37.5662 | 39.9968 |
| 21 | 8.0337 | 8.8972 | 10.2829 | 11.5913 | 13.2396 | 29.6151 | 32.6706 | 35.4789 | 38.9322 | 41.4011 |
| 22 | 8.6427 | 9.5425 | 10.9823 | 12.3380 | 14.0415 | 30.8133 | 33.9244 | 36.7807 | 40.2894 | 42.7957 |
| 23 | 9.2604 | 10.1957 | 11.6886 | 13.0905 | 14.8480 | 32.0069 | 35.1725 | 38.0756 | 41.6384 | 44.1813 |
| 24 | 9.8862 | 10.8564 | 12.4012 | 13.8484 | 15.6587 | 33.1962 | 36.4150 | 39.3641 | 42.9798 | 45.5585 |
| 25 | 10.5197 | 11.5240 | 13.1197 | 14.6114 | 16.4734 | 34.3816 | 37.6525 | 40.6465 | 44.3141 | 46.9279 |
| 26 | 11.1602 | 12.1981 | 13.8439 | 15.3792 | 17.2919 | 35.5632 | 38.8851 | 41.9232 | 45.6417 | 48.2899 |
| 27 | 11.8076 | 12.8785 | 14.5734 | 16.1514 | 18.1139 | 36.7412 | 40.1133 | 43.1945 | 46.9629 | 49.6449 |
| 28 | 12.4613 | 13.5647 | 15.3079 | 16.9279 | 18.9392 | 37.9159 | 41.3371 | 44.4608 | 48.2782 | 50.9934 |
| 29 | 13.1211 | 14.2565 | 16.0471 | 17.7084 | 19.7677 | 39.0875 | 42.5570 | 45.7223 | 49.5879 | 52.3356 |
| 30 | 13.7867 | 14.9535 | 16.7908 | 18.4927 | 20.5992 | 40.2560 | 43.7730 | 46.9792 | 50.8922 | 53.6720 |
| 40 | 20.7065 | 22.1643 | 24.4330 | 26.5093 | 29.0505 | 51.8051 | 55.7585 | 59.3417 | 63.6907 | 66.7660 |
| 50 | 27.9907 | 29.7067 | 32.3574 | 34.7643 | 37.6886 | 63.1671 | 67.5048 | 71.4202 | 76.1539 | 79.4900 |
| 60 | 35.5345 | 37.4849 | 40.4817 | 43.1880 | 46.4589 | 74.3970 | 79.0819 | 83.2977 | 88.3794 | 91.9517 |
| 70 | 43.2752 | 45.4417 | 48.7576 | 51.7393 | 55.3289 | 85.5270 | 90.5312 | 95.0232 | 100.4252 | 104.2149 |
| 80 | 51.1719 | 53.5401 | 57.1532 | 60.3915 | 64.2778 | 96.5782 | 101.8795 | 106.6286 | 112.3288 | 116.3211 |
| 90 | 59.1963 | 61.7541 | 65.6466 | 69.1260 | 73.2911 | 107.5650 | 113.1453 | 118.1359 | 124.1163 | 128.2989 |
| 100 | 67.3276 | 70.0649 | 74.2219 | 77.9295 | 82.3581 | 118.4980 | 124.3421 | 129.5612 | 135.8067 | 140.1695 |

# 附表 5　F 分布临界值表

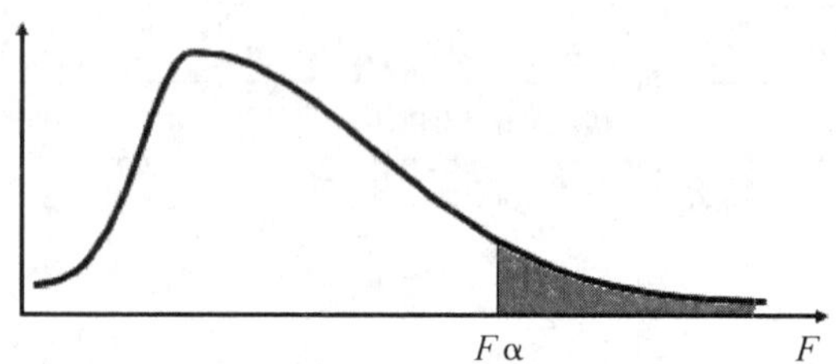


下表中，$df2$ 为分母自由度，$df1$ 为分子自由度。

**α＝0.1**

| df2 \ df1 (F) | 1 | 2 | 3 | 4 | 5 | 6 | 7 | 8 | 9 | 10 |
|---|---|---|---|---|---|---|---|---|---|---|
| 1 | 39.8635 | 49.5000 | 53.5932 | 55.8330 | 57.2401 | 58.2044 | 58.9060 | 59.4390 | 59.8576 | 60.1950 |
| 2 | 8.5263 | 9.0000 | 9.1618 | 9.2434 | 9.2926 | 9.3255 | 9.3491 | 9.3668 | 9.3805 | 9.3916 |
| 3 | 5.5383 | 5.4624 | 5.3908 | 5.3426 | 5.3092 | 5.2847 | 5.2662 | 5.2517 | 5.2400 | 5.2304 |
| 4 | 4.5448 | 4.3246 | 4.1909 | 4.1072 | 4.0506 | 4.0097 | 3.9790 | 3.9549 | 3.9357 | 3.9199 |
| 5 | 4.0604 | 3.7797 | 3.6195 | 3.5202 | 3.4530 | 3.4045 | 3.3679 | 3.3393 | 3.3163 | 3.2974 |
| 6 | 3.7759 | 3.4633 | 3.2888 | 3.1808 | 3.1075 | 3.0546 | 3.0145 | 2.9830 | 2.9577 | 2.9369 |
| 7 | 3.5894 | 3.2574 | 3.0741 | 2.9605 | 2.8833 | 2.8274 | 2.7849 | 2.7516 | 2.7247 | 2.7025 |
| 8 | 3.4579 | 3.1131 | 2.9238 | 2.8064 | 2.7264 | 2.6683 | 2.6241 | 2.5893 | 2.5612 | 2.5380 |
| 9 | 3.3603 | 3.0065 | 2.8129 | 2.6927 | 2.6106 | 2.5509 | 2.5053 | 2.4694 | 2.4403 | 2.4163 |
| 10 | 3.2850 | 2.9245 | 2.7277 | 2.6053 | 2.5216 | 2.4606 | 2.4140 | 2.3772 | 2.3473 | 2.3226 |
| 11 | 3.2252 | 2.8595 | 2.6602 | 2.5362 | 2.4512 | 2.3891 | 2.3416 | 2.3040 | 2.2735 | 2.2482 |
| 12 | 3.1765 | 2.8068 | 2.6055 | 2.4801 | 2.3940 | 2.3310 | 2.2828 | 2.2446 | 2.2135 | 2.1878 |
| 13 | 3.1362 | 2.7632 | 2.5603 | 2.4337 | 2.3467 | 2.2830 | 2.2341 | 2.1953 | 2.1638 | 2.1376 |
| 14 | 3.1022 | 2.7265 | 2.5222 | 2.3947 | 2.3069 | 2.2426 | 2.1931 | 2.1539 | 2.1220 | 2.0954 |
| 15 | 3.0732 | 2.6952 | 2.4898 | 2.3614 | 2.2730 | 2.2081 | 2.1582 | 2.1185 | 2.0862 | 2.0593 |

续表

| df2 \ df1 (F) | 1 | 2 | 3 | 4 | 5 | 6 | 7 | 8 | 9 | 10 |
|---|---|---|---|---|---|---|---|---|---|---|
| 16 | 3.0481 | 2.6682 | 2.4618 | 2.3327 | 2.2438 | 2.1783 | 2.1280 | 2.0880 | 2.0553 | 2.0281 |
| 17 | 3.0262 | 2.6446 | 2.4374 | 2.3077 | 2.2183 | 2.1524 | 2.1017 | 2.0613 | 2.0284 | 2.0009 |
| 18 | 3.0070 | 2.6239 | 2.4160 | 2.2858 | 2.1958 | 2.1296 | 2.0785 | 2.0379 | 2.0047 | 1.9770 |
| 19 | 2.9899 | 2.6056 | 2.3970 | 2.2663 | 2.1760 | 2.1094 | 2.0580 | 2.0171 | 1.9836 | 1.9557 |
| 20 | 2.9747 | 2.5893 | 2.3801 | 2.2489 | 2.1582 | 2.0913 | 2.0397 | 1.9985 | 1.9649 | 1.9367 |
| 21 | 2.9610 | 2.5746 | 2.3649 | 2.2333 | 2.1423 | 2.0751 | 2.0233 | 1.9819 | 1.9480 | 1.9197 |
| 22 | 2.9486 | 2.5613 | 2.3512 | 2.2193 | 2.1279 | 2.0605 | 2.0084 | 1.9668 | 1.9327 | 1.9043 |
| 23 | 2.9374 | 2.5493 | 2.3387 | 2.2065 | 2.1149 | 2.0472 | 1.9949 | 1.9531 | 1.9189 | 1.8903 |
| 24 | 2.9271 | 2.5383 | 2.3274 | 2.1949 | 2.1030 | 2.0351 | 1.9826 | 1.9407 | 1.9063 | 1.8775 |
| 25 | 2.9177 | 2.5283 | 2.3170 | 2.1842 | 2.0922 | 2.0241 | 1.9714 | 1.9292 | 1.8947 | 1.8658 |
| 26 | 2.9091 | 2.5191 | 2.3075 | 2.1745 | 2.0822 | 2.0139 | 1.9610 | 1.9188 | 1.8841 | 1.8550 |
| 27 | 2.9012 | 2.5106 | 2.2987 | 2.1655 | 2.0730 | 2.0045 | 1.9515 | 1.9091 | 1.8743 | 1.8451 |
| 28 | 2.8938 | 2.5028 | 2.2906 | 2.1571 | 2.0645 | 1.9959 | 1.9427 | 1.9001 | 1.8652 | 1.8359 |
| 29 | 2.8870 | 2.4955 | 2.2831 | 2.1494 | 2.0566 | 1.9878 | 1.9345 | 1.8918 | 1.8568 | 1.8274 |
| 30 | 2.8807 | 2.4887 | 2.2761 | 2.1422 | 2.0492 | 1.9803 | 1.9269 | 1.8841 | 1.8490 | 1.8195 |
| 40 | 2.8354 | 2.4404 | 2.2261 | 2.0909 | 1.9968 | 1.9269 | 1.8725 | 1.8289 | 1.7929 | 1.7627 |

**$\alpha=0.05$**

| df2 \ df1 (F) | 1 | 2 | 3 | 4 | 5 | 6 | 7 | 8 | 9 | 10 |
|---|---|---|---|---|---|---|---|---|---|---|
| 1 | 161.4476 | 199.5000 | 215.7073 | 224.5832 | 230.1619 | 233.9860 | 236.7684 | 238.8827 | 240.5433 | 241.8817 |
| 2 | 18.5128 | 19.0000 | 19.1643 | 19.2468 | 19.2964 | 19.3295 | 19.3532 | 19.3710 | 19.3848 | 19.3959 |
| 3 | 10.1280 | 9.5521 | 9.2766 | 9.1172 | 9.0135 | 8.9406 | 8.8867 | 8.8452 | 8.8123 | 8.7855 |
| 4 | 7.7086 | 6.9443 | 6.5914 | 6.3882 | 6.2561 | 6.1631 | 6.0942 | 6.0410 | 5.9988 | 5.9644 |
| 5 | 6.6079 | 5.7861 | 5.4095 | 5.1922 | 5.0503 | 4.9503 | 4.8759 | 4.8183 | 4.7725 | 4.7351 |
| 6 | 5.9874 | 5.1433 | 4.7571 | 4.5337 | 4.3874 | 4.2839 | 4.2067 | 4.1468 | 4.0990 | 4.0600 |
| 7 | 5.5914 | 4.7374 | 4.3468 | 4.1203 | 3.9715 | 3.8660 | 3.7870 | 3.7257 | 3.6767 | 3.6365 |
| 8 | 5.3177 | 4.4590 | 4.0662 | 3.8379 | 3.6875 | 3.5806 | 3.5005 | 3.4381 | 3.3881 | 3.3472 |
| 9 | 5.1174 | 4.2565 | 3.8625 | 3.6331 | 3.4817 | 3.3738 | 3.2927 | 3.2296 | 3.1789 | 3.1373 |

续表

| df2 \ F \ df1 | 1 | 2 | 3 | 4 | 5 | 6 | 7 | 8 | 9 | 10 |
|---|---|---|---|---|---|---|---|---|---|---|
| 10 | 4.9646 | 4.1028 | 3.7083 | 3.4780 | 3.3258 | 3.2172 | 3.1355 | 3.0717 | 3.0204 | 2.9782 |
| 11 | 4.8443 | 3.9823 | 3.5874 | 3.3567 | 3.2039 | 3.0946 | 3.0123 | 2.9480 | 2.8962 | 2.8536 |
| 12 | 4.7472 | 3.8853 | 3.4903 | 3.2592 | 3.1059 | 2.9961 | 2.9134 | 2.8486 | 2.7964 | 2.7534 |
| 13 | 4.6672 | 3.8056 | 3.4105 | 3.1791 | 3.0254 | 2.9153 | 2.8321 | 2.7669 | 2.7144 | 2.6710 |
| 14 | 4.6001 | 3.7389 | 3.3439 | 3.1122 | 2.9582 | 2.8477 | 2.7642 | 2.6987 | 2.6458 | 2.6022 |
| 15 | 4.5431 | 3.6823 | 3.2874 | 3.0556 | 2.9013 | 2.7905 | 2.7066 | 2.6408 | 2.5876 | 2.5437 |
| 16 | 4.4940 | 3.6337 | 3.2389 | 3.0069 | 2.8524 | 2.7413 | 2.6572 | 2.5911 | 2.5377 | 2.4935 |
| 17 | 4.4513 | 3.5915 | 3.1968 | 2.9647 | 2.8100 | 2.6987 | 2.6143 | 2.5480 | 2.4943 | 2.4499 |
| 18 | 4.4139 | 3.5546 | 3.1599 | 2.9277 | 2.7729 | 2.6613 | 2.5767 | 2.5102 | 2.4563 | 2.4117 |
| 19 | 4.3807 | 3.5219 | 3.1274 | 2.8951 | 2.7401 | 2.6283 | 2.5435 | 2.4768 | 2.4227 | 2.3779 |
| 20 | 4.3512 | 3.4928 | 3.0984 | 2.8661 | 2.7109 | 2.5990 | 2.5140 | 2.4471 | 2.3928 | 2.3479 |
| 21 | 4.3248 | 3.4668 | 3.0725 | 2.8401 | 2.6848 | 2.5727 | 2.4876 | 2.4205 | 2.3660 | 2.3210 |
| 22 | 4.3009 | 3.4434 | 3.0491 | 2.8167 | 2.6613 | 2.5491 | 2.4638 | 2.3965 | 2.3419 | 2.2967 |
| 23 | 4.2793 | 3.4221 | 3.0280 | 2.7955 | 2.6400 | 2.5277 | 2.4422 | 2.3748 | 2.3201 | 2.2747 |
| 24 | 4.2597 | 3.4028 | 3.0088 | 2.7763 | 2.6207 | 2.5082 | 2.4226 | 2.3551 | 2.3002 | 2.2547 |
| 25 | 4.2417 | 3.3852 | 2.9912 | 2.7587 | 2.6030 | 2.4904 | 2.4047 | 2.3371 | 2.2821 | 2.2365 |
| 26 | 4.2252 | 3.3690 | 2.9752 | 2.7426 | 2.5868 | 2.4741 | 2.3883 | 2.3205 | 2.2655 | 2.2197 |
| 27 | 4.2100 | 3.3541 | 2.9604 | 2.7278 | 2.5719 | 2.4591 | 2.3732 | 2.3053 | 2.2501 | 2.2043 |
| 28 | 4.1960 | 3.3404 | 2.9467 | 2.7141 | 2.5581 | 2.4453 | 2.3593 | 2.2913 | 2.2360 | 2.1900 |
| 29 | 4.1830 | 3.3277 | 2.9340 | 2.7014 | 2.5454 | 2.4324 | 2.3463 | 2.2783 | 2.2229 | 2.1768 |
| 30 | 4.1709 | 3.3158 | 2.9223 | 2.6896 | 2.5336 | 2.4205 | 2.3343 | 2.2662 | 2.2107 | 2.1646 |
| 40 | 4.0847 | 3.2317 | 2.8387 | 2.6060 | 2.4495 | 2.3359 | 2.2490 | 2.1802 | 2.1240 | 2.0772 |
| 50 | 4.0343 | 3.1826 | 2.7900 | 2.5572 | 2.4004 | 2.2864 | 2.1992 | 2.1299 | 2.0734 | 2.0261 |
| 60 | 4.0012 | 3.1504 | 2.7581 | 2.5252 | 2.3683 | 2.2541 | 2.1665 | 2.0970 | 2.0401 | 1.9926 |
| 70 | 3.9778 | 3.1277 | 2.7355 | 2.5027 | 2.3456 | 2.2312 | 2.1435 | 2.0737 | 2.0166 | 1.9689 |
| 80 | 3.9604 | 3.1108 | 2.7188 | 2.4859 | 2.3287 | 2.2142 | 2.1263 | 2.0564 | 1.9991 | 1.9512 |
| 90 | 3.9469 | 3.0977 | 2.7058 | 2.4729 | 2.3157 | 2.2011 | 2.1131 | 2.0430 | 1.9856 | 1.9376 |
| 100 | 3.9361 | 3.0873 | 2.6955 | 2.4626 | 2.3053 | 2.1906 | 2.1025 | 2.0323 | 1.9748 | 1.9267 |

续表

| df2 \ df1 (F) | 1 | 2 | 3 | 4 | 5 | 6 | 7 | 8 | 9 | 10 |
|---|---|---|---|---|---|---|---|---|---|---|
| 110 | 3.9274 | 3.0788 | 2.6871 | 2.4542 | 2.2969 | 2.1821 | 2.0939 | 2.0236 | 1.9661 | 1.9178 |
| 120 | 3.9201 | 3.0718 | 2.6802 | 2.4472 | 2.2899 | 2.1750 | 2.0868 | 2.0164 | 1.9588 | 1.9105 |

**$\alpha=0.01$**

| df2 \ df1 (F) | 1 | 2 | 3 | 4 | 5 | 6 | 7 | 8 | 9 | 10 |
|---|---|---|---|---|---|---|---|---|---|---|
| 1 | 4 052.1807 | 4 999.5000 | 5 403.3520 | 5 624.5833 | 5 763.6496 | 5 858.9861 | 5 928.3557 | 5 981.0703 | 6 022.4732 | 6 055.8467 |
| 2 | 98.5025 | 99.0000 | 99.1662 | 99.2494 | 99.2993 | 99.3326 | 99.3564 | 99.3742 | 99.3881 | 99.3992 |
| 3 | 34.1162 | 30.8165 | 29.4567 | 28.7099 | 28.2371 | 27.9107 | 27.6717 | 27.4892 | 27.3452 | 27.2287 |
| 4 | 21.1977 | 18.0000 | 16.6944 | 15.9770 | 15.5219 | 15.2069 | 14.9758 | 14.7989 | 14.6591 | 14.5459 |
| 5 | 16.2582 | 13.2739 | 12.0600 | 11.3919 | 10.9670 | 10.6723 | 10.4555 | 10.2893 | 10.1578 | 10.0510 |
| 6 | 13.7450 | 10.9248 | 9.7795 | 9.1483 | 8.7459 | 8.4661 | 8.2600 | 8.1017 | 7.9761 | 7.8741 |
| 7 | 12.2464 | 9.5466 | 8.4513 | 7.8466 | 7.4604 | 7.1914 | 6.9928 | 6.8400 | 6.7188 | 6.6201 |
| 8 | 11.2586 | 8.6491 | 7.5910 | 7.0061 | 6.6318 | 6.3707 | 6.1776 | 6.0289 | 5.9106 | 5.8143 |
| 9 | 10.5614 | 8.0215 | 6.9919 | 6.4221 | 6.0569 | 5.8018 | 5.6129 | 5.4671 | 5.3511 | 5.2565 |
| 10 | 10.0443 | 7.5594 | 6.5523 | 5.9943 | 5.6363 | 5.3858 | 5.2001 | 5.0567 | 4.9424 | 4.8491 |
| 11 | 9.6460 | 7.2057 | 6.2167 | 5.6683 | 5.3160 | 5.0692 | 4.8861 | 4.7445 | 4.6315 | 4.5393 |
| 12 | 9.3302 | 6.9266 | 5.9525 | 5.4120 | 5.0643 | 4.8206 | 4.6395 | 4.4994 | 4.3875 | 4.2961 |
| 13 | 9.0738 | 6.7010 | 5.7394 | 5.2053 | 4.8616 | 4.6204 | 4.4410 | 4.3021 | 4.1911 | 4.1003 |
| 14 | 8.8616 | 6.5149 | 5.5639 | 5.0354 | 4.6950 | 4.4558 | 4.2779 | 4.1399 | 4.0297 | 3.9394 |
| 15 | 8.6831 | 6.3589 | 5.4170 | 4.8932 | 4.5556 | 4.3183 | 4.1415 | 4.0045 | 3.8948 | 3.8049 |
| 16 | 8.5310 | 6.2262 | 5.2922 | 4.7726 | 4.4374 | 4.2016 | 4.0259 | 3.8896 | 3.7804 | 3.6909 |
| 17 | 8.3997 | 6.1121 | 5.1850 | 4.6690 | 4.3359 | 4.1015 | 3.9267 | 3.7910 | 3.6822 | 3.5931 |
| 18 | 8.2854 | 6.0129 | 5.0919 | 4.5790 | 4.2479 | 4.0146 | 3.8406 | 3.7054 | 3.5971 | 3.5082 |
| 19 | 8.1849 | 5.9259 | 5.0103 | 4.5003 | 4.1708 | 3.9386 | 3.7653 | 3.6305 | 3.5225 | 3.4338 |
| 20 | 8.0960 | 5.8489 | 4.9382 | 4.4307 | 4.1027 | 3.8714 | 3.6987 | 3.5644 | 3.4567 | 3.3682 |
| 21 | 8.0166 | 5.7804 | 4.8740 | 4.3688 | 4.0421 | 3.8117 | 3.6396 | 3.5056 | 3.3981 | 3.3098 |
| 22 | 7.9454 | 5.7190 | 4.8166 | 4.3134 | 3.9880 | 3.7583 | 3.5867 | 3.4530 | 3.3458 | 3.2576 |
| 23 | 7.8811 | 5.6637 | 4.7649 | 4.2636 | 3.9392 | 3.7102 | 3.5390 | 3.4057 | 3.2986 | 3.2106 |
| 24 | 7.8229 | 5.6136 | 4.7181 | 4.2184 | 3.8951 | 3.6667 | 3.4959 | 3.3629 | 3.2560 | 3.1681 |
| 25 | 7.7698 | 5.5680 | 4.6755 | 4.1774 | 3.8550 | 3.6272 | 3.4568 | 3.3239 | 3.2172 | 3.1294 |
| 26 | 7.7213 | 5.5263 | 4.6366 | 4.1400 | 3.8183 | 3.5911 | 3.4210 | 3.2884 | 3.1818 | 3.0941 |

续表

| $df_2$ \ $F$ \ $df_1$ | 1 | 2 | 3 | 4 | 5 | 6 | 7 | 8 | 9 | 10 |
|---|---|---|---|---|---|---|---|---|---|---|
| 27 | 7.6767 | 5.4881 | 4.6009 | 4.1056 | 3.7848 | 3.5580 | 3.3882 | 3.2558 | 3.1494 | 3.0618 |
| 28 | 7.6356 | 5.4529 | 4.5681 | 4.0740 | 3.7539 | 3.5276 | 3.3581 | 3.2259 | 3.1195 | 3.0320 |
| 29 | 7.5977 | 5.4204 | 4.5378 | 4.0449 | 3.7254 | 3.4995 | 3.3303 | 3.1982 | 3.0920 | 3.0045 |
| 30 | 7.5625 | 5.3903 | 4.5097 | 4.0179 | 3.6990 | 3.4735 | 3.3045 | 3.1726 | 3.0665 | 2.9791 |
| 40 | 7.3141 | 5.1785 | 4.3126 | 3.8283 | 3.5138 | 3.2910 | 3.1238 | 2.9930 | 2.8876 | 2.8005 |
| 50 | 7.1706 | 5.0566 | 4.1993 | 3.7195 | 3.4077 | 3.1864 | 3.0202 | 2.8900 | 2.7850 | 2.6981 |
| 60 | 7.0771 | 4.9774 | 4.1259 | 3.6490 | 3.3389 | 3.1187 | 2.9530 | 2.8233 | 2.7185 | 2.6318 |
| 70 | 7.0114 | 4.9219 | 4.0744 | 3.5996 | 3.2907 | 3.0712 | 2.9060 | 2.7765 | 2.6719 | 2.5852 |
| 80 | 6.9627 | 4.8807 | 4.0363 | 3.5631 | 3.2550 | 3.0361 | 2.8713 | 2.7420 | 2.6374 | 2.5508 |
| 90 | 6.9251 | 4.8491 | 4.0070 | 3.5350 | 3.2276 | 3.0091 | 2.8445 | 2.7154 | 2.6109 | 2.5243 |
| 100 | 6.8953 | 4.8239 | 3.9837 | 3.5127 | 3.2059 | 2.9877 | 2.8233 | 2.6943 | 2.5898 | 2.5033 |
| 110 | 6.8710 | 4.8035 | 3.9648 | 3.4946 | 3.1882 | 2.9703 | 2.8061 | 2.6771 | 2.5727 | 2.4862 |
| 120 | 6.8509 | 4.7865 | 3.9491 | 3.4795 | 3.1735 | 2.9559 | 2.7918 | 2.6629 | 2.5586 | 2.4721 |

## $\alpha=0.005$

| $df_2$ \ $F$ \ $df_1$ | 1 | 2 | 3 | 4 | 5 | 6 | 7 | 8 | 9 | 10 |
|---|---|---|---|---|---|---|---|---|---|---|
| 1 | 16 210.7227 | 19 999.5000 | 21 614.7414 | 22 499.5833 | 23 055.7982 | 23 437.1111 | 23 714.5658 | 23 925.4062 | 24 091.0041 | 24 224.4868 |
| 2 | 198.5013 | 199.0000 | 199.1664 | 199.2497 | 199.2996 | 199.3330 | 199.3568 | 199.3746 | 199.3885 | 199.3996 |
| 3 | 55.5520 | 49.7993 | 47.4672 | 46.1946 | 45.3916 | 44.8385 | 44.4341 | 44.1256 | 43.8824 | 43.6858 |
| 4 | 31.3328 | 26.2843 | 24.2591 | 23.1545 | 22.4564 | 21.9746 | 21.6217 | 21.3520 | 21.1391 | 20.9667 |
| 5 | 22.7848 | 18.3138 | 16.5298 | 15.5561 | 14.9396 | 14.5133 | 14.2004 | 13.9610 | 13.7716 | 13.6182 |
| 6 | 18.6350 | 14.5441 | 12.9166 | 12.0275 | 11.4637 | 11.0730 | 10.7859 | 10.5658 | 10.3915 | 10.2500 |
| 7 | 16.2356 | 12.4040 | 10.8824 | 10.0505 | 9.5221 | 9.1553 | 8.8854 | 8.6781 | 8.5138 | 8.3803 |
| 8 | 14.6882 | 11.0424 | 9.5965 | 8.8051 | 8.3018 | 7.9520 | 7.6941 | 7.4959 | 7.3386 | 7.2106 |
| 9 | 13.6136 | 10.1067 | 8.7171 | 7.9559 | 7.4712 | 7.1339 | 6.8849 | 6.6933 | 6.5411 | 6.4172 |
| 10 | 12.8265 | 9.4270 | 8.0807 | 7.3428 | 6.8724 | 6.5446 | 6.3025 | 6.1159 | 5.9676 | 5.8467 |
| 11 | 12.2263 | 8.9122 | 7.6004 | 6.8809 | 6.4217 | 6.1016 | 5.8648 | 5.6821 | 5.5368 | 5.4183 |
| 12 | 11.7542 | 8.5096 | 7.2258 | 6.5211 | 6.0711 | 5.7570 | 5.5245 | 5.3451 | 5.2021 | 5.0855 |
| 13 | 11.3735 | 8.1865 | 6.9258 | 6.2335 | 5.7910 | 5.4819 | 5.2529 | 5.0761 | 4.9351 | 4.8199 |
| 14 | 11.0603 | 7.9216 | 6.6804 | 5.9984 | 5.5623 | 5.2574 | 5.0313 | 4.8566 | 4.7173 | 4.6034 |
| 15 | 10.7980 | 7.7008 | 6.4760 | 5.8029 | 5.3721 | 5.0708 | 4.8473 | 4.6744 | 4.5364 | 4.4235 |
| 16 | 10.5755 | 7.5138 | 6.3034 | 5.6378 | 5.2117 | 4.9134 | 4.6920 | 4.5207 | 4.3838 | 4.2719 |
| 17 | 10.3842 | 7.3536 | 6.1556 | 5.4967 | 5.0746 | 4.7789 | 4.5594 | 4.3894 | 4.2535 | 4.1424 |
| 18 | 10.2181 | 7.2148 | 6.0278 | 5.3746 | 4.9560 | 4.6627 | 4.4448 | 4.2759 | 4.1410 | 4.0305 |
| 19 | 10.0725 | 7.0935 | 5.9161 | 5.2681 | 4.8526 | 4.5614 | 4.3448 | 4.1770 | 4.0428 | 3.9329 |

续表

| df2 \ df1 (F) | 1 | 2 | 3 | 4 | 5 | 6 | 7 | 8 | 9 | 10 |
|---|---|---|---|---|---|---|---|---|---|---|
| 20 | 9.9439 | 6.9865 | 5.8177 | 5.1743 | 4.7616 | 4.4721 | 4.2569 | 4.0900 | 3.9564 | 3.8470 |
| 21 | 9.8295 | 6.8914 | 5.7304 | 5.0911 | 4.6809 | 4.3931 | 4.1789 | 4.0128 | 3.8799 | 3.7709 |
| 22 | 9.7271 | 6.8064 | 5.6524 | 5.0168 | 4.6088 | 4.3225 | 4.1094 | 3.9440 | 3.8116 | 3.7030 |
| 23 | 9.6348 | 6.7300 | 5.5823 | 4.9500 | 4.5441 | 4.2591 | 4.0469 | 3.8822 | 3.7502 | 3.6420 |
| 24 | 9.5513 | 6.6609 | 5.5190 | 4.8898 | 4.4857 | 4.2019 | 3.9905 | 3.8264 | 3.6949 | 3.5870 |
| 25 | 9.4753 | 6.5982 | 5.4615 | 4.8351 | 4.4327 | 4.1500 | 3.9394 | 3.7758 | 3.6447 | 3.5370 |
| 26 | 9.4059 | 6.5409 | 5.4091 | 4.7852 | 4.3844 | 4.1027 | 3.8928 | 3.7297 | 3.5989 | 3.4916 |
| 27 | 9.3423 | 6.4885 | 5.3611 | 4.7396 | 4.3402 | 4.0594 | 3.8501 | 3.6875 | 3.5571 | 3.4499 |
| 28 | 9.2838 | 6.4403 | 5.3170 | 4.6977 | 4.2996 | 4.0197 | 3.8110 | 3.6487 | 3.5186 | 3.4117 |
| 29 | 9.2297 | 6.3958 | 5.2764 | 4.6591 | 4.2622 | 3.9831 | 3.7749 | 3.6131 | 3.4832 | 3.3765 |
| 30 | 9.1797 | 6.3547 | 5.2388 | 4.6234 | 4.2276 | 3.9492 | 3.7416 | 3.5801 | 3.4505 | 3.3440 |
| 40 | 8.8279 | 6.0664 | 4.9758 | 4.3738 | 3.9860 | 3.7129 | 3.5088 | 3.3498 | 3.2220 | 3.1167 |
| 50 | 8.6258 | 5.9016 | 4.8259 | 4.2316 | 3.8486 | 3.5785 | 3.3765 | 3.2189 | 3.0920 | 2.9875 |
| 60 | 8.4946 | 5.7950 | 4.7290 | 4.1399 | 3.7599 | 3.4918 | 3.2911 | 3.1344 | 3.0083 | 2.9042 |
| 70 | 8.4027 | 5.7204 | 4.6613 | 4.0758 | 3.6980 | 3.4313 | 3.2315 | 3.0755 | 2.9498 | 2.8460 |
| 80 | 8.3346 | 5.6652 | 4.6113 | 4.0285 | 3.6524 | 3.3867 | 3.1876 | 3.0320 | 2.9066 | 2.8031 |
| 90 | 8.2822 | 5.6228 | 4.5728 | 3.9922 | 3.6173 | 3.3524 | 3.1538 | 2.9986 | 2.8735 | 2.7701 |
| 100 | 8.2406 | 5.5892 | 4.5424 | 3.9634 | 3.5895 | 3.3252 | 3.1271 | 2.9722 | 2.8472 | 2.7440 |
| 110 | 8.2068 | 5.5619 | 4.5177 | 3.9400 | 3.5669 | 3.3032 | 3.1054 | 2.9507 | 2.8259 | 2.7228 |
| 120 | 8.1788 | 5.5393 | 4.4972 | 3.9207 | 3.5482 | 3.2849 | 3.0874 | 2.9330 | 2.8083 | 2.7052 |

## $\alpha = 0.001$

| df2 \ df1 (F) | 1 | 2 | 3 | 4 | 5 | 6 | 7 | 8 | 9 | 10 |
|---|---|---|---|---|---|---|---|---|---|---|
| 1 | 405 284.0679 | 499 999.5000 | 540 379.2016 | 562 499.5833 | 576 404.5558 | 585 937.1111 | 592 873.2879 | 598 144.1562 | 602 283.9916 | 605 620.9712 |
| 2 | 998.5003 | 999.0000 | 999.1666 | 999.2499 | 999.2999 | 999.3333 | 999.3571 | 999.3749 | 999.3888 | 999.3999 |
| 3 | 167.0292 | 148.5000 | 141.1085 | 137.1004 | 134.5800 | 132.8475 | 131.5829 | 130.6190 | 129.8600 | 129.2467 |
| 4 | 74.1373 | 61.2456 | 56.1772 | 53.4358 | 51.7116 | 50.5250 | 49.6579 | 48.9962 | 48.4745 | 48.0526 |
| 5 | 47.1808 | 37.1223 | 33.2025 | 31.0850 | 29.7524 | 28.8344 | 28.1626 | 27.6495 | 27.2445 | 26.9166 |
| 6 | 35.5075 | 27.0000 | 23.7033 | 21.9235 | 20.8027 | 20.0297 | 19.4634 | 19.0303 | 18.6882 | 18.4109 |
| 7 | 29.2452 | 21.6890 | 18.7723 | 17.1980 | 16.2058 | 15.5208 | 15.0186 | 14.6340 | 14.3299 | 14.0833 |
| 8 | 25.4148 | 18.4937 | 15.8295 | 14.3916 | 13.4847 | 12.8580 | 12.3980 | 12.0455 | 11.7665 | 11.5401 |
| 9 | 22.8571 | 16.3871 | 13.9018 | 12.5603 | 11.7137 | 11.1281 | 10.6979 | 10.3680 | 10.1066 | 9.8943 |
| 10 | 21.0396 | 14.9054 | 12.5527 | 11.2828 | 10.4807 | 9.9256 | 9.5175 | 9.2041 | 8.9558 | 8.7539 |
| 11 | 19.6868 | 13.8116 | 11.5611 | 10.3461 | 9.5784 | 9.0466 | 8.6553 | 8.3548 | 8.1163 | 7.9224 |
| 12 | 18.6433 | 12.9737 | 10.8042 | 9.6327 | 8.8921 | 8.3788 | 8.0009 | 7.7104 | 7.4797 | 7.2920 |
| 13 | 17.8154 | 12.3127 | 10.2089 | 9.0727 | 8.3541 | 7.8557 | 7.4886 | 7.2061 | 6.9818 | 6.7992 |
| 14 | 17.1434 | 11.7789 | 9.7294 | 8.6223 | 7.9218 | 7.4358 | 7.0775 | 6.8017 | 6.5826 | 6.4041 |

续表

| df1 / F / df2 | 1 | 2 | 3 | 4 | 5 | 6 | 7 | 8 | 9 | 10 |
|---|---|---|---|---|---|---|---|---|---|---|
| 15 | 16.5874 | 11.3391 | 9.3353 | 8.2527 | 7.5674 | 7.0917 | 6.7408 | 6.4707 | 6.2559 | 6.0808 |
| 16 | 16.1202 | 10.9710 | 9.0059 | 7.9442 | 7.2719 | 6.8049 | 6.4604 | 6.1950 | 5.9839 | 5.8117 |
| 17 | 15.7222 | 10.6584 | 8.7269 | 7.6831 | 7.0219 | 6.5625 | 6.2234 | 5.9620 | 5.7541 | 5.5844 |
| 18 | 15.3793 | 10.3899 | 8.4875 | 7.4593 | 6.8078 | 6.3550 | 6.0206 | 5.7628 | 5.5575 | 5.3900 |
| 19 | 15.0808 | 10.1568 | 8.2799 | 7.2655 | 6.6225 | 6.1754 | 5.8452 | 5.5904 | 5.3876 | 5.2219 |
| 20 | 14.8188 | 9.9526 | 8.0984 | 7.0960 | 6.4606 | 6.0186 | 5.6920 | 5.4400 | 5.2392 | 5.0752 |
| 21 | 14.5869 | 9.7723 | 7.9383 | 6.9467 | 6.3179 | 5.8805 | 5.5571 | 5.3076 | 5.1087 | 4.9462 |
| 22 | 14.3803 | 9.6120 | 7.7960 | 6.8142 | 6.1914 | 5.7580 | 5.4376 | 5.1901 | 4.9929 | 4.8317 |
| 23 | 14.1950 | 9.4685 | 7.6688 | 6.6957 | 6.0783 | 5.6486 | 5.3308 | 5.0853 | 4.8896 | 4.7296 |
| 24 | 14.0280 | 9.3394 | 7.5545 | 6.5892 | 5.9768 | 5.5504 | 5.2349 | 4.9912 | 4.7968 | 4.6379 |
| 25 | 13.8767 | 9.2225 | 7.4511 | 6.4931 | 5.8851 | 5.4617 | 5.1484 | 4.9063 | 4.7131 | 4.5551 |
| 26 | 13.7390 | 9.1163 | 7.3572 | 6.4057 | 5.8018 | 5.3812 | 5.0698 | 4.8292 | 4.6372 | 4.4801 |
| 27 | 13.6131 | 9.0194 | 7.2715 | 6.3261 | 5.7259 | 5.3078 | 4.9983 | 4.7590 | 4.5680 | 4.4117 |
| 28 | 13.4976 | 8.9305 | 7.1931 | 6.2532 | 5.6565 | 5.2407 | 4.9328 | 4.6947 | 4.5047 | 4.3491 |
| 29 | 13.3912 | 8.8488 | 7.1210 | 6.1863 | 5.5927 | 5.1791 | 4.8727 | 4.6358 | 4.4466 | 4.2917 |
| 30 | 13.2930 | 8.7734 | 7.0545 | 6.1245 | 5.5339 | 5.1223 | 4.8173 | 4.5814 | 4.3930 | 4.2388 |
| 40 | 12.6094 | 8.2508 | 6.5945 | 5.6981 | 5.1283 | 4.7306 | 4.4355 | 4.2070 | 4.0243 | 3.8744 |
| 50 | 12.2221 | 7.9564 | 6.3364 | 5.4593 | 4.9013 | 4.5117 | 4.2224 | 3.9980 | 3.8185 | 3.6711 |
| 60 | 11.9730 | 7.7678 | 6.1712 | 5.3067 | 4.7565 | 4.3721 | 4.0864 | 3.8648 | 3.6873 | 3.5415 |
| 70 | 11.7993 | 7.6366 | 6.0566 | 5.2008 | 4.6561 | 4.2753 | 3.9922 | 3.7725 | 3.5964 | 3.4517 |
| 80 | 11.6714 | 7.5401 | 5.9723 | 5.1231 | 4.5824 | 4.2043 | 3.9232 | 3.7049 | 3.5298 | 3.3859 |
| 90 | 11.5732 | 7.4661 | 5.9078 | 5.0636 | 4.5260 | 4.1500 | 3.8703 | 3.6531 | 3.4789 | 3.3356 |
| 100 | 11.4954 | 7.4077 | 5.8568 | 5.0167 | 4.4815 | 4.1071 | 3.8286 | 3.6123 | 3.4387 | 3.2959 |
| 120 | 11.3802 | 7.3211 | 5.7814 | 4.9472 | 4.4157 | 4.0437 | 3.7670 | 3.5519 | 3.3792 | 3.2372 |

# 附录6　样本量查询表

估计总体平均值时所需样本量①

α＝0.05

| $\sigma/\Delta$ | .0 | .1 | .2 | .3 | .4 | .5 | .6 | .7 | .8 | .9 |
|---|---|---|---|---|---|---|---|---|---|---|
| 1 | 7 | 8 | 9 | 9 | 11 | 12 | 13 | 14 | 15 | 17 |
| 2 | 19 | 20 | 22 | 23 | 25 | 27 | 29 | 31 | 33 | 35 |
| 3 | 38 | 40 | 42 | 45 | 47 | 50 | 53 | 56 | 58 | 61 |
| 4 | 64 | 68 | 71 | 74 | 77 | 81 | 84 | 88 | 91 | 95 |
| 5 | 99 | 103 | 107 | 111 | 115 | 119 | 123 | 128 | 132 | 137 |
| 6 | 141 | 146 | 151 | 156 | 160 | 165 | 170 | 176 | 181 | 186 |
| 7 | 191 | 196 | 202 | 207 | 213 | 219 | 225 | 231 | 237 | 243 |
| 8 | 249 | 255 | 261 | 268 | 274 | 281 | 288 | 294 | 301 | 308 |
| 9 | 315 | 322 | 329 | 336 | 343 | 351 | 358 | 366 | 373 | 381 |
| 10 | 389 | 396 | 404 | 412 | 420 | 428 | 437 | 445 | 453 | 462 |
| 11 | 470 | 478 | 487 | 496 | 505 | 514 | 523 | 532 | 541 | 550 |
| 12 | 559 | 569 | 578 | 588 | 597 | 607 | 617 | 626 | 636 | 646 |
| 13 | 656 | 667 | 677 | 687 | 697 | 708 | 718 | 729 | 740 | 750 |
| 14 | 761 | 772 | 783 | 794 | 805 | 816 | 828 | 839 | 851 | 862 |
| 15 | 874 | 885 | 897 | 909 | 921 | 933 | 945 | 957 | 969 | 982 |
| 16 | 994 | 1 006 | 1 019 | 1 032 | 1 044 | 1 057 | 1 070 | 1 083 | 1 096 | 1 109 |
| 17 | 1 122 | 1 135 | 1 149 | 1 162 | 1 175 | 1 189 | 1 203 | 1 216 | 1 230 | 1 244 |
| 18 | 1 258 | 1 272 | 1 286 | 1 300 | 1 311 | 1 329 | 1 343 | 1 358 | 1 372 | 1 387 |
| 19 | 1 402 | 1 416 | 1 431 | 1 446 | 1 461 | 1 476 | 1 491 | 1 507 | 1 522 | 1 537 |
| 20 | 1 553 | 1 568 | 1 583 | 1 600 | 1 616 | 1 631 | 1 647 | 1 663 | 1 680 | 1 696 |

① 其中 $\sigma/\Delta$ 为总体标准差除以估计误差所得到的值

## 估计总体平均值时所需样本量

**α=0.01**

| σ/Δ | .0 | .1 | .2 | .3 | .4 | .5 | .6 | .7 | .8 | .9 |
|---|---|---|---|---|---|---|---|---|---|---|
| 1 | 11 | 12 | 14 | 15 | 17 | 19 | 21 | 23 | 26 | 28 |
| 2 | 31 | 34 | 36 | 39 | 43 | 46 | 49 | 53 | 56 | 60 |
| 3 | 64 | 68 | 72 | 77 | 81 | 86 | 90 | 95 | 100 | 105 |
| 4 | 110 | 116 | 121 | 127 | 133 | 139 | 145 | 151 | 157 | 164 |
| 5 | 170 | 177 | 184 | 191 | 198 | 205 | 213 | 220 | 228 | 235 |
| 6 | 243 | 251 | 260 | 268 | 277 | 285 | 294 | 303 | 312 | 321 |
| 7 | 331 | 340 | 350 | 360 | 370 | 380 | 390 | 400 | 411 | 421 |
| 8 | 432 | 443 | 454 | 465 | 476 | 487 | 499 | 511 | 522 | 534 |
| 9 | 546 | 559 | 571 | 583 | 596 | 609 | 622 | 635 | 648 | 661 |
| 10 | 674 | 688 | 702 | 715 | 729 | 743 | 758 | 772 | 787 | 801 |
| 11 | 816 | 831 | 846 | 861 | 876 | 892 | 907 | 923 | 939 | 955 |
| 12 | 971 | 987 | 1 004 | 1 020 | 1 037 | 1 054 | 1 070 | 1 087 | 1 105 | 1 122 |
| 13 | 1 139 | 1 157 | 1 175 | 1 193 | 1 211 | 1 229 | 1 247 | 1 265 | 1 284 | 1 303 |
| 14 | 1 321 | 1 340 | 1 359 | 1 379 | 1 398 | 1 417 | 1 437 | 1 457 | 1 477 | 1 497 |
| 15 | 1 517 | 1 537 | 1 558 | 1 578 | 1 599 | 1 620 | 1 641 | 1 662 | 1 683 | 1 704 |
| 16 | 1 726 | 1 747 | 1 769 | 1 791 | 1 813 | 1 835 | 1 858 | 1 880 | 1 903 | 1 925 |
| 17 | 1 948 | 1 971 | 1 994 | 2 017 | 2 041 | 2 064 | 2 088 | 2 112 | 2 136 | 2 160 |
| 18 | 2 184 | 2 208 | 2 232 | 2 257 | 2 282 | 2 307 | 2 332 | 2 357 | 2 382 | 2 408 |
| 19 | 2 433 | 2 459 | 2 485 | 2 551 | 2 537 | 2 563 | 2 589 | 2 616 | 2 643 | 2 669 |
| 20 | 2 696 | 2 723 | 2 750 | 2 778 | 2 805 | 2 833 | 2 860 | 2 888 | 2 916 | 2 943 |

## 估计总体比例时所需样本量

**α=0.05**

| Δ \ P | 0.50 | 0.45 | 0.40 | 0.35 | 0.30 | 0.25 | 0.20 | 0.15 | 0.10 | 0.05 |
|---|---|---|---|---|---|---|---|---|---|---|
| 0.200 | 24 | 24 | 23 | 22 | 20 | 18 | 15 | | | |
| 0.180 | 30 | 29 | 28 | 27 | 25 | 22 | 19 | | | |
| 0.160 | 38 | 37 | 36 | 34 | 32 | 28 | 24 | | | |

续表

| Δ \ P | 0.50 | 0.45 | 0.40 | 0.35 | 0.30 | 0.25 | 0.20 | 0.15 | 0.10 | 0.05 |
|---|---|---|---|---|---|---|---|---|---|---|
| 0.140 | 49 | 49 | 47 | 45 | 41 | 37 | 31 | 25 | | |
| 0.120 | 67 | 66 | 64 | 61 | 56 | 50 | 43 | 34 | | |
| 0.100 | 96 | 95 | 92 | 87 | 81 | 72 | 61 | 49 | | |
| 0.090 | 119 | 117 | 114 | 108 | 100 | 89 | 76 | 60 | 43 | |
| 0.080 | 150 | 149 | 144 | 137 | 126 | 113 | 96 | 77 | 54 | |
| 0.070 | 196 | 194 | 188 | 178 | 165 | 147 | 125 | 100 | 71 | |
| 0.060 | 267 | 264 | 256 | 243 | 224 | 200 | 171 | 136 | 96 | |
| 0.050 | 384 | 380 | 369 | 350 | 323 | 288 | 246 | 196 | 138 | 73 |
| 0.045 | 474 | 470 | 455 | 432 | 398 | 356 | 304 | 242 | 171 | 90 |
| 0.040 | 600 | 594 | 576 | 546 | 504 | 450 | 384 | 306 | 216 | 114 |
| 0.035 | 784 | 776 | 753 | 713 | 659 | 588 | 502 | 400 | 282 | 149 |
| 0.030 | 1 067 | 1 056 | 1 024 | 971 | 896 | 800 | 683 | 544 | 384 | 203 |
| 0.025 | 1 537 | 1 521 | 1 475 | 1 398 | 1 291 | 1 152 | 983 | 784 | 553 | 292 |
| 0.020 | 2 401 | 2 377 | 2 305 | 2 185 | 2 017 | 1 801 | 1 537 | 1 225 | 864 | 450 |
| 0.015 | 4 268 | 4 226 | 4 098 | 3 884 | 3 585 | 3 201 | 2 732 | 2 177 | 1 537 | 811 |
| 0.010 | 9 604 | 9 508 | 9 220 | 8 740 | 8 067 | 7 203 | 6 147 | 4 898 | 3 457 | 1 825 |
| 0.005 | 38 416 | 38 032 | 36 879 | 34 959 | 32 269 | 28 812 | 24 586 | 19 592 | 13 830 | 7 299 |

**估计总体比例时所需样本量**

**$\alpha=0.01$**

| Δ \ P | 0.50 | 0.45 | 0.40 | 0.35 | 0.30 | 0.25 | 0.20 | 0.15 | 0.10 | 0.05 |
|---|---|---|---|---|---|---|---|---|---|---|
| 0.200 | 41 | 41 | 40 | 38 | 35 | 31 | 27 | | | |
| 0.180 | 51 | 51 | 49 | 47 | 43 | 38 | 33 | | | |
| 0.160 | 65 | 65 | 62 | 59 | 54 | 49 | 41 | | | |
| 0.140 | 85 | 85 | 81 | 77 | 71 | 63 | 54 | 43 | | |
| 0.120 | 115 | 114 | 111 | 105 | 97 | 86 | 74 | 59 | | |
| 0.100 | 166 | 164 | 159 | 151 | 139 | 124 | 106 | 85 | | |

续表

| Δ \ P | 0.50 | 0.45 | 0.40 | 0.35 | 0.30 | 0.25 | 0.20 | 0.15 | 0.10 | 0.05 |
|---|---|---|---|---|---|---|---|---|---|---|
| 0.090 | 205 | 203 | 197 | 186 | 172 | 154 | 131 | 104 | 74 | |
| 0.080 | 259 | 257 | 249 | 236 | 218 | 194 | 166 | 132 | 93 | |
| 0.070 | 339 | 335 | 325 | 308 | 284 | 254 | 217 | 173 | 122 | |
| 0.060 | 461 | 456 | 442 | 419 | 387 | 346 | 295 | 235 | 166 | |
| 0.050 | 664 | 657 | 637 | 604 | 557 | 498 | 425 | 338 | 239 | 125 |
| 0.045 | 819 | 811 | 786 | 746 | 688 | 614 | 524 | 418 | 295 | 156 |
| 0.040 | 1 037 | 1 026 | 995 | 944 | 871 | 778 | 664 | 529 | 373 | 197 |
| 0.035 | 1 354 | 1 341 | 1 300 | 1 232 | 1 138 | 1 016 | 867 | 691 | 488 | 257 |
| 0.030 | 1 843 | 1 825 | 1 770 | 1 677 | 1 548 | 1 382 | 1 180 | 940 | 664 | 350 |
| 0.025 | 2 654 | 2 628 | 2 548 | 2 415 | 2 230 | 1 991 | 1 699 | 1 354 | 956 | 504 |
| 0.020 | 4 147 | 4 106 | 3 981 | 3 774 | 3 484 | 3 111 | 2 654 | 2 115 | 1 493 | 788 |
| 0.015 | 7 373 | 7 299 | 7 078 | 6 710 | 6 193 | 5 530 | 4 719 | 3 760 | 2 654 | 1 401 |
| 0.010 | 16 589 | 16 424 | 15 926 | 15 096 | 13 935 | 12 442 | 10 617 | 8 461 | 5 972 | 3 152 |
| 0.005 | 66 358 | 65 694 | 63 703 | 60 386 | 55 740 | 49 768 | 42 469 | 33 842 | 23 889 | 12 608 |

# 附录7　受众广告态度调查问卷

您好！

我们是厦门大学新闻传播学院的师生，正在进行一项关于受众对广告态度的调查。耽搁您几分钟时间，回答下列问题。感谢您的合作与支持！

您的真实意见对我们的研究非常重要。您不用填写姓名，答案也没有对错之分，所提供的一切信息我们将严格保密，仅供学术研究之用，请放心填答。

## 第一部分　对广告的总体看法

请仔细阅读每一项描述，选择最接近您看法的答案，在题目后面相应的数字上打上"√"。

| 题目内容 | 非常不同意 | 不同意 | 不能确定 | 同意 | 非常同意 |
| --- | --- | --- | --- | --- | --- |
| 1.对于我来说，广告很重要 | 1 | 2 | 3 | 4 | 5 |
| 2.广告对我的日常购物影响很大 | 1 | 2 | 3 | 4 | 5 |
| 3.广告对我的生活影响很大 | 1 | 2 | 3 | 4 | 5 |
| 4.总的来说，我喜欢广告 | 1 | 2 | 3 | 4 | 5 |
| 5.总的来说，广告好处多于坏处 | 1 | 2 | 3 | 4 | 5 |

## 第二部分　对广告管理的意见

| 题目内容 | 非常不同意 | 不同意 | 不能确定 | 同意 | 非常同意 |
| --- | --- | --- | --- | --- | --- |
| 1.有关部门应该对酒类广告加以严格限制 | 1 | 2 | 3 | 4 | 5 |
| 2.有关部门应该对一则广告的重复播放次数加以限制 | 1 | 2 | 3 | 4 | 5 |

续表

| 题目内容 | 非常不同意 | 不同意 | 不能确定 | 同意 | 非常同意 |
|---|---|---|---|---|---|
| 3.有关部门应该对广告内容进行更严格的限制和审查 | 1 | 2 | 3 | 4 | 5 |
| 4.在儿童节目中,广告应该被禁止 | 1 | 2 | 3 | 4 | 5 |
| 5.有关部门应对主流媒体刊播广告的时间长度加以控制 | 1 | 2 | 3 | 4 | 5 |

## 第三部分　广告知识(广告素养)

| 题目内容 | 非常不同意 | 不同意 | 不能确定 | 同意 | 非常同意 |
|---|---|---|---|---|---|
| 1.我一般会在购买产品前验证一下广告中的说法是否属实 | 1 | 2 | 3 | 4 | 5 |
| 2.当要购买某种物品时,我会主动搜索相关的广告 | 1 | 2 | 3 | 4 | 5 |
| 3.广告是我购买新产品时的一个重要信息来源 | 1 | 2 | 3 | 4 | 5 |
| 4.当我感觉广告侵犯了我的利益时,我会投诉 | 1 | 2 | 3 | 4 | 5 |
| 5.明星代言某个产品是因为他们喜欢该产品* | 1 | 2 | 3 | 4 | 5 |
| 6.广告里讲述消费者与产品的故事一般是真实的* | 1 | 2 | 3 | 4 | 5 |
| 7.广告做得越多,说明产品越受欢迎* | 1 | 2 | 3 | 4 | 5 |
| 8.有些广告做得像新闻 | 1 | 2 | 3 | 4 | 5 |
| 9.现在很多广告隐藏在节目中 | 1 | 2 | 3 | 4 | 5 |
| 10.广告中应允许存在一定的夸张 | 1 | 2 | 3 | 4 | 5 |

## 第四部分　基本资料

1.性别　　A.男　　B.女

2.您所在的年级：

A.本科一年级　　B.本科二年级　　C.本科三年级　　D.本科四年级

E.硕士一年级　F.硕士二年级　G.硕士三年级　H.博士生

3.您的所学专业：

A.广告学　B.传播学

C.新闻学　D.新闻传播其他专业

E.非新闻传播学专业

4.您来自：

A.农村　B.县城(包括城填)

C.中小城市　D.省会城市或直辖市

5.您的家庭月收入为平均：

A.3 000 元以下　B.3 001—5 000

C.5 001—8 000　D.8 001—12 000

E.12 001—15 000　F.15 000 以上

## 第五部分　媒介使用行为

1.您最常用的社交媒体平台为:(可多选,最多选 3 个选项)

A.微信　B.微博　C.QQ　D.QQ 空间

E.百度贴吧　F.知乎　H.抖音　I.陌陌

J.探探　K.其他

2.您每天在社交媒体平台花费的时间大概？

A.1 小时以下　B.1—2 小时内　C.2—3 小时内　D.3—4 小时内

E.4 小时以上

3.当网络视频正在放广告时,您通常会(可多选,最多选 3 个选项)

A.关闭视频程序　B.离开屏幕去干别的事

C.看视频界面的其他内容(如弹幕)　D.留心地看广告

E.其他

# 附录8　第五章至第十一章答案

## 第五章:牛刀小试

1.由题可知:$\mu=60\text{min},\sigma=7\text{min}$

使用微信的平均时间为74分钟的Z分数为,

$$Z=\frac{X-\mu}{\sigma}=\frac{74-60}{7}=2$$

当$Z=2$时,查表得到$P(Z\leqslant 2)=0.9772$

$\therefore P(Z>2)=0.0228$

∴该市听众中每天收听广播平均时间超过74分的概率为2.28%

2.(1)由题可知$\mu=90\text{min},\sigma=15\text{min}$

其中,2个小时完成考试所对应的的Z分数为:

$$Z_1=\frac{X-\mu}{\sigma}=\frac{120-90}{15}=2$$

当$Z=2$时,查表得到$P(Z\leqslant 2)=0.9772$

∴考生在2h内完成考试的比例是97.72%

(2)设在允许95%的考生有足够时间完成考试的前提下,考试应规定在$X$分钟结束。

由题可知,$\mu=90\text{min},\sigma=15\text{min}$,

$$P(Z\leqslant X)=0.95$$

查表可知,Z=1.65

$$Z=\frac{X-\mu}{\sigma}=\frac{X-90}{15}=1.65$$

$$X=1.65\sigma+\mu=1.65\times 15+90=114.75$$

∴考试应在115分钟内结束较合适。

3.该题符合二项分布。

由题可知 $P=42\%, q=58\%, n=10$

$\therefore P(X=5)=C_{10}^{5}\times 0.42^{5}\times 0.58^{5}=0.2162$

∴样本中正好有 5 名女生，5 名男生的概率为 21.62%

## 第六章：牛刀小试

1.(1)该小题研究总体的分布，

由题可知 $\mu=2.5\text{h}=150\text{min}, \sigma=50\text{min}$

其中，每天上网时间为 2h 对应的 $Z$ 分数为：

$$Z_1=\frac{X-\mu}{\sigma}=\frac{120-150}{50}=-0.6$$

其中，每天上网时间为 3h 对应的 Z 分数为：

$$Z_2=\frac{X-\mu}{\sigma}=\frac{180-150}{50}=0.6$$

当 $Z=0.6$ 时，查表得到 $P(Z\leqslant 0.6)=0.7257$

$\therefore P(-0.6\leqslant Z\leqslant 0.6)=0.7257-(1-0.7257)=0.4514$

∴每天上网时间在 2～3 小时的同学大概有 45%。

(2)该小题研究样本均值的分布，

由题可知 $\mu=2.5\text{h}=150\text{min}, \sigma=50\text{min}$

$\therefore \mu_{\bar{X}}=\mu=2.5\text{h}=150\text{min}, \sigma_{\bar{X}}=\frac{\sigma}{\sqrt{n}}=\frac{50}{\sqrt{100}}=5\text{min}$

其中，100 名同学平均上网时间为 2h 对应的 $Z$ 分数为：

$$Z_1=\frac{X-\mu_{\bar{X}}}{\sigma_{\bar{X}}}=\frac{120-150}{5}=-6$$

其中，100 名同学平均上网时间为 3h 对应的 Z 分数为：

$$Z_1=\frac{X-\mu_{\bar{X}}}{\sigma_{\bar{X}}}=\frac{180-150}{5}=+6$$

由 excel 计算得，$P(Z\leqslant 6)\approx 1$

$\therefore P(-6\leqslant Z\leqslant 6)\approx 1$

∴所抽取的 100 名同学平均上网时间在 2～3 小时的可能性大概为 100%。

2.该题为样本比例的抽样分布

由题可知 $\pi=25\%, n=30, \sigma^2=\frac{\pi(1-\pi)}{n}=\frac{0.25\times 0.75}{30}=0.00625$

随机抽取 30 人，得优的人数超过 10 人，则得优的比例为 1/3

得优比例为 1/3 所对应的 $Z$ 分数为：

$$Z_1=\frac{X-\pi}{\sigma}=\frac{1/3-0.25}{\sqrt{0.00625}}=1.05$$

当 $Z=1.05$ 时，查表得到 $P(Z\leqslant 1.05)=0.8531$

$\therefore P(Z>1.05)=0.1469$

∴得优的人数超过 10 人的概率为 14.69%

3.(1)该题目为样本均值的抽样分布。

由题可知，载有 55 位乘客的飞机超重，则 55 位乘客的平均体重要大于 $\frac{3\,500}{55}=63.64$ 公斤

且 $\mu=60$ 公斤，$\sigma=11$ 公斤，

$\therefore \mu_{\bar{X}}=\mu=60$ 公斤，$\sigma_{\bar{X}}=\frac{\sigma}{\sqrt{n}}=\frac{11}{\sqrt{55}}=1.48$ 公斤

当体重为 63.64 公斤时，其所对应的 Z 分数为

$$Z=\frac{X-\mu_{\bar{X}}}{\sigma_{\bar{X}}}=\frac{63.64-60}{1.48}=2.46$$

当 $Z=2.46$ 时，查表得到 $P(Z\leqslant 2.46)=0.9931$

$\therefore P(Z>2.46)=1-0.9931=0.0069$

∴载有 55 位乘客的飞机超重的机会为 0.69%

(2)设超重的概率为千分之一时，55 位乘客的平均体重为 $X$。

由题可知 $P(Z>X)=0.1\%$

$\therefore P(Z\leqslant X)=99.9\%$

查表得 $Z=3.08$

$$Z=\frac{X-\mu_{\bar{X}}}{\sigma_{\bar{X}}}=\frac{X-60}{1.48}=3.08$$

$\therefore X=64.5584, 55X=3\,550.712$

∴将超重概率减少到千分之一，载重量应该为 3 550.712 公斤。

## 第七章：牛刀小试

1.(1) $\sigma_{\bar{X}}=\frac{\sigma}{\sqrt{n}}=\frac{15}{\sqrt{35}}=2.54$

(2)由题可知 $\mu=50, \sigma_{\overline{X}}=2.54$

99%的置信区间，查正态分布表为 $Z_{\alpha/2}=2.58$

99%置信水平下的置信区间为 $\mu \pm Z_{\alpha/2}\sigma_{\overline{X}}$

即 $50 \pm 2.58 \times 2.54 = 50 \pm 6.5532$

3.300 名大学生中有男生 98 名，所以其男生比例为 $p=\frac{98}{300}=32.67\%$

95%的置信区间下，查正态分布表为 $Z_{\alpha/2}=1.96$

$$\sigma=\sqrt{\frac{p(1-p)}{n}}=\sqrt{\frac{32.67\%(1-32.67\%)}{300}}=0.027$$

∴95%的置信区间下的置信区间为 $P \pm Z_{\alpha/2}\sqrt{\frac{p(1-p)}{n}}$ 即 $32.67\% \pm 5.292\%$

## 第八章：牛刀小试

1.检验广告总体态度是否显著小于 3.50。

(1)提出假设

$H_0: \mu \geqslant 3.50$

$H_1: \mu < 3.50$

(2)计算检验统计量

使用 spss 进行计算可得，点击【分析】——【比较均值】——【单样本 T 检验】进入对话框，将“广告总体态度”选入【检验变量】，将【检验值】设置为 3.50；点击【选项】，将置信区间设置为 95%，输出结果为：

**广告总体态度——输出结果**

| | 检验值=3.5 | | | | | |
|---|---|---|---|---|---|---|
| | t | df | Sig.(双侧) | 均值差值 | 差分的 95%置信区间 | |
| | | | | | 下限 | 上限 |
| 广告总体态度 | 0.681 | 421 | 0.496 | 0.02085 | −0.0393 | 0.0810 |

(3)由表中可知在 $\alpha=0.05$ 时，$t=0.681$，自由度 $df=421$，$p=0.496>0.05$。因此不拒绝原假设，未支持研究假设，没证据表明大学生广告总体态度显著小于 3.50。

2.检验男女生在广告素养上是否有显著差异

(1)提出假设

$H_0: \mu_1 - \mu_2 = 0$

$H_1: \mu_1 - \mu_2 \neq 0$

(2)计算检验统计量

因为男女的广告素养为两个相互独立的样本,因此采用独立样本 T 检验。使用 spss 进行计算可得,点击【分析】——【比较均值】——【独立样本 T 检验】进入对话框,将"广告素养"选入【检验变量】,将"性别"选入【分组变量】,点击【定义组】定义组别为 1、2 点击【选项】,将置信区间设置为 95%,输出结果为:

**男女生广告素养——独立样本 T 检验**

| | | 方差方程的 Levene 检验 | | | | |
|---|---|---|---|---|---|---|
| | | F | Sig. | t | df | Sig.(双侧) |
| 广告素养 | 假设方差相等 | 2.895 | 0.090 | −0.258 | 429 | 0.797 |
| | 假设方差不相等 | | | −0.254 | 359.272 | 0.800 |

(3)由表中可知,方差齐性检验统计量 $F=2.895$, $p=0.09>0.05$,因而不能拒绝"方差相等"的原假设,表明两个总体方差相等,因而应该读表第一行统计值,在 $\alpha=0.05$ 时,$t=-0.258$,自由度 $df=429$, $p=0.797>\alpha$ 。因此不能拒绝原假设,未支持研究假设,即没证据表明男女生在广告素养上存在显著差异。

3.检验大三同学的广告总体态度是否显著大于大一同学

(1)提出假设

$H_0: \mu_1 - \mu_2 \leqslant 0$

$H_1: \mu_1 - \mu_2 > 0$

(2)计算检验统计量

因为大三、大一的广告总体态度为两个相互独立的样本,因此采用独立样本 T 检验。使用 spss 进行计算可得,点击【分析】——【比较均值】——【独立样本 T 检验】进入对话框,将"广告总体态度"选入【检验变量】,将"年级"选入【分组变量】,点击【定义组】定义组别为 3、1,点击【选项】,将置信区间设置为 95%,输出结果为:

**大三、大一广告总体态度——独立样本 T 检验**

| | | 方差方程的 Levene 检验 | | | | |
|---|---|---|---|---|---|---|
| | | F | Sig. | t | df | Sig.（双侧） |
| 广告总体态度 | 假设方差相等 | 0.349 | 0.555 | −3.770 | 323 | 0.000 |
| | 假设方差不相等 | | | −3.775 | 322.739 | 0.000 |

(3)由表中可知，方差齐性检验统计量 $F=0.349$，$p=0.555>0.05$，因而不能拒绝“方差相等”的原假设，表明两个总体方差相等，因此读表第一行统计值，在 $\alpha=0.05$ 时，$t=-3.770$，自由度 $df=323$，$p/2=0.000<\alpha$，根据样本描述统计可知 $\bar{x}_{大三}=3.6333$，$\bar{x}_{大一}=3.3834$，$\bar{x}_{大三}>\bar{x}_{大一}$。因此拒绝原假设，支持研究假设，即有 95%的把握大三同学的广告总体态度显著大于大一同学。

4.检验广告素养与广告总体态度的得分是否有显著差异

(1)提出假设

$H_0: \mu_d=0$

$H_1: \mu_d\neq 0$

(2)计算检验统计量

因为广告素养和广告总体态度是同一样本前后的测量数据，因此采用配对样本 T 检验。使用 spss 进行计算可得，点击【分析】——【比较均值】——【配对样本 T 检验】进入对话框，将“广告总体态度”和“广告素养”选入【成对变量】变量框中，形成配对变量；点击【选项】，将置信区间设置为 95%，输出结果为：

**广告总体态度、广告素养——配对样本 T 检验**

| | 均值 | 标准差 | t | df | Sig.（双侧） |
|---|---|---|---|---|---|
| 广告总体态度－广告素养 | −0.24738 | 0.63031 | −8.043 | 419 | 0.000 |

(3)由相关系数表格中可知，广告总体态度和广告素养有显著相关关系，从配对样本 T 检验表格可知，在 $\alpha=0.05$ 时，$t=-8.043$，自由度 $df=419$，$p=0.000<\alpha$，因此拒绝原假设，支持研究假设，即有 99%的把握广告素养和广告总体态度得分存在显著差异。

5.检验大学的周电视收视率是否小于 12%

(1)提出原假设和研究假设。

$H_0: \pi\geqslant 12\%$

$H_1: \pi<12\%$

(2)计算检验统计量。已知 $p=31/300=10.33\%$，$\pi_0=12\%$。所以：

$$z=\frac{p-\pi_0}{\sqrt{\frac{\pi_0(1-\pi_0)}{n}}}=\frac{0.1033-0.12}{\sqrt{\frac{0.12\times(1-0.12)}{300}}}=-0.890$$

(3)做出检验判断。由于这是左单侧检验，当 $\alpha=0.01$ 时，$Z_\alpha=2.33$，$z$ 的绝对值 $0.890<2.33$，检验值处于接受区域内，所以接受原假设，没有证据支持大学生周电视收视率小于 12%的看法。

## 第九章:牛刀小试

1.请检验来自不同地域受众在广告素养上是否有显著差异

(1)提出假设

设来自农村样本的广告素养均值为 $\mu_1$，来自城镇样本的广告素养均值为 $\mu_2$，来自中小城市样本的广告素养均值为 $\mu_3$，来自农村样本的广告素养均值为 $\mu_4$，根据题意提出无方向的双侧检验。

$H_0:\mu_1=\mu_2=\mu_3=\mu_4$　即来自地域对广告素养没有显著影响

$H_1:\mu_1、\mu_2、\mu_3、\mu_4$ 不全相等　即来自地域对广告素养有显著影响

(2)检验方差分析的三个条件

A.正态性检验(略)

B.方差齐性检验

用 SPSS 打开《受众广告态度调查》数据库，单击【分析】——【比较均值】——【单因素 ANOVA】，打开单因素方差分析的主对话框。将“广告素养”选入【因变量列表】，将【来自地域】选入【因子】。单击【选项】，打开子对话框，选中【方差同质性检验】单击【继续】，返回主对话框。得到的第一个报表就是方差齐性检验的结果，第二个报表则是方差分析表，如表 1-3 所示。

**表 1-2　不同地域样本广告素养的方差齐性检验表**

| Levene 统计量 | df1 | df2 | 显著性 |
|---|---|---|---|
| .297 | 3 | 432 | .828 |

表 1-2 所示，$F=0.297$，$p=0.828>0.05$（显著性水平 $a=0.05$），说明来自不同地域样本的广告素养方差是齐性的，也就是说方差相等，方差齐性条件满足。

C.独立性

来自不同地域样本的数据与其他样本的数据相互独立，互不影响，而且没有重复测量。因此符合独立性的要求

(3)依据方差分析表判断是否接受原假设

**表 1-3　来自不同地域样本的单因素方差分析表**

| | 平方和 | df | 均方 | F | 显著性 |
|---|---|---|---|---|---|
| 组间 | 1.116 | 3 | .372 | 2.918 | .034 |
| 组内 | 55.066 | 432 | .127 | | |
| 总数 | 56.182 | 435 | | | |

由表 1-3 可知，F=2.918，显著性水平 p=0.034<0.05($a$=0.05)，说明来自农村、县城(包括城镇)、中小城市、省会城市或直辖市中至少有两个之间是存在显著性差异，所以拒绝原假设，可以认为来自地域对广告素养有显著影响。

(4)两两比较

(用 SPSS 计算:【分析】—【比较均值】—【单因素 ANOVA】——【两两比较】，勾选【LSD】)

SPSS 输出的报表表明：农村和城镇样本的广告素养存在显著差异，p=0.007<0.05，以及农村和省会城市或直辖市样本的广告素养存在显著差异，p=0.023<0.05。

2.请检验性别和来自地域是否对广告素养是否具有显著影响

(1)提出假设(略)

(2)检验方差分析的三个条件(略)

(3)从方差分析表中判断是否接受原假设

用 SPSS 计算:【分析】—【一般线性模型】—【单变量】。将“广告素养”点选入【因变量】下的方框，将“性别”和“来自地域”变量点选入【固定因子】下的方框。模型设置遵照 SPSS 的默认设置。得到以下方差分析表。

因变量: 广告素养

| 源 | III 型平方和 | df | 均方 | F | Sig. |
|---|---|---|---|---|---|
| 校正模型 | 2.097[a] | 7 | .300 | 2.356 | .023 |
| 截距 | 5533.333 | 1 | 5533.333 | 43514.875 | .000 |
| 性别 | .004 | 1 | .004 | .034 | .854 |
| 来自地域 | 1.474 | 3 | .491 | 3.865 | .010 |
| 性别 * 来自地域 | .832 | 3 | .277 | 2.180 | .090 |
| 误差 | 53.789 | 423 | .127 | | |
| 总计 | 6195.954 | 431 | | | |
| 校正的总计 | 55.885 | 430 | | | |

a. R 方 = .038 (调整 R 方 = .022)

由上表可知，校正模型 F=2.356，p=0.023<0.05，说明该模型是显著的。由性别和来自地域的影响效应检验可知：性别变量 F=0.034，p=0.854>0.05，不能拒绝原假设，说明性别对广告素养没有显著影响；来自地域变量 F=3.865，显著性水平 p=0.010<0.05($\alpha$=0.05)，拒绝原假设，说明来自地域对广告素养有显著影响。而性别与来自地域的交互作用项对广告素养的影响效果为量 F=2.180，p=0.090>0.05，说明两个自变量之间没有交互作用。

(4)关系强度

从上表可以分别计算性别与广告素养的关系强度以及来自地域与广告素养的关系强度：

来自地域：$R^2$=SSB/SST=1.116/56.182=2.6%

性别：$R^2$=SSB/SST=0.004/56.182=0.0%

这表明来自地域（自变量）与广告素养（因变量）的影响效应仅占总效应的2.6%，而性别对广告素养的影响几乎等于0。可见，相对而言，来自地域因素对广告素养的影响作用较大。

3.用T检验和方差分析两种方法来检验性别对广告总体态度的影响作用

(1)T检验参照第八章牛刀小试的第2题的计算过程，计算结果如下

$t=-2.873$，自由度29，$p=0.004<\alpha$。

(2)方差分析本章第1题的计算过程，计算结果如下

F=8.256，显著性水平 p=0.004<0.05。

(3)两种统计方法结果的比较

两种方法得出的结论相同，均为拒绝原假设，接受研究假设，即男女在广告总体态度上有显著差异；在检验值上，$F=t^2$。

## 第十章：牛刀小试

1. (1)广告总态度与广告素养两个变量都是数值型变量，且为配对数据，样本大于30，呈单峰对称分布。因而计算皮尔逊相关 $r$=0.251。

(2)性别与广告素养之间的关联程度，应该计算点两列相关系数，可以用皮尔逊相关系数替代，计算皮尔逊相关 $r$=0.027。

2.(1)因为三位评委的评价是等级数据，因而计算两个评委之间的两两相关，可SPSS计算：【分析】—【相关】—【双变量】。将对话框左侧的【评委1】至【评委3】选入右边的【变量】框中，同时将【检验类型】下的选项改为【Spearman】，SPSS输出的报表如下表所示，可见评委1与评委2之间的相关系数为0.545，相关度高，而评委3与评委1及评委2之间的相关度很低，分别为0.097和0.003。

**相关系数**

| | | | 评委1 | 评委2 | 评委3 |
|---|---|---|---|---|---|
| Spearman 的 rho | 评委1 | 相关系数 | 1.000 | .545** | .097 |
| | | Sig.（双侧） | . | .000 | .520 |
| | | N | 46 | 46 | 46 |
| | 评委2 | 相关系数 | .545** | 1.000 | .003 |
| | | Sig.（双侧） | .000 | . | .983 |
| | | N | 46 | 46 | 46 |
| | 评委3 | 相关系数 | .097 | .003 | 1.000 |
| | | Sig.（双侧） | .520 | .983 | . |
| | | N | 46 | 46 | 46 |

**. 在置信度（双测）为 0.01 时，相关性是显著的。

(2)因为三个评委评估的结果为等级变量,因而可以计算三个评委之间的肯德尔和谐系数。单击【分析】——【非参数检验】——【k 个相关样本】,将对话框左侧的【评委 1】到【评委 3】选入右侧的【检验变量】方框,同时将【检验类型】下的选项改为【Kendall 的 W(K)】。得到以下报表。得到 Kendall'W 系数＝0.772。

## 第十一章:牛刀小试

1.音乐个性化推荐系统的满意度对使用意愿的回归

(1)完成方差分析表

**Anova[a]**

| 模型 | | 平方和 | df | 均方 | F | Sig. |
|---|---|---|---|---|---|---|
| 1 | 回归 | .703 | 1 | .703 | 5.010 | .027[b] |
| | 残差 | 20.074 | 143 | .140 | | |
| | 总计 | 20.778 | 144 | | | |

(2) $\hat{y}$ (使用意愿)＝3.391＋0.116$x$(满意度)

$\hat{\alpha}$ 的含义:当用户对推荐系统的满意度为 0 分时,用户的使用意愿为 3.391 分;而 $\hat{\beta}$ 的含义:当满意度提高 1 分,用户的使用意愿就提高 0.116 分(两个变量都是用 5 点李克特量表)。

(3)第 1 步:提出假设。

$H_0$:$\beta=0$(两个变量之间的线性关系不显著)

$H_1$:$\beta\neq0$(两个变量之间的线性关系显著)

第 2 步：计算检验统计量 $F=5.010$，$p=0.027<0.05$。或者看回归系数 $\beta=0.116$，$p=0.027<0.05$，在一元回归方程中，方程拟合度的 F 检验和线性关系 $\beta$ 的检验是等同的。

第 3 步：做出决策，拒绝原假设，接受研究假设，音乐个性化推荐系统的满意度对使用意愿具有显著的预测作用。

(4)$R^2=\text{SSR}/\text{SST}=0.703/20.778=0.0338$。说明用户的使用意愿的总变异中，其中有 3.38%是由于满意度系统影响造成的。

2.建立广告总体态度对广告素养的回归方程：

运行 SPSS 一元线性回归程序。单击【分析】——【回归】——【线性】。将【广告素养】置入【因变量】下的方框中，将【广告总体态度】置入【自变量】下的方框中。得到四个报表，其中第四个报表呈示了方程的系数及其检验结果，如下表所示：

系数[a]

| 模型 | | 非标准化系数 | | 标准系数 | t | Sig. |
|---|---|---|---|---|---|---|
| | | B | 标准 误差 | 试用版 | | |
| 1 | (常量) | 3.266 | .095 | | 34.249 | .000 |
| | 广告总态度 | .144 | .027 | .251 | 5.396 | .000 |

a. 因变量: 广告素养

依据上表得到的回归方程为：

$\hat{y}$（广告素养）$=3.266+0.144x$（广告总态度）

# 附录 9　统计术语说明

## 第一章

统计学:statistics

描述统计:descriptive statistics

推断统计:inferential statistics

“统计产品与服务解决方案”软件:Statistical Product and Service Solutions(简称 SPSS)。最初软件全称为“社会科学统计软件包”(SolutionsStatistical Package for the Social Sciences),但是随着 SPSS 产品服务领域的扩大和服务深度的增加,SPSS 公司已于 2000 年正式将英文全称更改为此名。

## 第二章

总体:population,总体容量用 $N$ 表示。

样本:sample

样本量:sample size,用 $n$ 表示。

个体:individual

参数:parameter

统计量:statistic

频率:frequency

比例:proportion

百分比:percentage

比率:ratio

变量:variable

随机变量:random variable

自变量/因素:independent variable

水平/处理:level / treatment

因变量:dependent variable

无关变量/控制变量：extraneous variable
连续变量：continuous variable
离散型变量：discrete variable
分类变量：nominal variable / categorical variable
顺序变量：ordinal variable/rank variable
等距变量：interval variable
等比变量：ratio variable

## 第三章

集中趋势：central tendency
众数：mode，用 $M_o$ 表示。
中位数：median，用 $M_e$ 表示。
四分位数：quartile
下四分位数：$Q_L$
上四分位数：$Q_U$
平均数：mean
总体平均值：$\mu$
样本平均值：$\bar{x}$
异众比率：variation ratio，用 $V_r$ 表示。
四分位差：quartile deviation，用 $Q_d$ 表示。
极差：range，用 $R$ 表示。
平均差：mean deviation，用 $M_d$ 表示。
方差：deviation，总体方差用 $\sigma^2$ 表示，样本方差用 $s^2$ 表示。
标准差：standard deviation，总体标准差用 $\sigma$ 表示，样本标准差用 $s$ 表示。
标准分数/$Z$ 分数：standard score，通常用 $Z$ 表示。
离散系数：又称变异系数，coefficient of variation
偏态：skewness，常用偏态系数记作 $SK$。
峰态：kurtosis，常用峰态系数记作 $K$。

## 第四章

交叉表：cross table，由两个变量交叉分类的频数分布表。
列联表：contingency table，两个或两个以上变量交叉分类的频数分布表。
条形图：bar chart，用宽度相同的条形的高度或长短来表示数据多少的图形。

帕累托图：pareto chart，按照各类别数据出现的频数多少排序后绘制的条形图。

饼图：pie chart，用圆形及圆内扇形的角度来表示数值大小。

环形图：doughnut chart，环形图由两个或两个以上的圆环组成，每个样本用一个环表示，样本中的每一部分数据用环中的一段表示。可比较多个样本各部分所占的比例。

累积频数：cumulative frequencies，将各有序类别或组的频数逐级累加起来得到的频数。

累积频率/累积百分比：cumulative percentages，把各个类别或组的百分比逐级累加起来所得。

直方图：histogram，横轴按照对应组限来划分，纵轴表示每一组的频数或相对频率，各组与相应的频数形成了一个矩形。

茎叶图：stem-and-leaf display，由数字构成图形，图形将数字分成树茎和树叶两部分。

箱线图：box plot，由一组数据的最大值、最小值、中位数、两个四分位数（$Q_L$ 和 $Q_U$）这 5 个值绘制而成的。

线图：line plot，记录不同时间上取得的数值型数据。

散点图：scatter diagram，用一种二维坐标展示两个变量关系的图形。

气泡图：bubble chart，用于展示三个变量之间的关系。

雷达图/蜘蛛图：radar chart，显示多个变量的常用方法，也可用来分析多个样本之间的相似程度。

## 第五章

概率：probability，事件 $A$ 发生的概率记作 $P(A)$。

随机事件：random event，在同一组条件下，每项试验可能出现也可能不出现的事件。

二项分布：binomial distribution，描述一系列独立试验出现的不同结果的概率分布，其中每个试验只有两个可能结果。

密度函数：density function，如果随机变量 $X$ 的分布函数 $f(x)$ 的曲线与 $X$ 轴围成的面积等于 1，则称曲线 $f(x)$ 为连续变量 $X$ 的概率密度函数。

正态分布：normal distribution，其密度函数曲线呈现出“两头低、中间高、左右对称”的钟形特征。

标准正态分布：standard normal distribution，平均数 $\mu=0$，标准差 $\sigma=1$ 的随机变量的概率分布，记作 $N(0,1)$。

$\chi^2$分布：Chi-square distribution，卡方分布。

$t$ 分布：$t$ distribution

$F$ 分布：$F$ distribution

## 第六章

抽样分布：sampling distribution，样本统计量的分布。

中心极限定理：central limit theorem，设从均值为 $\mu$、方差为 $\sigma^2$（有限）的任意一个总体中抽取样本量为 $n$ 的样本，当 $n$ 充分大时，样本均值 $\bar{x}$ 的抽样分布近似服从均值为 $\mu$，方差为 $\frac{\sigma^2}{n}$ 的正态分布。

## 第七章

参数估计：parameter estimation，用样本统计量去估计总体的参数。

估计量：estimator，在参数估计中，用来估计总体参数的统计量。

估计值：estimated value，根据一个具体的样本计算出来的估计量的数值，用 $\hat{\theta}$ 表示。

待估参数：要估计的总体的参数，比如总体平均数、中位数、标准差等，用符号 $\theta$ 表示。

点估计：point estimate，直接把样本平均数或样本比例当作它的估计值。

区间估计：interval estimate，以抽样分布原理为基础，根据样本资料为总体参数计算出一个可能的取值范围，然后指出总体参数处在该值域的可能性有多大。

置信区间：confidence interval，记为（$\hat{\theta}_1$，$\hat{\theta}_2$）。

置信水平：confidence level，置信区间中包含总体参数真值的次数占所有置信区间的比例，表示为$(1-\alpha)$，$\alpha$ 称为显著性水平，是总体参数未在区间内的比例。

## 第八章

假设检验：hypothesis testing，利用样本信息，对提出的命题进行检验的一套程序和方法。

原假设：null hypothesis，又称为虚无假设、零假设，是研究者想收集证据予以反对的假设，用 $H_0$ 表示。

研究假设：称对立假设或备择假设（alternative hypothesis），是研究者想收集证据予以支持的假设,用 $H_1$ 或 $H_a$ 表示。

显著水平:significance level,在原假设正确的情况下,错误地拒绝原假设的概率,用 $\alpha$ 表示。

检验统计值:研究人员根据样本计算的一个值来判断或检验误差概率是否低于显著水平。

单侧检验/单尾检验:one-tailed test,研究假设不但指出差异,而且还指出差异的方向。

双侧检验/双尾检验:two-tailed test,研究假设仅仅强调差异的存在,而不指出差异的方向。

临界值:critical value,假设检验中非拒绝域和拒绝域的分界点。

## 第九章

方差分析:analysis of variance,缩写为 ANOVA,通过检验各总体均值是否相等来判断分类型自变量对数值型因变量是否有显著影响。

单因素方差分析:one-way analysis of variance,最简单的方差分析,只涉及一个自变量。

多因素方差分析:涉及两个及以上的自变量或分组变量。

组内误差:来自水平内部的由于随机因素造成的数据误差。

组间误差:来自不同水平之间的数据误差。

总平方和:sum of squares for total,反映组内误差大小的平方和,记为SST。

组内平方和:sum of squares for within,反映组内误差大小的平方和,记为SSW。

组间平方和:sum of squares for between,反映组间误差大小的平方和,记为 SSB。

均方:mean square,用各误差平方和除以它们所对应的自由度。

组间均方/组间方差:SSB 的均方,记为 MSB。

组内均方/组内方差:SSW 的均方,记为 MSW。

组间平方和比组内平方和的关系强度:$R^2$。

事后多重比较:post multi-comparison

最小显著差异方法:least significant difference,缩写为 *LSD*。

双因素方差分析:two-way analysis of variance

无重复双因素分析:two-factor without replication

可重复双因素分析:two-factor with replication

行因素产生的误差平方和：SSR

列因素产生的误差平方和：SSC

随机误差平方和：SSE，除行因素和列因素之外的剩余因素所产生的误差平方和。

主效应：main effect，某因素不依赖于其他因素及交互作用因素的效应。

交互效应：interaction，当一个变量对因变量的效应依赖于另一个变量的存在与否或者量的大小时，这两个因素就有交互效应。

实验：experiment，指一种收集样本数据的过程。

实验设计：experiment design，指收集样本数据的方案。

完全随机化设计：completely randomized design，将 $k$ 种“处理”随机地指派给实验单元的设计。

处理：treatment，指可控制因素的各个水平。

实验单元：experiment unit，接受处理的对象或实体。

随机化区组设计：randomized block design，先分析实验对象个体间的主要差异，以及哪些方面的差异可能会造成他们在实验中测量数据的不同；再据此制定一定的标准将实验对象划分为不同的区组（block）。

析因设计：factorial design，两个因素（可推广到多个因素）的搭配实验设计。

## 第十章

相关分析：correlation，研究数量上共变关系的技术。

正相关：positive correlation，两个变量在数值上的变化方向一致。

负相关：negative correlation，两个变量在数值上的变化方向相反。

零相关：naught correlation，两列变量的变化没有关联性.

相关系数：correlation coefficient，度量两个变量之间线性关系强度的统计量，记为 $r$。

决定系数/判定系数：coefficient of determination，相关系数 $r$ 的平方 $R^2$。

非决定系数：coefficient of nondetermination

假性相关：spurious correlations，一些容易引起混淆的因素而导致相关系数人为地升高或者降低，相关系数并不代表随机变量间的真实关系。

可靠性/信度：reliability，指一种测量方法在重复测量时能够产生相同结果，即多次测量结果的一致性。

积差相关：Pearson Product Moment Correlation Coefficient

协方差：covariance，积差相关系数的基础。

斯皮尔曼等级相关系数：rank correlation coefficient，也叫做 Spearman $r$ 系数。

肯德尔和协系数:Kendall's concordance coefficient, Kendall'W

## 第十一章

回归分析:regression analysis

回归模型:regression model,描述因变量如何依赖于自变量和误差项的方程。

回归方程:regression equation,描述因变量的期望值如何依赖于自变量的方程。

估计的回归方程:estimated regression equation,根据样本数据求出的回归方程的估计。

最优拟合直线:line of best fit

回归直线:regression line

最小平方法:method of least squares,也称最小二乘估计。

拟合优度:goodness of fit,回归直线与各观测点的接近程度。

判定系数:coefficient of determination,对估计的回归方程拟合优度的度量。

回归平方和:regression sum of squares,记为 $SSR$。

残差平方和:residual sum of squares,记为 $SSE$。

估计标准误差:standard error of estimate,残差平方和的均方根,用 $Se$ 来表示。

$\hat{\beta}$ :估计的回归系数

$s_{\hat{\beta}}$ : $\hat{\beta}$ 的标准差

预测:predict,通过自变量 $x$ 的取值来预测因变量 $y$ 的取值。

预测区间:prediction interval

预测区间估计:prediction interval estimate

残差分析:residual analysis

标准化残差:standardized residual,用 $z_e$ 表示。

## 第十二章

观察值频数:observed frequency,用 $f_0$ 表示。

期望值频数:expected frequency,用 $f_0$ 表示。

$\chi^2$ 拟合优度检验:goodness of fit test

观察频数:observed frequency

期望频数：expected frequency

$\chi^2$独立性检验：$\chi^2$ test of independence

$\varphi$ 相关系数：$\varphi$ correlation coefficient

列联系数：coefficient of contingency，简称 c 系数。

$v$ 相关系数：$v$ correlation coefficient，简称 v 系数。

## 第十三章

效度：validity，一个工具实际能够测出所要测的内容的程度。

内容效度：content validity，测试项目能够代表设计测试时所要测量的总体项目的性质。

效标：criterion，是衡量一个测量工具的准则，它本身必须具备良好的信度与效度。

效标关联效度：criterion-related validity，以经验性的方法来研究测验分数与外在效标之间的关系。

预测效度：predictive validity，测验分数与将来的效标之间关系的程度。

同时效度：concurrent validity，测验分数与目前效标数据之间关系的程度。

建构效度：construct validity

主成分分析法：principal component analysis，简称为 PCA。

公共因子分析：common factor analysis

公共因子：common factor

独特因素：unique factor

因素载荷：factor loadings，原始变量与因素分析时抽取出的公共因子之间的相关系数。

共同度：communality

特征值：eigenvalue

探索性因素分析：exploratory factor analysis，简称 EFA。

验证性因素分析：confirmatory factor analysis，简称 CFA。

因子提取：extraction

主成分法：principal components

同质性信度：homogeneity reliability，也称为内在一致性信度，它是指量表内部所有题项间的一致性程度。

分半信度：split halve reliabilities，将一次测量所用到的指标（或量表中的题项）分成两半，然后计算这两部分的相关系数。

编码员间信度：inter-coder reliability，即不同编码员之间一致性的程度。

## 第十四章

聚类分析:cluster analysis
判别分析:discriminant analysis
相似系数:similarity coefficient
层次聚类:hierarchical cluster
快速聚类:quick cluster

# 参考文献

[1]查尔斯·惠伦著.赤裸裸的统计学[M].曹槟，译.北京：中信出版社，2013.

[2]陈阳.大众传播学研究方法导论[M].北京：中国人民大学出版社，2010.

[3]程正昌.行为及社会科学统计学——统计软体应用[M].第三版.台北：巨流图书公司，2004.

[4] 戴海崎，张锋，陈雪枫.心理与教育测量[M].广州：暨南大学出版社，2004.

[5] 邓铸，朱晓红.心理统计学与 SPSS 应用[M].上海：华东师范大学出版社，2009.

[6]费雷德里克·威廉姆斯，彼特·蒙日.传播统计法[M].苏林森，译.北京：清华大学出版社，2011.

[7] 顾荣炎，才佳宁.实用统计学[M].上海：上海教育出版社，2004.

[8] 贾俊平.统计学[M].第四版.北京：中国人民大学出版社，2012.

[9] 贾俊平，何晓群，金勇进.统计学[M].第五版.北京：中国人民大学出版社，2012.

[10] 柯惠新，沈浩.调查研究中的统计分析法[M].北京：中国传媒大学出版社，2005.

[11] 柯惠新，祝建华，孙江华.传播统计学[M].北京：北京广播学院出版社，2003.

[12]理查德·P.鲁尼恩，凯·A·科尔曼，戴维·J.皮滕杰.行为统计学基础[M].第 9 版.王星，译.北京：中国人民大学出版社，2007.

[13] 李绍山.语言研究中的统计学[M].西安：西安交通大学出版社，2001.

[14]马里奥·F.特里奥拉.初级统计学[M].刘新立，译.北京：清华大学出版社，2004.

[15]尼尔·J.萨尔金德.爱上统计学[M].史玲玲,译.重庆:重庆大学出版社,2011.

[16] 吴明隆.问卷统计分析实务——SPSS操作与应用[M].重庆:重庆大学出版社,2013.

[17]西内启.看穿一切数字的统计学[M].朱悦玮,译.北京:中信出版社,2013.

[18]张文彤.SPSS统计分析高级教程[M].北京:高等教育出版社,2004.